上海市锦天城律师事务所
华东政法大学经济法律研究院 合作编写

COMPANY LAW REVIEW

公司法律评论

顾功耘 主编

2022
第2卷
总第24卷

法律出版社 LAW PRESS·CHINA
北京

图书在版编目(CIP)数据

公司法律评论. 2022. 第2卷:总第24卷 / 顾功耘主编. -- 北京:法律出版社,2022
ISBN 978-7-5197-7206-2

Ⅰ. ①公… Ⅱ. ①顾… Ⅲ. ①公司法-研究-中国-2022 Ⅳ. ①D922.291.914

中国版本图书馆 CIP 数据核字(2022)第192574号

公司法律评论 2022 第2卷(总第24卷)
GONGSI FALÜ PINGLUN 2022 DI-2 JUAN
(ZONG DI-24 JUAN)

顾功耘 主编

策划编辑 薛 晗 田 浩
责任编辑 薛 晗 田 浩
装帧设计 臧晓飞

出版发行 法律出版社
编辑统筹 法商出版分社
责任校对 王 丰
责任印制 胡晓雅
经 销 新华书店

开本 787毫米×1092毫米 1/16
印张 24 字数 498千
版本 2022年12月第1版
印次 2022年12月第1次印刷
印刷 三河市龙大印装有限公司

地址:北京市丰台区莲花池西里7号(100073)
网址:www.lawpress.com.cn
投稿邮箱:info@lawpress.com.cn
举报盗版邮箱:jbwq@lawpress.com.cn
销售电话:010-83938349
客服电话:010-83938350
咨询电话:010-63939796

书号:ISBN 978-7-5197-7206-2
定价:96.00元
凡购买本社图书,如有印装错误,我社负责退换。电话:010-83938349

锦天城律师事务所简介

锦天城律师事务所成立于1999年，是一家提供一站式法律服务的大型综合性律师事务所，在核心业务领域（如资本市场、金融与信托、公司并购与重组、破产与清算、基础设施建设与房地产、国际贸易、跨境投资、反垄断反倾销、诉讼与仲裁、知识产权以及海事海商等）具备专业优势或行业领先优势。现有注册律师3000余名。

发轫于中国上海的锦天城，已在中国内地23个城市（北京、杭州、深圳、苏州、南京、成都、重庆、太原、青岛、厦门、天津、济南、合肥、郑州、福州、南昌、西安、广州、长春、武汉、乌鲁木齐、海南海口、长沙）及中国香港、英国伦敦、美国西雅图、新加坡、日本东京开设分所，并与香港史蒂文生黄律师事务所联营，与国际律师事务所鸿鹄（Bird & Bird LLP）建立战略合作关系。

华东政法大学经济法律研究院简介

华东政法大学经济法律研究院是由华东政法大学独立设立，集理论研究、科研成果转化与人才培养、社会服务于一体的科研机构。研究院以经济法律研究为特色，旨在突破单一专业瓶颈，实现法学与经济学、管理学的融合，密切联系政、产、学、研，强调理论研究的应用性、实践性与前瞻性，是一流的学术研究与交流平台、高层次的经济法律人才培养基地以及经济立法、政府决策、企业咨询的专业性法律智库。经多年建设，研究院先后被认定为上海市法学会重点研究基地、上海市普通高校人文社会科学重点研究基地。

研究院自成立以来，先后组织、策划、出版了“经济法文库”“经济法文集”“商事法文库”以及《经济法前沿问题》《中国商法评论》《公司法律评论》《金融法律评论》等系列性学术著作或年度刊物，创办了“经济法律高峰论坛”“公司法律论坛”“国资法律论坛”“能源法治论坛”等系列性品牌论坛，在学界和实务界具有广泛的影响力。

本出版物受上海市高水平地方高校（学科）建设项目资助

卷首语

自2021年起，《公司法律评论》改为一年两卷。本卷《公司法律评论》仍通过“公司法制”“证券法制”“破产法制”“域外法制”“案件聚焦”等传统特色栏目和各位读者就我国公司法律的相关理论和实践问题进行探讨、交流。

“公司法制”栏目聚焦我国新一轮《公司法》的修订工作，邀请专家就有限公司股东资格继承制度、未届认缴期限股东转让股权后出资责任归属等进行深度分析，探寻问题的最佳解决方案。同时，本栏目也邀请域外学者就日本法中的股权共有继承制度进行介绍，希冀通过比较法的视角来检视和完善我国的相关规则。此外，随着企业集团数量越来越多、规模愈来愈大，在集团整体发展战略下，从属公司利益常常受制于集团整体利益需要，此时，从属公司董事的信义义务应如何理解与判断，值得关注。

本卷“证券法制”栏目针对非公众公司的内涵进行了深入、系统的解读，这不仅对于准确理解和适用《证券法》，而且对于如何改进我国现行《公司法》的类型划分，进而完善《公司法》的立法体例都有裨益。针对修改后的《证券法》将存托凭证正式纳入“证券”范畴，加之红筹企业科创板上市的现实需求，本栏目特邀请学者对我国的存托凭证制度进行比较与实证分析，以探寻相关规则的完善路径。此外，本栏目还针对虚假陈述中独立董事的民事赔偿责任、我国债券纠纷调解程序的建构，以及直接上市的法律风险与防范机制等进行专题研究，以期与读者交流。

“破产法制”栏目就破产重整融资债权的保护问题进行了专门分析。研究者在剖析我国当前破产重整融资债权保护的困境后发现，现有规则将重整融资债权规定为共益债务，缺乏对重整融资的立法关怀，引发了应然与实然的偏差，因而需以利益平衡和社会效益最大化为视角进行融资债权保护规则的重构。这对如何更好地发挥我国破产重整制度的价值功能具有启发意义。

此外，本卷《公司法律评论》仍然密切关注律师在实践中适用商法时所遇到的困惑及解决问题的经验，并通过“律师实务”栏目与各位读者分享；及时发现域外主要国家的最新商事立法并组织翻译，通过“域外法制”栏目的呈现，帮助读者及时了解域外立法并拓展研究视野；精心挑选过去一年我国资本市场最具影响力的案件，例如滴滴赴美上市案、中安科虚假陈述案、上市公司市值管理违规案等，在“案件聚焦”栏目进行深入分析，发现我国当前公司法、证券法在实践适用中的难题，并寻求解决方案。此外，本卷《公司法律评论》依旧总结了我国过去一年，学者们在公司法、证券法、破产法等领域的研究成果并予以系统梳理，通过“理论综述”栏目予以分享，在记录我国主要商事法律的研究进路和成果的同时，便于读者全面、快速了解理论研究的最新前沿思想。

希望本卷《公司法律评论》精心准备的栏目和内容，能有益于读者们对商事法律的理论研究和实践运用，获得读者们的认可与喜爱！我们也将一如既往地努力，不断提升《公司法律评论》的质量和影响力，与读者朋友们一起进步！

顾功耘

2022年10月于华政园

目　录 CONTENTS

公司法制

证券法制

破产法制

律师实务

域外法制

理论综述

公司法制

有限公司股东资格继承制度之要件研究

——兼评《公司法（修订草案)》第91条

雷兴虎　沈友平 *

目　次

一、问题的提出

有限公司股东资格继承制度作为公司的重要制度之一，兼具维持有限公司人合性与保护股东资格继承权双重价值，关涉公司、已故股东及继承人等多方主体的切身利益，对维系社会的稳定与保障公司的持续发展具有重要意义。《民法典》继承编是财产继承之法，无法规范公司团体中股东资格此种身份的继承问题，且现行《公司法》第75条的规定过于原则，致使实务界和商法学界在理解与适用时存有重大分歧。在司法实践中，诸多法院对股东资格作为继承客体的合理性、股东变更登记是否为股东资格继承取得的要件等问题存有争议，类案异判的现象时

* 雷兴虎，中南财经政法大学教授、博士生导师；沈友平，中南财经政法大学法学院博士研究生。
本文系中南财经政法大学中央高校基本科研业务费专项资金资助（202210612）。

有发生。[1]在商法学界，诸多研究对此尚处于“剪不断、理还乱”的境况，主要存在以下四个问题：第一，仍停留于股东资格继承制度的宏观层面或只针对其中的某个环节展开论述，没有形成完整、具体的操作方案，且似乎与司法实践的需要相脱节；第二，仍囿于财产继承的民法思维，片面地强调股权的财产权属性。诸多研究将股权作为《公司法》第 75 条的继承客体，没有厘清公司法和民法典继承编之间的理论误区，背离了该条规定的立法意旨；第三，固守股东资格的取得须在履行团体法的有关程序后才能发生转移的观念，没有认识到继承是股东资格取得的一种独立路径；第四，对有限公司股东资格继承所应履行的程序要件研究不足，导致股东资格继承制度与股东名册、公司登记等制度不能实现良好的衔接。

现正值《公司法》修订之际，《公司法（修订草案）》于 2021 年 12 月 24 日向社会公开征求意见。《公司法（修订草案）》第 91 条是对《公司法》第 75 条的直接承继，并未回应商法学界和实务界在理解与适用该条规定时存在的痛点和难点。本文在立足于公司章程无另外规定的前提下，厘清了有限公司股东资格继承制度的主体、客体及时间等实体要件，并试图构建和完善合法继承人的通知义务、公司对通知的确认与抗辩等程序要件，最后对《公司法（修订草案）》第 91 条提出了相应的完善建议。

二、前提要件：公司章程无另外规定

章程自治是私法自治原则在公司法中最根本、最核心的展现，是公司成立及独立人格的基石，[2]即要求公司以外的其他主体不得非法干预公司的内部事务。现行《公司法》也多采用“但是，公司章程另有规定的除外”“由公司章程规定”等立法方式，赋予公司章程对法律规定的示范条款予以排除适用或进行修改的权利。这意味着，在公司章程对有关事项另作规定的场合下，法院原则上应优先援引公司章程的相关规定作为司法裁判的法源依据。[3]

就有限公司股东资格继承制度而言，《公司法（修订草案）》第 91 条同样通过采用但书条款的立法方式，赋予公司章程对该条的原则性规定予以排除适用或进一步严格股东资格继承条件的权利，以达到维护有限公司人合性的目的。基于此，司法实践中，诸多法院的裁判思路为，首先审查公司章程对股东资格继承的事项是否另有规定：公司章程有规定的，原则

---

〔1〕 如在“王某某与张某损害公司利益责任纠纷案”中，法院认为，常州市某某有限公司的公司章程对自然人股东死亡后的继承问题未另行约定，故王某某等人有权继承相应的股权。但王某某等人享有继承权并不等于可以当然地成为公司股东，其仍应依照《公司法》的有关规定履行相关的程序性要求（办理股东变更登记），在公司确认其股东资格后，方可行使相应的股东权利。江苏省常州市中级人民法院（2021）苏 04 民终 503 号民事裁定书。然而，在“董某、四川某某有限公司合同纠纷案”中，法院认为，被继承人死亡之时，若公司章程没有特殊约定，已故股东的股权即已转移至合法继承人，即使其姓名尚未登记于股东名册，并不影响其股东身份的取得，享有了股东身份，也就可以行使股东权利。四川省南充市中级人民法院（2019）川 13 民终 3749 号民事判决书。

〔2〕 常健：《论公司章程的功能及其发展趋势》，载《法学家》2011 年第 2 期。

〔3〕 钱玉林：《作为裁判法源的公司章程：立法表达与司法实践》，载《法商研究》2011 年第 1 期。

上应当从其规定；公司章程无规定的，合法继承人则可以继承股东资格。如，在“张某某、爱科某某有限公司公司决议撤销纠纷案”中，二审法院认为，现行《公司法》第75条的但书条款充分肯定了公司章程的价值，尊重了公司的意思自治。如果章程禁止股东资格的继承，或规定取得股东资格需具备一定的条件或履行相应的程序，则应当遵照章程的规定执行。[1]又如，在“曾某某与深圳市某某公司股东资格确认纠纷案”中，该公司的章程对继承人的身份要件和履行程序要件进行了有关的限制。法院认为，曾某某虽符合章程规定的身份要件，但未履行相应的程序事项，因此不能继承股东资格。[2]

需注意的是，公司意思自治的范围并非毫无边界，没有限制的公司自治将会导致不正义。[3]在股东资格继承制度中，《公司法》同样应当对公司章程规定的范围和效力进行合理限制，以保障中小股东和继承人的合法权益。如公司章程不得限制或禁止继承股权所对应的财产价值，且公司不得事后修改公司章程以排除或限制合法继承人的股东资格继承权等。基于此，法院在将公司章程作为司法裁判的法源依据之前，应事先对其内容进行合法性审查。

在商事实践中，大部分的公司章程通常并未对股东资格继承的事项另作规定。且在该种情形下，商法学界和实务界尚未对股东资格继承制度所应具备的一般性要件进行系统性、整体性分析，导致该制度在司法适用中存在诸多问题。基于此，下文将分析股东资格继承制度应当具备哪些要件，以及对这些要件进行逐一分析。

三、实体要件：股东资格继承的特殊构造

（一）继承主体：合法继承人的范围框定

1. 合法继承人的内涵界定

《公司法（修订草案）》第91条只是规定合法继承人可以继承股东资格，并未明确合法继承人的主体范围。合法继承人所合之“法”，不能仅局限于公司法的范畴，应作体系解释，主要包括以下几种类型：一是符合《民法典》的相关规定。股权是一种兼具财产权和非财产权内容的权利，该两项权利内容是股权的两种权能，不能分割成独立的权利。[4]准此，股东

〔1〕 辽宁省大连市中级人民法院（2020）辽02民终8627号民事判决书。此类案件还有江苏省连云港经济技术开发区人民法院（2021）苏0791民初1518号民事判决书；黑龙江省佳木斯市郊区人民法院（2021）黑0811民初331号民事判决书等。

〔2〕 广东省深圳市宝安区人民法院（2017）粤0306民初28607号民事判决书。该公司章程第31条规定，股东资格可以被继承，但限于当地户籍并有合法继承权的子女或直系亲属，且符合该身份要件的继承人须经董事会审查同意和办理有关手续后方为有效。

〔3〕 梁上上：《公司正义——以公司股东的权责配置为视角展开》，法律出版社2022年版，第2页。

〔4〕 雷兴虎主编：《公司法学》，北京大学出版社2012年版，第197页。

资格的继承要求合法继承人必须具备继承财产权的主体资格。二是符合《公司法》《证券法》等商法的相关规定。商人作为特殊的民事主体，与一般的民事主体具有明显的区别，商事活动的复杂性和营利性要求商人承担远高于非商人的注意义务与更加严格的法律责任。[1]这意味着具有民事主体资格的人，并不必然具有商人资格，合法继承人还应符合商法的特殊要求。三是符合其他法律、法规的相关规定。其他法律、法规对民事主体如有禁止其从事营利活动的相关规定，继承人即使符合民法、商法的有关规定，亦不能继承股东资格。例如，2022 年 6 月 19 日，中共中央办公厅印发《领导干部配偶、子女及其配偶经商办企业管理规定》，明确禁止党政机关、群团组织、企事业单位厅局级及相当职务层次以上领导干部配偶、子女及其配偶经商办企业。综上，《公司法（修订草案）》第 91 条中的合法继承人，是指符合有关法律法规的相关规定，具有股东资格继承权和从事商事活动资格的民事主体。

2. 合法继承人的具体类型

（1）可以继承股东资格的民事主体

法定继承人和遗嘱继承人原则上均可继承股东资格。《民法典》第 124 条明确规定，“自然人依法享有继承权。自然人合法的私有财产，可以依法继承”。股权具有财产权性质，在自然人股东无遗嘱的情况下，法定继承人当然可以继承股权中的财产权利（股权价值）。与此同时，在公司章程也无另外规定的情形下，法定继承人作为已故股东的家庭亲属，其对股东资格的继承，既符合我国的人伦常情，也是维持公司正常、持续经营和社会稳定发展的必然要求。对此，最高人民法院明确表示，“《公司法》第 75 条是适当保障法定继承人在股权上的利益”。[2]根据《民法典》第 1133 条第 2 款规定，遗嘱继承人应是法定继承人中的一人或数人。据此，被继承人指定的遗嘱继承人，原则上也应享有股东资格的继承权。

（2）不能继承股东资格的民事主体

有原则必然有例外。法定继承人和遗嘱继承人原则上可以继承股东资格，但基于继承主体的商事能力不足或身份的特殊性等原因，导致其股东资格的继承权被排除在外。此外，对于受遗赠人和遗赠扶养协议的扶养人是否享有股东资格继承权的问题，同样困扰着我国商法学界和司法实务界，本文有必要对此予以厘清。

①受遗赠人和遗赠扶养协议的扶养人

根据继承方式的不同，继承人可分为法定继承人和遗嘱继承人。从《公司法（修订草案）》第 91 条的文义上看，合法继承人并不包括受遗赠人和遗赠扶养协议的扶养人。最高人民法院认为，股权遗赠后，新进入公司的股东不是法定继承人，《公司法》第 75 条的规定不宜拓宽至遗赠的情形。[3]但是，在司法实践中，最高人民法院的裁判观点却与前述观点抵

---

〔1〕 范健、王建文：《商法学》，法律出版社 2021 年版，第 29 页。
〔2〕 杜万华主编：《最高人民法院公司法司法解释（四）理解与适用》，人民法院出版社 2017 年版，第 371 页。
〔3〕 杜万华主编：《最高人民法院公司法司法解释（四）理解与适用》，人民法院出版社 2017 年版，第 371 页。

牾。例如，在“营口某某有限责任公司、北方某某有限责任公司解散纠纷案”中，最高人民法院认为，王某某1死亡后，其受赠人王某某2、王某某3可以通过受赠取得股东资格，对此，营口某某有限责任公司的公司章程未有禁止性规定。[1]其态度的转变可能是受到一些学者观点的影响。这些学者认为，合法继承人的主体范围应扩大至受遗赠人和遗赠扶养协议的扶养人。其理由在于，遗赠协议和遗赠扶养协议的效力优于法定继承和遗嘱继承，故有限公司的人合性不能成为后两类民事主体受遗赠权的阻碍。[2]笔者认为，后一种观点值得商榷。

首先，遗赠的法律行为性质决定了，受遗赠人和遗赠扶养协议的扶养人在受赠股权时，应当遵循股权转让的一般规定。根据是否以意思表示为构成要件，民法中的行为可分为民事法律行为和事实行为。《公司法》第71条的条文意旨应为，对基于自然人股东的意思表示而引起的股权转让行为，其他股东享有优先购买权和同意权。股权遗赠属于民事法律行为，是自然人股东通过遗嘱的方式将其股权赠与法定继承人以外的第三人。该种赠与行为虽为死因行为，但本质上与股权转让行为并无不同，二者均是基于自然人股东的意思表示引起的股权变动，故同样应当遵循股权转让的一般规定。遗嘱继承虽然同属于民事法律行为，但从利益衡量的视角看，其与法定继承在保护法益上具有一致性，均是为了保护法定范围内的继承人利益，目的在于维系家庭关系、公司团体关系以及社会关系的稳定与延续。基于此，《公司法》第75条将遗嘱继承人和法定继承人列入股东资格继承的主体范围，并排除了受遗赠人和遗赠扶养协议的扶养人两类民事主体。从立法体系来看，此种做法与《民法典》物权编第230条将受遗赠的情形从该条规定中予以删除的立法动向不谋而合。

其次，从遗赠协议和遗赠扶养协议的效力优先的视角出发，认为受遗赠人和遗赠扶养协议的扶养人同样享有股东资格继承权的观点，显然是混同了财产继承与股东资格的身份继承。上述协议的效力优先，是《民法典》继承编对财产继承顺位的一种立法调整，仅限于被继承人的财产范围。受赠人和遗赠扶养协议的扶养人对已故股东股权中财产权利（股权价值）的优先享有，并不意味着其对股东身份的优先享有，后者必须接受公司法的调整，即应当遵循股权转让的一般规定。只有在公司其他股东不行使优先购买权时，上述两类民事主体方可成为公司股东。此外，有限公司的人合性表现在，各股东之间的相互关系具有人身因素，股东人数不多，相互较为熟悉，具有一定程度的信任感。[3]因此，股东之间对彼此的家庭情况较为了解，公司法允许其法定继承人和遗嘱继承人继承股东资格，符合人伦常情，对

---

〔1〕 最高人民法院（2020）最高法民申2287号民事判决书。大多数其他法院也持该种观点，如广西壮族自治区南宁市中级人民法院（2019）桂01民终10022号民事判决书；云南省西双版纳傣族自治州中级人民法院（2020）云28民终666号民事判决书；广东省广州市中级人民法院（2020）粤01民终2299号民事判决书；陕西省西安市中级人民法院（2020）陕01民终244号民事判决书等。

〔2〕 李曙光：《股权继承立法的评析与完善》，载《湖北警官学院学报》2011年第6期；周海博、马帅：《有限责任公司股权继承问题考辨》，载《广西大学学报（哲学社会科学版）》2009年第6期。

〔3〕 雷兴虎：《公司与非公司企业法基本问题研究》，湖北人民出版社2020年版，第305－306页。

有限公司的人合性影响较小。相反，若自然人股东将股权遗赠给法定继承人以外的第三人，由于公司其他股东通常对该第三人并不了解，公司法若贸然允许其直接受赠股东资格，反而会破坏有限公司的人合性，在受赠人为多人时更是如此。

②限制民事行为能力人和无民事行为能力人

以未成年人能否成为股东为例，目前商法学界及实务界的主流观点是未成年人可以成为公司股东，主要有两点理由：一是我国现行法律对未成年人持有公司股权的问题，并无任何禁止或限制性规定；二是就权利能力而言，未成年人与成年人具有平等的法律地位，这使其具有成为公司股东的资格。而且，未成年人行为能力上的不足，完全可以通过法定代理人制度和监护人制度予以填补。[1]笔者认为，此种观点值得商榷。

首先，限制民事行为能力人和无民事行为能力人不具备商事能力。有限公司中多为所有权和经营权合一的现实治理方式，[2]以及商事活动的极其复杂性，要求商事活动主体必须具备积极的商人资格。[3]然而，限制民事行为能力人和无民事行为能力人在商事能力上的欠缺或不足，导致其本身不具备从事商事活动的主体资格，这一点也是商法学界和实务界的共识。

其次，民法中的法定代理人制度和监护人制度，无法填补未成年人商事能力的欠缺或不足。以股东权利中的表决权为例，民法中法定代理人（监护人）对被代理人（被监护人）财产上的照管，并不意味着其同样可以依据《民法典》的规定直接代理行使具有身份性质的表决权。其必须依据《公司法》第 106 条的规定，经由股东授权委托，并在授权的范围内行使表决权。然而，无民事行为能力人和限制民事行为能力人在民事行为能力上的欠缺或不足，导致其无法作出具有法律效力的表决权书面授权委托书。其结果势必会出现法定代理人或监护人完全、直接按照自己的意志出具授权委托书，并可以不受任何范围限制地行使表决权。[4]此种做法背离了《公司法》第 106 条的立法意旨。据此，法定代理人或监护人不具有代理行使股东表决权的公司法依据。法国有学者认为，“无论经过谁的批准，或者不论采用何种‘迂回手段’，都不能取消这种无能力。未成年人的法定代理人也不能以未成年人的名义、为未成年人的利益从事商业职业”。[5]

---

〔1〕 商法学界的观点可见赵旭东：《未成年人股东与股权的法律性质与法律规制》，载《中国青年社会科学》2016 年第 3 期；刘俊海：《现代公司法》，法律出版社 2015 年版；沈贵明：《未成年人取得股东资格路径的正当性分析》，载《法学》2010 年第 7 期。司法实务界的观点可见杜万华主编：《最高人民法院公司法司法解释（四）理解与适用》，人民法院出版社 2017 年版，第 359 页；四川省彭州市人民法院（2020）川 0182 民初 1909 号民事判决书；广西壮族自治区崇左市江州区人民法院（2019）桂 1402 民初 1946 号民事判决书等。

〔2〕 周游：《公司法上的两权分离之反思》，载《中国法学》2017 年第 4 期。

〔3〕 积极的商人资格是指行为人依法取得商人资格必须具备的“能力要件”。雷兴虎：《公司与非公司企业法基本问题研究》，湖北人民出版社 2020 年版，第 9 页。

〔4〕 楼晓：《未成年人股东资格之商法检讨》，载《法学》2008 年第 10 期。

〔5〕［法］伊夫·居荣：《法国商法》，罗结珍、赵海峰译，法律出版社 2004 年版，第 36 页。在最新的《法国商法典》中，已废除了绝对的已解除监护的未成年人不得为商人的规定，但也必须经监护法官或大审法院院长的批准。《法国商法典》，罗结珍译，北京大学出版社 2015 年版，第 16－17 页。

最后，民法中的法定代理人制度和监护人制度，亦无法阻断不确定的商事风险给无民事行为能力人和限制民事行为能力人带来的财产不利益或责任追究。在极为复杂、多变的市场环境中，从事商事活动具有不可避免的风险性。根据代理理论，此种风险给财产利益造成的损失或负担将直接由被代理人承受，而这显然与《民法典》第19条和第22条规定的纯获利益行为相背离。而且，如果法定代理人或监护人存在《公司法》第20条规定的滥用股东权利之情形，[1]无民事行为能力人和限制民事行为能力人作为公司股东，也不能摆脱严格的债务连带责任的追究。我国《公司法》中没有类似《日本商法典》第6条[2]有关监护人登记和监督监护人制度等规定，这势必会造成法定代理人或监护人的权利与责任相脱节的严重后果。

③具有特殊身份的民事主体

《民法典》第76条明确规定，有限公司属于以取得利润并分配给股东等出资人为目的成立的营利法人。公司以营利为目的的本质特征决定了，不是任何民事主体均有从事商事活动并成为公司股东的主体资格。准此，以下具有特殊身份的民事主体不能继承股东资格：一是公务员。《公务员法》第59条第16款明确规定，公务员不得违反有关规定从事或者参与营利性活动，在企业或者其他营利性组织中兼任职务。[3]二是党政干部。《中共中央、国务院关于进一步制止党政机关和党政干部经商、办企业的规定》和《中国共产党员纪律处分条例》第94条第1款明确禁止党员干部从事营利活动。三是党政机关、群团组织、企事业单位厅局级及相当职务层次以上领导干部的配偶、子女及其配偶。2022年6月19日，中共中央办公厅印发《领导干部配偶、子女及其配偶经商办企业管理规定》，明确禁止上述人员投资开办企业、担任私营企业或外资企业等高级职务、私募股权基金投资、从事有偿社会中介和法律服务等经商办企行为。四是现役军人。《中国人民解放军内务条令》第105条也明确规定"军人不得经商"。五是其他法律、法规禁止从事营利活动的人员。《公司法》应禁止上述具有特殊身份的人员通过继承股东资格成为公司股东，目的在于规范和制约权力运行，保证公务员、党政干部以及现役军人等人员的廉洁性和公正性，避免权钱交易和妨碍市场自由、有序竞争。[4]

---

〔1〕 在无血缘关系的单位监护或无情感关系的其他监护情形中，此种滥用被监护人或被代理人的股东权利的风险性更大。

〔2〕《日本商法典》第6条规定："监护人为被监护人从事第四条规定之营业时，必须办理登记；对监护人之代理权的限制，不能对抗善意第三人。"柳成杰：《日本最新商法典译注详解》（第2版），中译出版社2021年版，第17页。

〔3〕《公务员范围规定》（2020）第4条第6款、第7款明确将各级审判机关、检察机关的工作人员纳入公务员范围。同时，《法官法》第22条、《检察官法》第23条及《警察法》第22条第10款分别禁止法官、检察官及警察从事营利活动。因此，该三类人员不得继承股东资格。

〔4〕 李建伟：《民法典编纂背景下商个人制度结构的立法表达》，载《政法论坛》2018年第6期。

（二）继承客体：股东资格的正当性基础

根据《公司法（修订草案）》第91条的文义，合法继承人继承的客体为股东资格。但是，有些学者认为，股东资格属于身份权，具有极强的人身专属性，应随着自然人股东的死亡而消灭，不能作为继承客体。而股权的基本属性为财产权，将其作为继承客体更符合民法的继承逻辑。[1]还有一些学者认为，应将出资（或股份）作为继承客体，出资（或股份）的可继承性主要体现在对死亡股东自益权（财产权）的继承上。[2]这些观点不仅没有厘清股东资格与相关概念的差异，而且没有注意到民商有别，仍囿于财产继承的民法思维。《公司法（修订草案）》第91条将股东资格作为继承客体，具有正当性与合理性，应予以坚守。

1. 股东资格是公司团体中的身份

商法学界和司法实务界关于股东资格能否作为继承客体的争论，根本在于没有厘清股东资格的性质。有学者认为，股东资格是以对公司出资为代价而取得的一种公司法上的身份。[3]但何为身份？是否所有的身份均具有强烈的人身专属性？"身份"作为主体在一个特定社会或群体中所处的位置或资格，广泛存在于社会生活的各个领域。[4]根据利益层面和身份功能的不同，有学者将社会中的身份体划分为家庭身份体、社团身份体、社区身份体等几种类型。[5]民法主要规范和调整婚姻家庭领域基于亲属身份地位而产生的权利义务法律关系，如父母与子女、夫与妻等之间的身份关系。[6]此种身份是基于家庭关系产生的，具有强烈的人身专属性，不能转让和继承，且无疑会随着自然人的死亡而消灭。民法学领域中的身份问题属于严格意义上的"私法"问题，与社团、社区等社会身份问题应有适当的界分。[7]就公司作为团体组织的内部而言，其包括董事、监事、高管等各种身份。此种身份依附于公司团体中的职务安排，根据法律规定、章程约定或公司需要进行设置，因而也称为职务身份，既不能被继承，也不能按照担任职务的自然人的意志进行转让。但是，职务身份并非如同亲属身份一样具有强烈的人身专属性，自然人只是在担任公司职务期间对该职务身份享有专属权，而公司作为独立的法人主体可以取消其职务身份或另作安排。因此，从公司团体的视角看，当担任公司职务的自然人死亡后，其职务身份也就脱离于个体而回归至职务本身。在公司未作出人员安排之前，该种身份处于悬置状态、缺少权利的行使主体，并非随着自然人的死亡而消

---

〔1〕李曙光：《股权继承立法的评析与完善》，载《湖北警官学院学报》2011年第6期；周海博、马帅：《有限责任公司股权继承问题考辨》，载《广西大学学报（哲学社会科学版）》2009年第6期；张大海：《有限责任公司股权继承法律问题研究》，载《法律适用》2008年第4期。

〔2〕楼晓：《未成年人股东资格之商法检讨》，载《法学》2008年第10期；赵万一、王兰：《有限公司股权继承法律问题研究》，载《法学论坛》2006年第2期；王勇华：《有限责任公司股份自由继承的理论基础》，载《法学》2005年第10期等。此类观点同样认为股东资格作为身份权，不具有可继承性。

〔3〕李曙光：《股权继承立法的评析与完善》，载《湖北警官学院学报》2011年第6期。

〔4〕张作华：《认真对待民法中的身份——我国身份法研究之反思》，载《法律科学》2012年第4期。

〔5〕马俊驹、童列春：《身份制度的私法构造》，载《法学研究》2010年第2期。

〔6〕张作华：《认真对待民法中的身份——我国身份法研究之反思》，载《法律科学》2012年第4期。

〔7〕张作华：《认真对待民法中的身份——我国身份法研究之反思》，载《法律科学》2012年第4期。

灭。只有当公司取消职位设置时，职务身份才彻底丧失存在的根基。

股东资格是公司团体中的一种身份。其既不是基于家庭关系而衍生出来的身份，故与亲属身份不同；亦不是基于公司职务设置而产生的身份，因此也与公司团体中的董事、监事以及高管等职务身份存有差异。正如上文学者所述，股东资格是股东基于对公司的出资而享有的公司法上的身份。出资人自向公司完成出资义务之时起，其对出资所享有的财产权转变成对公司享有的股东权利，并承担相应的股东义务，而股东资格则是股东权利、义务的外在表征。股东资格作为股东对公司享有股权而衍生出来的一种公司团体上的身份，相较于董事、监事以及高管等职务身份，其人身专属性更弱。因此，《公司法》第 71 条允许股东将股权转让给公司其他股东或公司以外的第三人，股权的转让意味着股东资格此种身份的一并转让。从公司团体的视角看，股东资格此种身份并非随着自然人股东的死亡而彻底消灭，同样只是暂时地处于悬置状态、缺少权利的行使主体而已。只有当该部分股权被公司注销时，其所对应的股东资格才会彻底消灭，但公司注销部分股权要比取消公司某个职务复杂得多。

2. 与民法的财产继承逻辑相区分

首先，与亲属身份和公司团体中的董事、监事和高管等职务身份不同，股东资格此种身份具有可继承性，依据在于：第一，股东资格的取得最初源于股东对公司的出资，而不是基于家庭关系和公司职务安排；第二，股东资格不具有强烈的人身专属性，股东可以依法按照自身的意志进行转让；第三，有利于维护公司资本的稳定，若公司法不允许股东资格的继承，在已故股东的股权无受让人购买时，其股权只能由公司回购，由此便会导致公司资本的减少。

其次，股东资格的身份继承与民法的财产继承逻辑不同。股权二分论认为，如果股权的财产权和身份权可以分离，公司法将原本属于民法范畴的财产权保留给民法规范，而只对身份权进行规范，或许能为公司法中的各种问题找到合理的解决路径。[1]具体到股东资格继承的问题，《民法典》继承编规定的是狭义的财产继承，并未对股东资格此种身份继承的问题作出规定，根据特别法优于一般法的法理，后者应由《公司法》予以规定更为合理。

最后，司法实践中，诸多法院同样将股东资格的身份继承，与民法中的财产继承逻辑相区分。根据最高人民法院的相关解释，“就股权所具有的财产权属性而言，其作为遗产被继承是符合我国现行法律规定的。而股东资格的继承问题，则有必要在公司法中作出规定”。[2]在“朱某某、叶某某等股东资格确认纠纷案”中，法院认为，有限公司的股权不仅具有财产属性，还具有人身属性。对于岑某某有权继承案涉股权的财产性权利，双方并无实质争议。对于案涉股权人身属性的相关权利，公司章程并没有排除的相关规定，岑某某可以继承丘某的

---

〔1〕 蔡元庆：《股权二分论下的有限责任公司股权转让》，载《北方法学》2014 年第 1 期。

〔2〕 杜万华主编：《最高人民法院公司法司法解释（四）理解与适用》，人民法院出版社 2017 年版，第 365 页。

案涉股东资格，包括财产性权利和涉及人身属性的相关权利。[1]

3. 与股权中的财产继承权相衔接

就股权中财产权和非财产权的关系而言，非财产权的作用同样应当受到重视。财产权仅是股权内容的一个重要方面，即使将其作为股权的基本属性，亦不能据此忽视或贬低股权中所包含的身份利益内容。不考虑股权的身份性质，而只是片面地强调其财产权性质的做法，只会割裂二者的密切联系，最终将导致股权中的财产权内容得不到保障。[2]

股权中的财产权和非财产权具有不可分割性。股权二分论只是理论上的依据，为避免股权内容的人为割裂和保障继承人享有完整的股东权利，《公司法（修订草案）》第 91 条对其作了法技术上的处理。也就是，股东资格的合法继承人必须符合《民法典》继承编的相关规定，具备继承股权中财产权内容的主体资格。换言之，继承人享有财产继承权是享有股东资格继承权的前提，由此便将股权中的财产权和非财产权内容合二为一。

（三）继承时间：自然人股东死亡之时

根据《民法典》继承编第 1121 条第 1 款和《民法典》物权编第 230 条，遗产的继承取得在被继承人死亡之时生效。《公司法（修订草案）》第 91 条对股东资格继承取得的时间尚未作出明确规定。诸多学者认为，从继承法的角度看，继承人在自然人股东死亡之时可以取得股权中的财产权；但从公司法的角度看，股东资格的取得须依团体法程序并经公司登记于股东名册后才能发生转移。[3]司法实践中，有些法院亦持此种观点。[4]笔者认为，上述观点中关于股权中财产权继承取得的时间值得肯定，但在公司章程无另外规定时，股东资格继承取得的时间亦应为自然人股东死亡之时。

1. 股东变更登记作为继承要件的不足

《公司法》第 32 条第 2 款中的“可以”一词，表明股东名册只是具有股东资格的推定效力，在股东名册之外还可以有其他行使权利的依据。[5]《公司法》第 32 条第 3 款规定，“未

---

〔1〕 广东省广州市中级人民法院（2021）粤 01 民终 9816 号民事判决书。同类案件有江苏省扬州市中级人民法院（2018）苏 10 民终 811 号民事裁定书；四川省成都市中级人民法院（2020）川 01 民终 7293 号民事判决书；浙江省绍兴市越城区人民法院（2020）浙 0602 民初 3335 号民事判决书；河南省洛阳市西工区人民法院（2020）豫 0303 民初 5775 号民事判决书等。

〔2〕 许中缘：《论〈公司法〉第 42 条但书条款的规范解释》，载《现代法学》2021 年第 2 期；张大海：《有限责任公司股权继承法律问题研究》，载《法律适用》2008 年第 4 期。有法院认为，有限责任公司人合性较强，股权的管理属性并不弱于财产属性。天津市西青区人民法院（2019）津 0111 民初 9243 号民事判决书；新疆维吾尔自治区巴音郭楞蒙古自治州中级人民法院（2017）新 28 民终 1751 号民事判决书等。

〔3〕 徐强胜：《〈公司法〉第七十五条规定的逻辑》，载《河南财经政法大学学报》2020 年第 2 期；楼晓：《未成年人股东资格之商法检讨》，载《法学》2008 年第 10 期；楼建波：《论有限公司股东的股权继承与股东资格继承》，载《当代法学》2007 年第 5 期。

〔4〕 江苏省常州市中级人民法院（2021）苏 04 民终 503 号民事裁定书；广西壮族自治区南宁市中级人民法院（2021）桂 01 民终 2807 号民事裁定书。

〔5〕 刘凯湘：《股东资格认定规则的反思与重构》，载《国家检察官学院学报》2019 年第 1 期；张双根：《论有限责任公司股东资格的认定》，载《华东政法大学学报》2014 年第 5 期。

经登记或者变更登记的，不得对抗第三人”。这意味着，公司登记机关的登记也只能产生对抗效力、公示效力，不具有生效效力。股东资格继承不同于股权转让，不存在重复行使权利的情形，故无须以股东变更登记为要件。〔1〕而且，将股东变更登记作为股东资格继承取得的要件，会损害合法继承人利益，背离公司正义原则。

一方面，《市场主体登记管理条例》第24条第1款规定，“市场主体变更登记事项，应当自作出变更决议、决定或者法定变更事项发生之日起30日内向登记机关申请变更登记”。而且，其在第8条第2款第1项规定，有限责任公司股东的姓名或名称属于登记事项。据此，公司为进行股东变更登记的义务主体，仅以公司未进行变更登记作为否定合法继承人取得股东资格的理由，对继承人有失公平。〔2〕有些公司甚至可能借此故意拖延申请办理股东变更登记的时间，以损害合法继承人或已故股东的利益。〔3〕

另一方面，上述区别对待股权中财产权和身份权继承时间的观点，会造成股权内容的人为割裂。失去股权中非财产权内容的保障，合法继承人已取得的股权中的财产权也必然会受到损害。例如，公司以继承人未取得股东资格，不是公司股东为由，拒绝其对利润分配等决议事项行使表决权。而且，上述观点也势必会造成在自然人股东死亡之时至股东变更登记完成之时这段时间内，已故股东的股权权属处于无主或悬置状态，〔4〕这对公司的正常经营极为不利，在已故股东为公司大股东时，更是如此。

2. 股东资格继承无须经其他股东同意

《公司法》第三章“有限责任公司的股权转让”采取了从一般到特殊的立法逻辑，〔5〕意味着对基于继承产生的股权变动应作特殊处理。第71条是股权转让的一般规定，是基于自然人股东的意思表示引起的股权变动。第72条、第75条为股权转让的特殊规定，是基于法院判决和自然人股东死亡引发的股权变动。第72条、第75条既然是对第71条的特殊规定，除特别说明外，原则上无须遵循股权转让的程序要求。基于此，第72条只是规定了其他股东的优先购买权，而没有规定同意权。第75条对其他股东的优先购买权和同意权均未作出规定，表明由继承引起的股权变动无须经其他股东同意，其他股东也不享有优先购买权。

《最高人民法院关于适用〈中华人民共和国公司法〉若干问题的规定（四）》第16条也明确规定，在公司章程或全体股东无另外规定或约定时，有限公司其他股东依据《公司法》

---

〔1〕 蔡英欣：《论公司法上共同继承股份之权利行使》，载《东吴法律学报》2018年第3期。

〔2〕 浙江省永嘉县人民法院（2019）浙0324民初7815号民事判决书；广东省东莞市第三人民法院（2016）粤1973民初8760号民事判决书。

〔3〕 如在“陈某某、广州市某某有限公司股东资格确认纠纷案”中，被告公司在诉讼中虽已同意为继承人办理股东变更登记，但在一审法院规定的限期内一直拖延未予办理，导致继承人的合法权益遭受损害。广东省广州市中级人民法院（2020）粤01民终7492号民事判决书。

〔4〕 孙宪忠、朱广新主编：《民法典评注（物权编1）》，中国法制出版社2020年版，第193页。

〔5〕 徐强胜：《〈公司法〉第七十五条规定的逻辑》，载《河南财经政法大学学报》2020年第2期。

第71条第3款对已故股东的股权主张优先购买权的，人民法院不予支持。公司其他股东既然不享有优先购买权，因此也就无须经其同意。而且，为了尊重有限公司的人合性，《公司法》第75条通过但书条款赋予了公司章程对股东资格继承另作规定的权利。换言之，公司章程若没有另作规定，意味着《公司法》第75条的一般性规定就会对全体股东产生拘束力，即合法继承人可以继承股东资格。

3. 继承应为股东资格取得的独立路径

继承法规则既在物权法中产生影响，也在公司法中发挥作用。《民法典》物权编第214条和第225条，对物权变动的效力作了一般规定。同时，该编第230条对因继承产生的物权变动作了特殊规定——“因继承而发生物权变动的，自继承开始时发生效力”，体现了物权法对继承法的尊重及分工协调。据此，继承应是物权取得的一种独立路径。同样，继承也应是股东资格取得的一种独立路径。《公司法》第32条第2款和第3款对股权变动作了一般规定，同时，第75条对因继承产生的股权变动同样作了规定。参照《民法典》物权编的立法思路，《公司法》第75条可以作为对第27条和第50条的特殊规定。这意味着，在公司章程和自然人股东的遗嘱没有另作规定时，合法继承人在自然人股东死亡之时即可取得股东资格。〔1〕

在司法实践中，诸多法院也认为，合法继承人在自然人股东死亡之时即可取得股东资格。经笔者统计，在2017~2021年内的91份有效案例中，〔2〕认可合法继承人在自然人股东死亡之时即可取得股东资格的案例共有82份，认可在股东变更登记完成之时取得股东资格的案例共有9份〔3〕。就前者而言，根据裁判文书认可的方式，可将其分为两类：第一类是直接认可。如在“董某、四川某某有限公司合同纠纷案”〔4〕中，法院认为，自被继承人死亡之时，若公司章程没有特殊约定，股权即已转移至继承人，即使该继承人的姓名尚未登记于股东名册，并不应影响其股东身份的取得。第二类是间接认可，如在“徐某与许某某、南京

〔1〕 四川省自贡市中级人民法院（2020）川03民终42号民事判决书；陕西省西安市中级人民法院（2020）陕01民终244号民事判决书。

〔2〕 笔者在北大法宝的“司法案例”版块中，以“《中华人民共和国公司法》第七十五条”为检索对象，以“本院认为”为检索范围，审结年份为“2017－2021”，共检索出466份案例。除去与本节研究对象无关的案例，共得到有效案例91份。

〔3〕 江苏省常州市中级人民法院（2021）苏04民终503号民事裁定书；广西壮族自治区南宁市中级人民法院（2021）桂01民终2807号民事裁定书；陕西省澄城县人民法院（2020）陕0525民初1024号民事判决书；江西省景德镇市珠山区人民法院（2019）赣0203民初680号民事判决书；湖南省长沙市岳麓区人民法院（2019）湘0104民初10987号民事判决书；广东省珠海横琴新区人民法院（2019）粤0491民初1243号民事判决书；北京市东城区人民法院（2019）京0101民初2424号民事判决书；河南省郑州市金水区人民法院（2018）豫0105民初18838号民事判决书；浙江省嘉兴市中级人民法院（2015）浙嘉商终字第587号民事判决书。

〔4〕 四川省南充市中级人民法院（2019）川13民终3749号民事判决书。此类案例还有辽宁省锦州市太和区人民法院（2020）辽0792民初203号民事判决书；安徽省滁州市中级人民法院（2020）皖11行初44号行政判决书；上海市松江区人民法院（2018）沪0117民初18621号民事判决书；四川省自贡市中级人民法院（2020）川03民终42号民事判决书等。

某某有限公司股东资格确认纠纷案”[1]中，法院在确认继承人徐某为被告公司的股东的同时，判决被告于判决生效之日起30日内，将徐某记载于公司股东名册并在公司登记机关办理变更登记。

四、程序要件：股东资格继承的团体法规则

（一）合法继承人的通知义务

1. 合法继承人通知义务的法理基础

首先，公司法具有团体法属性。在整个公司治理的法律框架中，公司内部法律关系的设立、变更以及消灭不能离开“公司”这个主体进行讨论。[2]股东资格此种身份属于公司团体中的身份，从尊重公司组织的主体地位出发，需要关注公司意思在股权变动中的地位。[3]因此，合法继承人在自然人股东死亡之后的合理期限内，应当将继承的意思表示书面通知公司并递交相关证明材料，经公司确认后，此种股东资格的取得才能对公司产生拘束力。

其次，根据《公司法》第32条第1款规定，在公司治理的法律框架中，股东名册是公司判断谁为公司股东的直接依据，公司据此向股东分配利润、派发新股抑或通知召开股东会等。换言之，对公司而言，只有记载于股东名册上的股东才是公司的股东。值得注意的是，《公司法（修订草案）》第50条在股东名册须记载的事项中，新增了1项规定——“取得和丧失股东资格的时间”。由此进一步表明，合法继承人向公司履行通知义务的必要性，公司可根据通知来确定股东资格取得和丧失的时间。

最后，合法继承人通知义务的确立，是保障商事交易安全和交易效率的必然要求。维护社会经济秩序是《公司法》的立法目的之一，公司登记是公司以外的第三人了解公司情况的重要依据，具有保障商事交易安全和交易效率的功能。根据《公司法》第32条第3款规定，公司是进行公司变更登记的义务主体。《公司法（修订草案）》第87条明确规定，“股东转让其股权的，应当书面通知公司，请求变更股东名册并向公司登记机关办理变更登记”。但在因继承引起的股权变动中，自然人股东已死亡，通知义务应转由股东资格的合法继承人履行。基于此，《公司法（修订草案）》第91条有必要确立合法继承人对公司的通知义务。

---

[1] 江苏省南京市溧水区人民法院（2020）苏0117民初1113号民事判决书。此类案例还有贵州省盘州市人民法院（2020）黔0222民初3058号民事判决书；内蒙古自治区呼和浩特市回民区人民法院（2020）内0103民初4048号民事判决书；山东省潍坊市寒亭区人民法院（2019）鲁0703民初1926号民事判决书；湖南省溆浦县人民法院（2020）湘1224民初58号民事判决书；广东省广州市越秀区人民法院（2019）粤0104民初18450号民事判决书等。

[2] 徐强胜：《我国公司人格的基本制度再造——以公司资本制度与董事会地位为核心》，载《环球法律评论》2020年第3期。

[3] 李建伟：《公司认可生效主义股权变动模式——以股权变动中的公司意思为中心》，载《法律科学》2021年第3期。

2. 合法继承人通知的法律效果

合法继承人自知道股东资格继承开始之日起，应及时向公司作出继承或放弃继承股东资格的书面通知，并提交相关的证明材料。该项书面通知将产生以下两种法律效果：

第一，合法继承人通过向公司作出继承的意思表示，可以触发公司办理股东变更登记的义务。公司若不及时办理，该项通知即可产生对抗公司的效力，且应由公司承受由此产生的不利后果。但是，该项书面通知也仅能产生对抗公司的效力，不能据此对抗公司以外的善意相对人，后者仍以公司登记机关的登记为准。

第二，合法继承人未向公司作出继承或放弃继承股东资格的书面通知的，视为放弃继承。根据《民法典》继承编第1124条第1款规定，在继承开始后，继承人未作出放弃继承的意思表示时，视为接受继承。但在股东资格继承制度中，民法的此种规则设计不具有借鉴意义。股东资格属于公司团体中的身份，不同于民法中的遗产。如果允许合法继承人不向公司作出继承股东资格的书面通知，已故股东的股权权属则无法及时得到确认。股权处于无主或悬置状态的时间将会被延长，不利于保障商事交易安全、交易效率以及公司的正常经营。在“陆某某等诉广西某某有限公司公司决议纠纷案”中，法院认为，没有证据证明陆某某、罗某某等向广西某某公司提出过修改公司章程、办理变更登记等要求，因此陆某某、罗某某等现在还不是该公司的股东。[1]

3. 合法继承人通知的期限设置

合法继承人通知期限的设置涉及保护股东资格继承权、维系商事交易安全和公司正常经营等多种利益之间的衡量。《公司法（修订草案）》第87条只是规定了股权转让人应书面通知公司，但未明确通知的期限，可能会导致该条规定在司法适用中引发不必要的纠纷。现行《公司法》对期限的设置分别有180日、90日、60日、45日、30日等，但尚未规定股东资格继承的通知期限。

合法继承人的通知期限不宜设置得过长或过短。如果通知期间设置过长，虽然有利于保护合法继承人的利益，但不利于维系商事交易安全、交易效率和公司的正常经营。因此，《公司法》规定的180日和90日不具有可参考性。但如果通知期限设置过短，反而会损害合法继承人的利益。因此，《公司法》规定的20日、15日、7日等同样不具有借鉴价值。

笔者认为，合法继承人的通知期限宜设置为30日。通知期限设置为30日的目的有二：一是为合法继承人决定是否继承股东资格并准备相关证明材料，预留较为充足的时间。在股权转让中，《公司法》第71条同样为公司其他股东决定是否行使同意权预留了30日的时间，在该期限内未行使的，视为对同意权的放弃。尽管就放弃的后果而言，股东资格继承与同意权不同，前者的后果是放弃继承，后者则视为同意。二是倒逼合法继承人尽快及时通知公

〔1〕 广西壮族自治区南宁市中级人民法院（2021）桂01民终2807号民事判决书。

司，并作出继承或放弃继承的意思表示，有助于及时确定因股东资格继承而引发的相关法律关系。《公司法》第89条要求发起人自股款缴足之日起30日内主持召开公司创立大会，其目的之一就在于促使发起人及时设立公司，进而使因公司设立而产生的诸多法律关系得以确定，如发起人和公司、股东和公司以及债权人和公司等之间的法律关系。

（二）公司对通知的确认或抗辩

1. 董事会为受理通知的机构

《公司法（修订草案）》第87条规定，股权转让人的通知对象是公司，但没有进一步明确公司的何种机构具有受理通知的义务。笔者认为，在股东资格继承制度中，《公司法（修订草案）》应当明确董事会为通知的受理机构。

《公司法（修订草案）》对股东会和董事会的权力进行了分配，根据公司剩余权利的标准，[1]确立了董事会中心主义。《公司法（修订草案）》第54条明确了股东会的“10 + X”项职权，其中的10项职权主要包括投资经营决定权、人事权、审批权、决议权以及修改公司章程权等五大方面，“X”为公司章程规定的其他职权，为其兜底性条款。从股东会前10项权利的性质来看，均事关公司重大的、根本性事项，因此公司章程规定的其他职权亦不能跳脱于该种权利性质的约束。《公司法（修订草案）》第62条规定，“董事会是公司执行机构，行使本法和公司章程规定属于股东会职权之外的职权”。公司股东的变更属于公司经营中极为重要的事务，但不属于公司重大的、根本性事项，应纳入董事会的职权和义务范围之内，有助于董事会及时了解和掌握公司的经营状况并制定和调整相应的经营策略。

2. 公司确认或抗辩后的义务

公司在收到合法继承人的通知和相关证明材料后，应及时进行实质审查，确认其合法性和真实性，并决定是否予以认可。根据《公司法（修订草案）》第87条规定，在股权转让中，公司无正当理由不得拒绝变更股东名册并向公司登记机关办理变更登记的请求。从《公司法》立法体系前后逻辑保持一致的思路看，《公司法（修订草案）》第91条同样应当规定，公司在收到继承通知后，无正当理由不得拒绝履行办理有关股东变更程序的请求。《市场主体登记管理条例》第24条第1款规定，“市场主体变更登记事项，应当自作出变更决议、决定或者法定变更事项发生之日起30日内向登记机关申请变更登记”。据此，公司在审查相关材料后，予以确认或不作任何表示的，应当自收到通知之日起30内变更股东名册并向公司登记机关申请变更登记。如果公司收到合法继承人放弃继承股东资格的通知，或在上述通知期限内未收到通知的，公司应及时将已故股东的股权进行转让、回购抑或注销。所得股权转让款或公司支付的股权回购款应当返还给继承人，且不得损害继承人的正当利益。

---

〔1〕 赵旭东：《公司法修订中的公司治理制度革新》，载《中国法律评论》2020年第3期。

公司在收到合法继承人的通知后，认为其证明材料不充分的，应一次性告知继承人需补充的且必要的全部材料。公司如认为继承人不符合股东资格继承条件的，应自收到通知之日起 30 日内，向其书面说明正当理由。何为正当理由？笔者认为，该正当理由主要包括三个方面：一是继承人不具有《民法典》继承编规定的财产继承权；二是继承人不具有继承股东资格的主体资格，如无民事行为能力人、限制民事行为能力人、受遗赠人、遗赠扶养人协议的扶养人以及具有特殊身份的人员等；三是继承人不符合公司章程规定的有关股东资格继承的限制条件，或公司章程已明确禁止股东资格的继承。除以上三种正当理由外，公司不得拒绝合法继承人的申请。公司拒绝申请或在合理期限内不予答复的，合法继承人可以依法向人民法院提起诉讼。

（三）数人继承股东资格的规则

在数位继承人均可继承股东资格的情形下，其如何继承并行使股东权利，《公司法（修订草案）》第 91 条未作出明确规定。笔者认为，数位合法继承人在自然人股东死亡之时，均可继承股东资格。但在股权分割之前，《公司法（修订草案）》第 91 条需明确共同继承人的股权行使规则。需注意的是，数位继承人同样须向公司履行通知义务，否则该股东资格的取得不对公司产生拘束力。

1. 数位继承人分别继承股东资格

根据上文，合法继承人在自然人股东死亡之时，即可取得股东资格，该种规则同样适用于合法继承人有数人的情形。问题在于，是由合法继承人共同取得股东资格？或者分别取得股东资格？有学者认为，自然人股东死亡后，既可以采取股权分割的方式，各继承人均享有股东资格；也可以采取共同继承的方式，各继承人共同享有股权。〔1〕

笔者认为，合法继承人在自然人股东死亡之后，应分别取得股东资格，理由在于：一方面，我国现行《公司法》中并无股权显名共有的制度设计，因此共同继承股东资格的方式在法律适用中不具有可操作性。而且，该种方式存在架空《公司法》第 24 条关于有限公司股东人数限制的可能。《公司法》第 24 条规定了有限公司的股东人数不得超过 50 人，在公司和股权共有状态永久存续的情况下，那么公司就可以借此以规避这一强行性规定。〔2〕另一方面，该种继承方式有利于维护共同继承人和公司的利益，以及促使股权的及时分割。对于公司董事、监事以及高管等违反法律、行政法规或公司章程的规定，侵害公司或股东利益的行为，单个继承人如果无独立的股东资格，其也就不能以股东身份提起诉讼以维护公司或共同继承人的利益。而且，只要共同继承人中有一位继承人不愿提起诉讼，其他继承人也不具有

〔1〕 王跃龙：《有限责任公司股权继承之析》，载《政治与法律》2007 年第 6 期。我国有学者认为，根据是否将共有人全部记载于公司登记，可将股权共有分为显名共有和隐名共有两种类型。梁开银：《论公司股权之共有权》，载《法律科学》2010 年第 2 期。本文此处共有为显名共有，即将所有继承人均登记于一个股东资格之下。

〔2〕 张澎：《论公司章程在有限责任公司股权继承中的作用》，载《法律适用》2007 年第 1 期。

提起股东资格确认之诉的主体资格，由此会拖延股权分割的时间。

2. 股权行使代理人的选任规则

各合法继承人虽然可以分别继承股东资格，但在股权分割之前，由于其所应取得的股权份额不能确定，故其股东权利的行使需受到限制。根据股东权利的行使是否基于出资比例，可将股东权利分为以下两类：第一类股东权利的行使须以股权份额的确定为前提条件，应由共同继承人共同行使。如基于出资比例的表决权、分红权及优先认缴出资权等。第二类股东权利的行使不以股权份额的确定为前提条件，可由各继承人独立行使。如股东会的出席权、知情权及查阅公司会计账簿的请求权等。那么，在股权分割前，共同继承人如何行使第一类股东权利？

（1）股权行使代理人制度的必要性

首先，股权行使代理人制度的确立，是明晰公司治理中权利、义务和责任关系的必然要求。对公司而言，确认股东权利由何人行使及其意思，不但事关公司的决策效率，更有关公司确认股东义务是否确实履行。〔1〕此外，还应避免因权利的重复行使或共有人意思难以认定而衍生出更为复杂的法律关系。〔2〕基于此，在股权分割前，共同继承人内部应先确定股东权利行使的代理人，再由代理人统一向公司行使股东权利。〔3〕我国台湾地区“公司法”第160条〔4〕和《日本公司法》第608条第5款〔5〕也同样规定，共有人为两人以上的，应由共有人推定一人行使股东权利。

其次，《民法典》物权编中的遗产管理人，不能完全充任股权行使代理人。有学者认为，在《民法典》继承编规定遗产管理人制度之后，《公司法》无须另设共同继承人的代理人制度，法律依据在于《民法典》继承编第1147条第6项规定——“实施与管理遗产有关的其他必要行为”。〔6〕该种观点值得商榷。第一，《民法典》继承编第1147条第6项并不能作为将遗产管理人确定为股权行使代理人的法律依据。根据该条规定，遗产管理人管理的客体是遗产（财产权），而股权行使代理人行使的客体是股东权利（兼具财产权和非财产权）。该两种客体属于不同性质的权利，权利范畴亦不相同。第二，股东行使股东权利，不仅只为自

〔1〕 周振峰：《论继承股份时行使共有股份权利之争议——以出席股东会为讨论中心》，载《财金法学研究》2018年第3期。

〔2〕 蔡英欣：《论公司法上共同继承股份之权利行使》，载《东吴法律学报》2018年第3期。

〔3〕 周振峰：《论继承股份时行使共有股份权利之争议——以出席股东会为讨论中心》，载《财金法学研究》2018年第3期。

〔4〕 我国台湾地区“公司法”第160条规定：“股份为数人共有者，其共有人应推定一人行使股东之权利。”

〔5〕 《日本公司法》第608条第5款规定：“第1款的一般继承人（限于通过继承而承继份额的人）为2人以上的，各一般继承人未能确定1人为行使承继份额权利的人的，不得行使该承继份额的权利。但份额公司同意行使该权利的除外。”吴建斌编译：《日本公司法》，法律出版社2017年版，第310页。

〔6〕 李飞：《〈民法典〉与共同继承人的股权行使》，载《武汉大学学报（哲学社会科学版）》2021年第4期；孙宪忠、朱广新主编：《民法典评注（继承编）》，中国法制出版社2020年版，第234页。

身利益（自益权），还应考虑全体股东的共同利益（共益权），[1]而遗产管理人管理遗产的行为仅出于维护被继承人或全体继承人的利益。因此，将股权行使的代理行为简单地解释为管理被继承人的遗产而实施的“其他必要行为”，不具合理性。第三，《民法典》继承编第 1145 条规定的第 3 类和第 4 类遗产管理人不能或无须作为股权行使代理人。根据该条规定，在被继承人未指定遗嘱执行人且共同继承人未推选遗产管理人时，应由数个继承人共同担任遗产管理人。若在此种情况下，仍由遗产管理人（数个继承人）均担任股权行使代理人，上文已作出分析，不具可行性。在没有继承人或者继承人均放弃继承股东资格时，已故股东的股权价值在其死亡之时即已确定，也无须确定共同继承人的股权行使代理人。而且，股权行使代理人不宜由民政部门或村民委员会担任。[2]第四，《民法典》继承编第 1145 条规定的第 1 类和第 2 类主体可以为《公司法》所吸收。若自然人股东在遗嘱中已指定遗嘱执行人的，则由该遗嘱执行人作为股东权利的行使人。[3]若没有遗嘱执行人的，则由数个继承人共同推选遗产管理人，经其协商决定，该遗产管理人同时可以作为股权行使代理人。

（2）股权行使代理人的选任方式

有学者认为，股权行使代理人的选任应经共同继承人一致同意。理由在于，共同继承人之间的关系比合伙企业的合伙人之间的关系更缺乏合作性和协调性，既然执行合伙事务之合伙人的选任都需要一致同意，那么共同继承人之代理人的选任更需要一致同意，法律依据为《合伙企业法》第 19 条和第 26 条。[4]此种观点值得商榷，股权行使代理人的选任规则与执行合伙事务之合伙人的选任规则不具有可比性。《合伙企业法》第 19 条和第 26 条均位于“普通合伙企业”一章之中，普通合伙企业中执行合伙事务之合伙人的选任之所以须经全体合伙人一致同意，关键不在于其人合性的强弱，而在于合伙人承担责任的轻重。普通合伙企业中的每一位合伙人均对合伙企业的债务承担无限连带责任，故执行合伙事务之合伙人的选任原则上须经全体合伙人一致同意，但合伙协议另有约定的除外。这一点可以在“有限合伙企业”一章中规定的执行合伙事务之合伙人的选任规则得到佐证。《合伙企业法》第 67 条明确规定“有限合伙企业由普通合伙人执行合伙事务”，有限合伙人之所以不能执行合伙事务，是由于其对合伙债务只承担有限责任。[5]具体到有限公司的股东资格继承中，由于已故股东生前为有限公司的股东，其以认缴的出资额为限对公司承担有限责任，因此已故股东的共同继承人对公司同样承担有限责任。据此，共同继承人以及各继承人的有限责任，决定了其代理人的推选无须采用严格的全体一致同意。

股权行使代理人的选任应经共同继承人过半数同意。共同继承人的股权行使代理人类似

---

〔1〕 施天涛：《公司法论》，法律出版社 2018 年版，第 257 页。
〔2〕 樊纪伟：《我国继承人共有股权之股东权利行使研究》，载《中国政法大学学报》2022 年第 1 期。
〔3〕 广东省高级人民法院（2013）粤高法审监民提字第 65 号民事判决书。
〔4〕 李飞：《〈民法典〉与共同继承人的股权行使》，载《武汉大学学报（哲学社会科学版）》2021 年第 4 期。
〔5〕 李飞主编：《中华人民共和国合伙企业法释义》，法律出版社 2006 年版，第 108 页。

于《公司法》中的法定代表人。就内部关系而言，共同继承人整体类似于一个有限公司的缩影：公司以其全部财产对公司的债务承担有限责任；共同继承人整体以已故股东认缴的出资额为限对公司承担有限责任。二者的区别之一在于，有限公司各股东所应承担的责任通常是确定的，而各继承人由于在股权分割前所应继承的份额不确定，进而其内部的责任分担亦不确定，但这并不妨碍其所承担的责任为有限责任。就外部关系而言，法定代表人在授权范围内以公司的名义从事民事活动，法律后果由公司承受；而共同继承人的代理人同样在授权范围内以共同继承人的名义行使第一类股东权利，法律后果也同样由共同继承人承受。准此，共同继承人之代理人的选任可借鉴《公司法》中法定代表人的选任规则。法定代表人通常由董事长、执行董事或者经理担任。以董事长的选任为例，有限公司董事长的选任办法较为宽松自由，可由公司章程自由规定；而股份有限公司董事长由董事会以全体董事的过半数选举产生。[1]由此可知，《公司法》中法定代表人（董事长）的选任没有采取绝对多数决的严格规则。其原因在于在有限责任的背景下，相对于更加强调公平的民法而言，商法强调的是效益至上兼顾公平与其他。[2]此外，由于各继承人在股权分割前所应继承的份额不确定，故应采取按人数的表决方式更为合理。据此，共同继承人之股权行使代理人的选任，也只需经共同继承人过半数以上同意即可，但共同继承人另有约定的除外。

3. 共同继承人的内部决议规则

根据委任代理理论，股权行使代理人应依照共同继承人的指示行使股东权利。但是，在共同继承人的内部之间如何形成该种指示？有学者认为，既然共同继承人之代理人的选任采取一致决，那么共同继承人就股东权利的行使也应采取一致决才符合逻辑。[3]该种观点值得商榷，股权行使代理人的选任与共同继承人决定代理人如何行使股东权利是两种不同的决议事项，二者之间不具有必然的联系。如果公司的所有事项均需共同继承人的一致同意，易导致公司决议僵局的出现，[4]进而严重影响公司治理的效益。而且，仅一人就能轻易否决多数人通过的决议，对多数继承人而言，也难谓公平。基于此，不宜采取全体继承人一致同意的方法。笔者认为，股权行使代理人行使第一类股东权利的对象是公司，故应根据公司决议事项的重要性程度来决定共同继承人内部的决议规则。共同继承人在股权分割前，对于第一类

---

〔1〕 刘俊海：《现代公司法》，法律出版社2015年版，第609－610页。

〔2〕 覃有土主编：《商法学》，高等教育出版社2017年版，第22页。上述这一商法原则贯穿了公司的决议规则，公司决议通常只需经过半数同意即可，只有在公司作出重大决议时，《公司法》才要求需经2/3以上同意或全体一致同意，如公司章程的修改、增加或减少注册资本等。显然，《公司法》并未将法定代理人的选任这一事项作为公司的重大决议事项。

〔3〕 李飞：《〈民法典〉与共同继承人的股权行使》，载《武汉大学学报（哲学社会科学版）》2021年第4期。

〔4〕 周振峰：《论继承股份时行使共有股份权利之争议——以出席股东会为讨论中心》，载《财金法学研究》2018年第3期。

股东权利为共同共有关系。[1]根据《民法典》第 301 条规定，除共有人之间另有约定外，处分共有物和对共有物作重大修缮、变更性质或者用途的，应经全体共同共有人一致同意。据此，就共同继承人的内部决议规则而言：对于公司决议事项中涉及股权的处分或变更事项，如股权转让、公司解散或者变更公司形式等事项，应经共同继承人一致同意；[2]对于公司其他的一般决议事项，从商事效率原则的角度出发，经共同继承人过半数同意即可。[3]共同继承人内部作出决议后，再由股权行使代理人在授权的范围内统一向公司行使权利。

五、结论与建议

受立法惯性的影响，《公司法（修订草案）》第 91 条是对《公司法》第 75 条的直接承继。然而，随着商事实践的不断发展和《民法典》的颁布实施，现行的有限公司股东资格继承制度已不能完全满足司法实践的需要，本次公司法修订应予以关注。在公司章程无例外规定时，可以从实体和程序两大要件对《公司法（修订草案）》第 91 条进行具化与完善。

在实体要件层面，股东资格的继承主体范围应排除受遗赠人、遗赠扶养协议的扶养人、限制民事行为能力人、无民事行为能力人及具有特殊身份的人员。继承客体为股东资格，具有合理性和正当性基础，应予以坚守。合法继承人在自然人股东死亡之时即可取得股东资格。在程序要件层面，合法继承人应自知道股东资格继承开始之日起的 30 日内，向公司（董事会）发出继承或放弃继承的书面通知，未作出通知的，视为放弃继承股东资格。公司收到继承通知后，应在 30 日内完成股东变更登记（确认）或提出抗辩理由。合法继承人有数人的，可分别继承股东资格。在股权分割前，股权行使代理人的选任应经共同继承人过半数同意。就共同继承人的内部决议规则而言，对于公司决议事项中涉及股权的处分、变更等事项，应经共同继承人的一致同意；对于公司其他的一般决议事项，只需经其过半数同意即可。但是，共同继承人对上述规则另有约定的，应遵照其约定。共同继承人作出决议后，由其股权行使代理人在授权范围内统一行使。如今恰逢《公司法》修改之契机，本文对《公司法（修订草案）》第 91 条提出如下立法建议稿：

第九十一条　自然人股东死亡时，其合法继承人可以继承股东资格；但是，公司章程另有规定的除外。

---

〔1〕 我国《公司法》并未规定股权共有关系，根据《民法典》第 297 条、第 299 条、第 308 条和民法学界的主流观点，被继承人死亡后，遗产分割前，全体继承人对于该遗产是共同共有关系。王利明等：《民法学》，法律出版社 2020 年版，第 409 页；孙宪忠、朱广新主编：《民法典评注（物权编 2）》，中国法制出版社 2020 年版，第 352 页；王泽鉴：《民法物权》，北京大学出版社 2010 年版，第 254 页。具体到股东资格继承中，由于各继承人在股权分割前的应继份不确定，且其之间通常为家庭关系，故各继承人对于第一类股东权利为共同共有。

〔2〕 蔡英欣：《论公司法上共同继承股份之权利行使》，载《东吴法律学报》2018 年第 3 期。

〔3〕 游进发：《准共同共有关系里之权利行使》，载《交大法学评论》2021 年第 8 期。

合法继承人继承股东资格的，应自知道或应当知道继承开始之日起30日内书面通知公司，请求变更股东名册并向公司登记机关办理变更登记，公司无正当理由不得拒绝。合法继承人未通知的，视为放弃继承。公司拒绝或自收到通知30日内不予答复的，合法继承人可以依法向人民法院提起诉讼。

合法继承人有数人的，可以分别继承股东资格。股权分割前，共同继承人应推定一人行使基于出资比例的股东权利；但是，共同继承人另有约定的除外。

无民事行为能力人、限制民事行为能力人、国家公务人员、党政干部及现役军人等不得继承股东资格。对不能或放弃继承股东资格的，其所应继承的股权价值，按相关规定继承。

未届认缴期限股东转让股权后出资责任认定

卢 颖 张 阳*

目 次

一、问题的提出

——以A公司与C公司、张某股东损害公司债权人利益责任纠纷案为样本

样本案件中，案外人B公司系一人有限责任公司，原股东为C公司。2017年3月，A公司与B公司商谈租赁铝模板材料事宜，双方口头约定交货日期为2017年5月20日。2017年3月24日，A公司向B公司汇款20万元作为铝模订金。后因B公司表示不能按时提供模板，A公司于2017年诉至法院，要求B公司退还已付款20万元。法院于2018年11月6日作出二审判决（以下简称生效判决）：B公司应返还A公司20万元。

* 卢颖，法学博士、上海市第一中级人民法院法官；张阳，法学博士、上海市第一中级人民法院法官助理。

B公司注册资本1000万元，原股东C公司认缴出资1000万元，出资期限为2026年11月6日。2018年3月12日，C公司与张某签订《股权转让协议书》，约定C公司将其持有的B公司100%股权无偿转让给张某；同日，进行了公司变更登记。2018年4月10日，B公司作出《B公司股东关于公司注销及成立清算组的决定》，载明张某系公司清算组成员。2018年6月3日，《B公司清算报告》载明：投资人保证企业债务已清算完毕，所报清算材料真实、完整，并承担由此产生的一切责任。张某在“股东签字”处签名确认。2018年6月5日，B公司注销登记。

A公司于2019年1月10日向法院申请执行，法院查明：B公司已于2018年6月5日被注销，遂裁定：对A公司的执行申请，法院不予受理。A公司遂提出本案诉请，要求：（1）C公司在未出资1000万元范围内对B公司在生效判决确定的债务中不能清偿的部分承担补充赔偿责任；（2）判令张某对B公司在生效判决中应当清偿的债务承担赔偿责任。

本案一审法院认为，在认缴期限届满前，C公司未实际出资并不构成未履行或者未全面履行出资义务；且C公司已将其持有的B公司100%股权转让给张某，因此，A公司要求C公司在未出资本息范围内承担补充赔偿责任的请求，不予支持。张某系B公司股东及清算组成员，并承诺公司债务已清算完毕，并愿意承担由此产生的一切法律责任。据此，判决支持A公司对张某的诉讼请求。

二审法院认为，本案中C公司属于未届出资期限的股东转让股权，原则上原股东C公司无须承担出资责任。B公司作为案涉债务的被执行人，经过破产程序后注销登记，故受让股东张某应视为股东出资期限加速到期。但是，从本案股权转让过程来看，在A公司与B公司诉讼期间，C公司将其持有B公司（注册资本1000万元）的100%股权无偿转让，具有主观恶意，系故意利用股东期限权利而损害第三方债权人利益，在此情况下，该股权转让股东应当在其认缴范围内承担相应出资义务，即C公司应与受让人张某一同向公司债权人承担连带责任。综上，二审法院依法改判，张某在其未出资金额范围内对B公司于生效判决中确定的债务向A公司承担补充赔偿责任；C公司在其未出资金额范围内与张某承担连带清偿责任。

综观本案，争议焦点在于未届认缴期限股东转让股权后的出资责任认定问题。本文主要从以下三个方面进行论述：一是司法实践的现状检视；二是转让股东承担出资责任的法理证成；三是转让股东承担出资责任的审查规则。

二、司法实践的现状检视

2013年《公司法》确立了资本认缴制，激发了市场投资积极性的同时，也不断产生了“皮包公司”“空手套白狼”等不良问题，股东出资责任问题在资本认缴制的新背景下重新引起了学界及实务界的关注。

基于公司资本认缴制度，股东以“认缴”的出资额为限承担责任并享有出资期限利益。为平衡债权人利益与股东的出资期限利益，《企业破产法》第 35 条及《全国法院民商事审判工作会议纪要》（以下简称《九民纪要》）第 6 条规定了股东出资加速到期的例外规定。[1]根据《企业破产法》的规定，当公司进入破产程序，不论它的成员或股东出资期限是否到期，凡承诺缴纳出资的法人成员或股东，只要其尚未完全向债务人企业全额缴纳出资的，均应缴纳；债务人企业同时享有要求缴纳出资的请求权。然而近年来，股东通过转让未届出资期限的股权，以逃避出资义务的情况越发多见。此时，若公司经过破产清算后无资产可供清偿，受让股东亦缺乏履行能力，债权人利益将受到侵害。在司法实践中，公司债权人请求股权转让人对转让后到期的出资承担赔偿责任的诉讼日益增多。对此，法院基本以《最高人民法院关于适用〈中华人民共和国公司法〉若干问题的规定（三）》（以下简称《公司法司法解释（三）》）第 13 条第 2 款、第 18 条作为裁判依据。[2]基于上述规定，股东承担补充责任的前提是股东“未履行或者未全面履行出资义务”，但认缴制下出资未届期而未出资的股东是否符合该范围，以及未届认缴期限股东转让股权后的出资责任认定问题，我国立法及司法机关迟迟未作回应。对此，目前的司法实践主要存在以下五种不同的观点。

一是依债权形成时间确定转让人是否承担责任。持这类裁判观点的法院判决认为，如果股权转让人在债权产生之前已经转让股权退出公司的，则无须承担责任；如果在债权形成之后转让股权的，则需要承担补充清偿责任。[3]

二是转让人对未届出资期限的出资不承担责任。该类裁判意见认为，股权转让人在出资义务尚未到期的情况下转让股权，即将股东相应的权利义务一并转让，股权上的出资义务应由受让人承担。[4]

---

〔1〕《企业破产法》第 35 条规定：人民法院受理破产申请后，债务人的出资人尚未完全履行出资义务的，管理人应当要求该出资人缴纳所认缴的出资，而不受出资期限的限制。《九民纪要》第 6 条规定：在注册资本认缴制下，股东依法享有期限利益。债权人以公司不能清偿到期债务为由，请求未届出资期限的股东在未出资范围内对公司不能清偿的债务承担补充赔偿责任的，人民法院不予支持。但是，下列情形除外：（1）公司作为被执行人的案件，人民法院穷尽执行措施无财产可供执行，已具备破产原因，但不申请破产的；（2）在公司债务产生后，公司股东（大）会决议或以其他方式延长股东出资期限的。

〔2〕《最高人民法院关于适用〈中华人民共和国公司法〉若干问题的规定（三）》第 13 条第 2 款规定：“公司债权人请求未履行或者未全面履行出资义务的股东在未出资本息范围内对公司债务不能清偿的部分承担补充赔偿责任的，人民法院应予支持……”第 18 条规定：“有限责任公司的股东未履行或者未全面履行出资义务即转让股权，受让人对此知道或者应当知道，公司请求该股东履行出资义务、受让人对此承担连带责任的，人民法院应予支持；公司债权人依照本规定第十三条第二款向该股东提起诉讼，同时请求前述受让人对此承担连带责任的，人民法院应予支持……”

〔3〕（2014）普民二（商）初字第 5182 号。“上海香通国际贸易有限公司诉上海昊跃投资管理有限公司、徐某松、毛某露、接某建、林某雪股权转让纠纷案”。

〔4〕（2015）豫法民一终字第 00120 号。“孙某科与绿能高科集团有限公司、安徽投资控股股份有限公司等企业借贷纠纷案”。

三是转让人与受让人承担连带责任。该类裁判观点认为，股权转让人是否承担出资义务，与债权形成时间及股权转让时间没有关联。股权转让人在未全面履行出资义务的情况下转让股权，公司的新旧股东均负有按期足额缴纳出资的义务。受让人未能按原股东所承诺的认缴出资额缴纳出资，新旧股东均属于未全面履行出资义务，应当承担连带责任。[1]

四是在符合出资加速到期情况时，债权人有权请求转让股东履行出资义务，受让人承担连带责任。[2]

五是原则上转让股东不承担责任，受让股东若符合出资加速到期情况的，应在未出资本息范围内对公司债务不能清偿的部分承担补充赔偿责任。特殊情况下，转让人承担连带责任。[3]

以上部分观点忽视了对有限责任公司的独立性、股东权属与出资义务关系的考虑，存在以下问题：第一，以债权形成时间区分责任的理论障碍。公司是独立的法人组织，具有独立的法律人格，以自身的资产作为信用基础，而不是以股东的个人信用为基础。相对人与公司交易时亦非以特定股东的信用、出资能力作为是否交易的判断基础，将转让人是否承担出资责任与债权的形成时间相联系缺乏理论依据。有限责任公司不同于合伙企业，合伙企业的退伙人对其退伙前发生的合伙企业债务，承担无限连带责任，即退伙人在退伙后是否承担责任，应根据合伙企业债务的发生时间来确定。合伙企业属于非法人组织，以合伙人的个人信用为基础，合伙人之间承担连带责任。因此，退伙人的责任与债务发生时间具有关联性，但是将公司股权转让人的责任与债权形成的时间相联系缺乏法理基础。第二，转让人“一刀切”承担责任缺乏法律依据。这类判决基本引用的依据为《公司法司法解释（三）》第18条的规定。然而，该规定出台于资本实缴制下，其核心含义应解释为，在出资期限届满时，若受让人明知股东欠缴出资而坚持受让的，则新旧股东承担连带责任。因此，该条实质上旨在解决受让股东责任，而非转让股东责任。第三，转让人“一刀切”不承担责任将形成制度漏洞。有观点认为，股权转让人对于转让后到期的出资一概不承担出资义务，无须向债权人承担任何责任。此种观点虽然正确理解了《公司法司法解释（三）》第18条，准确划定了出资义务人，但在结论上值得商榷。如果股权转让之后，转让人对于转让时尚未到期的出资不承担任何责任，将为股东逃避出资义务和责任开启方便之门。

---

〔1〕（2014）杭江商初字第1306号。“叶某文诉浙江龙生房地产开发集团有限公司、许某秀、吴某股东损害公司债权人利益责任纠纷案”。

〔2〕上海市金山区人民法院（2020）沪0116民初14776号。“奎克化学（中国）有限公司诉于某、夏某萍、上海键昶医疗器械有限公司、上海岳际信息科技有限公司其他与公司有关的纠纷案”。

〔3〕上海第一中级人民法院（2021）沪01民终4143号。

三、转让股东承担出资责任的法理证成

由上可知，对于未实缴出资股权转让后的出资责任认定，《公司法》并未予以明确规定。《九民纪要》出台前，司法实践均以《公司法司法解释（三）》第 18 条作为此类案件的适用依据，但该司法解释出台于公司资本实缴制度时期，难以直接适用于认缴资本制。《九民纪要》第 6 条规定仅对认缴资本制下的股东出资加速到期问题进行了明确，对于未届出资期限股权转让后的出资责任归属问题，目前仍处于立法空白状态，从而产生了司法适用裁判尺度不一的现象。为了妥善处理该类纠纷，有必要从法理基础上对有限公司股东出资义务与股权转让行为进行探讨，通过对股东出资期限利益与债权人期待利益进行法益平衡，将诚实信用原则作为例外情况的指导原则进行综合认定。

（一）出资责任随股权转让而转移

现代公司中，资本成为公司人格独立的基础和保证，而资本如何处分属于公司的资本决策自由，由公司发起人或者认缴股东通过理性安排后自主决定。出资是股东对公司的最主要责任，股东的出资也是换取公司股东身份及该身份所附带利益的对价。[1]

2013 年修订后的《公司法》实行资本认缴制，对公司认缴资本的额度、期限等均不再予以限制。同时，《公司法》第 32 条第 2 款确立了商事外观主义规则，明确股东名册作为股东行使权利的依据，也成为外部债权人主张权利的凭证。从法理上来说，"股东认缴出资后即取得股东资格，其有权对自己享有的股权进行处分"。[2]资本认缴制度下，股东资格的取得与股东适格出资之间并无关联。股东通过股东名册登记获得股东资格，股东的出资责任系股东对公司作出的承诺，属于股东与公司之间的合同问题。以民事法律行为要件构成来分析，公司的招股行为系合同要约，股东的认缴行为则为合同承诺。当认缴承诺与发行要约一致时出资协议或认股合同即成立。[3]因此，基于股权转让自由原则，认缴期限内股东转让股权的，转让行为的效力不因转让股东是否实缴出资而影响。

股东出资义务存在的前提是享有股东资格，股东资格的移转伴随着出资义务的移转。股权转让一旦完成，股东名册上记载的股东为出资义务的承担主体，未记载于股东名册的股东则因没有权利外观而不承担责任，这既是《公司法》的基本规定，也符合商法外观主义原则的要求。

---

〔1〕 彭真明：《论资本认缴制下的股东出资责任——兼评"上海香通公司诉昊跃公司等股权转让纠纷案"》，载《法商研究》2018 年第 6 期。

〔2〕 刘凯湘、张其鉴：《公司资本制度在中国的立法变迁与问题应对》，载《河南财经政法大学学报》2014 年第 5 期。

〔3〕 赵旭东：《资本制度变革下的资本法律责任——公司法修改的理性解读》，载《法学研究》2014 年第 5 期。

（二）股权受让人承担出资加速到期责任是法益平衡的结果

在资本认缴制下，股东对认缴出资享有期限利益，公司对未届出资期限未实缴的股东享有长期债权。原则上来说，债权人以公司不能清偿到期债务为由，请求未届出资期限的股东（包括股权受让股东）在未出资范围内对公司不能清偿的债务承担补充赔偿责任的，人民法院不予支持。资本认缴制度在促进投资的同时，也不可避免地带来了股东滥用出资期限利益的问题，因此，为了平衡股东的有限责任和债权人的利益保护，出资加速到期责任制度成为了股东出资期限利益与债权人期待利益的法益平衡。

认缴出资的加速到期责任，是指认缴期限未届满即要求股东履行向公司出资的责任。根据《企业破产法》第35条之规定，法院受理破产申请后，被申请破产公司的出资人尚未完全履行出资义务的，管理人应当要求出资人按照认缴资本的总额补充全部的出资，而不受认缴出资期限的限制，破产成为股东认缴出资加速到期的法定情形之一。2013年公司资本制度修改后出现了新情况，《九民纪要》第6条随之新增了两项加速到期责任制度的适用情况。

（三）以诚实信用原则作为例外规定

现代商业社会的建设以诚信为基石，市场经济交易的基本前提是平等与公平。认缴制是实现社会资本效益的资本制度，它允许适当的投机，但不该异化为单纯的投机工具。不论适用什么样的公司资本制度，市场经济应遵循以资本实力为基础的信用和对等的交易规则，戒绝侥幸的商业欺诈。股东认缴的资本是对社会公众和公司广大潜在债权人的承诺，承诺必须履行，这一义务不因履行期限未届满而免除，也不应因股权转让而绝对免除。若股东利用出资期限利益，通过恶意转让股权将风险不公平地转嫁给债权人时，欺诈债权人的行为违反了诚实信用原则，必须为法律所禁止。此时，债权人有权要求转让股东对承担连带责任。

四、转让股东承担出资责任的审查规则

鉴于《公司法司法解释（三）》是在资本实缴制背景下制定的，相应条文处理的是瑕疵股权的法律适用问题，并不同于认缴资本制下股东依法享有出资期限利益。因此，并不能当然地将未届出资期限的情形认定为“未履行或未全面履行出资义务”。针对未届认缴期限股东转让股权后的出资责任问题，可考虑遵循以下规则进行审查。

（一）原则上转让股东不承担出资义务

如上所述，股权转让的对象不是股东权，而是有限责任公司的份额，受让人基于股权的继受取得而享有权利并承担义务。转让人到期但未缴之出资，属于具体出资之债，并不随股权的转让而转移，此种情况根据《公司法司法解释（三）》第13条及第18条规定处理即可。

转让人未到期之出资，属于股权上的抽象出资义务，随着股权的转让而转移，由受让人承担出资义务。股东的出资义务源自股东的认缴出资，黏合在公司的注册资本（股权）上。

出资义务不同于出资到期之后的出资之债，出资之债已经具体化，与特定股东相联系。未届出资期限的出资义务属于抽象义务，附着于股权之上，与股权上的权利一并转移，受让人取得股权，同时承担股权上所附着的义务。对于股权转让之后到期的出资，即使受让人不能履行出资义务，公司及其他股东也不能要求转让人承担出资责任。公司、其他股东及债权人仅得对股东主张出资义务的履行，而不应当对股东以外的人主张。本文所引用的样本案例中，B公司注册资本1000万元，C公司认缴出资1000万元，出资期限为2026年11月6日，属于未届出资期限的股东转让股权的情况，原则上原股东C公司无须承担出资责任。

（二）特殊情况下受让股东承担出资加速到期责任

未届认缴期限的股权转让中，受让股东依法享有出资期限利益，但存在以下情况时，债权人可请求股权受让人承担出资加速到期责任：一是公司进入破产程序或已经破产清算；二是公司作为被执行人的案件，人民法院穷尽执行措施无财产可供执行，已具备破产原因，但不申请破产的；三是在公司债务产生后，公司股东（大）会决议或以其他方式延长股东出资期限的。在本文样本案件中，B公司作为案涉债务的被执行人，在2018年6月5日业已经过破产程序后注销登记，符合上述第一种情况。此时，公司已经丧失清偿能力，股东期限利益即丧失，应视为股东出资期限加速到期，以保证公司债务清结，张某应在其未出资金额范围内对B公司无法清偿的债务向A公司承担补充赔偿责任。

（三）转让股东主观恶意的应承担连带责任

若股东转让行为明显存在恶意，故意利用股东享有期限利益的机会损害第三方债权人利益，违反诚实信用原则的，则该股权转让股东应在其认缴出资范围内承担相应的出资义务，如此方能实现司法判决对公平正义的追求。

认定转让行为是否恶意，主要可以从以下方面进行审查：（1）诉讼期间转让。如“许某兰、周某义申请执行人执行异议之诉”中，法院认为，股东在出资期限即将届满之前的诉讼过程中再次转让股权，具有转让股权以逃避出资义务的恶意，有违诚信，侵害了公司债权人的合法权益，不能就此免除转让股东对公司的补足出资责任。[1]（2）价格明显不公允。如“陆学刚等与杨小琼等申请执行人执行异议之诉”中，法院认为，原股东的认缴出资额分别为4500万元、500万元，二人均以1000元的价格转让了股权。该转让价格不仅与二人出资比例不符，且与认缴出资额相比，该转让价格近乎于无偿，转让行为存在恶意。[2]

至于转让人与受让人合谋，恶意转让股权应承担的法律责任，各地法院判决并未统一，存在承担连带责任或补充责任的争议。本文倾向于认为，转让人存在恶意时，与受让人构成共同侵权，应承担连带责任。从本文样本案件来看，股权转让发生在A公司与B公司的诉讼

〔1〕四川省高级人民法院（2019）川民终277号。

〔2〕北京市第三中级人民法院（2020）京03民终3634号。

期间，C 公司将其持有 B 公司（注册资本 1000 万元）的 100% 股权无偿转让给张某，应认为是恶意，系故意利用股东期限权利而损害第三方债权人利益，故 C 公司应与受让人张某一同向公司债权人承担连带责任。

（四）善意的受让股东享有追偿权

值得注意的是，受让人继受未届认缴期限的股权的责任以签订股权转让协议时“明知或应当知道”为限。实践中公司的注册资本、股东的认缴出资和实缴资本都属于企业信用信息公示的必备信息，所以可以推定受让人对未实缴出资“明知或应当知道”。但是，当转让人对受让人实施欺诈、隐瞒公司重大债务或故意隐瞒重大风险的，应对善意的受让人进行保护，转让人除对受让人承担违约责任外，不因股权转让逃脱出资责任。此时，应当比照《公司法司法解释（三）》的规定，出让人在股权转让时，在欺诈隐瞒的范围内由转让人和受让人以未认缴的出资为限对外承担连带责任，受让人承担责任后有权向出让人追偿。

（五）小结

《公司法司法解释三》不适用于未届认缴期限股东转让股权后出资责任的认定。未届出资期限的认缴股东转让股权后，原则上无须承担出资责任。当存在出资期限加速情况时，受让股东应在未出资范围内对公司不能清偿的债务承担补充赔偿责任。转让股东与受让股东恶意合谋的，转让人应与受让人一并向公司债权人承担连带责任。当转让人对受让人实施欺诈、隐瞒公司重大债务或故意隐瞒重大风险的，转让人除对受让人承担违约责任外不因股权转让逃脱出资责任，受让人承担责任后有权向出让人行使追偿权。

企业集团从属公司董事信义义务分析

钱　程*

目　次

一、问题的提出

企业集团在各国商业领域均占据重要地位，世界上最庞大的商业主体无不以企业集团的形式存在。企业集团的效率得益于集团内部的协调管理：通过集团内部市场，资源可以获得有效配置，降低交易成本，节省交易费用；同时，集团成员之间通过资源互补和共享，促进协同效应，最终实现规模经济的收益。[1]

基于管理与被管理的关系，集团成员公司可以区分为"控制公司"与"从属公司"[2]，以涵盖母子公司以外的关系。考察我国企业集团的实践状况可以发现，对从属公司的过度控制是我国企业集团存在的普遍现象。我国企业集团的控制结

---

* 钱程，中国人民大学民商法博士研究生。

〔1〕 黄辉:《国企改革背景下母子公司债务责任问题的规制逻辑和进路》，载《中外法学》2017年第6期。

〔2〕 李建伟:《公司法学》，中国人民大学出版社2018年版，第19－20页；施天涛:《关联企业法律问题研究》，法律出版社1998年版，第9页。

构呈现出金字塔形——控制公司位于金字塔顶端，对金字塔下端层层展开的从属公司进行强集权式的控制。[1]有学者指出我国企业集团经典的管理控制模式表现为“子公司的战略发展方案由子公司董事会负责调研、分析和研究，上报母公司审批；子公司的项目投资统一由母公司负责，子公司只负责项目投资的实施；子公司的董事长、总经理统一由母公司任命、绩效考核和管理；子公司的财务管理、预算、对外融资等由母公司财务公司统一管理，子公司利润分配方案由子公司负责拟订，上报母公司审批”。[2]原本由董事会承担的战略管理职能上升，甚至完全由控制公司承担。而为保证集团的统一管理，人事任免权也由控制公司集中行使，这导致大多数情况下，从属公司董事会基本丧失其他职能，仅成为公司执行机关，沦为控制公司手足的延伸。尽管实践中也存在分权式或混合模式的企业集团，[3]但不可否认，集权式的管控模式仍然是我国企业集团的主流模式，从属公司董事会几乎仅具有执行控制公司决定或股东会决议的职能。

从属公司董事会的职能及法律地位已经异于独立公司的董事会，要求董事的信义义务继续维持不变显然不切实际，而现有的董事信义义务与企业集团的现实之间处处显示出扞格。公司法上一般董事信义义务的受益主体原则上仅为公司，例外情况下也可能为股东，但该例外仅存在于董事与股东之间存在特殊交易关系的情形，如股东委托董事处分其股份。[4]我国《公司法》第147条也确认了董事仅对公司承担信义义务的结论。同时，从解释论的角度，《公司法》第152条不能作为董事对股东负有信义义务的法律依据。[5]但在企业集团的情形下，从属公司的董事普遍陷入对集团整体负责还是对从属公司负责的两难境地。[6]

一般的董事信义义务不仅会使得董事履行职责无所适从，而且也可能导致集团管理的运行不畅。关联交易是企业集团降低内部生产交易成本、提高集团经营效率的重要手段，尽管实践中经常表现为从属公司牺牲自身利益以换取集团利益的增长，但从集团整体来看，看似“不公平”的关联交易也可能承载着超越个体公司利益之上的集团整体利益。[7]但我国现行法律对关联交易进行严格限制，要求董事对关联交易进行实质审查，[8]基本上否定了集团间关联交易的空间，除非该关联交易符合公平交易原则（arm's-length principle）。《公司法（修

〔1〕 赵渊：《企业集团中核心企业的连带责任》，载《政法论坛》2011年第3期。

〔2〕 李建伟：《企业集团的控制机制与公司治理——以母子公司制为中心》，载《人大法律评论》2004年卷，第82页。

〔3〕 实践中企业集团的不同治理模式，参见李维安、武立东：《企业集团的公司治理》，载《南开管理评论》1999年第4期。

〔4〕 Brenda Hannigan, Company Law 180 (4th edition, Oxford University Press, 2016).

〔5〕 参见杨姗：《封闭型公司股东权益保护的立法完善——以“股东直接诉讼”为切入点》，载《现代法学》2021年第3期。

〔6〕 参见刘俊海：《推动公司法现代化，优化营商法律环境》，载《法律适用》2020年第1期。

〔7〕 汪青松：《关联交易规制的世行范式评析与中国范式重构》，载《法学研究》2021年第1期。

〔8〕《最高人民法院关于适用〈中华人民共和国公司法〉若干问题的规定（五）》（法释〔2019〕7号）第1条第1款。

订草案)》第 183 条进一步强化了对关联交易的规制，不仅将间接关联交易纳入规制范围，更设立了关联董事回避表决制度。由此可见，若从属公司董事承担一般的董事信义义务，则其必须以从属公司之利益为纲，判断任何集团指示或股东会决议是否合乎从属公司利益。这既会降低企业集团的运营效率，同时也会造成集团内部资源无法获得有效配置，难以实现集团的协调运作，阻碍企业集团追求统一的经济目标和集团的整体利益。我们必须思考：从属公司董事所承担的信义义务究竟以谁为受益主体？是否有必要根据不同情形适用不同内容的信义义务？尽管企业集团内部纠纷并未频繁进入司法审判环节，但现行法律对于企业集团内部治理而言依然如高悬的“达摩克利斯之剑”，亟须法律正视。

二、从属公司董事信义义务的理论基础

（一）从属公司董事信义义务的理论路径阐释

从属公司董事信义义务的问题在域外已经兴起多次讨论，世界各国在理论上均对从属公司董事的信义义务如何构建进行了尝试，其中不乏一些比较有力的理论。

1. 契约理论

目前美国法学理论对公司的主流解释系基于契约关系理论（contractarian theory），该理论认为公司是由一组明示或默示契约所组成的“契约网”，其本质仍是当事人的意思自治，而契约关系则能够“为公司中各种组成人员的复杂角色安排提供了功能定位的捷径”〔1〕。按照契约理论，公司只是由众多参与者缔约形成的“契约束”，公司的独立实体地位并不成立，董事信义义务的受益主体应当为股东。并且，信义义务旨在填补契约结构中“合意”〔2〕的不充分，因而“股东利益最大化”构成契约填补的原则，也即信义义务的主要内容。

以上推论同样适用于企业集团的场合。控制公司在企业集团中享有广泛的决策权利，实际上对集团经营拥有最大权力，使从属公司董事对其负担信义义务符合其经济利益。同时，按照契约理论，“金字塔”形企业集团的本质是以顶端的控制公司为中心形成、展开的契约，这些契约调整公司内部、公司与外部第三人以及各成员公司之间的关系。由于契约理论否认公司的独立实体地位，从属公司董事实际上与控制公司（的股东）形成“合意”，从属公司在契约网络中只是充当节点。契约理论认为市场主体有能力依据不同的谈判力量达成不同类型的“合意”，而以上“合意”很明显地体现出控制公司（的股东）居于最为强势的缔约地

---

〔1〕［美］弗兰克·伊思特布鲁克、丹尼尔·费希尔：《公司法的经济结构》，罗培新、张建伟译，北京大学出版社 2014 年版，第 14 页。

〔2〕此处的“合意”是指契约双方在社会交易成本最低时，根据双方的谈判力量会作出的安排。See Thomas A. Smith, *The Efficient Norm for Corporate Law: A Neotraditional Interpretation of Fiduciary Duty*, 98 Mich. L. Rev. 214, 216 (1999).

位，围绕其所缔结的所有契约均以追求集团整体利益最大化为核心条款。因此，契约理论能够解释出从属公司董事应当以集团利益最大化为己任的结论。

2. 代理理论

多数采用普通法系的法域，尤其以英国为代表，更倾向于使用代理理论描述股东与公司的关系。[1]根据普通法的定义，代理是当一方（“委托人”）向另一方（“代理人”）表明代理人应代表委托人行事并受委托人控制，代理人明示或以实际行为表示同意时产生的信托关系。[2]代理理论的核心在于判断股东对公司的控制程度：若股东对公司经营的管理和干预是直接且积极的，则公司的行为会被认定成依赖于股东授权或是在代表股东。[3]

代理理论若适用在董事信义义务的场合，则应当判断控制公司与从属公司董事之间是否存在代理关系。在股东对董事会实际上实施完全且积极的控制时，董事丧失对公司事务独立决策之可能，董事仅执行股东之指令、为股东管理其财产，实际上近似于股东的代理人。此时，董事作为股东的代理人，应当对股东承担代理关系上产生的信义义务，也就是应当对股东利益负责。[4]在企业集团的场合，公司股权结构相对集中，同时集团内部存在合同等其他控制机制，股东能够有效支配董事会；同时囿于股东的法人身份，其无法成为公司董事，控制公司通常会以任命董事的方式委派代理人，代理理论具有适用可能性。

3. 单一经济体理论

美国著名企业集团法学者 Blumberg 教授认为，对公司法律人格的理论解释已经从“特许权理论”“聚合理论”“法人实在论”等理论过渡到下一阶段，即强调公司群作为一个整体，而不是传统的单个法律实体。[5]这一理论可以简要被概括为“企业理论”（enterprise theory）或“单一经济体理论”（single economic unit theory）。该理论以集团成员的经济功能为基础，认为企业集团内的各成员企业具有统一的经济目标，在功能上具有相互补充、相互协调的特征，因而应当以整体的视角分析企业集团。

目前各法域对单一经济体理论的适用一般限于公司外部法律关系，鲜有针对公司内部法律关系的适用情况。尽管董事信义义务的领域内尚未出现援引单一经济体理论的案例，但依据该理论可以进行合理的推论。单一经济体理论的实质在于否认集团内部各成员的独立法律人格，各成员企业被视为整体的组成部分，在集团统一管理、统一业务的安排下，各部分的目标自然应当是促进统一的集团利益。既然集团的财产主要被用于集团整体利益的最大化，

---

〔1〕 Thomas K. Cheng, *The Corporate Veil Doctrine Revisited: A Comparative Study of the English and the U. S. Corporate Veil Doctrines*, 34 B. C. Int'l & Comp. L. Rev. 329, 346 (2011).

〔2〕 Restatement (Third) of Agency § 1. 01 (2006).

〔3〕 § 43. Parent and subsidiary corporations and affiliated corporations, 1 Fletcher Cyc. Corp. § 43.

〔4〕 Eric J. Gouvin, *Resolving the Subsidiary Director's Dilemma*, 47 Hastings L. J. 287, 332 - 333 (1996).

〔5〕 Phillip I. Blumberg, *The Corporate Entity in An Era of Multinational Corporations*, 15 Del. J. Corp. L. 283, 289 (1990).

那么，作为各成员企业受托人的董事也应当为实现该目标而承担义务。因此，企业集团内各董事信义义务的受益主体为企业集团整体，各董事应当为集团利益最大化而执行职务。[1]

（二）传统法人人格理论的有限修正

1. 传统法人人格理论修正的正当性

前述的各种理论均以经济现实为出发点，但在法律解释上始终存在障碍，也即无法脱离对法人人格的讨论。换言之，法人人格是以上理论的公约数，是从属公司董事信义义务问题的最大症结，只有对法人人格进行讨论，才能妥善解决这一难题。事实上，传统法人人格理论存在修正的正当性，主要有三项理由予以证成。

第一，从属公司独立人格的形式与实质不符。法人人格独立的必要条件和前提是意思独立和财产独立，尤其是意思独立，使法人能够仅为自己之利益而经营、处分财产。可以说，若法人不具备独立意思，其财产可能会遭受投资人的任意处置，实际上缺少财产独立之可能，因此无法形成独立人格。《民法典》和《公司法》等法律通过治理结构、决议规则和其他程序规范的设置，试图确保法人的意思不仅仅是投资人个人意志的体现，而是各利益相关者意志的综合体现，由此使法人之意思独立，并具备独立人格。[2] 而在企业集团中，控制公司积极参与，甚至操纵从属公司的经营管理以落实其经济管理策略，导致从属公司无法形成自己的独立意志，从属公司不具备独立的意思和财产，仅有独立人格之形式，而无独立人格的实质。

第二，单一理论具有局限性。尽管“法人实在说”对我国立法和司法的影响深远，但法律上也存在诸多单一理论无法完全解释之处。[3]公司法学界关于公司本质的争论由来已久，未来可能也无法取得完全统一的共识，原因在于，公司犹如“横看成岭侧成峰”的山岳，不同法律规则的目的有所区别，以不同的视角观之，得到的结果当然有所不同。“实践中，法人具有哪些特点取决于实用的考虑，而不取决于理论的逻辑展开，受制于法律规定，而不完全受制于其本质的内在要求。”[4]因此，真正重要的是识别法律的规范目的和适用情境，而不是以法人的部分特征归纳推理得出法人的统一理论。单一经济体等特别理论更加符合企业集团的经济实质，在集团责任承担、集团内部管理等问题上可能具有更大的适用空间，传统法人人格理论不应桎梏更适当理论的发展。

第三，传统理论存在实证法上的例外。除破产实质合并规则，最为典型的例外情况即是公司法上的法人人格否认制度。若股东滥用公司的独立人格和有限责任逃避债务，导致债权人的利益遭受严重损害，股东应当对债权人的债务承担连带责任。《九民纪要》对法人人格

[1] 参见赵志钢：《公司集团基本法律问题研究》，北京大学出版社 2006 年版，第 259 页。
[2] 参见王湘淳：《论公司意思独立的程序之维》，载《中外法学》2021 年第 4 期。
[3] 参见黄忠：《法人本质理论及其制度构建的关联分析》，载《甘肃政法学院学报》2009 年第 3 期。
[4] 蔡立东：《公司本质论纲——公司法理论体系逻辑起点解读》，载《法制与社会发展》2004 年第 1 期。

否认的情形进行了细化，包括人格混同、过度支配与控制以及资本显著不足三种情形。尤其需要注意的是人格混同和过度支配与控制，前者主要考虑公司财产是否与股东财产发生混同，后者主要考虑公司是否独立意思，公司决策过程是否受到操控，实际上是在判断公司是否实质上具有独立人格，若否，则具有滥用法人人格行为的股东应当承担不利后果。

2. 传统法人人格理论的修正路径

传统法人人格理论的弊病在于无法回应实践中广泛的治理差异，公司的公共性理论则可以为传统法人人格理论的修正提供指引。当公司的公共性增强时，股东个人意志与公司意志分离程度升高，此时公司的地位更加独立，董事会应当拥有更广泛的决策权，且此种决策权不应受到股东会的任意限制；相反地，当公司的公共性减弱，公司趋向于成为股东的私人投资工具，其独立地位受到削弱，董事会的决策权更易受到限制。[1]传统法人人格理论的修正应当遵循实质与形式相一致的原则，即法人人格体现较强主体性时，应当主要以主体身份视之；而其体现较强客体性或财产性时，不应当忽略其客体特征。在讨论从属公司董事信义义务的受益主体时，这一问题看似是在针对法人的主体性，实际上其特殊性在于企业集团这一法律背景，从属公司的法律地位产生变化，因而更重要的是法人的客体性。并且，相比外部法律关系，传统法人人格理论的修正在内部法律关系的探讨中更为容易。这是因为：首先，公司内部管理法律关系不直接涉及第三人利益，不会产生复杂联系。公司内部法律关系本质上是公司权力在不同主体之间的分配，同时公司内部权力限制的约定不得对抗善意第三人，说明这一事项通常不会直接影响外部第三人的利益。其次，法人人格独立的一大理由在于有限责任的重要性，而在公司内部法律关系层面实施对法人人格独立的有限突破不会损害有限责任。因此，若公司的公共性程度越弱，其地位实质上越接近于“集合财产”，股东意志越能替代公司意志，董事的角色也从公司受托人异化为“集合财产的看守者”。

关于公司内部法律关系上如何具体实现传统法人人格理论的突破，可以参考结构上较为相似的内部逆向刺破公司面纱（inside reverse veil-piercing）。逆向刺破公司面纱通常允许公司中具有控制力的内部人（尤其是控股股东）寻求否认公司人格，以使自己有资格对第三人提起诉讼或使公司财产免于对第三方承担责任。[2]实践中也普遍存在内部人通过否认公司人格以使自己获得本应由公司所享有的权利或权益的情况。[3]内部逆向刺破公司面纱在美国的应用通常会采取“统一利益检验法”（unitary interest test）。根据该方法，若满足以下两项条件，则法院可以逆向刺破公司面纱：（1）公司及其股东的利益是否完全一致，以致两者都不能被认为是一个独立的经济实体；（2）允许逆向刺破公司面纱不会违反公平原则或违背公共

〔1〕 邓峰：《普通公司法》，中国人民大学出版社2009年版，第67页。

〔2〕 施天涛：《公司法论》，法律出版社2018年版，第42页。

〔3〕 例如，美国明尼苏达州 Roepke v. Western National Mutual Insurance，302 N. W. 2d 350（Minn. 1981）一案中，公司的唯一股东因车祸去世，根据保险合同的约定，该公司可以享受由于股东去世所带来的幸存者福利保险。但法院最终基于衡平法裁定，死者遗孀有权获得该笔保险金，法院的论证思路即体现了内部逆向刺破公司面纱。

政策。[1]第一项条件的判断实际上与前述“单一经济体理论”有一定相似性，均旨在通过不同公司之间的经济相关程度判断二者是否应当从经济功能上被视为一体。具体判断中，应当关注股东与公司之间是否在商品、服务或融资等方面进行广泛的互惠交易、二者是否拥有独立的管理结构、公司是否频繁接受股东指示等因素。这一检验方法与判断公司公共性程度的各项要素极为相似[2]，公共性越弱的公司，其利益与股东利益愈加一致，因此该方法能够顺利承接公共性理论。在从属公司董事信义义务的问题中，否认从属公司的法人人格并不会导致公司财产的归属发生改变，其后果是控制公司可以取得相对于从属公司董事的“信义权”，从属公司董事信义义务的受益主体增加或完全转移至控制公司。

可以说，若不从根源上对传统法人人格理论加以修正，任何试图解释从属公司董事为何能够为集团最佳利益而负有信义义务的理论将以失败告终。然而，从前述的理论分析也可以看出，从属公司董事的职能与地位存在异质性，由此，从属公司法人人格的独立性也不完全相同。只有当从属公司独立性完全丧失，也即从属公司实质上不具有独立法人人格时，从属公司董事才应对控制公司负有信义义务（以下简称双重信义义务）；从属公司独立性受到削弱，但仍具有一定独立法人人格时，基于企业集团的特征，从属公司董事不应对控制公司负有信义义务，但其可以在具体行为中考虑集团利益，并因此具有行为上的合法性，不违反其对从属公司的信义义务（以下简称单一信义义务）。

对两种法律模式的区分是合理且必要的。从法理上看，根据法人人格的独立性是否完全丧失来区分法律效果，符合“相同事物相同评价，不同事物不同评价”的法律原理。信义义务“需要根据控制层次和利益冲突的范围，依据企业法和公司法的原理，在事后的司法裁判中区分不同的情形，采取有层次的调整，而不是‘一刀切’地以一般化表述的诚信义务规则解决”。[3]从内容上看，“对控制公司承担信义义务”要求从属公司董事遵守忠实义务和勤勉义务，积极主动地为集团利益最大化执行职务。不执行具体指示，怠于为集团利益负责的行为也可能导致义务违反的后果；而“可以考虑集团利益”则意味着，从属公司董事即使不考虑集团利益而行为也不会导致义务违反的后果。若其行为考虑了集团利益，但同时导致从属公司利益受损，从属公司董事得以享受“安全港”的庇护，其行为并不违反对从属公司的信义义务，前提是此时集团利益应当优先于从属公司利益。以下就两种信义义务进行详细展开。

---

〔1〕 Michael J. Gaertner, *Reverse Piercing the Corporate Veil: Should Corporation Owners Have It Both Ways?*, 30 Wm. & Mary L. Rev. 667, 698 (1989).

〔2〕 邓峰：《普通公司法》，中国人民大学出版社 2009 年版，第 68 页。

〔3〕 See E. Wymeersch, *Do We Need a Law on Groups of Companies?*, in Klaus J. Hopt, Hamburg, and Eddy Wymeersch, Gent, eds., Capital Market and Company Law (Oxford University Press, 2003). 转引自邓峰：《普通公司法》，中国人民大学出版社 2009 年版，第 169 页。

三、利益统一时的双重信义义务

正如前文指出，当从属公司实质上完全不具有独立法人人格时，在公司内部法律关系上，其人格应当被有限地否认，从属公司董事应当为集团利益最大化负担信义义务，此时从属公司董事信义义务的受益主体应当为代表整个集团利益的控制公司。形式上，从属公司董事依然具有董事身份，其依据公司法上的规定依然对从属公司负担信义义务，由此产生了双重信义义务的格局。

（一）适用对象

目前大多数理论和实践以从属公司的资本结构为标准，区分信义义务的适用对象，也即全资子公司董事承担双重信义义务，而非全资子公司董事仅对所任职公司承担信义义务。除美国部分州的判例，《澳大利亚公司法》第 187 条也采取了成文化的方法固定这一结论。必须承认的是，一般而言，由于全资子公司和母公司的利益具有一致性，全资子公司董事的信义义务延伸至母公司当无疑义。[1]但实践中也可能出现相反情况，全资子公司相对于母公司在经营管理、业务结构等方面具有相对的独立性，如全资子公司通过收购取得，其董事会相对独立于母公司的意志，且业务结构不同于母公司，经营收入不依赖于母公司。尽管以上情况在企业集团的语境下比较罕见，但这仍然说明全资子公司的利益并非在任何情况下均与母公司的利益一致。全资子公司只能被推定为与母公司具有利益一致性，其董事对母公司负有信义义务亦是推定的结论。在实质上不满足利益一致性时，这种推定应当被推翻，全资子公司董事仅对全资子公司负有信义义务。

更为复杂的问题在于非全资子公司。世界各国立法和司法实践基本不承认非全资子公司董事对母公司负有信义义务，理由主要系基于对少数股东的保护，避免控制公司过度损害少数股东的利益。新西兰是为数不多明确认可该结论的国家，《新西兰公司法》第 131 条第 3 款规定了非全资子公司的董事在行使董事权力或履行职责时可以以其认为符合该子公司的控股公司最佳利益的方式行为，即便这样做可能并不符合该子公司的最佳利益，前提是该子公司的章程明确授权，且需要取得除控股公司以外其他股东的事先同意。[2]

实际上，非全资子公司也可能实质上完全丧失独立人格。例如，控制公司是从属公司唯一的购买商，从属公司生产的所有产品仅销售给控制公司，但控制公司仅持有从属公司 80%的股权；根据控制公司和少数股东之间的股东协议，从属公司所有的董事和高管实际上均由控制公司委任。此时的从属公司经济上高度依赖于控制公司，日常经营也完全服从于控制公

---

〔1〕 何美欢：《公众公司及其股权证券》，北京大学出版社 1999 年版，第 1148 页。
〔2〕 New Zealand Companies Act 1993, s. 131 (3).

司的指示，控制公司在股东会上同时持有多数表决权，可以说，从属公司缺乏其独立意思，几乎等同于控制公司的“财产”。同时，按照我国传统法学理论，企业集团的各成员公司可以依据功能和地位区分为核心层、紧密层、半紧密层、松散层等层级，其中，紧密层和半紧密层通常是控制公司的控股子公司和参股企业，[1]这意味着企业功能与其资本结构并没有必然关联，二者联系更多地取决于商业安排。德国康采恩法也并未将从属公司的范畴限定为全资子公司。只要控制公司与从属公司之间订立支配合同，从属公司的股权是否完全由控制公司持有并不影响其从属性。[2]此外，对少数股东的保护不应当成为否认事物本质的理由，保护少数股东的目的同样可以依赖其他手段达到。因此，以资本结构为双重信义义务的适用标准可能失之草率，不符合从属公司的实际状况。本文认为，全资子公司和非全资子公司均可能完全缺乏独立人格，其董事可以适用双重信义义务，新西兰的立场更兹赞同。

（二）法律效果

1. 对控制公司的信义义务

从属公司董事负担双重信义义务具有多个层次的效果。在最为宏观的层次，从属公司董事对控制公司承担信义义务意味着，从属公司董事应当为了集团利益最大化而管理从属公司的事务；在微观层面，从属公司董事对控制公司承担忠实义务和勤勉义务。

（1）忠实义务

从属公司董事对控制公司承担《公司法》第 148 条所列举的数项具体的忠实义务，其意义在于，若从属公司董事违反忠实义务，如自己利用集团的商业机会，控制公司可以直接取得诉权，而不必借助构造更为复杂的股东派生诉讼，也无须证明从属公司因董事行为遭受损害。实践中更为常见的情况是，控制公司与从属公司之间进行关联交易，而从属公司董事对二者均负有忠实义务，其间接自我交易的行为本应当被禁止。即使控制公司与从属公司之间的交易被允许，此种交易通常也会受到公平性审查，从属公司董事可能会因为交易条款的不公平而被认定为违反忠实义务（主要是违反对从属公司的忠实义务，因为从属公司通常是交易中遭受不利益的一方）。[3]但从属公司董事与联锁董事（interlockingdirector）不同，后者同时担任控制公司与从属公司董事，其必须同时为了二者的最佳利益行事。[4]而从属公司董事的受托内容是为了集团最佳利益而管理从属公司之事务，集团利益优先于从属公司利益，这也与从属公司董事受到控制公司支配的情况相吻合。因此，在关联交易问题的处理上，尽管从属公司董事面临忠实义务的冲突，其应当以集团利益为先，这就要求法律为从属公司董

---

〔1〕 陈爱蓓、李建明：《企业集团组织的若干法律问题探讨》，载《法学》2002 年第 11 期。

〔2〕 郭富青：《论现代企业集团组织运行的法律机制》，载《甘肃政法学院学报》2000 年第 2 期。但同时也需要指出，德国康采恩法并未完全不关注全资与非全资的区别，所涉及的法律规范主要在少数股东和债权人保护方面。参见吴越：《德国康采恩法与我国企业集团法之比较》，载《法律科学》2001 年第 2 期。

〔3〕 Franklin A. Gevurtz, *Groups of Companies*, *66 Am.* J. Comp. L. 181, 187 (2018).

〔4〕 Weinberger v. UOP, Inc., 457 A. 2d 701, 710 –711 (Del. 1983).

事提供“安全港”规则。

通过公司章程事先免除责任的方法具有局限性，主要原因在于，董事违反忠实义务的行为具有严重性，原则上不予免除责任。[1]《新西兰公司法》第131条第2款及第3款分别针对全资子公司和非全资子公司的情形作出规定，为免责机制的建立提供了良好的解决思路。《新西兰公司法》的基本态度系集团利益应当优先于公司利益，符合集团最佳利益的董事行为被视为适当地履行了其义务，即便此种行为实质上导致了公司利益的受损，这与以上分析思路显然相符。《新西兰公司法》在判断董事行为是否符合集团最佳利益时采取主观判断标准，即该董事是否真诚地认为其行为符合集团最佳利益，而这种判断一般也会遵循商业判断规则，进一步地加强对从属公司董事的保护。

（2）勤勉义务

在我国公司法上，执行股东会决议是董事勤勉义务的重要内容，但董事应当审查股东会决议的效力，以及该决议是否会对公司利益造成损害。同时，股东会与董事会是相对独立的公司机关，尽管我国立法采用股东会中心主义，但也不意味着股东会可以以任意形式支配董事会。股东会应当履行一定的程序，方能使其意思上升为公司意思。也就是说，股东会应当以股东会决议的形式进行意志表达，董事会不能当然地接受股东会决议以外的意思表示方式。

而在企业集团的情形中，从属公司的股东会通常只是流于形式，并且为了避免召开股东会必须经过的程序降低公司经营效率，控制公司对从属公司通常以指示的形式进行经营管理层面的控制。此时，从属公司董事会应当负责执行此种指示，这是集团统一管理的必然要求，董事并不会因此违反其对从属公司的勤勉义务，毋宁说，不执行控制公司的指示会违反其对控制公司的勤勉义务。除形式上有所放松外，从属公司董事会对指示的审查范围也应当适当缩小，其仅需要审查该指示是否违反法律法规和公司章程，或明显不利于集团利益，而不需要审查该指示是否会对从属公司利益造成损害。这是因为：首先，遵守法律法规以及公司章程的规定是所有董事最为基本且不可免除的义务，违反法律法规和公司章程的规定会对集团造成损害，导致董事违反其义务；其次，出于效率的考量，从属公司董事应当服从于集团的统一管理，在从属公司实质上缺乏独立性的前提下，要求从属公司董事以从属公司利益可能受损为由拒绝执行指示，显然是不现实且缺乏效率的[2]；最后，控制公司所作出的指示通常是从集团整体进行考虑，而从属公司董事所掌握的信息远不如控制公司董事，其难以判断该指示是否符合集团利益和从属公司利益，因此要求其进行严格审查也是有违从属公司董事的实际能力的。

以上分析也揭示出，尽管控制公司董事与从属公司董事均为控制公司的受托人，均为集团利益所负责，但二者所接触的信息并不一致，这是由二者不同的受托内容和职务位阶决定

〔1〕 叶林：《董事忠实义务及其扩张》，载《政治与法律》2021年第2期。
〔2〕 Trenwick Am. Litig. Trust v. Ernst & Young, L. L. P., 906 A. 2d 168, 203.

的；信息不一致则会直接影响到二者商业决策的判断基础。这些差别不仅决定了二者决策者与执行者的身份差异，也决定了在控制公司未给予从属公司指示的场合，控制公司与从属公司的勤勉义务并不完全相同。通常认为，董事勤勉义务的判断系采纳客观标准，即一个客观理性人在相同位置上是否会认为其决策具有合理性。由于控制公司董事与从属公司董事所处位置不同，因此，区分二者勤勉义务的强度也是合理的。具体而言，从属公司董事难以根据其能够获取的信息判断何种行为系符合集团利益，因此其不应当贸然进行商业决策，而应当根据集团统一管理制度的规定向控制公司汇报、申请审批，由控制公司决定具体的商业策略；从属公司董事的职能更偏向于商业机会的发现和执行，而非决策。

2. 对从属公司的信义义务

从属公司董事对从属公司所负有的信义义务同样意义重大。美国特拉华州最高法院在 Anadarko 案中，基于衡平法，突破性地创设了“全资子公司董事仅对母公司负有信义义务”这一规则，[1] 实际上是无视了从属公司董事对从属公司自身的信义义务。从属公司董事承担双重信义义务的前提假设是，从属公司利益与集团利益具有一致性，从属公司独立的公司利益基本上被集团利益所取代，因此，从属公司董事对控制公司的义务也很大程度上代替了其对从属公司本身的义务。公司在正常经营时，以上命题能够成立；但当公司濒临破产时，董事可能为了维护股东利益而追求高风险、高回报的经营活动。由于债权人的清偿顺位优先于股东，经营失败将导致债权人难以获得清偿，而股东自始至终无法分配剩余财产；若经营成功，债权人能够获得清偿，股东则可以因高回报获取大量剩余财产，这实质上将经营风险转嫁给债权人。[2] 债权人是在从属公司经营过程中依据公司的商业活动所产生，其中也包括并非通过合同而产生的非自愿债权人和处于弱势地位的债权人，对其利益的保护很难通过合同机制在事前达到。基于这些理由，特拉华州衡平法院发展出“风险负担理论”（atrisktheory），用以解释公司濒临破产而非事实破产时，董事信义义务旨在保护以债权人利益为主的公司利益。

风险负担理论无疑确定了从属公司董事双重信义义务之间的边界。当公司濒临破产时，从属公司的利益主要由集团利益转变为债权人利益，这导致从属公司利益与集团利益不再一致，从属公司董事对控制公司和从属公司所负担的信义义务也不再具有同向性，二者会产生显著冲突。具言之，从属公司董事对从属公司的信义义务更偏向债权人利益，其要求董事维持公司经营，增长公司的长期利益，不得任意挥霍或转移公司财产，损害公司的清偿能力；[3] 从属公司董事对控制公司的信义义务则更偏向集团利益，要求董事关注公司的短期利益，为股东利益进行高风险活动，或向股东分配公司财产。欺诈性转让、错误交易（wrongfultrading）、基于资本维持的限制分配等规则均是在公司破产之际适用，以保护债权

[1] Anadarko Petroleum Corp. v. Panhandle Eastern Corp. 545 A. 2d 1171 (Del. 1988), 1174.

[2] 陈鸣：《董事信义义务转化的法律构造》，载《比较法研究》2017 年第 5 期。

[3] RazeenSappideen, *Fiduciary Obligations to Corporate Creditors*, 1991 J. B. L. 365, 367 –369 (1991).

人利益，可见债权人利益在这一衡量过程中更为重要，因而，从属公司董事对从属公司的信义义务应当优先。《新西兰公司法》也将债权人利益保护作为规则的适用边界，董事承担双重信义义务的前提是董事行为不会导致债权人利益受到实质性损害，此种的“实质性损害”一般是指导致公司丧失对债务的清偿能力。〔1〕德国判例也对此予以认可，控制公司的行为若侵害从属公司清偿能力，则从属公司利益受到侵害。〔2〕

四、利益不统一时的单一信义义务

从属公司的利益与集团利益不一致时，从属公司并未实质上缺乏独立法人人格，因此要求其对控制公司承担信义义务并不合理。但其作为企业集团的成员，为了符合集团统一管理的目标，仍应当允许从属公司董事在对从属公司最佳利益承担信义义务之外，考虑集团利益。

（一）适用对象

与前文的判断标准一致，若从属公司实质上与控制公司的利益不一致，则无论其形式为全资子公司还是非全资子公司，从属公司董事均得以适用单一信义义务，此处不再赘述，唯独需要提及公众公司作为从属公司的情形。

我国公众公司大多具有控股股东和实际控制人，其中多以集团公司的形式存在。公众公司相较于集团公司，仍处于从属公司的地位，但其公众性决定了公众公司与其他从属公司不同的法律属性。首先，公众公司的两权分离程度高，股东基本上不能直接干预公众公司的日常经营管理，董事会的选举机制也更为复杂，董事会一般不会受到股东的支配或控制。因此，股东会与董事会互相保持独立性，股东（控制公司）意思必须经过正当的程序才能转变为公司意思。其次，公众公司股东人数众多，包括大量仅追求经济利益而不实际参与公司治理的中小股东，因此，公众公司需要受制于更多的法律规范以维持其独立性，避免公众公司沦为公司内部人攫取利益的工具。综上所述，上市公司等公众公司虽然处于企业集团的从属地位，但其仍具有较强的独立性。其董事仅对公众公司承担信义义务，且几乎不能考虑集团利益，以自身利益为代价换取集团利益的增长。

作为例证，德国法在这一问题上也采取了相似的态度。德国康采恩法依据控制公司对从属公司的控制程度和控制方式，将企业集团划分为加入式康采恩、协议式康采恩以及事实康采恩。其中，事实康采恩的控制公司主要是依据多数参股实现对从属公司的控制，其规制理念系从属公司的独立自主性基本不应受到侵害。〔3〕而我国法律规范上对企业集团的认定标准

---

〔1〕 Lower v. Traveller［2005］NZSC 79.

〔2〕 参见吴越：《企业集团法理研究》，法律出版社2003年版，第91页。

〔3〕［德］托马斯·莱赛尔、吕迪格·法伊尔：《德国资合公司法》，高旭军等译，上海人民出版社2019年版，第882页。

主要系资本结构和共同章程，但从公众公司披露的章程内容来看，实践中从属公众公司章程基本不包含与企业集团的相关内容，从属公众公司仅与控制公司之间存在资本联结，因此二者关系更近似于德国法上的事实康采恩。在事实康采恩的模式下，《德国股份法》要求董事会行为和责任的唯一标准是从属股份有限公司的利益；[1]从属公司的董事会没有义务听从控制公司的指示，董事会必须审查控制公司的指示是否并以何种方式对从属公司施加影响、是否会导致从属公司利益受损以及利益损害如何得到补偿。[2]与此同时，在事实康采恩的模式下，若从属公司为有限责任公司，则控制公司仍可以借助其在从属公司股东会上的多数表决权长期且持续地对公司管理作出决定、对从属公司的管理层发出指示。德国法上的这一对比反映出，从属公司类型不同将会导致从属公司董事的独立性也有所不同，更加强化以上关于公众公司的结论。

（二）法律效果

单一信义义务的法律效果比较容易理解。与一般董事信义义务相类似，负担单一信义义务的从属公司董事同样以从属公司最佳利益为其义务核心，也即仅对从属公司负有忠实和勤勉义务。这从反面角度否定了从属公司董事对控制公司的信义义务。若从属公司董事抢夺从属公司的商业机会，或侵占从属公司的财产，控制公司仅能通过股东代表诉讼参与责任追究；若从属公司董事侵占控制公司的财产、泄露控制公司的商业秘密，则控制公司不能请求其承担基于违反忠实义务的责任，而只能提起一般侵权之诉，尽管实践中这样的情况并不多见。

从属公司董事单一信义义务的特殊性则体现于，从属公司董事可以基于集团统一管理的需要而考虑集团利益，这在法律效果上介于一般信义义务和双重信义义务之间。一方面，若从属公司的利益因其董事行为而遭受损害，从属公司董事并不一定违反其信义义务，其在一定范围内可以援引集团利益作为免责事由；另一方面，从属公司董事也不能无条件地为集团最佳利益所服务，尤其是该行为可能同时导致从属公司的少数股东与债权人遭受过度损害。由于企业集团通常以指示的形式协调成员利益，因此，必须区分存在指示与不存在指示的情况，分析从属公司董事的信义义务。

1. 存在指示的场合

在控制公司对从属公司作出指示时，从属公司董事应当坚持以从属公司利益为唯一标准，这意味着从属公司董事有义务对此种指示进行实质审查。在这一问题上，有以下三点需要指出。

---

〔1〕 德国公司的类型划分与我国具有相似性，并未采用封闭公司和公众公司的分类，而是主要分为有限责任公司与股份有限公司，其中《股份法》的适用对象为股份有限公司。尽管法律上维持传统划分，但学界越来越主张依据是否上市进行划分，因此此处的股份有限公司对应于公众公司。See Pierre-Henri Conac，*Director's Duties in Groups of Companies-Legalizing the Interest of the Group at the European Level*，10 ECFR 194，214（2013）.

〔2〕［德］托马斯·莱赛尔、吕迪格·法伊尔：《德国资合公司法》，高旭军等译，上海人民出版社2019年版，第886页。

第一，尽管控制公司和从属公司此时具有相对的独立性，但其均处于集团统一管理之下，控制公司仍然可以以指示的形式对从属公司的经营管理进行指导，以便提高经营效率。然而，指示的范围应当受到限制，不能僭越从属公司股东会的职能，因为指示仅体现出控制公司作为控股股东或实际控制人的意思，不能合法地上升为公司意思，否则将实质上剥夺从属公司少数股东的表决权。控制公司只能就公司重大决策以外的事项对从属公司作出指示，如属于董事会、经理职权范围内的事项。

第二，从属公司董事会需要对指示的内容进行审查，否则违反其信义义务。从属公司董事会的审查范围不仅包括指示内容是否合法、是否僭越股东会的职能范围，同时也包括指示内容是否符合集团利益、是否符合从属公司自身利益等。尽管从属公司董事会并无义务对集团最佳利益负责，但从反面来看，控制公司所作出的不利于集团利益的指示也会直接或间接地损害从属公司的利益，因此从属公司董事应当拒绝执行此种指示。鉴于从属公司董事难以知悉企业集团全貌，无法准确判断指示是否符合集团利益，从属公司董事仅需以理性人视角判断指示是否“明显不利于集团利益”即可。

第三，若经过从属公司董事会的审查，控制公司作出的指示合法有效，且未明显有损于集团利益和从属公司利益，则从属公司董事可以执行该指示，当然也可以拒绝执行该指示。一般情况下，企业集团可能会制定集团管理规章，以合同的形式要求从属公司董事遵守控制公司的指示，但违反规章所导致的责任不涉及公司法上的信义义务。一般董事信义义务仅要求董事会执行股东会决议，未要求董事会执行其他意思表示，包括个别股东的意思表示，因此，拒绝执行控制公司作出的指示本身并不会导致违反信义义务的后果。当然，若由于拒绝执行控制公司作出的指示，而导致从属公司因此遭受不利益，如错失商业机会，从属公司董事可能因违反其对从属公司的勤勉义务而承担责任。

2. 不存在指示的场合

控制公司未对从属公司作出指示时，从属公司董事会则应当按照正常独立公司的方式来经营从属公司，始终以从属公司自身利益为唯一行为标准。德国通说在这一问题上的态度颇为严格。在协议式康采恩的模式下，德国通说认为，若控制公司未对从属公司作出指示，从属公司董事会没有义务为了集团利益而损害从属公司的利益。即使从属公司董事的行为不会损害从属公司利益，董事会原则上也不能为集团利益行事，集团利益不能证明其行为的正当性。从属公司董事只能判断如何对从属公司有利，其必须将对集团利益的追求留给更有能力、处于更高地位的集团管理层。追求集团利益并不是从属公司董事的职责，其追求集团利益的行为根本上改变了信义义务的受益主体，属于不当地为第三人追求利益，构成对信义义务的违反。若导致从属公司利益受损，其董事不能以《股份法》第308条免责。[1]事实康采

〔1〕 Altmeppen，in：Münchener Kommentarzum Aktiengesetz，5 Aufl.，2020，§ 308，Rn. 158.

恩应采相同之原理。

德国法的态度在一定程度上应当获得支持。首先，利益不一致的从属公司虽然仍是企业集团的一部分，但从属公司此时具有较强的独立性，不应当以从属公司自身利益为代价换取集团利益的增长，否则容易挫伤少数股东等利益相关者的积极性。其次，涉及各成员公司间经营管理、公司利益等事项的协调才会通过指示的形式达成，若控制公司未作出指示，则从属公司应当推定不存在协调之需要，从属公司董事仅需关注从属公司自身利益即可。同时，从属公司董事不具有判断集团利益的基础，若其追求集团利益的行为导致从属公司利益受损（包括未取得预期利益），可能最终得不偿失。但若从属公司董事并非将本应投入从属公司的时间、精力用于追求集团利益，而是在为从属公司最佳利益行为的同时发现集团利益增长之可能，如发现应当由控制公司或其他从属公司使用的商业机会，则从属公司董事向控制公司建议、报告的行为不构成对信义义务的违反。

3. 免责效果

单一信义义务下最为困难的问题在于，若控制公司的指示并未明显不利于集团利益，但可能也未使从属公司获得利益，甚至可能会导致损害，从属公司董事执行该指示的行为是否会违反信义义务？

这一问题实际上涉及董事履行义务的判断标准。澳大利亚的非全资子公司董事适用单一信义义务，其中最为重要的规则肇始于 Walker v. Wimborne 一案。[1]根据 Walker 案所确立的裁判规则，判断董事是否违反其信义义务应当采主观标准，即董事行为时若仅考虑公司利益最大化，则其妥善履行信义义务；若在行为同时还考虑其他利益，如集团利益，则其违反信义义务。由于这一标准实在过于严格，法院在后续案例的裁判中发现，若均依照主观标准，则从属公司董事在多数情况下违反其义务，导致董事的履职活动难以展开。[2] Walker 案之后的法院态度发生转向，法院意识到，不允许从属公司董事考虑集团利益是不现实的，若以主观标准要求董事履职则过于严苛。英国的 Charterbridge 案则提供了更为合理的客观标准：[3]若一个聪明诚信的人处在与董事相同的位置上，认为董事的行为符合公司利益，则董事未违反其信义义务。不少澳大利亚法院接受了这一客观判断标准，[4]并从“集团各成员公司为分离实体”的观点逐渐向集团整体视角倾斜。最近的澳大利亚判例则对董事义务的边界进行限定，若从属公司董事所实施的交易实质上对债权人利益构成实质性损害（materialprejudice），则董事违反其对从属公司的信义义务，这实际上与《澳大利亚公司法》对双重信义义务所设

---

〔1〕 (1976) 137 CLR 1.

〔2〕 R. P. Austin, I. M. Ramsay, *Ford, Austin and Ramsay's Principles of Corporations Law 493* (17th edition, LexisNexis Butterworths, 2018).

〔3〕 Charterbridge Corporation Ltd. v. Lloyds Bank Ltd. [1970] 1 Ch 62 at 74.

〔4〕 Mernda Developments Pty Ltd. v. Alamanda Property Investments No. 2 Pty Ltd. (in liq) (2011) 86 ACSR 277, cited from supra note 127, at 492.

置的法定边界相同。[1]

从澳大利亚的经验来看，从属公司董事考虑集团利益的行为通常并不会遭到反对。若董事行为同时有利于集团利益和公司利益，其行为的合法性自不待言；若董事行为以公司利益为代价换取集团利益的增长，董事也可能被免除责任，只要其能够证明一个聪明诚信的人处在与董事相同的位置上，认为董事的行为能够使公司获得间接商业利益。[2]换言之，若从属公司董事根据指示所作之行为，能给从属公司带来直接或间接的商业利益，则董事可以免除责任，当然此种行为不能导致公司陷入资不抵债。澳大利亚的做法与英美法系的主流做法具有相似性。英国学界也基本认可从属公司董事考虑集团利益行为的合法性，只要该行为不威胁到少数股东的利益或该从属公司的偿付能力。[3]

然而，有学者指出，澳大利亚的普通法规则仍然过于关注从属公司的个体利益，与商业现实存在不协调。尽管可以对成员公司的间接获益标准进行较为宽泛的解释以纾解困境，但这会给董事从事相关行为时带来极大的法律不确定性。[4]欧盟委员会在报告中也批评英国的做法（与澳大利亚相似）缺乏商业意义，可能极大地降低集团效率。[5]本文认为，学者对澳大利亚路径的批评具有合理性，该路径一定程度上会增加法院对交易动机、交易背景等审查的负担，同时也会给董事行为带来不确定性。以类似于商业判断规则的机制免除董事责任可能更为合理，因为该机制本质上是对董事商业判断的尊重，也是对集团内部自治的宽许，更能够符合实践中的交易需求。同时，出于少数股东和债权人的保护目的，该机制中应当包含集团利益和从属公司利益的平衡。鉴于此，我国可以要求从属公司董事证明“企业集团具有良好的内部治理能力”，通过举证：（1）集团建立了稳固的结构；（2）集团制定了持续且连贯的管理政策；（3）集团成员间收益负担合理分配，实现针对违反信义义务的抗辩。[6]

五、从属公司董事信义义务立法模式之选择

若从属公司实质上完全缺乏独立人格，则从属公司在公司内部法律关系上被视为财产，从属公司董事的信义义务受益主体应当延伸至控制公司，同时基于其董事身份对从属公司承担信义义务。若从属公司未完全缺乏独立人格，则从属公司董事依然仅对从属公司承担信义义务，但基于企业集团的特殊性，从属公司董事可以在行为中考虑集团利益。以上结论在逻

---

〔1〕 Westpac Banking Corporation v. Bell Group Ltd.（in liq）（No. 3）（2012）44 WAR 1.

〔2〕 Maronis Holdings Ltd. v. Nippon Credit Australia Pty Ltd.（2001）38 ACSR 404，at 479.

〔3〕［北爱尔兰］汤姆·海登：《英国对公司集团的管理》，王保树译，载《环球法律评论》1990年第3期。

〔4〕 黄辉：《现代公司法比较研究——国际经验及对中国的启示》，清华大学出版社2020年版，第311页。

〔5〕 Eike Thomas Bicker，Creditor Protection in the Corporate Group，July 2006，https：//ssrn. com/abstract =920472.

〔6〕 Maria Rexova，*Liability and Loss from a Comparative Perspective—The Question of Groups of Companies*，14 Common L. Rev. 55，56（2017）.

辑上是连贯的，这也是法律适用应然的逻辑体现。然而，若此类案件进入司法裁判阶段，法院必须审查从属公司董事的具体职能以及其在企业集团中的法律地位，这就意味着法院必须对案涉企业集团的经营安排、管理结构等事项具备准确的理解认知，否则将导致对从属公司错误的法律定性，关于从属公司董事信义义务的结论也无法得到正确的解答。若遵循这样的审查程序，司法成本将会极大地增加。同时，法官可能难以如商人般充分理解企业集团的架构和交易目的，难以代替董事判断其行为是否违反信义义务。[1]因此，在实际的司法裁判过程中运用这种逻辑可能导致结果效率低下，同时又难以符合商人预期。

以上法院裁判逻辑可以概括为：审查从属公司董事会职能及法律地位（A）→选择从属公司董事信义义务（B）→判断案涉从属公司董事行为是否违反其信义义务（C）。法院在一般公司的裁判过程中无须进行“（A）→（B）”的判断过程，因为《公司法》已经对董事信义义务进行统一规定；而在企业集团的问题中，法院事实上也可以不对“（A）→（B）”这一颇为复杂的过程进行判断，只要法律授权企业集团自行决定从属公司董事应负担的信义义务类型。这一论断的逻辑基础在于：企业集团有能力根据自身需求设置合理的架构，因此企业集团内的控制公司与从属公司的分工和管理机制应当是明确的；企业集团为了有效实施各成员公司之间的协调管控机制，自然应当对从属公司董事的职能及义务进行清晰界定，尤其是通过集团统一的制度规章和各从属公司的公司章程。其中，公司章程是公司自治的基本规则，对于董事信义义务的界定更是具有不可替代的作用。集团管理制度规章不能代替公司章程承担规范董事义务的职能，因为制度规章通常以各成员公司的董监高为主体，主要体现集团内董监高的合意；而信义义务主要影响中小股东的利益，唯有公司章程才能表达中小股东的意思，集团规章通常缺乏中小股东的合意。同时，集团管理制度规章的效果主要系基于合同，与信义义务的法定效果有所区别。因此，法律允许从属公司在公司章程中规定其董事信义义务的模式，是基于“企业集团能够根据需求设置良好的集团架构”这一假设。

需要说明的是，所谓“法律授权企业集团在公司章程中具体规定董事信义义务”，并不是意味着信义义务成为一项任意性规则。企业集团仅能在有限的范围内选择从属公司董事的信义义务类型，法律不应当允许企业集团以合同的方式修改从属公司董事的信义义务。原因之一在于信义义务的功能。公司章程通常被理解为长期且不完备的合同，为了调整公司章程未规定的机会主义行为，不应当允许股东放弃董事信义义务。[2]只要公司仍然设置董事职位，董事就需要按照其受托人角色承担最大化委托人利益的义务，遵守信义义务的基本内容。原因之二在于立法和司法的功能设置。正如美国学者约翰·科菲所指出的，合同自由与制度能力向来不可分割，以任意性规则为主的公司法允许更多的私人自治，这也要求更专业

---

〔1〕 参见［加］布莱恩·R. 柴芬斯：《公司法：理论、结构和运作》，林华伟、魏旻译，法律出版社 2001 年版，第 334－335 页。

〔2〕 Melvin Aron Eisenberg, *The Structure of Corporate Law*, 89 Colum. L. Rev. 1461, 1470 (1989).

的事后司法审查以平衡合同自由；而强制性特征更明显的公司法已经限制私人意思偏离成文法基准，法院只需要专注于法律适用的过程，通常不需要进行过多的商业判断。[1]我国向来以成文法为传统，法院则更适应于法律适用，而非专业的商业审查，若在董事信义义务问题上赋予企业集团过大的自治空间，与我国“立法—司法”的分配格局不符。

采取授权方法无疑是有益的。我国企业集团数量众多，部分企业集团带有国企改制遗留的传统烙印，部分则顺应现代商业的管理模式，仅以集权管控模式或分权管控模式其中之一概括都是有失偏颇的。合理的方式是兼采特拉华州的传统等级制和其他法域的分离制，发挥法律公共产品的功能，以立法的方式为企业集团提供选择。从属公司可以在公司章程中明确规定其董事应当承担双重信义义务；未规定者，则其董事应当承担单一信义义务。如此，公司法基本框架无须产生重大变革，不会带来沉重的立法成本和严重的体系破坏，又能顺应于董事的异质化现象，给予企业集团一定的自治空间。[2]

最后，有两点应当指出。第一，虽然从属公司董事应当承担何种模式的信义义务可以由立法授权企业集团自行选择，但司法仍应当发挥一定的功能，因为是否违反信义义务始终是一个事实判断问题。关于从属公司董事信义义务的构成要件、证明责任以及抗辩事由等也需要得到完善。第二，尽管经过市场的检验，企业集团趋向于具备良好的管理架构，但商人的逐利性将促使其选择更有利于剥削他人利益以自利的模式。在以上两种信义义务中，双重信义义务无疑有利于控制公司更为便利地向从属公司发布指示，剥削从属公司的利益，损害从属公司中小股东、债权人的利益。因此，若不加遏制，极端的企业集团可能会在所有成员公司的公司章程中规定董事应承担双重信义义务。法律必须设置适当的中小股东、债权人保护机制，以倒逼企业集团选择合适的信义义务。因此，如何在提高企业集团运营效率的同时，保护少数股东和债权人利益，是企业集团的永恒命题，从属公司董事信义义务只是企业集团法理研究的起点。

---

〔1〕 参见［美］罗伯塔·罗曼诺：《公司法基础》，罗培新译，北京大学出版社 2013 年版，第 175 页。

〔2〕 参见林少伟：《董事异质化对传统董事义务规则的冲击及其法律应对》，载《中外法学》2015 年第 3 期。

日本法中的股权共有继承及对公司的权利行使

——判例法的展开

[日] 松岛隆弘　著　王学士　译*

目　次

一、前言

本文旨在通过分析日本法中因共同继承而发生股权准共有的情况下，其与股东权利行使问题相关的几则判例，以期明确日本判例法在股权共同继承领域的相关争议。

毋庸置疑，日本是采用成文法制度的国家，其主要的法律渊源是制定法。事实上，就股权继承，民法典与公司法以及转账法（“关于公司债券、股票等转账的

---

* 松岛隆弘，日本大学法学部教授、樱川协和法律事务所（Sakuragawa Kyowa Law Office）律师；王学士，大连海事大学法学院助理研究员、日本高冈法科大学法学部讲师、法学博士。

法律”）中都有详细的规定。不过就其性质而言，作为一种抽象的法规范，仍存在不少不足或缺陷，且随着时间的流逝，甚至会产生与社会相背离的可能。因而，如何填补如此的空白，就不得不需要司法实践（最高裁判所）的不断积累，也就是判例法。这也正是为何即使在制定法下，判例也必须被定位为二次法源的原因。尤其是在民法领域，判例法将抽象的制定法具体化，制定法与其之间存在显著的协同关系成为日本法中的一个特征（以判例造法）。〔1〕

以股权继承为例，从继承法的角度来看，股权具有财产性权益之属性，其不仅可以继承，更是概括性继承的对象。〔2〕《日本民法典》继承篇（第5编）对此作出了明确规定，因而股权继承应当受到该篇相关规则的规范。当然，股权亦是股东对公司享有的权利，其与公司的关系当然适用商事法中的相关规则。也就是说，股权继承的问题是介于民法和公司法之间的重要课题。然而，在这两个领域之间，往往存在大量的法律漏洞，这就需要判例对该漏洞进行弥补，这一点在共同继承的场景下尤为显著。

鉴于此，本文通过介绍最高裁判所围绕《日本公司法》第106条规定，就股权准共有形态下股东权利的行使方式的4个判例，通过案例分析的方式重现日本判例法的面貌，以此阐明判例法如何弥补制定法的不足。

二、《日本公司法》第106条正文就股权准共有人的权利行使规定的相关判例

（一）《日本公司法》第106条正文的宗旨及其历史沿革

《日本公司法》第106条规定，“股份属于两人以上共有时，共有人须指定一人作为该股份的权利行使人，并将该行使人的姓名或名称通知公司，否则不可以行使该股份的权利”。〔3〕鉴于该条正文与但书在历史沿革和目的上有所不同，因此本文对其分别予以讨论。

一般认为，《日本公司法》第106条正文的宗旨是为了便于公司处理事务。〔4〕立法部门在制定该条（旧日本商法第203条第2款）时，本意是为了规范发起人共同承担担保责任的这一场景，而并非共有股权的继承。也就是说，该条制定之初的继承属于“家族继承”，〔5〕在该继承形态下，家族和家族企业的事业通常都是继承的对象，原本并不存在共有股权继承的

---

〔1〕 田中英夫『実定法学入門（第3版）』（東京大学出版会、1974年）216頁参照。

〔2〕 中川善之助『相続法（第4版）』（有斐閣、2000年）205頁参照。

〔3〕 木下崇「共有株式に係る議決権の行使と権利行使者の指定に関する一考察」丸山秀平ほか編『永井和之先生古稀論文集・企業法学の論理と体系』（中央経済社、2016年）249頁、藤村知己「会社による議決権行使の選択－会社法106条ただし書きと共有株主間の対立－」丸山秀平ほか編『永井和之先生古稀論文集・企業法学の論理と体系』（中央経済社、2016年）831頁参照。

〔4〕 例如，田中亘『会社法（第3版）』（東京大学出版会、2021年）127頁参照。

〔5〕 战前旧民法典规定，如果户主去世或隐居，长子原则上将家族继承人身份继承全部遗产。这就是所谓的“家族继承”。——译者注

这种情况。然而，第二次世界大战后，继承相关法制从原来的“家族继承”转向“均分继承”，随之法律承认了个体工商户的“法人化”，因而司法实践中便出现了如何处理共有股权继承的问题。然而，由于《日本公司法》废除了资本充足制度，发起人的担保责任也随之被废除。在这种情况下，该条便丧失了适用的空间。因此可以说，该条规定有悖于当初的立法宗旨,〔1〕其是专门为了考虑共有股权继承而设置的规定。〔2〕

（二）权利行使人的选定方法

如果股权发生共同继承，则该股权便会发生准共有的问题。〔3〕此时，因满足“股份属于两人以上共有时”的要件，须按《日本公司法》第106条正文的规定，选定一名权利行使人并将该情事通知给公司。但是，对于如何选定权利行使人，该条并没有做出规定，如何解释便成为问题。也就是说，在此产生了“法律真空”。

就此问题，学界主要存在两种观点：一种观点认为，需要取得共同继承人的一致同意（A说：一致同意说）;〔4〕还有一种观点认为，满足共同继承人的法定继承部分中的简单多数同意即可（B说：简单多数同意说或过半数说）。基于以上认识，本文就该问题的相关判例展开论述。

（三）不需要选定行使人的特殊情况之最高裁判所判决〔5〕

1. 案情概要

最高裁判所在平成2年（1990年）12月4日判决中，首次就不需要选定行使人的“特殊情况”这一问题做出了阐释（【Case 1】）。该案的争议焦点是，股权准共有人是否可以在没有选定权利行使人，且没有取得公司同意的情况下行使股权。

【Case 1】

1. Y1是一家从事旅馆业务的株式会社,〔6〕A1拥有该公司发行的全部股份（7000股）。A1于1982年3月24日去世，但没有立遗嘱，他的妻子B1和7名子女（长子X1、次子C1、三儿子Z1和其他四人）共同继承了本案股份。1985年2月23日，B1同样在去世时未立遗嘱，X1等7名子女共同继承了其股份。

〔1〕 松嶋隆弘「会社法における株主の地位と企業承継」小野幸二教授古稀記念論集刊行委員会編『小野幸二教授古稀記念論集・21世紀の家族と法』（法学書院、2007年）532頁参照。

〔2〕 有学者指出，在继承被视为家族继承制度残余的祭祀财产时，祭祀财产的继承和事业继承便具有连续性。岡島芳伸「祭祀財産の承継について」日本法学71巻1号（2005年）159頁。

〔3〕 除本文所述观点之外，少数说认为，股权不是准共有的，因而在继承人中当然可以被分割。出口正義「株式の共同相続と商法203条2項の適用に関する一考察」筑波法政12号（1989年）67頁参照。

〔4〕 大野正道『企業承継法の理論Ⅰ総論・学説〔中小企業法研究第1巻〕』（第一法規、2011年）102頁、江頭憲治郎『株式会社法（第8版）』（有斐閣、2021年）125頁参照。

〔5〕 最判平成2年12月4日民事判例集44巻9号1165頁参照。

〔6〕 鉴于日本公司法对公司的类型划分与我国法中的公司类型并不一致，因而译者在翻译时仍使用“株式会社”一词。——译者注

2. 公司在B1去世的第二天召开的股东（大）会决议中，C1、D1（C1的妻子）、E1（C1的次女）3人被选任为董事，Z1被选任为监事，并办理了法定登记。因此，X1等继承人以Y1为被告向裁判所提起了股东（大）会决议不存在的确认之诉（《日本公司法》第830条第1款）。

3. 对此，Y1认为，即便X1等继承人共同继承了本案股份，但在共同继承人之间本案股份的遗产分割尚未完成；不仅如此，X1等继承人就本案股份尚未履行公司法规定的选定权利行使人并进行通知的程序（《日本公司法》第106条正文），因此X1等继承人不具备诉讼利益及原告资格。

2. 最高裁判所平成2年（1990年）12月4日判决的内容及其意义

最高裁判所平成2年（1990年）12月4日判决的意义在于，在上述事实的前提下，裁判所并没有明确选定权利行使人的要件，相反却明确了不需要选定该行使人时的"特殊情况"。就共同继承人以准共有股东身份为据提起股东（大）会决议不存在的确认之诉，最高裁判所判决认为，"除非有特殊情况，否则共同继承人不具备原告资格"，"尽管股权准共有的共同继承人没有指定权利行使人并通知给公司，但在本案中该股权相当于公司发行的全部股份，且选任共同继承人中的一人为董事的股东（大）会决议已经办理了登记，因而构成上述的'特殊情况'，如此来说，对于其他共同继承人就确认该决议不存在的诉讼应当具有原告资格"。

在此后的最高裁判所平成3年（1991年）2月19日案件中，判决进一步地扩大了最高裁判所平成2年（1990年）12月4日判决的适用范围。最高裁判所平成3年（1991年）2月19日判决认为，纵使准共有并购对象公司股份的共同继承人既没有选定权利行使人，亦没有向公司履行通知义务，倘若共同继承人准共有的股权占双方或一方公司已发行股份的半数以上，但在以通过并购合同的决议为前提进行并购登记的情况中，视为具备"特殊情况"。因此，共同继承人以该决议不存在为由提起的并购无效之诉，应当具有原告资格。易言之，在公司发行股份总数过半数的情况下，亦构成"特殊情况"。[1]

（四）权利行使人选定方法之最高裁判所判决[2]

1. 案情概要

最高裁判所平成9年（1997年）1月28日判决（【Case 2】）与最高裁判所平成2年（1990年）12月4日判决不同，该判决从正面对权利行使人的选定方法做出了回应。

【Case 2】

1. Y2是一家注册资本为500万日元的有限会社。A2是Y2的创始人，全额出资，

---

〔1〕 最判平成3年2月19日判例時報1389号140頁参照。

〔2〕 最判平成9年1月28日民事判例集181号83頁参照。

持有 Y2 的全部股份，同时担任 Y2 的董事长。A2 与妻子 X2 育有两个女儿 X3 和 X4，但他在结婚大约 10 年后与 X2 开始分居。其实，A2 在分居前已经与 B2 同居，并生下了 C2，且承认 C2 与自己的父子关系。不仅如此，A2 为了避免自己的姓氏和 B2 以及 C2 的姓氏不同，他与 B2 的亲戚共同收养了 C2。自此，A2 和 B2 作为事实上的夫妇，与 C2 共同生活。A2 于 1989 年 9 月 12 日因结肠癌住院并接受了手术治疗，但未能康复，于 11 月 9 日去世。X2、X3、X4 及 C2 四人成了 A2 的合法继承人。

2. Y2 于 10 月 18 日召开职工大会，决议聘任 B2 为 Y2 的董事长。

3. X2、X3 及 X4 因 A2 死亡而共同继承了其对 Y2 持有的股份，根据其作为公司员工的资格，向裁判所提起要求确认本案职工大会决议不存在的诉讼（但并未履行公司法第 106 条正文规定的法定程序）。对此，Y2 做出以下两点抗辩：（1）A2 将其全部股权赠与 B2，因而 X 等继承人并未继承 A2 的股权，不具有 Y2 的员工资格，因此对该诉讼不具备原告资格，本案诉讼不合法；（2）本案职工大会决议是由持有 Y2 全部股份的 A2 做出的，因此该决议应当被认定为合法有效。

4. 就本案赠与，X2 等继承人除本案诉讼外，还另行提起了遗嘱无效之诉，目前该诉讼尚在审理当中。

2. 最高裁判所平成 9 年（1997 年）1 月 28 日判决的要旨

首先，就一般论而言，最高裁判所指出，通过继承成为准共有有限会社的股份的共同继承人，基于准共有员工的地位可以提出职工大会决议不存在的确认之诉的前提是，该继承人必须获得权利行使人（能够行权的员工）的指定，且将该指定相关事项通知给公司。倘若没有选定权利行使人及做出通知，除非另有特殊情况，否则就该诉讼不具备原告资格。其次，在一般论的基础上，就权利行使人的选定方法，最高裁判所做出如下判决：在股权准共有人之中选定权利行使人时，可以根据该等准共有人持股份额的过半数来确定。原因在于，如果准共有人的全体人员意见不一致就不能选定权利行使人的话，一旦股权准共有人中有人反对，就会造成全体共有人无法行使员工权，进而给公司运营带来障碍风险，这与设置该条规定，即旨在便于公司事务处理之宗旨相违背。

3. 最高裁判所平成 2 年（1990 年）12 月 4 日判决［包括最高裁判所平成 3 年（1991 年）2 月 19 日判决］与最高裁判所平成 9 年（1997 年）1 月 28 日判决的连贯性

乍看之下，上述三则判决的逻辑似乎并不一致。这是因为，在已发行全部股份处于准共有状态的情况下，对于承认存在“特殊情况”的最高裁判所平成 2 年（1990 年）12 月 4 日判决较最高裁判所平成 3 年（1991 年）2 月 19 日判决而言，尽管在公司已发行股份的过半数的情况下也被认为是妥当的，但相较于最高裁判所平成 9 年（1997 年）1 月 28 日判决而言，在持有 9/10 的准共有股份的权利行使人是否可以行使股东权利这个问题，裁判所否认了“特殊情况”的存在。

由于判例法是以事实为据做出判断，不可脱离案件本身的具体事实，因而判例法必然成为“点的集合”和“拼凑状态”。因此，学说的作用就是将点转换为线并对其进行理论化。由此看来，回到最高裁判所平成2年（1990年）12月4日判决，一个值得注意的问题是，裁判所一方面承认了“特殊情况”的存在；但另一方面，裁判所在判词中指出，倘若Y1“滥用诉讼上的防卫权，明显违反诚实信用原则，则不被允许”。裁判所之所以在判词中强调“滥用防卫权”“违反诚实信用原则”，其实是针对Y1就公司股东（大）会决议存在“瑕疵”之主张做出的回应。此外，在最高裁判所平成2年（1990年）12月4日的案件中，Y1以实体法上存在瑕疵（未选定权利行使人）为由，主张X1欠缺诉讼要件（原告资格）。本文认为，“在同一诉讼程序中任意地对该条规定的宗旨区别解读”的做法非常恶劣。最高裁判所平成2年（1990年）12月4日判决之所以承认了“特殊情况”的存在，即考虑到了此种情况，而并非仅着眼于股权份额。如此看来，上述两则最高裁判所判决并非是互为矛盾抵触的关系，而是具有一定的连贯性。

（五）对多数同意说的适用范围进行限定之大阪高等裁判所平成20年（2008年）11月28日判决〔1〕

1. 前述最高裁判所平成9年（1997年）1月28日判决不具终局性

在【Case 2】中，遗嘱无效之诉尚在另案诉讼审理中，Y2公司的股权归属，最终取决于该遗嘱是否无效之诉的最终判决。一般认为，遗赠的效力具有物权属性，如果本案遗赠有效，那么X等继承人将完全地丧失对Y2公司的股东资格。然而，本案的焦点在于Y2公司职工大会决议的法律效力。最高裁判所平成9年（1997年）1月28日判决对遗嘱无效之诉没有做出判决的情况下，即使X等继承人是权益人，也应根据持股份额的过半数来确定权利行使人，对未选定权利行使人而提起的诉讼，驳回了不适法的一审判决，〔2〕承认了裁判所的二审〔3〕判断，最终驳回了X等继承人的上诉请求。也就是说，判决虽然采用多数同意说，但只不过是“附带意见”。〔4〕在本文看来，最高裁判所平成9年（1997年）1月28日判决之所以未被刊登在最高裁判所判例集（民事判例集）之理由即在于此。

2. 大阪高等裁判所平成20年（2008年）11月28日判决之案情概要

最高裁判所平成9年（1997年）1月28日判决虽说采取了多数同意说，但该判决并未被此后的所有下级裁判所贯彻。大阪高等裁判所平成20年（2008年）11月28日判决即为此例（【Case 3】）。〔5〕

---

〔1〕 大阪高判平成20年11月28日金融・商事判例1345号38頁参照。
〔2〕 東京地判平成4年2月18日金融・商事判例1019号28頁参照。
〔3〕 東京高判平成5年7月5日金融・商事判例1019号25頁参照。
〔4〕 即判词旁论（obiter dictum），系指法官或仲裁员在判决书中不具拘束力，“附带”的论述。——译者注
〔5〕 大阪高判平成20年11月28日金融・商事判例1345号38頁参照。

【Case 3】

1. Y3 公司是 1957 年 4 月 1 日由创业人 A3 设立的以各种金属冲压加工等为目的的株式会社（全股份转让限制公司、董事设置公司、监事设置公司）。A3 与其妻子 B3 之间育有 X5（长女）、X6（三女）和 C3（次女）。1973 年与 C3 结婚的 D3，同时在与 A3、B3 之间办理了领养的申请手续。C3、D3 之间育有 E2（长子）和 F1（长女）。

2. A3 指定 D3 为继承人，D3 自 1993 年以后出任董事长，C3 为董事；与此相对，X5 和 X6 虽为监事，但都未直接参与过 Y3 公司的经营。

3. 在 Y3 公司（共发行 30 000 股）的股东构成方面，D3 家族的持股比例逐渐提高，不过 X5 和 X6 持股份额合计仅为 3000 股。

4. A3 于 2006 年 6 月 4 日去世，妻子 B3 及其子女 X5、X6、C3 及 D3 继承了 A3 生前的权利义务因遗产分割尚未完成，A3 持有的 9700 股（本案股份）由 5 名继承人准共有（就准共有股权，B3 为法定继承份额的 1/2，X5、X6、C3 及 D3 分别享有 1/8 的法定继承份额）。

5. B3 于 2006 年 8 月 3 日去世，留下了将所有财产按相同比例留给 X5 和 X6 等继承人的遗嘱。此外，全部继承人对该遗嘱的有效性没有争议。

6. 因此，X 等继承人合法地继承了 B3 所持本案股份的准共有股权以及 B3 所持股份（2500 股），因 A3 去世而导致的继承分割尚未完成，本案股份属于 X5、X6、C3 及 D3 的准共有状态；此外，B3 持有股权属于 X5、X6 的准共有。

C3：5700 股（A3 共有股权份额的 1/8） D3：7100 股（A3 共有股权份额的 1/8） E2：1250 股 F1：750 股	X5：1250 股（A3 股权准共有份额的 3/8 + B3 共有股权的 1/2） X6：1750 股（A3 股权准共有的 3/8 + B3 共有股权的 1/2）
合计：14 800 股	合计：5500 股［3000 股 + B3 股权（2500 股）］+ A3 股权（9700 股）= 15 200 股

7. 上述遗嘱的认证程序引发了 X5、X6 与 D3 等继承人之间的争执，矛盾不断激化，最终演变为争夺 Y3 公司经营权之纠纷。

8. 2007 年 6 月 1 日，X5、X6 根据股东提案权，提议选任 X5、X6 阵营的董事及监事选任事项作为定期股东（大）会的目的事项（议题）。10 月 18 日，X5、X6 向 C3 和 D3 发送了"协议申请书"，要求其在当月 19 日下午 5 点之前通过传真方式，"仅需"回答是否接受指定 X6 为本案股份的权利行使人。然而，X5、X6 在指定期限之前没有收到接受的答复，遂做出协议不成立的通知，在未经任何协商的情况下，于当天书面通知 Y3 公司将 X6 指定为本案股权的权利行使人。在 10 月 29 日 Y3 公司召开的第 51 届定期股东（大）会上，持有 Y3 公司发行股份的股东或其代理人都出席了此次会议，并审议了Y3公司以及X5、X6的提案。就X5、X6代理人（律师）行使本案股份的表决权事宜，议长D3以准共有人之间未经过协商为由，对表决权不予承认，因而通过了Y3公司的议案，而与X5、X6的议案则被否决。

9. 对此，X5、X6于2007年11月12日就本案股东（大）会的各项决议向裁判所请求确认，（1）X5、X6的各项议案的有效性；（2）Y公司的提案无效。

3. 大阪高等裁判所平成20年（2008年）11月28日判决的要旨

大阪高等裁判所平成20年（2008年）11月28日判决在援引了采取多数同意说的最高裁判所平成9年（1997年）1月28日判决的基础上，做出如下判旨：

"共同继承人的准共有股权状态，仅仅是全部共同继承人在遗产分割协议和家庭裁判所的调解成立之前，或者即使在该调解不成立的情况下，也只是在迟早会进行的遗产分割做出判决之前的一种'暂时状态'。因此，在此期间，权利行使人的指定以及在此基础上的表决权行使，都不得滥用公司法为便宜公司事务处理而设立本条的制度宗旨。"

"如此一来，即便共同继承人对权利行使人的选定最终是根据准共有份额以其过半数确定，鉴于如上所述准共有系为暂定状态，以及在此期间行使表决权的性质，那么共同继承人应当事先根据协议内容的重要程度采取相应的协商形式，在完全未进行协商的情况下选定了权利行使人，抑或是共同继承人在行使权利的过程中滥用了该权利的情况下，该权利行使人的选定或者表决权的行使构成权利滥用，这是不被允许的。"

"综合上述事实，X5、X6在2006年A3和B3去世后成为本案股份的准共有人，尽管这是遗产分割之前的临时状态，但X5、X6仅在此期间，以400股之差占据过半数份额，意图使Y3公司的经营陷入混乱。然而，问题在于，权利行使人的选定并未体现共同继承人真挚地进行协商的意思，而仅仅是在形式上摆出一副正式讨论的样子，几乎没有进行任何实质性的讨论。即谓，相当于无须问答就指定了权利行使人。"

4. 大阪高等裁判所平成20年（2008年）11月28日判决中裁判所的价值判断

在大阪高等裁判所平成20年（2008年）11月28日案件中，X5、X6虽然向C3及D3发送了"协商申请书"，但并未进行任何协商，仅仅是通过书面通知方式，指定X2为本案股份的权利行使人。倘若将该事实与两个阵营的持股份额进行对比来看，如上述表格所示一目了然，与持股份额14800股的C3、D3等继承人相比，X5、X6在持股份额上压倒性地逊色（仅为5500股），本来应该没有胜算。但X5、X6如果能够将准共有股权纳入自己阵营，则为15,200股，略高于C3、D3等继承人持有的股权份额。当然，这种微弱的优势只是"暂时的"。然而，在关键的"临时"股东（大）会中，对于被任命的董事属于哪个阵营不无疑问。在X5、X6看来，既未采取问答式，亦未进行任何协商讨论，这可谓是一个"预先编织的故事"。也就是说，在X5、X6看来，旨在利用一时的"洪荒"之优势，在股权份额方面以期超越C3、D3等继承人，试图将准共有股权纳入自己阵营，就该意图而言，除协商外别无他法。换言之，可以看出本案是 X5、X6 企图反超 C3、D3 等继承人发动的公司“政变”。

就此而言，大阪高等裁判所平成 20 年（2008 年）11 月 28 日判决不允许将“以多数决方式选定行使人”用于此类的“政变”目的，或许该结论并无异议。对于被继承人因未立遗嘱而产生的继承准共有问题，须选定权利行使人，毕竟只是在通过遗产分割协议方式选定财产归属关系之前的“临时处理”。无论是采取多数同意说还是一致同意说，在该“暂时期间”内，对于是否应当承认行使权利还是暂时的停止行使权利，虽然在价值判断上仍存在差异，但作为判断基础之“暂定性”并无异议。

毋庸讳言，司法实务承认继承人通过灵活运用权利行使人的规则，甚至引致公司内部支配关系发生决定性的变动，这是立法机关在创设该制度之初没有预想到的。在本文看来，继承人的此种行为显然构成了权利滥用，应当不予以承认。由此而言，可以说大阪高等裁判所平成 20 年（2008 年）11 月 28 日判决正是明确了这一点。[1]

三、《日本公司法》第 106 条但书就公司同意问题的相关案例

（一）《日本公司法》第 106 条但书宗旨的不明确性

如上文所述，《日本公司法》第 106 条但书规定“但株式会社同意该权利行使的不在此限”。该条正文沿用了旧《商法》第 203 条第 2 款的规定，其宗旨明确；而该条但书是 2005 年公司法制定时新增设的，就其宗旨即便考察法律制定时的相关资料仍有不明之处。最高裁判所平成 11 年（1999 年）12 月 14 日判决在股权属于数人共有，在未选定权利行使人及对公司进行通知的场景下，除全体共有人共同行使表决权的情况以外，公司不可行使表决权。[2] 就此看来，该条但书是否会变更最高裁判所平成 11 年（1999 年）12 月 14 日判决，学界对此尚未达成共识。此时登场的即为下述最高裁判所平成 27 年（2015 年）2 月 19 日判决（【Case 4】）。[3]

（二）最高裁判所平成 27 年（2015 年）2 月 19 日判决

1. 案情概要

【Case 4】

Y4 是一家销售水果和蔬菜的特殊有限会社，注册资本为 300 万日元，已发行股份为 3000 股。Y4 的持股明细分别是：A4 为 2000 股，C4 为 1000 股。由于 A4 的去世，上述 2000 股由 A4 的合法继承人（均为 A4 的妹妹）X7 和 B4 以 1/2 的比例共同继承。因

〔1〕 该判决指出，公司承认持股相同的 2 人准共有中，1 人在没有协商的情况下行使表决权是违法的，这与作为该判决前提的价值判断具有亲和性。

〔2〕 最判平成 11 年 12 月 14 日民事判例集 195 号 715 頁参照。

〔3〕 最判平成 27 年 2 月 19 日民事判例集 69 卷 1 号 25 頁参照。

A4 的遗产分割尚未完成，X7 和 B4 共同持有该 2000 股（本案准共有股权）。

届时，Y4 召开了临时股东（大）会。X7 在股东（大）会之前收到了会议的召集通知，但 X7 向 Y4 通知因故不能出席，并声明即使召开该会议亦是无效的，因此最终未出席该大会。然而，B4 在股东（大）会上对准共有股权行使了表决权。就本案准共有股权，X7 虽然既未按照《日本公司法》第 106 条的规定指定权利使利人，亦未将该权利行使人的姓名或名称通知给 Y4，但 Y4 同意其在股东（大）会上行使表决权。不仅如此，C4 还在股东（大）会上就所持 1000 股行使了表决权。最终，本案股东（大）会通过了如下决议。

（1）选任 D4 为董事

（2）选任 D4 为董事长

（3）修改公司章程，更改总公司所在地

（4）总公司搬迁

对此，X7 主张本案各项决议均违反了相关法律规定的决议方式。遂对 Y4，根据《日本公司法》第 831 条第 1 款第 1 项的规定，向裁判所提起诉讼，要求撤销本案各项决议。

2. 问题所在和利益对立情况

【Case 4】的争议焦点是，共同继承人在未按照《日本公司法》第 106 条正文的规定指定权利行使人以及向公司做出通知而行使了表决权的情况下，根据该条但书在 Y4 同意的情况下，是否合法？

在【Case 4】中，共同继承人并未按照《日本公司法》第 106 条正文的规定指定权利行使人，因此亦未对公司（Y4）进行通知。但尽管如此，Y4 允许 B4 根据《日本公司法》第 106 条的但书行使本案准共有股权。如此观之，【Casc 4】中的对立情况为 X7 与 B4、C4。如果按照法定继承分割准共有股权，则 B4 及 C4 以 1000∶2000 的优势获胜，即使将本案准共有股权从表决权行使对象中除去，也是 0∶1000，B4 及 C4 的一方仍可获胜。不过，本案准共有股权的准共有比例为 1（X7）∶1（B4），X7、B4 处于相互"胶着"状态。可以说，本案是 B4 和 C4 试图在这种情况下承认公司（Y4）行使 B4 的表决权，从而以 0∶3000 击败 X7。倘若该条但书"不限于此"的宗旨是，在未指定权利行使人或向公司做出通知的情况下，公司仍可以将特定的继承人视为股东，那么，Y4（=B4 及 C4）的目的将会实现。

3. 裁判所的立场

一审横滨地方裁判所川崎支判在判决中强调了"是否存在同意的意思表示"的意义，指出，"B4 可以对 A4 持有的股权份额行使表决权，尽管 B4 行使表决权的内容与原告的意图并不相同，但不构成撤销决议的理由，因为表决权行使本身并不存在缺陷"，最终判决 Y4 胜诉。[1]然而，二审[2]和最高裁判所采取了与此相反的立场。最高裁判所做出如下判决。

“通常认为，《日本公司法》第 106 条正文是就共有股权的行使方式，对民法中的共有相关规定设置的‘特别规定’（《日本公司法》第 264 条但书）。在此基础上，《日本公司法》第 106 条但书规定：‘但株式会社同意行使该权利的，不在此限。’根据其文言，公司在同意的情况下，就属于共有股权的权利行使方法的特别规定，即该条正文规定的适用被排除。如此，按照《日本公司法》第 106 条的规定，未经指定和通知而行使属于共有股权的权利的，因该权利的行使未按照民法中共有之相关规定，即使公司同意了该条但书的规定，对该权利的行使仍是不合法的。

对于属于共有股权的表决权行使，只要不存在以该表决权的行使立即处分股权或者变更股权内容等特殊情况，作为一种与股权管理的相关行为，根据《日本民法典》第 252 条的正文规定，按照各共有人的持股份额，以其过半数确定。”

（三）小结

根据最高裁判所平成 27 年（2015 年）2 月 19 日判决，《日本公司法》第 106 条但书否认的只是该条正文的规定，这种否认并不意味着股东权利的行使即为合法。股东权利的行使是否合法，须回归原则，按照民法中的共有相关规定做出判断。鉴于本案表决权的行使采取的是以各共有人的持股份额的过半数决定的共有管理方式，因此，在本案中，尚未“过”半数，则表决权行使便是违法的，从而该决议存在瑕疵。

其结果是，就 B4 及 C4 而言，通过“强行”决议，虽然在数量上胜出，但最终仍然败诉。因此，诸如【Case 4】这样虽然本质上属于继承纠纷的案件，但仍然存在因多数决方式被“逼迫”的高风险。

四、判例法的基本立场

（一）《日本公司法》第 106 条正文的相关判例法

本文在此总结司法判例就股权共同继承的基本立场。这是从作为“点”的各个判决推导出作为“线”的判例法的一种尝试。最高裁判所平成9 年（1997 年）1 月 28 日判决（【Case 2】）在指定《日本公司法》第 106 条正文规定的权利行使人时采用了多数同意说，认定“根据持股份额，以其过半数来确定”，但不能以多数决来“强行”通过多数派的决策。上述大阪高等裁判所平成 20 年（2008 年）11 月 28 日判决（【Case 3】）阐明了这一点。根据

---

〔1〕横浜地裁川崎支判平成 24 年 6 月 22 日金融・商事判例 1464 号 37 頁参照。

〔2〕東京高判平成 24 年 11 月 28 日判例タイムズ1389 号 256 頁参照。

该判决，股权的准共有状态只是暂时的或暂时的状态，在此期间继承人对权利行使人的指定以及基于此的表决权的行使，不得滥用基于公司事务处理的便宜而设置该条的制度宗旨。即使最终按照准共有份额以其过半数确定，鉴于如上所述准共有处于暂定状态，以及在此期间行使表决权的性质，共同继承人须事先根据议案内容的重要程度进行适当协商，共同继承人不得在行使权利的过程中滥用权利。例如，在完全不进行协商的情况下指定行使人。由此可以看出，日本的判例法要求各方当事人在选定权利行使人时须进行真挚协商。

协商时的真挚态度对原告（X）方以及公司（Y）方具有约束力。最高裁判所平成2年（1990年）12月4日判决（【Case 1】）明确了这一点。在该案中，继承人在未选定权利行使人之状态下的权利行使被认定为构成“特殊情况”，但Y1以其自身存在“瑕疵”为由，主张不存在“特殊情况”，即“在同一诉讼程序中任意地对该条规定的宗旨区别解读”的不诚实做法并未受到裁判所的欢迎。这样一来，如果【Case 1】中全部股权均系准共有，则继承人可以在未选定权利行使人的情况下行使权利；而在【Case 2】中，则须在大致相等的9/10的股权处于准共有状态的情况下选定权利行使人。这意味着，如果采取上述最高裁判所1991年2月19日判决的立场，承认“特殊情况”的存在，那么当公司已发行股份的大部分处于双方之间的准共有状态时，若以持股份额为基准，就会产生不匹配的问题。但是，判例重视的并不是单纯的持股份额的多寡，而是在选定权利行使人时的协商的真挚性，因而可以连贯地捕捉一系列的判决。

（二）《日本公司法》第106条但书的相关判例法

《日本公司法》第106条但书也要求类似的“协商的真挚性”。最高裁判所平成27年（2015年）2月19日判决（【Case 4】）明确了这一点。在【Case 4】中，B4和C4虽然通过“强行”决议的方式在数量上取胜，但最终仍然败诉。不过，在其前提下，要求协商的真挚性的司法态度有所收敛，在否定无须问答的态度这一点上，最高裁判所平成9年（1997年）1月28日判决（【Case 2】）就不仅对原告（X），对公司（Y）也要求真挚性这一点上，可以理解为该判决与最高裁判所平成9年（1997年）1月28日判决（【Case 3】），站在了类似的价值判断立场上。

如此一来，在发生股权共同继承的问题中，就选定权利行使人，日本的判例法采取了不仅在准共有人之间，对公司也采取了要求认真进行协商之极其重视程序法的观点，不过此种观点并不能从《日本公司法》第106条的明文规定中解读出来。因此，可以看出日本法明确地采取了一种通过判例进行法创造的活动。

五、结语

在本文中，笔者并未谈及个别法律理论，而是在仅根据个案事实分析相关判例后，试图阐明“判例法”的全貌。尽管中国的司法解释和日本的判例法乍看之下似乎相似，但在内容上彼此之间却存在明显的差异。笔者在指导中国留学生的过程中认识到了这一点。此次，笔者有幸获得执笔机会，通过对日本判例法的展开、判例的法创造的具体介绍，借此希望增进对彼此法域的理解。

证券法制

非公众公司的概念和特征初探

徐　明*

目　次

一、问题的提出

2021年12月20日，第十三届全国人大常委会第三十二次会议对《公司法（修订草案)》进行了审议并获得了通过，《公司法（修订草案征求意见稿)》已经公开向全社会征求意见，这是我国公司立法和实践中的一件大事。目前，学术界、实务界等对公司法修订的讨论如火如荼，社会各界都在为公司法的修订积极地献计献策。从目前的公司法修订征求意见稿的条文看，对公众公司和非公众公司这一公司组织的最基本形态未作规定。笔者认为，应当在公司法中规定公众公司和非公众公司的相关内容，明确公众公司和非公众公司的概念并就公众公司和非公众公司职责边界进行界定和规则。从目前公司实践和理论界的研究来看，对公众公司的规定和研究相对较多，而对非公众公司研究的不多，尤其对非公众公司的概念和特征等论及甚少。因此，进一步研究非公众公司是非常必要的。正是出于这样的目的，笔者结合境内外公司法中的有关规定对非公众公司的概念和特征进行了初步的探讨。

---

* 徐明，法学博士、原北京证券交易所董事长。

二、非公众公司的内涵界定

在境内外国家和地区中，公司法直接使用非公众公司的概念并且直接规定非公众公司内容的并不多见，英国、美国、日本、以及我国等大多如此。

（一）英国

在概念上，作为现代公司法起源地的英国，其公司法中并没有“非公众公司”概念，公司法和相关法律中大量使用的是“私人公司”的概念。从公司法对“私人公司”的界定及所规定的内容看，英国的“私人公司”是和“公众公司”相对应的。因此，一般认为，英国公司法上的“私人公司”和“非公众公司”并无实质性区别，实际上“私人公司”就是“非公众公司”。

在英国公司法中，私人公司是指公众公司之外的其他公司。公众公司是指以下股份有限公司或者具有股份的担保有限公司：（1）其设立时载明其是公众公司；（2）在相关日期或该日期之后，与其相关的公司法规关于登记或重新登记为公众公司的要求，已经得到遵守。[1]

为了应对实践中出现的现实情况，在一系列判例的推动下，《1908年公司法》正式将“私人公司”的概念引入了正式立法，私人公司作为一般公司的“例外形式”纳入了公司立法。《1908年公司法》第121条直接定义了私人公司的概念，[2]私人公司应当同时满足三个要求：限制股份的流转；[3]除了公司雇员之外的公司成员不得超过50人；[4]禁止向公众发出

---

〔1〕《1908 Companies Act》Article 4：Private and public companies：（1）A “private company” is any company that is not a public company.（2）A “public company” is a company limited by shares or limited by guaranteeand having a share capital—（a）whose certificate of incorporation states that it is a public company, and（b）in relation to which the requirements of this Act, or the formerCompanies Acts, as to registration or re-registration as a publiccompany have been complied with on or after the relevant date.

〔2〕《1908 Companies Act》Article 121：（1）For the purposes of this Act the expression “private company” means a company which by its articles—（a）restricts the right to transfer its shares；and（b）limits the number of its members（exclusive of persons who are in the employment of the company）tofifty；and（c）prohibits any invitation to the public to subscribe for any shares or debentures of the company.（2）A private company may, subject to anything contained in the memorandum or articles, by passing a special resolution and by filing with the registrar of companies such a statement in lieu of prospectus as the company, ifa public company, would have had to file before allotting any of its shares or debentures, together with such astatutory declaration as the company, if a public company, would have had to file before commencing business, turn itself into a public company.（3）Where two or more persons hold one or more shares in a company jointly they shall, for the purposes ofthis section, be treated as a single member.

〔3〕没有法律法规规定何为限制股份的转移，但是根据商业实践，主要包括不可撤销地赋予董事拒绝股份转让的权利，或者在章程中约定股东优先购买权，见 Gower, L. C. B., *The English Private Company*, 18 Law and Contemporary Problems, p. 534 –545。

〔4〕根据第24条，公司股份的认购者是公司的成员，其他认为自身是公司的成员并登记的人也是公司的成员：《1908 Companies Act》Article 24：（1）The subscribers of the memorandum of a company shall be deemed to have agreed to become members of the company, and on its registration shall be entered as members in its register of members.（2）Every other person who agrees to become a member of a company, and whose name is entered in its register of members, shall be a member of the company。

股份或者债券的要约。[1]在此之后，英国的公司法均对私人公司有所规定。

（二）美国

美国公司法没有非公众公司的概念，但在美国的公司法理论和实务中，一直存在封闭公司（close corporation）和公众公司（public corporation）的公司分类。实际上美国的封闭公司和英国的私人公司一样，与非公众公司的概念并无实质性区别。

美国在联邦层面没有统一的公司法，公司立法权限归属各州，因监管竞争的存在，呈现多样化色彩，在表述上更多地采用封闭公司与公众公司的分类法，关注公司股份是否可以自由流转。美国一些州公司法，如加利福尼亚州、特拉华州还为封闭公司制定了专门的法律规则，用以解决封闭公司治理的特殊问题，但这些州在对封闭性公司进行界定时，也不完全一样。例如，为众人所熟知的特拉华州公司法规定，要成为封闭公司，必须满足三个条件，即股东人数通常应少于30人；股份不能公开发行；对股份转让设定了限制。亚利桑那州普通公司法规定封闭公司的股东不得超过10人。

在美国公司法上，关于封闭公司规定的主要特殊之处在于：（1）关于限制股份转让的规定；（2）关于股东与董事权利分配的规定；（3）关于维护少数股东利益的规定；（4）关于帮助封闭公司摆脱公司僵局的规定。相关内容其实和我国对有限责任公司作出的不同于股份有限公司的安排相似。

在证券法上，有关封闭公司的规定并不多，美国证券法大多数是针对公众公司进行规定的，主要是围绕着证券的发行、上市、交易等展开的，这些规定既涉及发行人及相关的发行方式、上市公司及相关公司、证券的上市交易、证券交易场所、公司的治理和信息披露、对证券交易活动的监管、相关法律责任等。在这些规定中，对公众公司的规定，也涉及封闭公司。在对公众公司进行规范和要求时，势必将公众公司和封闭公司区别开来，在法律规定的公众公司最低标准和所涉范围之外的公司通常构成了封闭公司。因此，美国证券法上，通常在规定公众公司的同时，也将公众公司和封闭公司明确地区别开来。

在证券法上，通常认为，封闭公司与公众公司的区别在于三个方面，即股东人数的多少以及股东参与公司管理的程度；公司股份的发行是否采取公开发行方式；公司的股份是否在公开的证券市场进行交易。

---

〔1〕 根据第82条，公司在配发股票或者债券时必须制作招股说明书，招股说明书应予公司登记部门登记，私人公司可以免于适用。《1908 Companies Act》Article 82：A company which does not issue a prospectus on or with reference to its formation，shall not allot anyof its shares or debentures unless before the first allotment of either shares or debentures there has been filedwith the registrar of companies a statement in lieu of prospectus signed by every person who is named thereinas a director or a proposed director of the company or by his agent authorised in writing，in the form andcontaining the particulars set out in the Second Schedule to this Act. This section shall not apply to a private company or to a company which has allotted any shares ordebentures before the first day of July nineteen hundred and eight.

（三）日本

在日本公司法中，没有明确规定非公众公司的概念，也没有沿袭英美公司法中的私人公司和封闭公司的概念，但却出现了“公开公司”。“非公开公司”与“公开公司”的概念是彼此对应的，它是“公开公司”之外的公司，而“非公开公司”的概念和非公众公司具有一定的关联性。公开公司是“指作为其所发行的全部或部分股份的内容，章程对通过转让取得该股份需要该股份公司的同意未作规定的股份公司”[1]。换言之，“公开公司就是章程规定公司发行的全部股份为限制转让的股份公司（公开公司以外的股份公司）以外的股份公司”[2]。

在公开公司以外的股份公司中，取得该公司的股份是受到一定限制的，这种取得必须获得公司的认可，没有经过公司的承认，对于公司而言股东就很难转让。由此可知，“这是一种在公司运营中彰显为数不多的固定股东之鲜明个性股份公司。这类封闭性股份公司所对应的公司法用语就是‘公开公司以外的股份公司’”[3]，一般认为公开公司之外的股份公司即为非公开公司。

但是，日本公司法中的非公开公司和公开公司是近似于非公众公司和公众公司的概念。公众公司与非公众公司的衡量标准并不仅仅是公司股东人数，公司股份的流动性也是区分公司的公众性与非公众性的重要标准。很多学者认为，区分公众公司与非公众公司的最大意义在于公司股东是否可以自由流动，从而决定公司股东之间的关系。如果公司股东可以自由流动，公众投资者可以和容易地成为公司股东或者退出公司，那么，公司股东之间的关系就很松散，而且，股东能够通过自由进出公司而保护自我利益。相反，如果公司股东不能自由流动，公司股份由于限制或者市场原因而不能轻易转让，股东之间的关系就非常紧密，公司股东不能方便地通过转让股份并退出公司。[4]这一状况导致了两类不同公司在许多方面的不同，比如公司治理、信息披露方面的差异。正因如此，许多国家在区别公众公司与非公众公司时，除了考虑股东人数之外，还注重于公司的股票是否能够在公开的证券交易市场自由的流转，所以，在资本市场公开发行上市或者公开交易也是公众公司与非公众公司一个主要的区别。

日本公司法中的非公开公司作为中小型股份公司，其股份的自由流转受到了很大的限制。这一特征使非公开公司的非公众性非常明显，也使非公开公司远离资本市场，这类公司是很难在资本市场公开发行股份并在证券交易场所上市、公开进行交易。因而，这类公司无法成为公众公司，它应该是非公众公司。

---

〔1〕 参见《日本公司法》第2条第5款。
〔2〕 ［日］山本为三郎：《日本公司法精解》，朱大明译，法律出版社2015年版，第14页。
〔3〕 ［日］山本为三郎：《日本公司法精解》，朱大明译，法律出版社2015年版，第14页。
〔4〕 黄辉：《现代公司法比较研究》，清华大学出版社2011年版，第64－65页。

综上可以看出，日本公司法中的非公众公司应该是中小型、非公开的股份公司，这一类型的股份公司不但在资金、股东人数上相较大型、公开的股份公司要小，而且其不能公开发行股份、公开进行交易，在股份的自由流转上受到较严格的限制。

（四）中国

1. 我国《公司法》

在我国《公司法》中，公众公司的概念是不存在的，因而，和公众公司概念相对应的非公众公司的概念也就不存在。但是，除了公司法之外，我国的有关部门规定中却出现了非上市公众公司的概念，比如中国证监会颁布的《非上市公众公司监督管理办法》就规定了非上市公众公司的概念及相关内容。而非上市公众公司在范围上属于公众公司。因此，在一定程度上，我国的相关规章制度对公众公司的概念和内容也有所规定，只不过对这一类公众公司的界定是在一定的范围之内。对于非公众公司而言，综观我国的公司法、证券法及相关法律，以及中国证监会等国家有关部门的部门规章、规范性文件等对非公众公司，无论是概念还是具体的内容几乎都没有直接的规定。

我国《证券法》第9条对公开发行进行了界定，该条规定有下列情形之一的，为公开发行：（1）向不特定对象发行证券；（2）向特定对象发行证券累计超过200人，但依法实施员工持股计划的员工人数不计算在内；（3）法律、行政法规规定的其他发行行为。一般认为，该条规定是对公众公司相关内容的界定，即公开发行股票的公司应该为公众公司，非公众公司不得采用公开发行股票的方式募集资金。除了《证券法》的这条规定涉及对公众公司和非公众公司的相关内容外，我国《非上市公众公司监督管理办法》第2条也规定，公众公司是“指具有下列情形之一且其股票未在证券交易所上市交易的股份有限公司：（1）股票向特定对象发行或者转让导致股东累计超过200人；（2）股票公开转让”。这一规定也被认为是对公众公司相关内容的界定。这就意味着在上述法律法规规定之外的公司，应成为非公众公司。

2. 我国香港特别行政区公司法规

香港公司法上的公司可以从不同的角度分成不同的类型。以公司的公众化程度区分，香港公司法可将公司类型划分成公众公司和私人公司。根据香港特别行政区《公司条例》规定，香港私人公司有下列三个标准：（1）公司的成员人数不足50人。在计算成员人数时，成员人数不包括本公司的雇员，或者曾经同时是成员及有关公司雇员，但不再是该公司雇员后仍继续是成员的人，或者二人以及二人以上联名持有公司股份的，仅只能视为一人。[1]（2）公司章程限制成员转让股份的权利。（3）不允许公众人士认购公司的股份或者债权证。

一般而言，香港的私人公司是为小规模的经营而设计的，公众公司是为大中型公司设计

〔1〕参见香港特别行政区《公司条例》第11条的规定。

的。小规模公司的成员人数相对较少，很少涉及资本市场公开发行股份和债券，涉众性不强。因而，其公司的成立较为简单，监管也比公众公司宽松。香港的私人公司与公众公司存在较多的差异性。

3. 我国台湾地区公司规定

我国台湾地区非公众公司的相关制度在一定程度上沿袭了大陆法地区公司法律制度有关非公众公司的规定。它在一定程度上受到了日本公司法的影响。在日本公司法中，将股份公司分为大型股份公司和中小型股份公司，又将股份公司分为公开公司和非公开公司。同样我国台湾地区“公司法”中也将股份公司分为股份有限公司和闭锁性股份有限公司。在我国台湾地区“公司法”中，一般情况下将有限公司预设为小型公司，股份有限公司则被预设为大型公司，两者在公开性等原则上存在显著差异。[1]和日本公司法的改革一样，为增加公司组织的灵活性及鼓励创业公司发展，2014 我国台湾地区“公司法”改革，在股份有限公司类型下新设“闭锁性股份有限公司”（close corporation）。[2]在股份公司中，闭锁性股份有限公司一般为中小型股份有限公司。

闭锁性股份有限公司作为非公众公司，其股东人数受到一定的限制，且不得公开发行股份。但由于非公众公司的涉众性不强，大多数为中小型股份公司，因此，在制度和监管上与公众公司相比较则较为宽松。尤其是 2018 年“公司法”的修改更加强化了对闭锁性公司的管制放松更是如此。

以上可以看出，英国、美国和我国都对公众公司有一定的界定且具有一定的相似性。对非公众公司的界定并不十分清晰，往往是和公众公司相关联的。实际上公司法有了公众公司的具体界定，非公众公司的界定也就不难了。在逻辑上，非公众公司应当是排除了公众公司范围之外的其他公司，即上市公司、挂牌公司和事实公众公司之外的其他类型的公司，[3]非公众公司主要是指非公开发行、非公开交易、股东人数受到一定限制的股份有限公司和其他类型的公司。在我国目前的公司法中，应当包括非公众化股份公司、有限责任公司、国有独资公司和一人有限公司。由于国有独资公司和一人有限公司都属于一人公司的范畴，因而，我国的非公众公司在类型上应该为非公众化股份公司、有限责任公司和一人公司三大类。

三、非公众公司的特征剖析

纵观境内外有关公众公司和非公众公司的规定，非公众公司和公司公众的特点差异是较

---

〔1〕 王文宇：《公司法论》，台北，台湾元照出版有限公司 2016 年版，第 631 页。

〔2〕 我国台湾地区“公司法”第 356 条之一规定：“闭锁性股份有限公司，指股东人数不超过五十人，并于章程定有股份转让限制之非公开发行股票公司。前项股东人数，‘中央’主管机关得视社会经济情况及实际需要增加之；其计算方式及认定范围，由‘中央’主管机关定之。”

〔3〕 关于挂牌公司、事实公众公司作为公众公司的论述，参见徐明：《公司法诸问题研究》（上册），中国金融出版社 2022 年版。

为明显的。非公众公司具有如下几个特点。

（一）非公众公司具有人合性

非公众公司一般具有人合性。这类公司的特点在于其公司的设立一般是基于发起人、公司股东彼此之间的信任程度和彼此的熟悉程度，公司的成立基于人的因素，具有了人合性公司的特征。所谓人合公司是指以股东个人条件作为公司信用基础而组成的公司。这种公司对外进行经济活动时，依据的主要不是公司本身的资本或资产状况如何，而是股东个人的信用状况。人合公司的特点在于：（1）具有很强的合伙色彩。股东之间具有很强的信任性，关系密切。一名股东的重大事项，如死亡、破产、丧失民事行为能力等，对其他股东和公司都产生重大影响。这类公司可以看作具有法人外衣的合伙。（2）股份转让具有一定的难度。由于公司经营以公司成员个人的信用为信用，故对股东个人的信用特别注重，因而法律为保护其他股东和公司债权人的利益，对股权转让的限制非常严格。（3）企业所有与企业经营合一。人合公司中，股东均可以股东的身份参与公司的经营。

从非公众公司的类型来看，非公众公司在人数上一般都受到限制，非公众公司的股东人数较少。境外的私人公司和封闭公司将非公众公司的股东人数大多限定在一定的范围内，股东人数大多在数十人之内，比如英国公司法上的50人，美国公司法上的50人、30人、10人不等。尽管随着公司法的发展，公司法在非公众公司的股东人数的限制上有所放松，但在实践中，非公众公司的股东人数和公众公司的股东人数相比仍十分有限。我国公司法及公司实践中，对非公众公司的股东人数也有所限制。将股份公司类型的非公众公司股东人数限定在200人以内，[1]将有限责任公司的股东人数限制在50人以内，[2]将国有独资公司[3]和一人有限公司[4]的股东人数规定为一人。因此，境内外的公司法及公司实践，对非公众公司的股东人数都限定在较小的范围内，股东人数极为有限。正是基于这样的规定，非公众公司的设立大多数是基于股东之间的熟悉程度，彼此之间具有一定的信任，公司的设立更多的是以人的结合并由此产生资本和公司设立后的生产经营。非公众公司的人合性特征显而易见。这与公众公司以资产作为公司成立基础的资合性特点具有了明显的区别。[5]

（二）非公众公司具有隐蔽性

与公众公司所具有的“公众性”相反的是，非公众公司并不具备“公众性”特性。正

---

〔1〕 参见《公司法》第78条规定：设立股份有限公司，应当有二人以上二百人以下为发起人，其中须有半数以上的发起人在中国境内有住所。

〔2〕 参见《公司法》第24条规定：有限责任公司由五十个以下股东出资设立。

〔3〕 参见《公司法》第64条第2款规定：本法所称国有独资公司，是指国家单独出资、由国务院或者地方人民政府授权本级人民政府国有资产监督管理机构履行出资人职责的有限责任公司。

〔4〕 参见《公司法》第57条第2款规定：本法所称一人有限责任公司，是指只有一个自然人股东或者一个法人股东的有限责任公司。

〔5〕 资合性公司是“人合性公司”的对称，是指一个或数个以达到法律规定的最低注册资金做资本金的自然人或法人注册成立的公司，在资合性公司里，资本起着决定作用。公司的资本越雄厚，其信用越好。股东个人的声望、信用与公司信用无关。资本组合公司以出资为条件，强调资本的结合。

是因为非公众公司的非公众性，使其具有较大的隐蔽性。非公众公司在设立过程、生产经营、公司治理和信息披露等各个方面都与公众公司有明显的不同，其公开透明的程度远不及公众公司。

在设立环节，虽然也要经过一定的设立程序，也有一定的公告程序，但隐蔽性还是较强。非公众公司所要面对的主要是工商登记机关的审核人员，并不具有公开性。即使公司设立需要对外进行公告，但公告的内容也仅仅是向社会公开公司设立的信息，让社会和公众知晓公司的性质、注册资金、法定代表人和公司的经营范围等公司设立所应具备的基本要素。涉及公司的具体生产经营、财务状况及公司的具体情况是不对外公布的。相比公众公司，由于其涉众性较强，公司在公开发行股票或者挂牌公开交易前，需要相关机构尽职调查，并将公司的详细情况进行公布，以此让公众投资者了解并做出决策，公司的公开程度大大增强。

在生产经营环节，非公众公司对公司的经营状况，公司的合作伙伴，公司的产品和销售情况，公司的财务状况（包括资金及资金使用情况、公司的营业额、利润额），公司的资产情况（包括总资产、净资产、公司的总收入、总利润、毛利润、净利润、利润分配、公司的债权债务等），公司董事、监事和高级管理人员的收入情况等，均无须对外公开。这些环节和因素对于公司来说，公开和不公开意义不同。一般情况下，非公众公司是不公开的，法律和监管上也不要求这些内容应当公开，公开与否是非公众公司的自由选择，除非是非公众公司自己选择公开。实际上，绝大多数非公众公司选择不公开，即使选择部分公开也有各自的原因。而公众公司却不同，法律和监管上要求这些公司必须定期公开其经营活动、经营状况和财务状况，以让广大投资者知晓公司的生产经营活动、经营状况和财务状况。

在公司治理方面，非公众公司的公司治理相对简单。一般情况下，并不强求股东大会、董事会、监事会和经理层的“三会一层”的完整治理框架，即使有要求，也相对简单。非公众公司在公司治理的内容和程序上并不复杂。这是因为，非公众公司的股东人数有限、公司员工也不多，且公司本身所具有的人合性特点，在公司中的利害关系、矛盾冲突等相对较小。

对于非公众公司而言，在股东层面，相关法律并不要求绝大多数非公众公司设立股东大会，只是要求公司设立股东会甚至不需要设立股东会。我国《公司法》只规定了股份有限公司设立股东大会，〔1〕有限责任公司设立股东会，对于一人有限公司和国有独资公司不要求设立股东会。根据规定有限责任公司股东会由全体股东组成。股东会是公司的权力机构，依照公司法行使职权；〔2〕一人有限责任公司不设股东会，〔3〕但规定在作出重要事项决定

〔1〕 参见《公司法》第98条规定：股份有限公司股东大会由全体股东组成。股东大会是公司的权力机构，依照本法行使职权。

〔2〕 参见《公司法》第36条规定。

〔3〕 参见《公司法》第61条规定。

时,[1]股东应当采用书面形式，并由股东签名后置备于公司；国有独资公司不设股东会，由国有资产监督管理机构行使股东会职权。[2]在董事会层面，根据公司法的规定，股东人数较少或者规模较小的有限责任公司，可以设一名执行董事，不设董事会。[3]国有独资公司设董事会，董事会成员由国有资产监督管理机构委派。[4]在监事会层面，非公众公司可以不设监事会[5]或者根本不设监事。[6]在经理层面，非公众公司也较为简单，有的公司执行董事可以兼任公司经理。[7]

可以看出，非公众公司的公司治理是较为简单的，这与公众公司形成较为鲜明的对比。根据我国相关法律和中国证监会的部门规章和规范性文件的规定，公众公司的公司治理极其严格。中国证监会专门制定了《上市公司章程指引》（已失效），对上市公司的股东和股东大会，董事和董事会，经理和其他高级管理人员，监事和监事会等都作出了明确细致的规定和要求。从这些规定中可以看出，公众公司的公司治理公开、透明、严格。

在信息披露上，非公众公司的信息披露是非常有限的。我国的相关法律对非公众公司的信息披露几乎未做规定，非公众公司的信息披露大多数是公司自己的选择。一般而言，非公众公司是不愿意将自己的经营情况、财务情况和公司治理情况进行公开披露。反观公众公司，法律法规等对其信息披露均有严格的要求，不但要求披露定期报告，还要求对临时性的重大事件披露临时性报告。我国《证券法》《公司法》和相关部门规章、规范性文件以及证券交易场所的业务规则均对公众公司的定期报告、临时报告的披露事由、披露时间、披露范围等进行了详细的规定。

（三）非公众公司一般具有两权混同性[8]

非公众公司中的两权指的是公司的所有权和经营权。在现代公司中，公司的所有权和经

---

〔1〕 参见《公司法》第37条第1款规定：股东会行使下列职权：（一）决定公司的经营方针和投资计划；（二）选举和更换非由职工代表担任的董事、监事，决定有关董事、监事的报酬事项；（三）审议批准董事会的报告；（四）审议批准监事会或者监事的报告；（五）审议批准公司的年度财务预算方案、决算方案；（六）审议批准公司的利润分配方案和弥补亏损方案；（七）对公司增加或者减少注册资本作出决议；（八）对发行公司债券作出决议；（九）对公司合并、分立、解散、清算或者变更公司形式作出决议；（十）修改公司章程；（十一）公司章程规定的其他职权。

〔2〕 参见《公司法》第66条第1款规定：国有独资公司不设股东会，由国有资产监督管理机构行使股东会职权。国有资产监督管理机构可以授权公司董事会行使股东会的部分职权，决定公司的重大事项，但公司的合并、分立、解散、增加或者减少注册资本和发行公司债券，必须由国有资产监督管理机构决定；其中，重要的国有独资公司合并、分立、解散、申请破产的，应当由国有资产监督管理机构审核后，报本级人民政府批准。

〔3〕 参见《公司法》第50条规定。

〔4〕 参见《公司法》第67条规定。

〔5〕 参见《公司法》第51条第1款规定：有限责任公司设监事会，其成员不得少于三人。股东人数较少或者规模较小的有限责任公司，可以设一至二名监事，不设监事会。

〔6〕《公司法》第二章“有限责任公司的设立和组织机构”第三节“一人有限责任公司的特别规定”均未对一人有限公司的监事问题进行规定，实际上一人公司并不存在监事会和监事问题。

〔7〕 参见《公司法》第50条规定。

〔8〕 在非公众公司是国有独资公司的情况下，尽管国有公司的股东人数有限，在经营规模并不见得很小，因此，一般情况下，也存在两权分离的情况。

营权是分离的。即公司的财产归属于公司，公司享有对公司财产的所有权，本质上是公司的股东对公司享有所有权，具体表现为公司股东通过享有公司的股份从而最终享有了公司的财产；而公司的经营权则有股东委托给了公司的经营者，从而形成了享有公司的股东并不直接经营公司，而经营者则并不真正拥有公司或者不完全拥有公司。现代企业之所以实行两权分离，是由现代企业的特点所决定的。现代企业与传统企业有很大的区别，它运用现代科学和管理技术从事工业性商品或劳务生产经营活动，具有以下几个基本特征：

1. 生产技术越来越先进，生产规模越来越扩大。在现代企业中，无论是设计产品、制定工艺规程，都在大量系统地运用科学技术知识和现代化技术手段。由于现代科学技术不断装备企业，企业的生产力水平不断提高，企业的生产规模也越来越大，企业社会化大生产是现代科学技术和生产力发展的必然结果。

2. 劳动分工越来越精细，协作关系越来越复杂。现代工业企业是建立在社会化大生产基础上的，而社会化大生产都具有整个社会共同劳动的客观要求，其活动范围已远远超过了企业、地区甚至国界，社会化程度越高，就越要求生产分工的专业化。专业化越发展，企业间的依赖性也就越强。因此，精细分工和密切协作就成为现代工业企业发展的必然趋势。

3. 广泛采用科学的管理方法。由于专业化协作的发展、现代科学技术的进步以及先进机器设备的采用，使企业与企业之间、企业内部各环节及各生产要素之间的联系越来越复杂、严密。随着机械化和自动化程度日益提高，以及先进生产组织方式的广泛采用，生产过程的比例性和连续性要求也越来越高。在这种情况下，企业必须在总结传统管理方法的基础上，因地制宜地采用更加有效的科学管理方法，进一步提高管理质量和效率，以适应社会化大生产的客观要求。

4. 珍惜环境，实现可持续发展。现代企业的经营活动是在其外部环境不断变化中进行的，企业要实现可持续发展，必须充分认识其赖以生存的周围环境，不断地去了解它们的发展变化，并对其及时地做出积极的反应，进而才能较好地实现企业的任务和目标。这里讲的环境，既指自然环境，也包括企业所处的社会环境。出色的自然环境，将为企业的发展提供丰富的物质资源，而良好的社会环境，也将为企业的发展提供其不可缺少的人文资源。

现代企业的这些特征，契合了公众公司的特点。在公众公司中，上市公司是典型的现代企业，挂牌公司也具有现代企业的特征，而事实公众公司是公众化的股份公司或者摘牌公司、退市公司，也在一定程度上体现了现代企业的特点。由于现代企业的这些特征，在经营过程中不太可能由公司的股东亲自经营，实际上也不可能做到亲自经营公司，因此，在现代企业中，所有权和经营权应当分离。而非公众公司则不同，由于公司人数相对较少，生产规模不大，复杂程度不高，公司在经营中一般存在所有者亲自参与公司经营的情况，从而使公司的所有权和经营权未能分离。

（四）非公众公司具有监管弱化性

对公司监管的目的一方面是为督促公司在经营活动中能够遵守法律法规合法经营，维护市场经济的平稳有序健康发展，同时又能够切实保护公司及公司相关当事人，包括股东、经营者、公司员工、公司债权人和其他利害关系人的合法权益不受侵害。因此，监管部门对公司的经营活动和其他行为进行监管不但是监管部门的权利，也是其基本职责。但是，在对公司的监管中，因公司的属性不同，监管的力度和差异性也有所不同。一般来说，监管部门对公众公司的监管力度要远远大于对非公众公司的监管，非公众公司具有监管弱化性的特征。这是由非公众公司和公众公司的不同特点所决定的。由于非公众公司的涉众性不强，外部性较弱，其公司的人合性特点，所牵涉到的利害关系、影响程度、对市场及社会的危害程度不如公众公司，因此任何国家的公司法和其他法律、相关监管机构对公众公司的监管力度都非常大，对非公众公司的监管力度则较弱。主要体现在以下几个方面：

1. 相关的法律法规、部门规章相对较窄。相较于对公众公司监管的法律，涉及对非公众公司监管的法律相对弱化。对非公众公司的监管所涉及的法律法规和部门规章主要涉及公司法及工商、市场管理法规等方面的内容。与公众公司监管涉及的法律法规、部门规章的种类和内容相比要少。对于公众公司，除了作为公司的上述法律法规、部门规章同样有规定、同样适用之外，有关资本市场的法律法规、部门规章等均有专门的规定，[1]这些规定只针对公众公司，非公众公司所涉及的法律法规和部门规章的面较窄。

2. 相关的监管部门相对较少。对非公众公司监管的监管部门要少于对公众公司监管的监管部门。由于法律对公众公司的规定面广、内容多，势必导致多部门对公众公司的监管。最明显的是对公众公司的监管涉及证券监管部门、证券交易场所的自律监管和证券行业机构的管理。比如，对上市公司、挂牌公司等公众公司的监管就涉及中国证监会、各地方证监局、证券交易所、其他全国性的证券交易场所、中国上市公司协会等相关机构。而对非公众公司的监管一般不涉及上述监管机构、自律机构的监管。

3. 相关的监管内容相对简单。对非公众公司的监管内容要少于对公众公司的监管内容。主要体现在程序上，对非公众公司的监管程序相对较为简单。由于非公众公司股东的人合性要大于公众公司，且公司股东人数要少于公众公司的股东，公司的运作相对简单，因此，一般情况下在公司设立、公司运作以及涉及利害关系时所规定的相关程序不如公众公司那样正式和复杂。在监管的具体内容上，非公众公司的涉众性和外部性不如公众公司强，涉及利害

〔1〕 主要指《证券法》以及涉及资本市场的各种行政法规、中国证监会的部门规章、规范性文和沪深证券交易所、全国股转公司对上市公司、挂牌公司的自律规则。这些法规、部门规章、规范性文件和自律监管机构的自律规则数量极大。

关系的重大性不如公众公司，因此在对非公众公司监管的具体内容上要比公众公司简单，比如在公司治理的内容上，对公众公司有一套较为严格的规定，[1]对公众公司的信息披露内容既细致复杂又较为频繁，[2]对投资者及市场参与者的保护内容较为全面，[3]对公众公司违法违规行为的处罚力度也较大，[4]这些都是非公众公司所不及的。

〔1〕 参见中国证监会颁布实施的《上市公司章程指引》的相关内容。

〔2〕 参见《证券法》第五章“信息披露”以及中国证监会关于上市公司、挂牌公司的各种信息披露格式指引，沪深证券交易所和全国股转公司有关信息披露的相关指引规定。

〔3〕 参见《证券法》第六章“投资者保护”所涉的具体条文，比如证券法中规定的要求证券公司充分了解投资者情况和解释风险，区别普通投资者和专业投资者，建立上市公司股东权利代为行使征集制度，进一步完善上市公司分红制度，建立债权人持有会议和债券受托管理人制度，实行先行赔付制度，进一步派生诉讼制度和投资者保护机构作为诉讼代表人制度等。

〔4〕 参见《证券法》第十三章“法律责任”。该章对公众公司的处罚力度大大加强，比如全面大幅提高资本市场违法违规的成本，加强对控股股东、实际控制人的责任追究，进一步完善证券市场禁入制度，增加规定证券市场诚信档案，规定拒绝、阻碍调查的行政处罚制度等。在《刑法》各次的修正案中，加大了对公众公司及相关违法犯罪的罪名和刑法罚则的力度。

中国存托凭证制度比较与实证分析

——以红筹企业科创板上市为例

王　超　郑立薇*

目　次

一、引言

2018年3月，国务院办公厅转发了证监会《关于开展创新企业境内发行股票或存托凭证试点的若干意见》（以下简称《试点意见》）。红筹企业，或称红筹公司，是指“注册地在境外、主要经营活动在境内的企业”。[1] 这些在海外注册（最典型的注册地是开曼群岛）但在中国境内运营的企业往往是已经或准备在美国等境外发达资本市场上市融资。最典型的代表是阿里巴巴等高科技公司，在美国被称为“中概股”。在中美贸易冲突等因素的影响下，很多红筹企业面临着强烈的

* 王超，法学博士，澳门科技大学教师；郑立薇，深圳市罗湖区人民法院法官。

〔1〕《试点意见》第3条。

中概股危机，具有回归内地融资的需求。然而，国内证券市场IPO的门槛始终较高，且发行人原则上仅限于国内注册的公司（国内发行人）。因此，便利海外中国企业回归A股的《试点意见》应运而生。《试点意见》允许红筹企业在满足一定条件的情况下，在A股市场发行证券进行融资。在普通股之外，《试点意见》允许红筹企业发行“存托凭证”这一新型证券。与“美国存托凭证”（American Depository Receipt，ADR）相对应，我国的存托凭证往往被称为“中国存托凭证”（China Depository Receipt，CDR）。

2018年6月6日，证监会正式发布《存托凭证发行与交易管理办法（试行）》（以下简称《CDR办法》）。2019年修订的《证券法》首次增加列举了“存托凭证”这一新型证券种类，确立了CDR的法定列举证券类型地位。这是我国资本市场移植西方发达国家证券法律制度并予以中国化改造的创新产物，以ADR为参照蓝本，将充分发挥资本市场对于红筹企业的金融服务功能。在法学学理上，所谓的“存托凭证”是指“由一国的存托银行收集、保管本国投资者于境外投资所获得的有价证券后，向该等投资者发行的、代表投资者对原始有价证券享有证券权益的可流通证券”。[1] 存托凭证的上位概念是“证券衍生品种”。[2] 历史上，存托凭证最早出现在美国，是一种派生于基本证券的衍生证券。[3] CDR的诞生是我国为了吸引优质红筹企业回归国内A股市场而移植美国类似制度的产物。为了落实《证券法》的存托凭证制度，证监会、交易所陆续出台了CDR发行、上市和交易的具体规则。

现行制度框架下，科创板和创业板是红筹企业发行证券的主要场所，本文以科创板为例来说明红筹企业的CDR发行制度。截至2022年4月，已经有11家红筹企业在科创板提出了发行证券（包括普通股和CDR）的申请，其中5家公司注册生效。[4] 红筹企业境内发行CDR的法律制度研究对于我国高科技产业的发展和证券市场金融法律创新具有极大的理论和实践意义，然而尚未得到深入和全面的研究。本文从比较法和实证研究的角度，分析了我国红筹企业境内发行CDR的制度模式与案例实践。文章探讨了CDR制度对我国资本市场创新发展做出的贡献及其功能局限性，提出了完善建议。文章结构如下：第一部分引言；第二部分探讨了我国红筹企业的境内上市模式与CDR发行的制度框架；第三部分对红筹企业在科创板发行CDR的案例进行了实证研究；第四部分比较考察了美国证券法的境外发行人存托凭证发行监管制度及其优惠待遇；第五部分提出了红筹企业境内发行CDR制度的实际功能和完善建议；第六部分是结论。

---

〔1〕 叶林：《证券法》，中国人民大学出版社2013年版，第13页。

〔2〕 证券型衍生产品是指“由股票等基础证券与某个权利合约相结合，并将该项权利以证券形式表现出来的证券品种”，除了存托凭证还包括权证等。参见叶林：《证券法》，中国人民大学出版社2013年版，第13页。

〔3〕 叶林：《证券法》，中国人民大学出版社2013年版，第14页。

〔4〕 参见科创板官网：http://kcb.sse.com.cn/renewal/，最后访问日期：2022年4月6日。

二、红筹企业境内上市模式与 CDR 发行制度框架

（一）红筹企业境内上市模式

《试点意见》规定，红筹企业是指“注册地在境外、主要经营活动在境内的企业”。[1]试点企业应当符合国家战略、掌握核心技术、市场认可度高等条件。试点的创新企业必须属于高新技术产业和战略性新兴产业，包括互联网、人工智能、高端装备制造、生物医药等，且达到相当规模。[2] 上交所科创板和深交所创业板分别规定了红筹企业发行证券（包括普通股和 CDR）的条件。本文以科创板为例，来说明红筹企业的证券发行制度概况。

首先，2018 年《试点意见》对红筹企业进行了分类，设置不同的财务指标。（1）已在境外上市的大型红筹企业，市值不低于 2000 亿元人民币。（2）尚未在境外上市的红筹企业，最近一年营业收入不低于 30 亿元人民币且估值不低于 200 亿元人民币，或者营业收入快速增长，拥有自主研发、国际领先技术，同行业竞争中处于相对优势地位。[3]

其次，在 2020 年修订的《科创板股票发行上市审核规则》中，上交所着重提到了“营业收入快速增长，拥有自主研发、国际领先技术，同行业竞争中处于相对优势地位的尚未在境外上市红筹企业”。这些红筹企业申请发行股票或存托凭证的，市值及财务指标应当至少符合两项上市标准中的一项。（1）预计市值不低于人民币 100 亿元。（2）预计市值不低于人民币 50 亿元，且最近一年营业收入不低于人民币 5 亿元。

最后，上交所 2020 年 12 月修订的《科创板股票上市规则》规定，红筹企业发行存托凭证的，发行后的存托凭证总份数不低于 3000 万份，公开发行的存托凭证对应基础股份达到公司股份总数的 25% 以上。发行后的存托凭证总份数超过 4 亿份的，公开发行存托凭证对应基础股份达到公司股份总数的 10% 以上。[4] 如表 1 所示，红筹企业申请在科创板发行证券的，交易所根据红筹企业的类型设置了多层次的财务指标体系。

表 1 红筹企业科创板上市的财务指标

红筹公司类型	市值（元）	最近一年营业收入（元）	预计市值（元）
已在境外上市的大型红筹企业	2000 亿	无	无
尚未在境外上市的红筹企业	无	30 亿	200 亿

---

〔1〕《试点意见》第 3 条。
〔2〕《试点意见》第 3 条。
〔3〕《试点意见》第 3 条。
〔4〕《科创板股票上市规则》第 2.1.1 条。

续表

红筹公司类型	市值（元）	最近一年营业收入（元）	预计市值（元）
营业收入快速增长，拥有自主研发、国际领先技术，同行业竞争中处于相对优势地位的尚未在境外上市红筹企业	无	无	100 亿
		50 亿	5 亿

（二）CDR 发行制度框架

2019 年《证券法》配合了近年来国务院、证监会和交易所大力推动的存托凭证改革步调，扩展了我国资本市场中的证券概念边界，将“存托凭证”纳入《证券法》的法定证券种类之中。[1] 这一起源于美国的证券衍生品种移植到我国证券市场的立法动机是通过资本市场制度创新发展来吸引红筹企业回归国内证券市场，充分发挥资本市场服务于我国实体经济的功能。[2]《证券法》要求境外实体在我国证券市场公开发行存托凭证的，应当符合首次公开发行新股的条件以及证监会规定的其他条件。[3] CDR 的公开发行维持了国内资本市场的质量要求，同时提供了一定的制度灵活性。

2018 年 6 月 6 日，证监会正式发布《CDR 办法》，规定了存托凭证的发行和交易等具体制度等。《CDR 办法》首次提出了“存托凭证”的法定概念。所谓的存托凭证是指“由存托人签发、以境外证券为基础在中国境内发行、代表境外基础证券权益的证券”。[4] 存托凭证的境外基础证券发行人应当履行发行人、上市公司的义务和责任。[5] 境外发行人的公司治理等事项适用境外注册地公司法。[6] 证监会和交易所依照国内上市公司监管规定、章程、协议和业务规则，对境外发行人及其信息披露行为进行持续监管。[7] 我国对 CDR 的公开发行实行核准制，申请公开发行存托凭证的，境外发行人应当报请证监会核准。证监会发审委依照《证券法》第 23 条以及证监会规定审核 CDR 发行申请。[8]

《CDR 办法》第二章规定了类似于《证券法》证券公开发行的 CDR 发行条件和程序。[9] 公开发行 CDR 的，境外发行人应当符合下列条件：《证券法》第 13 条第 1 项至第 3 项关于股票公开发行的基本条件；为依法设立且持续经营三年以上的公司，公司的主要资产不存在

〔1〕 2019 年《证券法》第 2 条。

〔2〕 我国证券法律制度很多是从美国移植而来，关于我国证券法领域法律移植现象的规律，参见黄辉、王超：《公司收购法的移植与变异：部分要约与投资者保护》，载《投资者》2019 年第 3 辑。

〔3〕 2019 年《证券法》第 12 条。

〔4〕《CDR 办法》第 2 条。

〔5〕《CDR 办法》第 2 条。

〔6〕《CDR 办法》第 3 条。

〔7〕《CDR 办法》第 4 条。

〔8〕《CDR 办法》第 7 条。

〔9〕《CDR 办法》第 5 条。

重大权属纠纷；最近三年内实际控制人未发生变更，且控股股东和受控股股东、实际控制人支配的股东持有的境外基础证券发行人股份不存在重大权属纠纷；境外基础证券发行人及其控股股东、实际控制人最近三年内不存在损害投资者合法权益和社会公共利益的重大违法行为；会计基础工作规范、内部控制制度健全；董事、监事和高级管理人员应当信誉良好，符合公司注册地法律规定的任职要求，近期无重大违法失信记录；中国证监会规定的其他条件。[1] 红筹公司的CDR在国内发行并上市后，拟增加发行新CDR的，适用《证券法》《若干意见》以及证监会关于上市公司证券发行的规定。[2]

总之，我国CDR的发行、交易和上市制度基本以《证券法》规定的证券发行、交易和上市制度为蓝本，并可以引用后者作为补充。证监会的《试点意见》等法规文件得到国务院办公厅的转发和背书，CDR被作为新型证券类型加入新《证券法》是顺理成章的。此外，其他监管机构还制定了涉及CDR各个监管领域的相关法规。例如，中国人民银行、国家外汇管理局2019年制定了《存托凭证跨境资金管理办法（试行）》，对CDR涉及的跨境资金流动进行监督管理。深圳证券交易所发布了《关于创业板股票及存托凭证证券简称及标识的通知》，对于CDR的简称与证券标识进行了系统性改进。

三、红筹企业在科创板发行CDR的案例研究

（一）CDR制度主板试验：小米公司案

小米集团在2018年提出在境内公开发行CDR的招股说明书，是我国首家申请发行CDR的红筹企业，也是唯一在主板申请发行CDR的案例。值得注意的是，公司同步于香港联交所申请IPO并上市。根据《小米集团董事会有关本次发行中国存托凭证的决议》，小米集团坚持以中国境内证券交易所为主上市地，公司拟向存托机构发行B类普通股，并由存托机构以新发行股票作为基础股票在中国境内市场签发CDR。CDR发行采用询价方式确定价格，按与港股孰低的原则定价。小米集团作为境外基础证券发行人做出了保护投资者权益的承诺：确保存托凭证持有人实际享有与境外基础股票持有人相当权益；确保存托凭证持有人在合法权益受到损害时能够获得境外投资者相当赔偿。[3]

后来由于小米公司声称打算集中精力于业务发展，并且拥有充足资本，因此终止了该次主板存托凭证的发行计划。[4] 小米当初对于选择CDR的主要考虑是降低IPO可能存在的法

---

〔1〕《CDR办法》第5条。

〔2〕《CDR办法》第9条。

〔3〕《小米集团公开发行存托凭证招股说明书》，http：//www. csrc. gov. cn/pub/zjhpublic/G00306202/201806/t20180614_339903. htm，最后访问日期：2022年4月6日。

〔4〕《小米集团：公司决定终止本次主板存托凭证发行》，载《网易财经》2019年8月30日，https：//money. 163. com/19/0830/21/ENRVFST900258105. html，最后访问日期：2020年12月31日。

律风险，同时保证港股的股权不被动摇。然而，小米选择终止CDR发行计划的原因可能也与法律风险有关。第一，如果小米成功发行了CDR，证监会可能会对小米的VIE结构严加核查，会给小米集团的合规工作带来压力。第二，小米CDR和港股不能实现完全自由转换，且内地和香港股市存在很多规则差异，两种股价可能大相径庭并给CDR售价带来负面影响。第三，为了同时满足内地和香港的不同监管政策，小米需要支付高额成本。〔1〕

小米集团的CDR发行路径能够体现出红筹企业的共同处境，反映了我国CDR制度的初始运行状况。尽管如此，海外上市的众多公司都表示了对发行CDR的浓厚兴趣，〔2〕监管部门也不断推出新的CDR制度文件以提升这一制度对投资者和企业的吸引力。

（二）红筹企业科创板证券发行案例统计

现行制度框架下，科创板和创业板是红筹企业发行证券的主要场所。如表2所示，在小米公司案后，我国红筹企业在科创板进行了众多证券发行探索的案例。〔3〕截至2022年4月，11家红筹企业在科创板提出了发行证券（包括普通股和CDR）的申请，其中5家公司注册生效。相比于国内发行人的科创板上市案例数量，红筹企业在科创板发行证券的案例数量不算多，仍有较大的增长潜力。

表2　红筹企业科创板发行证券案例统计

申请时间	审核状态	公司名称（发行证券类型）	注册地
2019.4.17	注册生效	九号有限公司（CDR）	开曼群岛
2019.6.26	注册生效	华润微电子有限公司（普通股）	开曼群岛
2020.6.1	注册生效	中芯国际集成电路制造有限公司（普通股）	开曼群岛
2020.7.7	注册生效	格科微有限公司（普通股）	开曼群岛
2020.9.1	终止	吉利汽车控股有限公司（普通股）	开曼群岛
2020.11.4	终止	依图科技有限公司（CDR）	开曼群岛
2021.1.29	注册生效	百济神州有限公司（普通股）	开曼群岛
2021.3.12	中止	旷视科技有限公司（CDR）	开曼群岛
2021.6.29	中止	敏实集团有限公司（普通股）	开曼群岛
2021.9.13	已问询	诺诚健华医药有限公司（普通股）	开曼群岛
2021.10.8	终止	联想集团有限公司（CDR）	中国香港

研究发现，这些红筹企业从事比例最高的行业是计算机、通信和其他电子设备制造业，反映了国家鼓励高科技产业发展的战略规划和《试点意见》的立法目的。人工智能时代下，

〔1〕刘柳：《我国独角兽企业境内上市主要方式比较》，载《现代商业》2020年第30期。

〔2〕张杨运：《伦敦交易所北京代表处首席代表艾德华：英国上市公司很有兴趣在中国发行CDR》，载http://www.mrjjxw.com/articles/2019-12-05/1391383.html，最后访问日期：2022年4月6日。

〔3〕参见科创板官网：http://kcb.sse.com.cn/renewal/，最后访问日期：2022年4月6日。

科技进步对我国法律体系的形态发展产生了强大的塑造作用。[1] 大多数公司的注册地是开曼群岛，只有联想集团有限公司的注册地是我国香港特别行政区。这反映了我国很多红筹企业的境外注册初衷是在境外上市。由于近年来的中美贸易冲突等因素，红筹企业有着回归 A 股的强烈需求。值得注意的是，大部分红筹企业选择的证券类型是普通股而非 CDR。九号有限公司、依图科技有限公司和旷视科技有限公司申请了发行 CDR，目前只有九号有限公司成功发行了 CDR。

九号有限公司是第一家在科创板发行证券的红筹企业，也是第一家成功发行 CDR 的公司。该公司于 2014 年在开曼群岛成立，专注于智能机器人业务领域，符合红筹企业上市的行业要求。由于采用了双重股权结构，公司采用了预计市值不少于 50 亿元，且最近一年营业收入不少于 5 亿元的财务标准。[2] 九号机器人自 2016 年连续三年处于净利润亏损状态，这体现了科创板支持高科技企业发展的战略部署。九号有限公司 CDR 的成功发行是红筹企业科创板上市和 CDR 发展史的重大里程碑事件。

四、美国境外发行人存托凭证发行监管制度考察

（一）美国证券法的 ADR 发行模式

红筹企业在美国上市的，多采用发行 ADR 的方式，如阿里巴巴。“ADR 是注册地在开曼群岛等地的上市主体公司通过美国的银行在美国发行的存托凭证，而 CDR 是注册地在开曼群岛等地的上市主体公司通过中国的银行等金融机构在中国发行的存托凭证。”[3] ADR 是外国公司在美国证券市场上市的主要途径，经常与 ADS（American Depository Shares）互换使用。[4]

1927 年 4 月 26 日，摩根大通（J. P. Morgan）创造了第一个 ADR 证券，使美国投资者能够有机会投资外国的企业。[5] ADR 降低了投资者的货币风险和交易成本，因为整个交易发生在美国境内并且以美元计价。[6] ADR 的功能很像在不同国家证券交易所交叉上市的

---

〔1〕 关于人工智能技术发展对我国法律体系的影响，参见侯玲玲、王超：《人工智能：就业歧视法律规制的新挑战及其应对》，载《华东理工大学学报（社会科学版）》2021 年第 36 期。

〔2〕 关于我国的双重股权结构监管制度构建，参见沈骏峥：《论双重股权结构监管制度的构建——以控制权利益的内涵为视角》，载《中外法学》2021 年第 33 期。

〔3〕 薛晗：《中国存托凭证制度的规制逻辑与完善路径》，载《中国政法大学学报》2019 年第 2 期。

〔4〕 SEC Office of Investor Education and Advocacy, Investor Bulletin: American Depositary Receipts 1 (Aug. 2012), https://www.investor.gov/additional-resources/news-alerts/alerts-bulletins/investor-bulletin-american-depositary-receipts, last visited April 6, 2022.

〔5〕 Brendan M Daniels, "The Phantasmal Presence: American Depositary Receipts and Personal Jurisdiction" (2016) 9 *Federal Courts Law Review* 1.

〔6〕 SEC Office of Investor Education and Advocacy, Investor Bulletin: American Depositary Receipts 1 (Aug. 2012), https://www.investor.gov/additional-resources/news-alerts/alerts-bulletins/investor-bulletin-american-depositary-receipts, last visited April 6, 2022.

股票，但实际的股票证书由摩根大通设立的基金持有，摩根大通出售该基金的所有权份额。[1] ADR 是一种可转让的凭证，证明在美国金融机构持有的外国公司股权的基金中享有所有权权益。ADR 要求美国金融机构作为外国证券的存券银行，该存券银行持有该基金并在登记簿中发行 ADR 份额，记录份额持有人的姓名和地址清单。[2]

为规避国内关于外资入股特定行业（尤其是敏感的高科技行业）的准入限制规定，在中国运营的高科技公司往往在境外法域（最主要是开曼群岛）注册离岸公司，设立 VIE 结构。[3] 阿里巴巴等红筹企业在美国发行 ADR 的具体操作为：美国投资者委托本国经纪人购入红筹企业发行的 ADR 证券；经纪人与基础证券所在地的经纪人联系购买事宜，要求将所买证券解往美国存券银行在基础证券所在地的托管银行；美国存券银行发出 ADR 交由美国经纪人。美国经纪人将 ADR 交给投资者，并将投资者支付的对价支付给基础证券所在地的经纪人。[4]

（二）美国境外发行人的 FPI 优惠待遇

境外发行人在发行存托凭证时，有时会享受一定的优惠待遇。最典型的立法模式是美国证券法的“外国私人发行人”（Foreign Private Issuer，FPI）制度。外国发行人在美国境内发行 ADR 或普通股时，如果符合所谓的 FPI 资格，可以享受比国内发行人更优惠的监管待遇。

根据《1933 年证券法》和《1934 年证券交易法》的规定，FPI 需满足两个条件中的一项：（1）美国人持股的相对程度；（2）美国业务联系人的水平。[5] 如果美国居民持有一家外国公司已发行有表决权证券的比例小于等于 50%，则该外国公司具有 FPI 资格。[6] 如果一家外国公司的大多数高管或董事是美国公民或居民，或 50% 以上的有形和无形资产位于美国，或发行人的业务主要在美国管理，则该外国公司不具有 FPI 资格。[7]

为了吸引外国公司在美国上市，具有 FPI 资格的外国公司可以适用较宽松的监管要求。例如，纽约证券交易所允许具有 FPI 资格的外国公司选择不同于美国国内公司的上市标准，享受较低的财务标准要求。[8] 在联邦证券法层面，外国发行人在注册和披露方面的要求与美

---

〔1〕 Brendan M Daniels, *The Phantasmal Presence: American Depositary Receipts and Personal Jurisdiction* (2016) 9 Federal Courts Law Review 1.

〔2〕 SEC, Accessing U. S. Capital Markets, at §V (Jan. 19, 2015), https://www.sec.gov/divisions/corpfin/internatl/foreign-private-issuers-overview.shtml, last visited April 6, 2022.

〔3〕 关于红筹企业的海外 VIE 结构，参见 Ian Emerson Brown, *China's Leaked CSRC Report Five Years Later: Baseline for VIE Trajectory* (2017) 39 Houston Journal of International Law 197。

〔4〕 叶林：《证券法》，中国人民大学出版社 2013 年版，第 14 页。

〔5〕 Rule 405 of the 1933 Securities Act; Rule 3b-4 of the 1934 Securities Exchange Act.

〔6〕 Title 17, § 240.3b-4 Definition of "Foreign Government", "Foreign Issuer" and "Foreign Private Issuer", https://www.ecfr.gov/current/title-17/chapter-II/part-240/subpart-A/subject-group-ECFR79287664c327341/section-240.3b-4, last visited October 12, 2021.

〔7〕 Rule 405 of the 1933 Securities Act; Rule 3b-4 of the 1934 Securities Exchange Act.

〔8〕 Rule 103.00 of the NYSE Listed Company Manual, https://nyseguide.srorules.com/listed-company-manual/document?treeNodeId=csh-da-filter!WKUS-TAL-DOCS-PHC-%7B0588BF4A-D3B5-4B91-94EA-BE9F17057DF0%7D--WKUS_TAL_5667%23teid-14, last visited October 12, 2021.

国国内发行人不同。

首先，《证券交易法》第12g3-2（b）条规定，具有FPI资格的外国公司如果满足以下所有条件，则可自动免除第12（g）条规定的注册要求。[1]（1）根据《证券交易法》第13（a）条或第15（d）条，具有FPI资格的外国公司无须提交报告。（2）该公司在一个或两个非美国交易所维持证券上市，占其全球交易量的55%以上。（3）该公司在其网站上以英文发布以下重要信息：已根据其注册所在国的法律予以公开；已在其主要交易市场向主要证券交易所备案；或已分配给其证券持有人。

其次，具有FPI资格的外国公司不必遵守一些适用于国内发行人的信息披露规则、会计准则和公司治理标准。例如，年度报告不需要像国内发行人提交的报告那样详细。[2]美国证券交易委员会（SEC）通过了适用于具有FPI资格外国公司的特定规则。具有FPI资格的外国公司可以根据美国公认会计原则或母国会计准则编制财务报表，没有义务让大多数董事满足独立性要求或成立独立董事薪酬委员会。[3]

五、红筹企业境内发行CDR制度的完善建议

（一）CDR立法模式总体评论

CDR在不改变现行法律框架的基础上为境外上市公司在A股上市提供了便捷通道，使境外公司无须拆除VIE架构。[4]已经在海外上市的红筹企业可以同时在内地上市，帮助境外上市的独角兽公司扩大市场和拓宽融资渠道。[5]除此之外，我国本土化的CDR制度更符合本国的国情，对于资本市场创新发展机制的提升作用更为灵活有效。《证券法》中的证券概念对于CDR的引进方式体现了我国立法与司法实践中历来存在的实用主义和功利主义取向。[6]这种务实的制度安排在CDR的立法过程中具体体现为：（1）存托凭证与证券衍生品种的并列；（2）确认证监会的CDR监管权力；（3）适用于境外注册公司的存托凭证被加入原则上适用于国内公司的《证券法》之中；（4）维持列举式的CDR证券概念界定方式。

第一，“存托凭证”与“证券衍生品种”的并列有助于资本市场创新机制的完善和发挥

〔1〕 Rule 12g3-2（b）of the 1934 Securities Exchange Act，https：//www. sec. gov/rules/final/2008/34-58465. pdf，last visited October 12，2021.

〔2〕 Rule 13a of the 1934 Exchange Act；Rule 203. 03 of NYSE Listed Companies Manual.

〔3〕 SEC，“Accessing the U. S. Capital Markets：A Brief Overview for Foreign Private Issuers”，Part III，https：//www. sec. gov/divisions/corpfin/internatl/foreign-private-issuers-overview. shtml，last visited October 12，2021；NYSE Listed Company Manual § 303A. 00；Nasdaq Rules § § 5615（a）（3），5635；Form 20-F，Item 16G（17 CFR § 249. 220f）.

〔4〕 杨琨、杨宗杭：《中国存托凭证试点的意义和风险》，载《证券市场导报》2018年第4期。

〔5〕 刘柳：《我国独角兽企业境内上市主要方式比较》，载《现代商业》2020年第30期。

〔6〕 功利主义立法和执法倾向体现在法律的方方面面，如刑事侦查过程中。参见夏彦：《试论营救式刑讯的正当性》，载《研究生法学》2012年第4期。

我国金融监管的灵活制度优势。存托凭证属于证券衍生品种的一类。我国 2006 年《证券法》将证券衍生品种纳入了适用范围，规定证券衍生品种发行、交易的管理办法由国务院依照《证券法》的原则规定。〔1〕2019 年《证券法》继承了上述条文，并将存托凭证单独列了出来，使其与证券衍生品种并列。这种将存托凭证和证券衍生品种并列的立法体例表面上产生了逻辑上的冲突，但实质上可以解释为一种实用主义创新策略。

第二，确认证监会的 CDR 监管权力高度体现了我国证券市场监管的灵活策略和改革创新精神。CDR 是证监会全力推动的重大改革项目之一。一旦改革落实，CDR 自然会由证监会按照《CDR 办法》来监管。按照 2006 年《证券法》和 2019 年《证券法》，证券衍生品种发行和交易的管理办法需要国务院按照《证券法》的原则规定。证券衍生品种不必然是《证券法》和证监会的监管领域，还有待国务院进行职权划分。这就意味着证券衍生品种处于类似于兜底条款的地位。证监会的《试点意见》得到国务院办公厅的转发，乃至 CDR 加入《证券法》证券列举类型，是国务院和全国人大对于证监会监管权力的背书和确认。这种权力的授予体现了我国证券市场监管的灵活策略和改革创新精神。〔2〕

第三，CDR 被加入原则上适用于国内公司的《证券法》之中有利于充分发挥证监会对境外实体的成熟监管经验。一方面，我国《证券法》明确适用于在中华人民共和国境内证券的发行和交易。〔3〕另一方面，CDR 适用于注册于海外并在中国运营的公司，这与 ADR 的适用范围类似。不同于美国证券市场的是，我国证券市场是一个新兴、转轨的市场并且充斥着大量的欺诈行为。〔4〕CDR 和国内公司发行的证券的实质是一样的，按照学理定义都属于具有投资性、横向共同性等特征〔5〕的有价证券。二者都面临着欺诈发行和交易等风险，需要证监会和交易所采取类似标准进行全面监管，督促发行人信息披露义务的履行。〔6〕《证券法》将 CDR 纳入了证监会的监管范围，体现了不拘泥于形式逻辑的实用主义倾向，既使 CDR 获得证监会成熟系统的有效监管，又使监管尺度相对统一。

第四，CDR 立法模式维持了列举式的证券概念界定方式，更符合立法者对于新型证券的职权划分需要。我国金融监管体制长久以来是分业经营分业监管的模式。CDR 这一新型证券

〔1〕 2006 年《证券法》第 2 条。

〔2〕 关于我国证券监管体制的创新，参见黄辉、王超：《证券概念边界的中美比较：证券法改革进路评析》，载《多层次资本市场》2020 年第 2 辑。

〔3〕 2019 年《证券法》第 2 条。

〔4〕 Hui（Robin）Huang，*China's Takeover Law：A Comparative Analysis and Proposals for Reform*（2005）30（1）Delaware Journal of Corporate Law 145.

〔5〕 邢会强：《我国〈证券法〉上证券概念的扩大及其边界》，载《中国法学》2019 年第 1 期。

〔6〕 关于 CDR 的信息披露义务，参见唐应茂：《临时报告的国际披露原则与内国法适用——存托凭证临时报告的披露原则和主要问题》，载《证券法苑》2018 年第 25 期；蒋辉宇：《论我国融资参与型存托凭证信息披露模式的合理选择与制度完善——兼评〈存托凭证发行与交易管理办法（试行）〉中的信息披露规则》，载《政治与法律》2019 年第 1 期。

加入《证券法》的方式有利于维持现阶段较为成熟的金融监管格局，充分发挥证监会和沪深交易所的监管优势，提升资本市场的监管效率。

（二）CDR 的实际制度功能分析

实证研究表明，我国大部分红筹企业在科创板的证券发行类型是普通股而非 CDR，这说明 CDR 对于红筹企业的吸引力有限。CDR 制度存在一系列法律境内外适用的难题，如偏重投资者事前保护和公共执法、事后保护和私人执法薄弱、〔1〕存托人的信息披露义务不完善、〔2〕难以有效解决涉外因素带来的挑战等。〔3〕从比较法考察和实证研究的角度来看，CDR 尚需充分吸收 ADR 的发展经验。

首先，CDR 的适用范围较窄。相比而言，ADR 的适用范围更加宽泛，提供了各种类型境外企业在美国上市的重要通道。在美发行 ADR 上市的中国概念公司包括众多国有大型企业，如中海油等。许多尚不满足国内上市标准的民营企业和独角兽公司也纷纷前往美国以发行 ADR 方式上市，如阿里巴巴。这体现了 ADR 巨大的包容性和国际吸引力，可满足不同层次发行主体的融资需求。目前，CDR 主要侧重于独角兽企业的融资需求，而我国独角兽企业多集中在互联网服务等行业，约有 77% 集中在北上深杭四大一线城市。〔4〕因此，CDR 制度难以短时间内推广于各种类型的红筹企业和服务于全国范围内的实体经济。

其次，红筹企业境内发行证券未获得国民待遇。值得注意的是，红筹企业发行普通股和 CDR 的市值及财务指标远远高于境内发行人。例如，科创板要求境内发行人的预计市值应不低于人民币 10 亿元到 40 亿元。〔5〕相比之下，除了少数营业收入快速增长的红筹企业的预计市值要求是 5 亿元，一般红筹企业的预计市值要求是 100 亿元以上。这种差异体现了监管机构对新型金融模式的审慎态度，防止境内发行人故意到海外注册红筹企业，从而规避国内上市条件。〔6〕然而，这种结构也使红筹企业发行 CDR 的模式在一定程度上失去了相比于转换为国内发行人的竞争力。

再次，CDR 增加了发行成本，对于境外发行人和投资者的吸引力有限。我国 CDR 制度未规定类似于 FPI 制度的监管优惠措施，对于境外发行人的吸引力有限。发行 CDR 的交易结构通常更加复杂，从而增加了发行成本。与普通股相比，发行 CDR 需要根据开曼群岛等境外注册地的公司法事先发行基础证券。在创建 CDR 时，需要向存款代理银行支付额外的服

---

〔1〕 吴维锭：《论中国存托凭证投资者保护机制的完善——从虚假陈述民事责任角度切入》，载《南方金融》2019 年第 11 期。

〔2〕 任妍姣：《论中国存托凭证信息披露规则之完善》，载《南方金融》2020 年第 524 期。

〔3〕 任妍姣：《论中国存托凭证信息披露规则之完善》，载《南方金融》2020 年第 524 期。

〔4〕 刘柳：《我国独角兽企业境内上市主要方式比较》，载《现代商业》2020 年第 30 期。

〔5〕《科创板股票上市规则》第 2.1.2 条。

〔6〕 关于我国公司进行法律规避的理论和实践，参见王超：《法律规避视角下强制全面要约制度实证研究》，载《金融法苑》2021 年第 104 期。

务费。例如，九号有限公司向代理银行支付的CDR服务费为每股0.01元。[1] CDR只能在A股市场交易，一般不允许转换为其在海外发行的基础证券，除非证监会另有规定。[2] 由于我国大多数投资者对CDR仍然陌生，CDR对投资者的吸引力可能不如普通股。

最后，国内A股市场能否承受CDR的大规模回归尚需实践检验。例如，网易等若干家企业满足《试点意见》的发行条件，其合计市值规模接近7万亿元。我国如果急切推行CDR大规模融资，必然会对A股市场造成吸血效应，加大股市下行压力，影响二级市场的流动性和国内排队上市企业的融资规模，破坏市场稳定。[3] 目前我国资本市场尚未具有像美国证券市场一样的开放程度，投资者不能完全实现基础证券与存托凭证之间的自由兑换。人民币与美元价格的波动会加剧CDR的汇率风险和创造套利空间。[4] 由于我国和境外股市的规则差异，公司发行的境外股份和境内CDR的股价可能大相径庭，会给CDR的售价带来负面影响。[5]

（三）CDR制度的具体完善建议

我国和美国证券市场的机构投资者发展水平不同，仍处于以散户为主的市场发展阶段。由于CDR交易机制复杂，个人投资者很难成为理性的合格投资者，CDR交易适合以机构投资者为主。2018年，ADR的持有者中机构投资者占总数的59%。因此，我国CDR市场应借鉴美国经验，鼓励机构投资者交易和以基金方式向个人投资者募资。监管机构应进一步扩大CDR制度的类型范围，使之服务于全国大部分地区的实体经济。

从比较法的角度来看，我国应对CDR制度做适当性调整，以进一步完善其对资本市场创新的提升作用。首先，我国应适当降低高科技红筹企业的国内上市标准，使其逐步获得国民待遇。由于红筹企业发行证券的财务门槛高于国内发行人，红筹企业在科创板发行证券的案件数量极其有限，发行热情度不够高。红筹企业发行CDR的模式在一定程度上失去了相比于转换为国内发行人的竞争力。

其次，证监会和交易所应稳步推进红筹企业的CDR融资，兼顾国内排队上市企业的融资和市场稳定需求。由于市场资金规模有限，CDR的制度实验应采取循序渐进方式逐步推进。我国应逐渐推进A股资本市场的对外开放程度，实现基础证券与存托凭证之间的自由兑换，解决境外发行人的后顾之忧。证监会可以出台类似于FPI制度的监管优惠措施，降低

---

〔1〕《九号有限公司公开发行存托凭证并在科创板上市招股说明书（注册稿）》，载 http://static.sse.com.cn/stock/information/c/202009/7ffb311d2ef648b28966c4812d1a77f1.pdf，最后访问日期：2022年4月6日。

〔2〕《存托凭证登记结算业务投资者问答》，载 http://www.cs.ecitic.com/newsite/tzzjy/cxqyzq/bmgzyywgz/zgjs/201807/P020180702706411518659.pdf，最后访问日期：2022年4月6日。

〔3〕龙跃天：《对中国存托凭证未来制度细则的展望》，载《中国市场》2019年第32期。

〔4〕龙跃天：《对中国存托凭证未来制度细则的展望》，载《中国市场》2019年第32期。

〔5〕刘柳：《我国独角兽企业境内上市主要方式比较》，载《现代商业》2020年第30期。

CDR 发行成本，提升对于红筹企业等境外发行人的吸引力。

最后，针对我国证券市场存在的固有问题，监管机构和法院系统应兼顾事前和事后投资者保护、公共执法和私人民事诉讼。投服中心的证券特别代表人诉讼制度可以适用于境外发行人。证监会应完善红筹企业等境外发行人的信息披露义务，对符合一定条件的发行人设置信息披露豁免规则。今后随着监管经验和市场发展的成熟，CDR 必将成为境外发行人更加重要的融资工具选项。

六、结论

为了提升资本市场服务于实体经济的功能，帮助红筹企业获得股权融资，证监会于 2018 年发布《试点意见》，允许符合条件的红筹企业在 A 股市场发行证券。我国新《证券法》以 ADR 制度为原型增加了 CDR 这一新型证券，使红筹企业在发行普通股之外也可以选择发行 CDR。证监会制定的《CDR 办法》规定了红筹企业发行 CDR 的基本规则。沪深交易所在进行科创板和创业板注册制改革的同时，明确了红筹企业发行 CDR 的具体规则。实践中，小米集团是我国首家申请发行 CDR 的红筹企业，也是唯一在主板申请发行 CDR 的案例。现行制度框架下，科创板和创业板是红筹企业发行证券的主要场所。本文以科创板为例，分析了红筹企业在境内发行 CDR 的规则模式和市场功能。截至 2022 年 4 月，已经有 11 家红筹企业在科创板提出了发行证券（包括普通股和 CDR）的申请，其中 5 家公司注册生效。相比于科创板上市的国内发行人数量，红筹企业在科创板发行证券的数量仍有较大增长潜力。九号有限公司等三家红筹企业申请了发行 CDR，目前只有九号有限公司成功发行了 CDR。红筹企业从事比例最高的行业是计算机、通信和其他电子设备制造业，大多数公司的注册地是开曼群岛。

本文认为我国《证券法》对于 CDR 的立法模式体现了实用主义的立法取向，有利于我国资本市场创新发展机制的完善。CDR 对我国资本市场的提升作用体现为：“存托凭证”与“证券衍生品种”的并列符合资本市场的发展要求；确认证监会的 CDR 监管权力高度体现了我国证券市场监管的灵活策略和改革创新精神；适用于境外注册公司的存托凭证被加入原则上适用于国内公司的《证券法》之中，有利于发挥证监会对境外实体的监管作用；CDR 立法模式维持了列举式的证券概念界定方式，更符合立法者对于新型证券的职权划分需要。本文的实证研究表明，大部分红筹企业在科创板的证券发行类型是普通股而非 CDR，这说明 CDR 对于境外企业的吸引力有限。除了偏重投资者事前保护和公共执法外，我国 CDR 制度还存在一系列法律适用难题。首先，CDR 的适用范围较窄，难以短时间内推广于各种类型的红筹企业。其次，红筹企业境内发行证券未获得国民待遇，使 CDR 失去了一定程度的竞争力。再次，CDR 增加了发行成本，对于境外发行人和投资者的吸引力有限。最后，国内 A

股市场能否承受 CDR 的大规模回归尚需实践检验。

从比较法的角度来看，我国应借鉴美国 ADR 经验对 CDR 制度做适当性调整，以进一步完善其对资本市场的创新提升作用。具体建议如下：首先，我国应拓宽 CDR 适用范围，适当降低红筹企业的国内上市标准，使其逐步获得国民待遇。其次，证监会和交易所应稳步推进红筹企业的 CDR 融资，兼顾国内排队上市企业的融资和市场稳定需求，逐渐推进 A 股资本市场的对外开放程度，实现基础证券与存托凭证之间的自由兑换。证监会可以出台类似于 FPI 制度的监管优惠措施，降低 CDR 发行成本，提升对于红筹企业等境外发行人的吸引力。最后，针对我国证券市场存在的固有问题，监管机构和法院系统应兼顾事前和事后投资者保护、公共执法和私人民事诉讼，完善信息披露及其豁免规则，将投服中心证券特别代表人诉讼制度适用于境外发行人。

直接上市法律风险防范研究

——以 Spotify 为例

李海龙　王健翔 *

目　次

一、直接上市制度背景

2018 年 4 月 3 日，全球音乐流媒体公司 Spotify Technology S. A.（以下简称 Spotify 公司）在纽约证券交易所（NYSE）直接上市。Spotify 公司不是通过传统的首次公开募股（IPO）向公众发行新股来筹集资金，而是通过直接上市程序将其现有股票进行买卖，将股票直接在交易所上市交易。Spotify 公司与法律顾问和投资银行密切合作，并在 2017 年和 2018 年年初与美国证券交易委员会（SEC）进行了积极沟通，以促进直接上市这种非传统上市方式。

---

* 李海龙，浙江财经大学法学院副院长、副教授、硕士生导师；王健翔，浙江财经大学法学院法律硕士研究生。

2020 年 8 月，经 SEC 批准，纽约证券交易所在原有直接上市模式基础上增加了发行新股的直接上市模式，而该模式之下还细分出“卖出股东上市”（selling shareholder direct listing），与“初次直接上市”（primary direct listing）。[1]“初次直接上市”不需要借助承销商的力量，允许公司自行向公众发售新股，新股老股一并直接上市，充分发挥了直接上市的募资功能。与此同时，围绕直接上市在保护投资者方面缺陷的争议随之而来，特别是直接上市缺少承销商等中介机构，作为传统 IPO 的“看门人”，承销商在推广、承销、稳定价格、战略投资和超额配售等方面发挥重要作用，承销商的缺失可能给投资者带来诸多风险，如承销商责任风险、信息披露风险、股票价格波动风险等，甚至 SEC 一度因为市场主体申诉而缓期实施“初次直接上市”制度。

直接上市可能成为许多独角兽公司提升公司股票流动性的可行途径。事实上，美国许多大公司已经率先采取行动，如本文所提的 Spotify 公司以超过 260 亿美元的估值上市。Slack 公司最近估值为 70 亿美元，也试图以这种方式上市。随着美国其他主要科技独角兽公司意图效仿 Spotify 公司直接上市的模式，我国的独角兽公司也存有学习的可能性。因此，了解直接上市的确切法定轮廓以及在此过程中存在的法律风险非常必要。本文将结合 Spotify 公司上市的过程，就该问题进行系统分析，并参考美国的实践经验，为我国未来引入该项制度提供方向和基本参考。

二、直接上市中存在的法律风险

（一）直接上市的运行机制

直接上市是一种新颖的上市方式，允许公司在不经传统 IPO 流程情况下，独立自主地选择是否发行新股，并将股票直接在交易所上市交易。直接上市的最大特点是上市环节简化，传统 IPO 过程中一些环节，如承销商承销、路演、询价都不复存。直接上市降低了发行人发行上市成本，提高了公开市场吸引力。与传统 IPO 上市相比，直接上市的运行特征主要体现在以下几个方面：

一是直接上市的初衷是为非公众公司的投资者提供一条使股票快速变现的通道，在直接上市过程中只允许出售存量旧股，但不允许发售新股，所以不具备融资功能。

二是直接上市不存在“锁定期”（美国一般为 180 天）。在“锁定期”规则下，企业董事及其管理层和部分员工等人以及企业早期投资者等上市之前便持有企业股份的人在锁定期内不得出售自身持有的股份。在美股市场，新股上市的锁定期原本就是承销商与发行人之间

---

〔1〕 See Mark S. Bergman, Raphael M. Russo, Tracey A. Zaccone, SEC Approves NYSE Rule Change Permi Direct Floor Listings Floor Listings（September 9 2020）, available at https：//www. lexology. com/library/detail. aspx? g＝aella7a6-625e-4fbc-94ea-c84cf66989b3, lasted visited on August 2, 2022.

的一种协议约定，目的在于避免发行人内部人借助IPO之机肆意大量抛售持有的股票，导致股票价格承压。由于直接上市安排下并不存在承销商的角色，因而也自然不存在锁定期的要求。

三是在操作方式上，相比于由投资银行或证券公司作为承销商一举包办证券销售事务的IPO模式，直接上市需要发行人直接面向市场发售股份。所以，选择直接上市的公司必须具有较强的品牌认知度和公众吸引力，否则其直接上市很难成功。(见表1)

表1　直接上市与传统IPO的主要差异

分类	直接上市	传统IPO
目的	1. 提高股票流动性； 2. 对日后收购的考虑	1. 提高股票流动性； 2. 对日后收购的考虑； 3. 筹集资金
财务顾问和承销商担任的角色	1. 上市公司直接向SEC提交再销售注册声明而不需投资银行承销股票； 2. 财务顾问不安排或参加投资人会议； 3. 上市公司付给财务顾问固定费率	1. 上市公司将股票首先卖给投资银行，由投资银行再卖给投资人； 2. 承销商安排并参与投资人会议； 3. 上市公司按销售股票总额的比例付承销商费用（一般在7%）
股份注册及分配计划	1. 不发行新股，不具备融资功能；(截至目前) 2. 注册声明生效和交易日之间存在数日的间隔	1. 发行新股并融资，现有股东也可以卖出股份； 2. 注册声明生效后第二天开始交易
股票定价及交易	1. 有意向的投资者可以向自己选定的经纪商进行报价； 2. 市场驱动的价格发现机制； 3. 现有股东可以立即变现，无锁定期	1. 有意向投资者按照规定的IPO价格购买股票； 2. 在IPO路演的询价环节确定价格； 3. 现有股东股份受锁定期限制（一般为180天）
投资者教育	1. 公司高管通过公开网上直播的形式召开“投资者日”； 2. 可以适当提供公司财务预期情况	承销商通过IPO路演与各机构投资者举行会议
通信限制	无静默期要求	有静默期要求

（二）直接上市中的法律风险剖析

1. 承销商责任风险

承销商是为发行人提供证券发行和销售服务的中间人。根据美国《1933年证券法》的规定，承销商是以证券销售为目的，从发行人处购买证券出售，或者代理发行人出售证券的任何人，其他直接或间接参与证券销售活动的机构或者个人，也可以视作承销商。[1]

在传统的承销商承销中，承销商不仅仅是一个被动的中间人，承销商发挥着重要作用，在过程中由承销商来管理证券发行，簿记建档是以询价方式确定证券发行价格的核心环节，由承销商代表发行人与机构投资者接触，以确定潜在投资者买入需求，包括拟买入证券的数量和价格，承销商将买入需求进行簿记建档并通过这个方式来评估这些投资者对发行的兴趣，即他们将购买多少股票，以什么价格购买，然后将这些信息记录在账簿之中，承销商和发行人再使用账簿来决定以什么价格提供证券并分配给客户。此外，很多时候上市的公司并非一个家喻户晓的名字。因此，承销商在与大型机构投资者的一系列会议包括路演中积极推销发行人的股票，而路演是承销商向潜在投资者宣传公司和公司未来前景的绝佳机会。

承销商的任务还包括协助上市公司完成所需的申报工作，协助其准备证券注册声明。只有在向 SEC 提交注册声明后，并由其宣布注册声明生效后，股票才可以实际出售。最后，承销商在 IPO 定价中起着重要作用。这是一项艰巨的任务。承销商必须考虑股票发行的规模、发行者业务的性质和前景、资产和收益、管理专长以及竞争的市场。当然，另一个重要的因素是投资者对于证券的需求，承销商将与发行公司共同确定最终价格。

由上所述，传统上投资银行作为承销商，其作用与功能贯穿整个 IPO 过程并在上市过程中扮演着关键的守门角色。它们允许有价值的公司进入证券交易所；相反，禁止无价值的公司进入。这样做力图保护投资者免受直接风险即保护投资者不受直接欺诈，以及不那么直接的风险即保护投资者免受那些可能面临长期亏损的公司的影响。然而，在直接上市中，投资银行被降级为财务顾问的角色。因为投资银行不太可能面临美国《1933 年证券法》规定的责任，同时在声誉压力、合同责任压力、法定责任压力三方面受到的影响较小且与直接上市的成功没有那么紧密的经济联系，所以作为财务顾问的投资银行不太愿意成为有效的看门人，由此产生了一系列风险与问题。

尽管直接上市模式下，公司不再需要承销商，但仍需聘请财务顾问（financial advisor）来帮助其进行上市。财务顾问为直接上市公司提供三类服务：一是提供咨询服务，包括确认公司估值达到直接上市所要求的市值标准，协助做市商确定公司直接上市首日的开盘价等；二是协助服务，协助公司制作向 SEC、纽约证券交易所申报的股票注册、上市文件；三是宣传服务，帮助公司开展投资者宣传、沟通事宜，Spotify 公司的财务顾问曾协助公司在直接上市前通过线上方式举办"投资者日"，向公众投资者推介公司投资机会。直接上市财务顾问相比传统 IPO 承销商收费更低。Spotify 公司聘请的财务顾问所花费的费用仅为 3500 万美元，而相同规模的 IPO 承销费在 8000 万至 1.2 亿美元。

为什么承销商要扮演守门人的角色？承销商的动机是：保护其声誉资本、避免合同责

[1] See 15 USC §77b (a) (11).

任、避免法定责任。在此可以通过表2来解释：

表2　直接上市与传统IPO中投资银行作用对比

	投资银行的作用	
	承销商	财务顾问
投资银行是否面临着作为看门人的声誉压力	是的，承销商通过积极营销和向稳定的回头客出售IPO股票来冒着声誉受损的风险	程度较小，财务顾问不积极营销或出售，因此，风险较小
投资银行是否面临着作为看门人的合同责任压力	是的，承销商有合同义务保持股价稳定，这意味着他们自己的钱也有风险	不存在
投资银行是否面临法定责任压力才需要去充当看门人	是的，美国《1933年证券法》第11条规定承销商对股东的上市亏损负有责任（在注册声明中存在错误陈述的情况下）	财务顾问不太可能被认定为法定承销商，因为无须去承担美国《1933年证券法》第11条的责任

从以上这三个方面可知，在传统的IPO过程中，投资银行扮演着看门人的身份，并受制于三个方面的压力。而在直接上市过程中，投资银行作为公司上市的财务顾问，从声誉压力上看财务顾问在直接上市中面临的风险较小。与承销商冒着声誉资本的风险积极向投资者推销IPO股票不同，财务顾问在很大程度上是被动的。从合同责任压力上看，Spotify的招股说明书向投资者解释说，财务顾问没有义务稳定或支持股价，这是一个重大的投资风险。此外，因为没有承销商，所以没有购买额外股票的选择即超额配售选择权来帮助稳定、维持股价。这会影响普通股在纽约证券交易所上市后的公开价格，导致普通股的公开价格可能会异常波动并可能在纽约证券交易所上市后迅速大幅下跌。而从法定责任压力上看，Spotify公司的直接上市参与者非常谨慎，在此过程中没有将高盛等公司列为承销商，而是将其列为财务顾问。Spotify公司的F-1声明中说：我们已聘请高盛有限责任公司、摩根士丹利和艾伦有限责任公司作为我们的财务顾问，为我们上市有关的某些事项向公司提供建议和协助。如果财务顾问不担任承销商，则根据美国《1933年证券法》第11条的规定，财务顾问不承担责任。这大大降低了他们作为勤奋的看门人的动力。

2. 可追溯性问题

纽约证券交易所直接上市新规获批两周后，机构投资者理事会（CII）便于2020年9月8日向SEC提交了对直接上市新规的复议申请，认为直接上市可能削弱投资人所持股票与发行注册文件之间的可追溯性，导致美国《1933年证券法》第11条有关发行欺诈的规定难以适用。所谓可追溯性，指的是投资者购入的证券能否上溯到发行人的注册登记声明书。可追溯性之所以重要，其起源在于美国《1933年证券法》第11条规定，如果发行人注册登记声明书生效后被发现存在对重大事实进行不实陈述或者对必需、必要事实存在遗漏，导致声明书陈述具有误导性的情形，任何购买“此类证券”的投资者只要事先并不知情，都可以通过对相关责任人发起诉讼的形式维护自身权益。[1]而直接上市的出现，对可追溯性提出了挑战。

在传统的IPO中，追踪要求很容易得到满足，因为所有已发行的股份都是根据注册登记声明书出售的，且新股转让受到锁定期的限制，所以IPO初期不存在可追溯性问题。然而，在直接上市中，原告在进行追踪分析方面可能要面临很多困难。因为在直接上市中，一些股票根据证券登记声明书出售，而其他股票则不是如此，并且直接上市没有锁定期，新股老股一并向公众公开转让，使得可追溯性问题在发行上市初期便存在，加剧了这一问题。Spotify公司仅根据注册登记声明书注册了31%的股份，其他股份都是未进行注册的，若原告持有的是这些未进行注册的股份，鉴于股权背后缺乏记录，这就可能会给原告带来难以克服的障碍。

机构投资者理事会指出，传统股票发行框架下，IPO初期发行的股票均在注册登记声明书范围之内，因此，可追溯性并不存在太大问题。此类证券，由于法条陈述本身存在阐释空间，以及美国司法判例在实践中往往将其狭义地解释成根据特定的注册登记声明书所发行的证券，而并非发行人发行的所有证券，因此，在投资者遭遇证券欺诈时，可追溯性成为维护自身权益的必要条件。一旦直接上市成为企业上市融资的一种主流方式，预计将使更多投资者面临购入股票可追溯性问题，同时会阻碍投资者主张自身合法权益，在一定程度上直接上市制度加速了可追溯性问题的恶化。

3. 信息披露风险

在1929年股市崩盘之后，美国管理金融证券的法律制度从警告卖空商转向警告供应商。为了通过强制信息披露制度来保护投资者，美国国会通过了两项基本法规：美国《1933年证券法》和美国《1934年证券交易法》。美国《1933年证券法》管理证券的初始分配，而美国《1934年证券交易法》管理其后续交易。美国《1933年证券法》第11条第11款对多方在发售文件中的重大错报或遗漏规定了严格的责任。承销商或任何参与证券分配的对象，是法律规定的列举被告。美国《1933年证券法》规定公开证券发行中的承销商须承担责任，以确保向公众完整及准确地披露有关发行人的资料。其目的是通过要求发行证券的公司进行完整和准确的信息披露来保护投资者。为确保参与发行的所有各方遵守披露要求，SEC向根据注册声明发行的证券的购买者提供明确的私人诉讼权，以处理注册声明中的重大错误陈述或遗漏。

直接上市，不同于传统的IPO上市，其为潜在投资者提供的信息较少，根据美国《1933

[1] 参见陈华、李杨、常少观：《美股直接上市：一种非IPO新型上市方式》，载《中国发展观察》2020年第23期。

年证券法》的规定，有资格进行直接上市的公司面对的是宽松的披露要求。正如 Spotify 在其风险声明书中指出的那样，“我们不受一些美国《1933 年证券法》和根据该法律颁布的规则的约束，并且被允许公开披露的信息少于传统意义上美国公司必须披露的信息”。这可能会限制普通股持有人可获得的信息。与公开市场的典型 IPO 路径相比，直接上市发行人可以选择从信息披露中隐瞒更多信息，因为发行人不需要提供尽可能多的披露，其法定的信息披露义务存在空白，这将损害投资者的权益。再加上，进行直接上市的公司使投资者的信息不对称性超过了市场的健康程度，破坏了市场原有的良性发展。因此，直接上市程序增加了投资者所面临的信息披露风险，且不利于形成股票市场的有效性和满足市场监管的要求。

4. 静默期规则

在美国，申请 IPO 后，公司及其高管和承销商不得就其价值、战略或预测发表某些公开声明，SEC 仅允许他们讨论公开招股说明书中已经包含的信息，以避免对股票发行价格产生影响，这称为 IPO 静默期（安静期）。从现有 Spotify 公司和 Slack 公司直接上市案例看，直接上市无静默期限制，高管们可以在上市前对公司情况发表战略预测，来引导公众投资者的投资意愿与看法。2017 年 3 月，Spotify 公司通过互联网进行了宣传，向投资者介绍公司和投资机会，并将其称为投资者日。投资者日持续了两个多小时，几乎是传统 IPO 路演时间的两倍，包括整个执行团队的演讲，而不仅仅是公司首席执行官和首席财务官的发言，过程中大约有一万名观众观看了演示。

静默期规则旨在鼓励在适当的时候，向所有公众投资者进行适当的披露来保护投资者。虽然静默期规则增加了 IPO 的时间，但静默期规则为公众投资者提供所有相关信息，不仅直接监管公司，而且间接监管分析师以及上市公司出具的报告。静默期规则允许 SEC 有充足的时间仔细审查招股说明书文件并验证其中包含的信息是否准确而不会受到公司评论的干扰，缺乏静默期的限制会助长媒体和分析师传播更多“光鲜”材料或会用更积极的评论来人为地抬高 IPO 股价，使得上市公司从 IPO 中获得最大的财务收益。由此来看，静默期规则的存在有助于确保新股发行中所有潜在投资者的公平竞争环境。[1]

静默期规则能够抑制 IPO 公司的高管们沟通，以防止股票定价过高和市场操纵行为。如果直接上市成为 IPO 的常见替代方案，那么静默期规则就无法保护投资者。美股投资者在静默期内可以评估各类股票的交易价值与潜力。经验丰富的投资者可能会尝试在静默期结束时获利。此时，随着分析师发布大量信息，有关公司的股价和交易量可能会出现大幅上涨或下跌的情况。同时投资者可以在 SEC 网站上查看有关公司最近提交文件的招股说明书信息，来帮助自己判断公司的使命、团队和财务状况，以此来辨认这是否是一项可靠的投资。但如果直接上市作为 IPO 的替代品，而不是目前最常用作 IPO 的补充，静默期规则衰亡这一趋势将

---

〔1〕 See Susan Hyman, *Calm Times in a Noisy World: Rethinking Securities Regulation and Corporate Free Speech*, 76 Business Lawyer 91 (2013).

进一步加剧投资者在公司股票首次公开交易时面临的风险。

5. 股票价格波动风险

从本质上讲，直接上市是绕过中间人的一种方式。在传统的 IPO 中，IPO 整个流程在协调与投资者的关系和提供需要的文件方面是非常复杂的；承销商通常会对首次公开发行进行多方面的管理：对财务稳健性和资本要求的满足程度进行尽职调查，它们帮助公司形成投资主题，然后用于营销阶段；在编制登记声明书和招股说明书时，引导公司向投资者作介绍。它们负责承销股票，承担与发行相关的部分风险，同时提出强有力的价格建议，向公众出售公司股票。所以整个 IPO 过程相对稳定，承销商会确保有足够的股票购买者以减少价格波动，而直接上市是一种风险更大的策略，因为没有承销商将愿意交易的买卖双方联系起来并保证股票的价格。这意味着股价波动幅度较大。

证券向公众发行后，有两个重要的 IPO 要素没有出现在直接上市中：价格稳定和锁定期。当一家公司首次进入公开市场时，许多投资者对其前景知之甚少。为了帮助减少 IPO 后几天内股价的波动，承销商通常拥有所谓的超额配售选择权或绿鞋期权。[1]这为承销商提供了回购股票的机会，以调整市场上的股票供应并稳定价格。Spotify 公司案例中直接上市的财务顾问没有超额配售选择权，因为其不是法定的承销商。

第二个常见的 IPO 特征是锁定期。传统 IPO 中，原始股东所持股份受到锁定期限制。在美股中承销商与发行人一般约定锁定期为 6 个月。锁定期旨在向在 IPO 中购买的投资者保证，避免上市初期原始股东的大额股份变动会湮没市场，导致股票价格降低，损害新股东的利益，以此确立公众投资人对新股价值的信心。因此，公司的现有股东在发行后的一段时间内被禁止出售股票。但直接上市的几个重要目标之一就是在没有锁定期的情况下为股东们提供出售的机会。Spotify 直接上市在法律上没有锁定期的限制，在该案例中，除少数股东股份自愿锁定外（股东腾讯在直接上市前就与公司订立了股份锁定协议，因此在 Spotify 直接上市后，腾讯仍需遵守股份锁定的承诺），其余股东和高管都能立即在二级市场卖出其股份。而在传统的 IPO 上市中，承销商要求公司雇员和其他早期投资者在通常为六个月的时间内不得出售其证券。

缺少承销商的超额配售选择权以及锁定期的限制，使得股票价格波动大成为直接上市中的风险之一，如果未来直接上市公司的大部分股票能够立即进入公开市场，不受这些限制。那么直接上市的公司的首席执行官或其他高管，在价格稳定之前，就能够用股票湮没市场，而又因为不存在承销商来行使超额配售选择权来平衡市场对股票的供求，这无疑会增大股票价格波动的风险。

---

〔1〕 超额配售选择权，又称“绿鞋期权”，是指发行人授予主承销商的一项选择权，获此授权的主承销商按同一发行价格超额发售不超过包销数额 15% 的股份，主承销商在未动用自有资金的情况下，通过行使超额配售选择权，可以平衡市场对该股票的供求，起到稳定市价的作用。

三、直接上市法律风险规制的美国实践——以 Spotify 为例

（一）承销商责任风险应对路径

目前来看，美国对于承销商责任风险问题有两个处理方案：

1. 递延财务顾问报酬给付时间

该项举措是指将公司支付给财务顾问的费用报酬存入特定信托，在公司直接上市且顺利运行一段时间后，如未发生虚假陈述等违法行为，才划付给财务顾问。但递延报酬给付时间只是增加了财务顾问提高服务质量、奋勉履行其应有职责的动因，并不能彻底解决由承销商扮演的看门人角色弱化所带来的投资者保障不足等问题，并且该项举措只是强化了经济动因，缺少了法律上的规定与强制，在发行人无力赔偿，财务顾问又无须承担赔偿责任时，仍存在一定风险。

2. 财务顾问需作出法定承诺

传统 IPO 上市中作为承销商的投资银行扮演着重要的把关角色。在协助一家公司进行 IPO 之前，它们会先进行业绩评估。它们这样做是为了保护自己的声誉，以及出于更直接的经济原因即避免可能产生的合同或法定责任。投资银行在直接上市中的作用有所不同。它们只是充当财务顾问。这些顾问不面临与传统 IPO 上市中同样的声誉风险，且与直接上市并无紧密经济联系，所以它们不积极地向机构客户推销或出售股票。因此，它们不太可能进行同等水平的价值评估。有些人可能会说，即使没有积极的营销和销售，这些财务顾问的声誉资本也会受影响。美国学者本杰明尼克森（Benjamin J. Nickerson）提到传统 IPO 中，承销商声誉资本与证券发行有着紧密联系，但其在文章中也指出帕特诺伊（FrankPartnoy）教授的观点，“已经出现了一个无可辩驳的理论论点，即看门人可能会理性地决定耗尽他们的声誉资本就像他们会耗尽任何其他资本资产一样，以试图实现预期利润的最大化”。[1]

由此来看最明显的解决方案是，根据美国《1933 年证券法》，从监管角度在直接上市规则中要求财务顾问明确作出承担美国《1933 年证券法》第 11 条法律责任的承诺，倒逼其有效发挥“看门人”功能。该条文要求合格的独立承销商（许多具有类似于财务顾问的特征的公司）同意根据美国《1933 年证券法》，承担承销商的法律责任和义务，在此压力下，可以避免由直接上市给投资公众可能带来的损失。

但需要注意的是，财务顾问承担承销商法律责任，虽能缓解直接上市“看门人”弱化问题，却也带来财务顾问“权责利”不匹配的情况。直接上市的初衷是绕开承销商承销环节，简化发行上市程序，降低公司发行上市成本，而且在直接上市过程中财务顾问所承担的工作

---

〔1〕 See Benjamin J. Nickerson, *The underlying Underwriter: An Analysis of the Spotify Direct Listing*, 86 University of Chicago Law review, 1022 (2019).

职责和所获得的报酬要远少于承销商，若要求财务顾问与承销商承担相等的法律责任，此种情况下，财务顾问会以增加顾问费用的方式将风险成本转嫁至公司，与直接上市为公司发行上市减少成本的意愿相违背。

（二）可追溯性问题的司法变革

SEC 指出，可追溯性问题不构成实施直接上市新规障碍。对该问题的处理应依赖司法部门，而法院对可追溯性问题的司法结论一直在变化。在最近一起针对 Slack 公司的证券诉讼案中，美国加利福尼亚北区联邦地区法院（N. D. Cal.）认为，传统的追溯标准在直接上市情形下显得过于苛刻，所以该法院最终采用了统计意义上的追溯，即原告仅需证明其持有的股份大多数系注册文件中的股份即可。[1]虽然在司法实践中对于可追溯性问题有了一定的变革，但由于美国各州法院、法官水平参差不齐，且有的州法院反对统计意义上的追溯，而支持实际意义上的追溯，导致司法层面的结论一直在变化，并无统一的标准供法官适用。对于该项问题若无统一的立法规定，可能会由判罚的差异而带来不公平的现象。

（三）强制信息披露与静默期规则

首先，信息披露要求对投资者保护至关重要。目前的规则没有充分解决像 Spotify 那样直接上市的独特情况。但在近日，SEC 已出台相关规定，来规范直接上市中公司信息披露问题。通过直接上市方式的公司，若未在任何季度和年度披露公司信息时，投资者可能得不到足够保护，特别是当该公司是 Spotify 等备受瞩目的消费产品或品牌所属公司时。如果没有强制性的、持续的信息披露规定，像这样的公司基本上可以向投资者和记者展示一个美好的假象。根据所披露的信息，市场价格在一定程度上反映公司的真实价值，而价格所需的这些信息通常会在强制披露中披露，但根据直接上市的特别规则，信息可能不会被披露，这无疑会给市场带来负面影响。获取公开市场资本的权衡是要求公司进行披露，如果这些披露不准确，则将承担风险责任。以 Spotify 公司为例，其他类似的公司可能会将直接上市视为一种可行的方式，以避免公司在 IPO 中发行股票所面临的一些披露要求。对此，美国应及时根据情况修订证券法律法规，防止进行直接上市的公司逃避信息披露义务。

直接上市与传统 IPO 上市一个区别是：管理层和财务顾问被允许公开谈论上市内容，如果高管们可以自由地讨论即将发行的产品，且不会受到静默期规则的惩罚，他们将会无限制地创造需求，从而推高股价并有可能导致价格泡沫。SEC 应该进行公开指导和解释，并将静默期规则适用于直接上市，以抑制因公开讨论而产生的价格泡沫风险。

如上所述，以上风险迫使在 Spotify 直接上市过程中，纽约证券交易所要求 Spotify 公司提交美国《1933 年证券法》相关注册声明，而不是仅提交美国《1934 年证券交易法》要求的注册声明。这也引发了一些举措，如 Spotify 公司受到了 SEC 的强制审查，静默期规则要

[1] See Dennee v. Slack Technologies, Inc. et al., 3_19-cv-05857, No. 74. (N. D. Cal. Apr. 21, 2020).

求的限制以及美国《1933 年证券法》中规定的责任条款。

（四）设置做市商制度

面对本次 Spotify 直接上市所带来的股票价格波动风险，纽约证券交易所通过做市机制对这一问题进行了处理。在上文已提到，由于直接上市不存在承销商，发行人无法借助承销商超额配售机制平抑股票上市初期的价格波动。纽约证券交易所指定做市商制度，在一定程度上发挥了承销商的超额配售功能，使得直接上市股票在保证流动性的情况下又抑制了股票价格的大幅波动，投资者面临的交易风险也大大降低。我国学者指出："纽约证券交易所的指定做市商制度实质上是一种混合交易制度，该项制度整合了竞价制度和做市商制度的优势：当市场缺乏价格连续性、存在或可能存在深度及供需不平衡时，指定做市商有义务以自己的账户和自有资金提供做市服务，否则，指定做市商不得进行自营做市，通过集中竞价来关闭市场订单。"面对直接上市所存在的股票价格波动风险问题，直接上市首日，指定做市商来协助发行人确定直接上市股票的竞拍价格并在确定后执行股票出售。直接上市后，指定做市商为市场提供持续双向报价服务，由做市商在全国股转系统持续发布买卖双向报价，促进股价信息流通。一旦集中竞价交易机制出现供需失衡，市场平衡生态受到了破坏，做市商将适时介入，以自有资金或存货为市场提供流动性支持，维持股票价格的稳定与连续性。

（五）合理设置锁定期

美国传统 IPO 中锁定期通常规定为 180 天，而直接上市为在 IPO 前入场的全部投资者提供了平等的交易机会，股东均可在首日交易中自由出售其股票，除了那些自愿签订锁定期协议的股东外。Spotify 公司招股书显示，腾讯在其上市前签订了锁定期协议，而其他股东未订立锁定期协议或限制转让合同，所以任何股东在上市后均可立即出售其持有的股票。无锁定期限制为老股东转让提供便利的同时也由于没有承销商参与稳定股价，直接上市可能会出现股票流通量较小、流动性不足、股价波动猛烈甚至大面积破发的风险。

基于此，可以由法律规定，占有大部分股票数量的股东须与直接上市的公司签订锁定期协议，以防止公司首席执行官或其他高管，在价格稳定之前，就用股票湮没市场。而直接上市中的财务顾问应在 IPO 前的几周内，仔细协助设定价格和向投资者购买证券，并在 IPO 后的几天内监控证券的表现。还可以通过购买额外的股票来保护投资者免受波动的影响，以保持市场价格稳定。

四、我国引入直接上市制度的可行性分析与建议

（一）我国目前 IPO 上市现状

Spotify 的成功离不开美国成熟的私募市场，[1] 以及 SEC 和纽约证券交易所为其提供的

---

〔1〕 参见郑坤山：《借鉴美国经验完善我国证券私募监管法律制度研究》，载黄红元、徐明主编：《证券法苑》第 12 卷，法律出版社 2014 年版，第 196 页。

保障措施，如确定承销商法定责任和设置做市商制度。而我国若要引入直接上市制度，必须立足于实际，从我国目前证券市场现状出发，并借鉴美国经验。

由于直接上市最重要的特点是无承销商，与之相对应的就是我国目前的证券保荐制。在我国保荐人既是证券发行的推荐人，又是担保人，其本质是将政府承担的证券发行监管职责通过市场化的手段转嫁给保荐人，以此来建立起保荐人对上市发行过程的强制性、持续性监督管理机制。〔1〕虽然目前我国正由保荐制向注册制演变，但在当前我国注册制尚处于改革初期，且我国证券市场财务造假和证券欺诈发行等问题频频发生，证券市场声誉和诚信机制尚难充分发挥作用的情况下，轻易放弃保荐人这一有效手段，并非明智之选。

我国有学者指出，从直接上市的制度设计，可以看出其本质就是通过简化传统 IPO 上市的程序以及成本的方式来吸引已通过私募融资的公司回流公募市场。而我国证券发行法规体制仍以公开发行为主导，对证券私募制度缺少系统性规定。〔2〕我国《证券法》第 9 条第 2 款列举了证券“公开发行”的两种情形，“向不特定对象发行证券”和“向特定对象发行证券累计超过两百人”，这两种情形同时明确了非公开发行的限制性方式，即不得采用广告、公开劝诱和变相公开方式，但对于何为“特定对象”“非公开发行”等未进行完整界定。有学者分析到，这种“一刀切”的方式与证券私募的本质特征背道而驰。证券私募的核心内容是解决了信息不对称问题，从美国经验看，只要私募发行和转让面向的是合格投资者，采取什么发行方式在所不问。此外，根据《非上市公众公司监督管理办法》第 2 条的规定，非公开发行限定于特定对象且不得超过 200 人，“200 人”的规定限制了私募证券的发行范围和筹资规模。受非公开发行“200 人”限制，我国非上市非公众公司无法满足直接上市一定公众持股量或公众持股市值要求。由此看来，我国严格的私募发行及转让规则难以孕育适合直接上市制度的证券私募市场环境。

而在做市商方面，我国证券市场缺乏成熟做市制度和经验丰富的做市商，目前做市商制度仅在新三板有所试行，但制度效果也不尽人意。当下我国证券交易所内进行的股票交易以集中竞价方式为主，并无专门在交易冷清时活跃市场的做市商，所以缺乏特殊情况的交易量和交易价格维护机制。而参考美国直接上市抛弃做市商的背景，我国场内股票交易机制可能无法为直接上市股票提供充分流动性支撑，以此形成合理定价。

（二）对我国的启示

根据上述分析，我国短期内引入直接上市制度的条件尚不成熟。但其对我国未来证券市场的发展仍具有重要启示作用。

---

〔1〕 参见马一、韩子惠：《我国保荐人制度：制度反思与变革探索——以证券发行注册制改革为背景》，载《海南金融》2016 年第 7 期。

〔2〕 参见高振翔：《直接上市制度改革及其“看门人”机制分析》，载《财经法学》2021 年第 5 期。

1. 监管部门应采取积极态度应对新生事物

2017 年 6 月，纽约证券交易所对上市规则提出了三项修改，使公司能够在交易所直接上市。虽然在修订和提案中没有明确提及 Spotify 公司，但人们普遍认为它正在考虑 Spotify 公司的直接上市从而提出了修改规则。2018 年 2 月，SEC 批准了一项修订后的提案，其中仅包括两项拟议的变更，有效地为 Spotify 直接上市去除了障碍。SEC 在 2020 年 8 月 26 日通过了纽约证券交易所修改规则的申请，某种程度上体现了美国监管层对这种创新的包容态度。美国各方机构采取积极的态度迎合改变，适应新事物的出现，对我国的市场化改革也提供了一定的指引作用。我国的监管部门也应有意愿满足市场创新需求的弹性，适时、合理地引入直接上市制度将有利于我国证券市场发展。

2. 直接上市制度为科技独角兽开辟上市新路径

直接上市制度可在一定程度上缓解募集资金闲置、资本配置效率下降的问题。若我国合理引入直接上市制度，可以满足我国国内一些现金充沛的已上市或拟上市科技公司“只上市不发行”的现实需求。直接上市能让独角兽公司作为优质标的尽快进入公开市场，有利于优化市场格局，完善投资者回报机制。同时，无“中间商”、基金等机构投资者优势将缓解一二级市场价差问题，有助于提高发行效率。直接上市原始股无禁售期的制度设计，有利于释放资本市场活力。

3. 发行制度的设计要平衡各方利益

在旧的 IPO 定价机制下，发行价过高问题损害了二级市场投资者利益，但我国存在的科创板 IPO 连续“地板价发行”的现象却显示，改革后的 IPO 定价机制解决了发行价过高问题，但又带来了发行价过低问题，损害了发行人和早期投资者的利益。无疑，这需要更科学的 IPO 定价机制设计，以尽可能平衡各方利益。直接上市制度的出现，让我国可以吸取其优点，对现有的 IPO 流程进行改进，引入做市商等相关配套机制可以保证直接上市形成合理交易价格，提高上市流通股比，从而促进我国证券市场发展。

五、结语

直接上市作为一种新颖的上市方式，被赋予了快速提高股票流动性和降低 IPO 上市巨额成本的功能。但相较于传统的 IPO 上市，直接上市中不存在承销商，缺乏在上市过程中的“看门人”，由此加剧了信息披露、可追溯性、股票价格波动等风险。基于美国 Spotify 公司直接上市成功的案例，我国可以在借鉴其规制办法的基础上，如确定承销商法定责任、加强信息披露、合理设置锁定期、设置做市机制等，根据我国证券市场发展的现状，在发行制度改革及监管方面进行不断探索，为未来我国引入该制度提供方向和基本参考。

虚假陈述中独立董事民事赔偿责任再析

——兼评虚假陈述新司法解释第16条

浦泽原*

目　次

一、引言

近年来，我国证券市场虚假陈述案件频发，而随着越来越多的投资人选择将独立董事列入被告范畴，独立董事在上市公司信息披露中的角色定位、勤勉义务以及责任承担等问题开始逐步受到关注。《证券法》修订后，独立董事的民事赔偿责任认定仍然遵循旧法"过错推定+连带责任"的模式，在归责原则方面要求独立董事自证清白，在责任形态上认定独立董事承担连带赔偿责任。而康美药业财务造假案更是将虚假陈述中独立董事民事赔偿责任问题推至舆论高潮，在"权责失衡"

* 浦泽原，法学硕士，任职于南京市鼓楼区人民法院。

“低薪严责”中可以窥见独立董事民事赔偿责任制度背后的争议。本文拟结合相关案例及最新法律规定，对现行独立董事民事赔偿责任制度所引致的争议进行探究，并提出合理构想。

二、现行独立董事民事赔偿责任制度评析

（一）归责原则中过错标准设定模糊

基于投资者和公司内部人的信息不对称性，新《证券法》仍以“过错推定”原则作为认定虚假陈述中独立董事民事责任承担的归责原则。作为举证责任的特殊制度安排，虚假陈述中的过错推定原则通过假定独立董事对信息披露违法行为存在主观过错、要求独立董事自证勤勉尽责的方式，在保护投资者的同时也加重了独立董事在虚假陈述民事赔偿案件中的举证负担。然而，抛开间接参与公司经营管理的独立董事承担举证责任的合理性不谈，仅从过错标准而言，现阶段也存在较强的模糊性。

该种模糊性一方面源自规范层面对于信息披露中独立董事的勤勉义务规定较为笼统模糊。作为过错推定原则适用的前提条件，虚假陈述民事赔偿责任的过错标准和独立董事在信息披露中的勤勉义务犹如一个硬币的两面，只要明确界定其中一个概念便可以自然推知另一概念的内涵和外延。[1]但是，由于长期以来规范层面对于勤勉义务的粗糙规定，使得独立董事在诉讼过程中的抗辩失去了法律依据，而法院也失去了裁判的准绳。为了缓解这一现状，2021年12月30日，最高人民法院审判委员会第1860次会议通过《最高人民法院关于审理证券市场虚假陈述侵权民事赔偿案件的若干规定》（以下简称新《规定》）。作为新司法解释的一大亮点，新《规定》第16条以“列举 + 兜底”的形式尝试勾勒出虚假陈述中独立董事民事赔偿责任的过错标准。[2]一方面，明确了独立董事因借助专门职业帮助、及时异议并报告、发表意见并投票、被阻碍履行职责四种具体的无过错情形；另一方面，也赋予了法院结合法律、监管部门制定的规章、规范性文件、公司章程和独立董事履职实际而做出判断的自由裁量权，为未来独立董事在信息披露方面的履职和诉讼过程中的抗辩提供了指引，较以往具有较大的进步意义。

---

〔1〕 参见王利民、郭明龙：《民事责任归责原则新论——过错推定规则的演进：现代归责原则的发展》，载《法学论坛》2006年第6期。

〔2〕《最高人民法院关于审理证券市场虚假陈述侵权民事赔偿案件的若干规定》第16条规定：独立董事能够证明下列情形之一的，人民法院应当认定其没有过错：（一）在签署相关信息披露文件之前，对不属于自身专业领域的相关具体问题，借助会计、法律等专门职业的帮助仍然未能发现问题的；（二）在揭露日或更正日之前，发现虚假陈述后及时向发行人提出异议并监督整改或者向证券交易场所、监管部门书面报告的；（三）在独立意见中对虚假陈述事项发表保留意见、反对意见或者无法表示意见并说明具体理由的，但在审议、审核相关文件时投赞成票的除外；（四）因发行人拒绝、阻碍其履行职责，导致无法对相关信息披露文件是否存在虚假陈述作出判断，并及时向证券交易场所、监管部门书面报告的；（五）能够证明勤勉尽责的其他情形。独立董事提交证据证明其在履职期间能够按照法律、监管部门制定的规章和规范性文件以及公司章程的要求履行职责的，或者在虚假陈述被揭露后及时督促发行人整改且效果较为明显的，人民法院可以结合案件事实综合判断其过错情况……

但就总体而言，新《规定》仍然存在内容模棱两可和效果矫枉过正的问题。首先，在借助专门职业帮助进而免责的问题上，司法解释的表述缺少确定性和可实践性。其一，对于该条款得以适用的前提性概念——“不属于专业领域的具体问题”界定不清：当前任职的独立董事并非都是单一学科背景，不乏大量的独立董事具有法学、会计学甚至理工学科的交叉学科背景。那么对于此类复合型人才的专业领域界定将成为未来困扰法官裁判的一大问题之一，譬如是以本科所获学位为准，还是以硕士所获学位为准。退一步讲，即使是单一专业背景，各个专业内部仍然有诸多细化的领域，仅仅从法学学科而言又可细分为民商、经济、知产等众多领域，那么对于信息披露当中涉及知识产权的问题是否属于一个经济法专业出身的独立董事应当知晓的领域？其二，对于专业领域内的问题，独立董事在借助专业职业的帮助之下是否能够免责？按照本款的表述和逻辑而言，虽然未使用“仅”“才”等词汇加以限缩，但在开头便以“不属于”强调了适用的前提，很容易让人（至少让裁判者）认为专业领域内的问题已经被排除在了“无过错”的范围之外，那么就会导致独立董事在面对专业领域内的问题上陷入当然的严格责任，即使尽力借助了外界的专业帮助也仍然难辞其咎。再加之专业领域界定不清的问题，会导致具有交叉学科背景的独立董事真正面临“能力越强，责任越大”的困境，最终产生独董市场的“逆向选择”。其三，何为“借助专门职业的帮助”仍然存在较大的解释空间：一方面，在“专门职业”的界定上仍不明确，是借助个人帮助还是机构帮助，是借助公司内部专业人士的帮助还是公司聘请的外部机构帮助，抑或是必须独立董事另外自行聘请有关机构？另一方面，从“借助帮助”的方式而言，是被动信赖即可免责的“形式”借助，还是在积极调查下合理信赖的“实质”借助依然有解释的空间。

其次，在及时异议并报告问题上，该条款的内容并不具有较强的现实意义，因为从实践中的具体案例来看，鲜有独立董事能够在揭露日或更正日之前便能及时发现虚假陈述的事实，因此也基本没有独立董事将此款内容作为行政处罚或民事赔偿案件中的抗辩理由。

再次，第3款中独立董事通过发表独立意见而免责的情形与上位法的规定似乎存在龃龉之处。通过对比不难发现，新《规定》与《证券法》第82条中所述情形并不完全相同，前者的“独立意见”和后者的“书面确认意见”并不能完全画等号：新《规定》中所言“独立意见”最早源于2001年证监会发布的《关于在上市公司建立独立董事制度的指导意见》，其中第6条规定了在上市公司重大事项上独立董事发表独立意见的义务，而新《证券法》第82条明确了独立董事在内的全体董事在签署书面确认意见时，对于不保真或有异议的情形应当发表意见并陈述理由的义务。[1]故在某种意义上，新《规定》中通过发表独立意见免责的

〔1〕《证券法》第82条规定：发行人的董事、高级管理人员应当对证券发行文件和定期报告签署书面确认意见。发行人的监事会应当对董事会编制的证券发行文件和定期报告进行审核并提出书面审核意见。监事应当签署书面确认意见。发行人的董事、监事和高级管理人员应当保证发行人及时、公平地披露信息，所披露的信息真实、准确、完整。董事、监事和高级管理人员无法保证证券发行文件和定期报告内容的真实性、准确性、完整性或者有异议的，应当在书面确认意见中发表意见并陈述理由，发行人应当披露。发行人不予披露的，董事、监事和高级管理人员可以直接申请披露。

情形并非对《证券法》第 82 条的细化规定。作为上位法，《证券法》第 82 条仅将发表意见并陈述理由作为一项义务而非权利抑或免责事由，而作为司法解释的新《规定》通过规定类似情形免责的方式，是否在事实上突破了上位法的精神是存在疑问的。同时，就发表独立意见免责本身，新《规定》似乎也存在立场上的摇摆：一方面从实质角度关注到了无法表示意见时具体理由的重要性，另一方面仍然从形式上将投出赞成票的独立董事排除在了免责范围之外。那么法院在依据本条做出认定时，是重点关注独立董事发表独立意见或投出反对票、弃权票的外在形式，还是关注独立意见中理由是否合理的内在实质。譬如，独立董事出于逃避责任的考虑发表了独立意见并投出反对票，但并未经过调查且反对理由并不合理，是否可以免责？反之，由于考虑到投反对票会导致年报不通过进而对上市公司造成更为严重的后果，经过了合理调查的独立董事在独立意见中陈述了自己的合理怀疑并迫于无奈投出了赞成票，该独立董事是否可以免责？

最后，第 4 款中对于“发行人拒绝、阻碍”的情形尚需进一步界定。其一，何为发行人？公司内部人的拒绝、阻碍行为是否能够直接归属于发行人？同时除了控股股东、内部董事、董秘等高管以外，公司内部仍然存在其他与独立董事沟通联系的工作人员，而他们的拒绝、阻碍是否可以适用本款规定仍然存有疑问。其二，何为拒绝、阻碍？最直接的问题是，发行人的隐瞒行为是否可以视为拒绝或阻碍。因为基本不会有公司内部人主动告知独立董事信息披露文件存在虚假记载的情况，所以绝大多数的虚假陈述案件都是因为发行人隐瞒事实而导致独立董事未能发现，那么如果将隐瞒的情形也归入拒绝阻碍的语义范围之内，显然在以后的虚假陈述案件中，将鲜有独立董事被判决承担民事赔偿责任。

而另外，司法裁判过程中对于行政处罚的过度依赖也是导致过错标准模糊的因素之一。以判决的形式为行为人提供指引、预测是司法的一项重要功能，倘若在规范层面不完善的情形下，法院结合一般法理合理运用自由裁量权，对独立董事的民事赔偿责任认定加以充分论证，依然能够为之后独立董事的履职和抗辩提供较为有力的支持。然而，在新《规定》取消前置程序前，由于法院在认定过错过程中经常直接采纳行政处罚决定书中的认定内容，缺少独立判断；或像康美案一样寥寥数语一笔带过，未经详细论述，最终导致司法实践中的认定标准同样难以被外界推知。

（二）现行规则下责任形态引发争议

根据《证券法》第 85 条的规定，在上市公司虚假陈述中，不能证明自己没有过错的独立董事应对投资者因虚假陈述行为所造成的损失承担连带赔偿责任。然而，在规范层面看似明确的规定似乎并没有得到司法实践的统一适用和学术领域的一致认可，对于独立董事民事赔偿的最终责任形态，衍生出了“连带责任说”、“补充责任说”和“按份责任说”三种不同理解。

1. 连带责任说

连带责任说认为，《证券法》第 85 条所规定的连带责任应适用于独立董事对上市公司虚假陈述存在主观过错的所有情形中，并不需要进一步区分独立董事是主观故意还是主观过失。譬如作为独立董事虚假陈述案件中的典型代表，在康美药业财务造假案件中，独立董事对于康美药业虚假陈述的违法行为只是没有尽到勤勉义务，本身不具有主观恶意。但广州中院在该案中并没有进一步区分独立董事的故意和过失，最终适用《证券法》第 85 条的规定认定存在过失的独立董事承担连带责任，即无论独立董事是以共谋方式参与抑或仅仅是疏忽大意都应当承担连带责任。而这种不区分主观过错的认定方式似乎也有一定的道理：其一，从文义解释角度而言符合《证券法》第 85 条的规定内容。因为仅从文字表述来看，显然该条中既没有区分内部董事和独立董事，也没有区分故意和过失的意思。而相较于“连带责任说”而言，其他学说都需要对《证券法》第 85 条做出限制解释，应当对各自解释路径的合理性进行额外的补充和论证。其二，连带责任的适用有助于最大限度地保护投资者的求偿权。连带责任通过赋予投资者对相关责任人中的一人、数人或全体请求全部或部分赔偿的权利，优先满足投资者的求偿权得以实现。但是该判决结果一经公布之所以会受到来自学界和实务界的争议甚至诟病，重要原因在于，一方面，这种不区分主观过错的责任认定方式，违背了过错和责任相适应的基本原理，使积极造假和疏忽大意的责任主体被同等对待，容易造成个案不公。另一方面，在无限责任下，独立董事将面临以个人财产赔付全额损失的风险，而这与独立董事有限的薪资收入、有限的公司话语权、有限的履职能力不相匹配，产生权责失衡的结果。

2. 补充责任说

与连带责任说相对应，补充责任说认为在适用《证券法》第 85 条认定独立董事承担连带责任时，应当区分主观故意和主观过失，对于独立董事仅仅具有过失的场合应当以补充责任作为独立董事的责任形态。譬如在唐某梅与张某、金某鑫等证券虚假陈述责任纠纷案中，南京市中级人民法院从“兼顾保护投资者合法权益与公平课予加害人责任的平衡”角度出发，对连带责任的适用做出限制解释，认为在认定独立董事最终责任形态和具体赔偿数额时，不能仅仅从投资者损失角度出发，而应当分析独立董事在上市公司信息披露过程中的具体主观状态。《证券法》第 85 条仅适用于独立董事存在主观故意的情形，对于怠于履职、疏忽大意的独立董事则应当认定其承担补充责任。[1]类似的裁判路径也见于朱某兰与福建众和股份有限公司、许某成证券虚假陈述责任纠纷案中，在该案中法院认为《证券法》第 85 条规定的理论基础源于原《侵权责任法》中二人以上共同侵权行为应负连带责任的规定。而独

〔1〕 参见江苏省南京市中级人民法院（2016）苏 01 民初 539 号唐某梅与张某、金某鑫等证券虚假陈述责任纠纷一审民事判决书。

董职业由于独立性和兼职性的特点，在上市公司运营过程中并不参与经营管理，往往是通过参与会议等形式发挥监督作用，所以主观上往往不存在捏造、编制不实信息的动机和恶意，因而不符合共同侵权的构成，最终判决被告独立董事承担补充责任。[1]虽然补充责任相较于连带责任在最终效果上更有利于实现投资者和独立董事的利益平衡，但是颇为可惜的是，仅就现有的裁判文书内容而言，法院判决都存在说理不充分的共性问题。例如，在唐某梅案中，南京中级人民法院仅仅从过错和责任相适应的一般原则出发，得出了独立董事应当承担补充责任的结论。而在朱某兰案中，福州中级人民法院也是直接基于连带责任的不合理性认定独立董事应当承担补充责任。而究竟独立董事过失的情形是否符合补充责任的适用条件，补充责任相较于按份责任等其他责任形态的合理性、独特价值值体现在何处，仍然有待进一步论述。

3. 按份责任说

亦有学者从民事侵权的一般法理角度，认为应以按份责任作为虚假陈述中独立董事民事赔偿责任的最终形态。该观点通过将虚假陈述引发的民事赔偿责任定性为民事侵权责任，进而结合民事侵权中各种责任形态的适用条件，指出连带责任只应当适用于独立董事构成共同侵权的案件中。[2]申言之，这种逻辑是在认可虚假陈述民事赔偿责任属于侵权责任的前提下，通过回归民事侵权的基本理论进而确定连带责任适用的具体情形。《民法典》第1168条中规定：二人以上共同实施侵权行为，造成他人损害的，应当承担连带责任。而目前，虽然学界对于共同侵权行为的构成存在主观说、客观说、折中说等多种学说，但立法者和学界通说在上述学说中更为青睐较为保守、严谨的主观说——认为责任人主观存在意思联络是构成二人以上共同侵权的必要条件之一，而由于独立董事在上市公司信息披露过程中往往扮演的是监督者的角色，基本不存在与内部人串通、共谋等存在意思联络的情形，故连带责任鲜有适用的空间，应当按照分别侵权处理，认定独立董事承担按份责任。但是，笔者认为这种分析思路似乎也存在一定的漏洞：一方面，以意思联络作为共同侵权的必要条件，会将连带责任严格限制适用于行为人共同故意侵权的案件中，忽视了共同过失侵权的可能。但基于侵权责任的基本法理，共同过失侵权虽不以存在意思联络为要件却也属于共同侵权的范畴，也应当适用连带责任。那么，在独立董事和内部人对虚假陈述都存在主观过失的情形中，其行为事实是否构成共同过失的构成，以及在该种情形下最终应当承担何种责任仍然存有疑问。另一方面，即使将独立董事的失职行为与内部董事区别开来，进而按照分别侵权加以处理，但并不代表独立董事在最终责任形态上一定承担按份责任。因为基于各个行为人对损害结果原

〔1〕参见福建省福州市中级人民法院（2019）闽01民初1972号朱某兰与福建众和股份有限公司、许某成证券虚假陈述责任纠纷一审民事判决书。

〔2〕参见周成：《独立董事的虚假陈述责任》，载《人民司法》2019年第19期。

因力大小的不同，分别侵权行为又可进一步细分为累积因果关系的分别侵权和共同因果关系的分别侵权。而在累积因果关系的分别侵权中，行为人最终仍然需要承担连带责任。[1]所以，独立董事失职行为是否符合上述两种分别侵权行为的构成，最终又应当承担何种责任仍然有待明确。

三、独立董事民事赔偿责任制度的价值导向

（一）督促独立董事勤勉尽责

一套合理的责任制度应当是“宽严适当”的，既要能够符合独立董事制度运作的实际情况，也要能够敦促独立董事积极勤勉地行使法律所赋予的职权、设定的义务。每当论及独立董事责任问题，学界不乏效仿美国独立董事近乎“零风险”责任模式的声音。诚然，美国在独立董事责任问题上采取了一种极为宽松的态度：首先，在立法层面并不要求独立董事保证信息披露文件的真实性。譬如，美国2002年颁布的《萨班斯法案》，当中只明确了公司首席执行官和首席财务官需对提交给证券交易委员会的信息披露文件的真实性负责，而并未涉及独立董事在内的全体董事。其次，美国证券交易委员会很少对独立董事提起诉讼，在委员会基于《萨班斯法案》的统计报告中显示，从1997年至2002年的5年时间，委员会对705人提起的515起诉讼中没有一起涉及独立董事。[2]

但是，正如有学者指出，美国这种近乎“零风险”的机制背后有着深厚的历史原因：一方面，这种机制是各个利益团体长期博弈的产物：每次在联邦法院认定独立董事对虚假陈述承担个人责任时，各个州就会基于自身的经济利益、营商环境，通过出台法律的方式让独立董事事实上免于责任的承担，比如认可公司以自身财产填补独立董事损失的协议等。而另一方面，美国存在较为成熟的独立董事声誉机制以督促独立董事恪尽职守。一旦独立董事所任职的上市公司涉嫌虚假陈述等违法违规行为，独立董事的声誉就会面临来自社会的质疑，进而使其被淘汰出独立董事市场。[3]而即便如此，也不乏美国学者对于这种过于宽松的履职环境提出质疑的声音，认为正是这种形同虚设的责任制度导致了监督者怠于履行其职能，而诱发美国证券市场历史上的一系列的公司丑闻。[4]更有学者在此基础上进一步提出，美国法院必须强化对独

〔1〕《民法典》第1171条规定：二人以上分别实施侵权行为造成同一损害，每个人的侵权行为都足以造成全部损害的，行为人承担连带责任。

〔2〕See Securities and Exchange Commission, *Report Pursuant to Section* 704 *of the Sarbanes- Oxley Act of* 2002, p. 1 -3. availableathttp://www. sec. gov/news/studies/sox704report. pdf, lastvisited20thJanuary, 2022.

〔3〕参见邢会强：《美国如何追究独立董事的法律责任?》，载 https://mp. weixin. qq. com/s/kmLxeFTFeN6nsNKfUTsjkQ，最后访问日期：2022年2月13日。

〔4〕See Renee M. Jonesetal, supranote26, p. 347.

立董事履职行为的司法审查，不仅需要对其决策所遵循的程序进行评估，更要审查决策和行为背后的实质原因，同时主张法院和美国证券交易委员会应该建立一个实质性规则和标准，既不对董事提出不合理的要求，又要进行必要的制裁，促使独立董事负责任地行事。[1]

同时，无论是联邦与州的利益博弈，还是因时间积淀而形成的声誉机制，都是我国当下所不具备的，所以事实上包括行政和民事责任在内的责任体系成为我国督促独立董事勤勉履职的唯一机制。反之，如果忽略了我国和美国之间的差异性，直接照搬后者的责任制度，将导致独立董事失去了必要的约束，使得独立董事制度难以发挥效用的同时，也会损害投资者对于证券市场的信心，长期来看并不利于我国证券市场的发展。[2]

（二）缓解独立董事履职困境

2001 年 8 月 16 日，证监会《关于在上市公司建立独立董事制度的指导意见》的发布，正式将独立董事制度引入我国上市公司的治理架构中。但是，自该制度确立以来就饱受“水土不服”的困扰，独立董事也常常被冠以“花瓶董事”的称号，甚至不乏取代、废除独立董事制度的呼声。而之所以独立董事的制度效用难以有效实现，有以下三点原因：

其一，独立董事制度在移植过程中发生了功能嬗变。作为独立董事制度的发源地，美国建立该制度的初衷是为了解决以公司管理层为首的“内部人控制”问题。而与美国较为分散的股权结构不同，我国的股权结构呈现出“一股独大”的现象，所以在制度移植过程中独立董事的功能已经事实上由监督内部董事、高管转向为防范控股股东。[3]所谓“水土不服”，指的是失去了股权结构较为分散的现实土壤，使得发生了功能嬗变的独立董事制度在制度效用上难以从比较法中寻找直接的有益经验，必须结合我国实际情况“摸着石头过河”。

其二，独立董事作为上市公司的监督者之一，本身受制于内部监督制度的固有困境。而正如有学者提到，公司的内部监督者事实上存在“独立性”悖论。[4]一方面，公司的内部监督者受制于人事任免制度的固有问题因而难保独立性：2022 年 1 月 5 日，证监会发布的《上市公司独立董事规则》第 12 条规定，上市公司董事会、监事会、单独或者合并持有上市公司已发行股份百分之一以上的股东可以提出独立董事候选人，并经股东大会选举决定。而由于控股股东在公司人事问题上的有着较强的影响力，很难期待被内部董事、控股股东提名选举出来的独立董事在履职上保持较强的独立性。[5]另一方面，即使独立董事能够保持独立

---

〔1〕 See Irwin Borowsk, *Corporate Accountability: The Role of the Independent Director*, Journal of Corporation Law, Vol. 9, No. 3, 1984.

〔2〕 参见孙光焰：《董事证券虚假陈述职务侵权责任制度的重构——以公司治理为视角》，载《法商研究》2010 年第 4 期。

〔3〕 参见廖理：《公司治理与独立董事最新案例》，中国计划出版社 2002 年版，第 275 页。

〔4〕 参见蔡伟：《公司内部监督责任体系的困境基于对监事的再考察》，载《中外法学》2018 年第 6 期。

〔5〕 参见赵立新：《走出困境：独立董事的角色定位、职责与责任》，法律出版社 2010 年版，第 79 页。

性，也并不利于其有效履职。独立董事有效履职必须建立在获取充分信息的基础上，而较高的独立性往往意味着独立董事和内部管理层之间要保持一定的距离，但此种距离事实上阻碍了独立董事高效的信息获取。反之，由于上市公司的内部信息往往由管理层提供，所以较为密切的关系反而使得独立董事更容易获取到相对真实、准确、全面的信息，但是这种密切关系又会对独立董事履职的中立性、客观性产生影响，使其陷入两难境地。

其三，独立董事在实际履职过程中也会面临多重障碍。首先，信息获取的困难——独立董事的兼职特点决定了其在上市公司之外必然还有另外一份本职工作，而因此导致的工作时长有限性意味着独立董事难以全身心投入上市公司的监督当中；再加之不参与公司实际经营管理的独立董事本职工作大多是高校老师、会计、律师等，对于公司经营实务欠缺全面、详细的了解，其信息获取更多的是凭借询问、参会、聘请外部机构的方式，相较于管理层存在显著的信息劣势。其次，薪酬制度的缺陷对独立董事的履职造成了事实上的干扰。一方面，平均不到10万元的津贴使得独立董事在履职过程中缺少有效的激励机制；另一方面，这份微薄的津贴却直接源于上市公司，且与公司业绩呈现正相关的关系。这迫使独立董事在履职过程中不得不考虑自己意见对于公司业绩的影响，因而变得瞻前顾后、畏首畏尾。

而上述困境对独立董事履职的影响会在目前不合理的责任制度下被进一步放大，进而产生学界老生常谈的“权责失衡”问题，最终引发独立董事市场的逆向选择和恶性循环。反之，一套合理的责任体系能够通过相对科学的过错标准和责任形态，为独立董事的履职提供指引和依据，达到职权和责任相互匹配的效果，进而缓解因独立董事制度本身和履职实际所造成的困境，对独立董事的勤勉履职起到激励作用。

四、虚假陈述中独立董事过错标准的构建

独立董事在虚假陈述案件中如何有效自证清白，很大程度依赖于过错标准的科学设定。但无论是规范层面的对于独立董事勤勉义务、过错标准的笼统、模糊问题，还是司法实践中法院在过错认定问题上说理不充分、独立性缺失的问题，都导致了现有过错标准在具体适用过程中存在较大的不确定性，进而使得独立董事在责任承担方面陷入严格责任或逃避责任的两种极端情形。所以，如何合理界定过错推定原则下独立董事自证清白的标准，既关系着过错推定原则的有效适用，也关系着能否有效促进独立董事在上市公司信息披露过程中勤勉履职。

而作为独立董事民事赔偿责任的来源，独立董事的勤勉义务标准和过错标准之间实际是一体两面的关系，如果从正面明确了独立董事勤勉尽责的标准，也就能够从反面得知哪些情形下存在过错。故虚假陈述民事赔偿案件中独立董事的过错标准的确定，关键在于明确独立董事在信息披露过程中的勤勉义务。在比较法当中，大多数勤勉义务的标准并非针对独立董

事量身定制，也并非着眼于信息披露这一具体事项，而是着眼于公司经营的整体，以董事这样一个类型化的角色作为设定的对象。具体而言，各国立法中往往通过拟制一个“合理人”的形象，进而假想这位“标准董事”在与本案类似的情形当中的所作所为，并以此为依据判定现实中的董事有无履行勤勉义务。然而，这种较为笼统的适用模式忽视了独立董事这一职业类型的自身特点，也忽视了信息披露过程当中的履职实际，所以，对于域外标准的直接模仿或者套用无助于解决当下我国虚假陈述中独立董事民事责任认定的实际问题。而鉴于独立董事在信息披露事项中履职的特殊性，在为独立董事“量体裁衣”构建“合理人”形象时，应当在参考上述一般性标准的同时，结合独立董事在上市公司信息披露中的实际情况加以分析。

司法实践中在运用合理人标准时，往往会结合相关主体的类型化人格特质和其行为、决策的外在环境背景进行判断，而类型化人格特质又可进一步划分基于外界合理期待的客观特质和主体实际具有的主观特质。而在本文语境下，若想合理构建信息披露中的独立董事“合理人”标准，需要结合独立董事这一职业类型在上市公司信息披露过程中：（1）外在履职环境；（2）应当具有的知识和能力；（3）实际掌握的知识和能力这三个要素入手进行分析。

（一）外在履职环境

当我们试图去评判一个主体的行为时不应离开其背后根植的土壤，而作为背景性信息，独立董事在上市公司信息披露过程中的外在履职环境，影响着具体案件中合理人标准的“底色”。在本文语境下，上市公司的规模大小、独立董事薪酬水平的高低、信息披露的具体情形（比如披露信息的来源）等都是外在环境的必要组成，而法官需要结合这些信息，确定个案当中独立董事勤勉义务高低一般性基调，并在此前提下对独立董事的类型化人格特质加以分析。所以，即使是后文对于独立董事“类型化人格特质”的构建也需要以其履职的外在环境作为基础：譬如，在确定具体案件中独立董事应具有的客观特质时，需要分析上市公司和投资者的合理期待，而作为合理期待的最直观反映，独立董事的薪酬的高与低能够直观体现上市公司和投资人的期待大小，所以如果具体案件中独立董事的实际薪酬连 10 万元都不到，显然外界并没有对独立董事施加过分的期待，故在勤勉义务标准设定上也不应当过分苛求。

需要指出的是，法院在具体适用“合理人”标准时应当综合上述多种要素在个案当中的实际情况，既非仅仅进行单一要素判断，也非仅仅参考独立董事市场的平均水平。因为，一方面只有综合判断才能够尽可能勾勒出履职背景的全貌；另一方面，虽然“合理人”标准具有一般性、稳定性，但在每个具体案件中的合理人标准事实上是不同的，应当坚持个案适用原则，在运用合理人标准时结合个案实际加以判断。

（二）类型化人格特质

在类型化人格特质方面，笔者认为宜在参考判例法国家主客观结合标准的基础上进一步细分：在二者关系上坚持以独立董事的客观特质为主，主观特质为辅。[1]其原因在于：首先，客观特质代表了公司以及广大投资者对于独立董事在信息披露过程中的合理期待，更有利于保护公司和投资者利益。如前文所述，独立董事的勤勉义务一方面来自公司的委任关系，另一方面也源于对于广大投资者的道德义务，其背后是公司和投资者对于独立董事适当履职的合理期待，具体到信息披露问题上，就是期待独立董事通过勤勉尽责以保证信息披露内容的全面和真实，而这种合理期待恰与客观标准的“应然性”内核相匹配。

其次，客观标准更有利于督促独立董事勤勉履职。既然来源于外界的合理期待，故在勤勉义务标准的具体设定上不用过多纠结与独立董事自身的实际知识素养和能力状况。一方面，在入职前有关人士可以通过将自己的实际情况和勤勉义务标准中对于专业、能力、知识的客观需求相比对，基于“多大能力办多大事”的朴素道理判断自己能否胜任该职位，从而在源头上有利于独立董事整体素质的提高。另一方面，在上市公司信息披露过程中，基于外界合理期待而应当掌握的知识和信息会被自然添加到独立董事的信息库当中：譬如，独立董事通过主动调查、参加会议所了解的上市公司经营信息的能力符合上市公司和投资者的合理期待，因而该种信息就属于独立董事应当知晓的部分，那么独立董事就不能以自己事实上不知情、未参加为由主张免责。

1. 客观特质

具体到客观特质的内涵，上市公司和广大投资者对于独立董事的合理期待主要来自两个方面——知识和能力。在知识层面，应当以独立董事的专业背景作为基本参照，譬如，一个公司法专业的律师和学者，对于法学领域诸基础性的、常识性的问题应当有基本的知识储备；且基于其公司法的专业背景，对于公司法领域内部的一般性问题具备专业的素养。当然，在“合理”期待之下这种知识储备或专业素养不用很高，只要符合在抛开独立董事这重身份之下，一个律师和学者所需要满足的基本要求即可。另外，无论其何种专业出身，鉴于其独立董事的身份，应当对上市公司信息披露方面的基本知识有所了解，具体包括有关的法律规范、信息披露的具体流程、自己在信息披露方面的职权和义务等。在此情形下，一个会计学背景的独立董事显然不得以不了解信息披露的有关法律为由拒绝承担责任。

同时，作为另一项重要人格特质，独立董事的能力也应当符合上市公司和投资人的合理期待。在信息披露语境下，为了保障投资者能够获得真实、均匀的信息，使得证券市场能够对相关信息有效反应，[2]独立董事的能力应具体指向获取信息和传递信息的能力——通过

---

〔1〕 参见张忠野：《公司治理的法理学研究》，北京大学出版社 2006 年版，第 115 页。

〔2〕 参见贾纬：《证券市场侵权民事责任之完善》，载《法律适用》2014 年第 7 期。

自己的积极履职及时获取上市公司信息披露相关的信息，并客观地表达自己的意见。需要进一步明确的是，外界对于独立董事应当具备的能力要求应高于对于知识的要求：正如前文所言，对于独立董事知识的合理期待不宜过高，因为基于知识的抽象性，外界的期待程度难以准确、客观地衡量，稍不留神所谓的期待就会成为一种苛责。譬如，对于信息披露文件中较为疑难的法律问题，是否应当理所当然地期待法律专业的独立董事具备相关的知识储备是具有争议性的。再者，对于问题是否疑难的判断本身就是千人千面的问题，具有很强的主观色彩。然而，相比较知识的抽象性，独立董事在信息披露问题上所应具有的能力可以通过实际的履职行为被直观地反映，甚至被记录。因而一个专业知识不是那么出众的独立董事也能通过积极的获取信息，积极的表达意见满足上市公司和投资者的合理期待。

具体而言，在获取信息的能力方面，独立董事需满足以下期待：（1）持续关注信息的能力。在日常工作中积极与公司内部董事、监事、董事会秘书等高管沟通联络，定期获取有关公司整体运营情况、市场环境变化的材料和报告，对于公司基本情况做到心中有数；同时，通过收看新闻、查阅资料以及要求董事会秘书提供上市公司对外发布的信息披露报刊或电子材料等多元途径，积极跟进与上市公司信息披露有关的信息与报道；最后且最为重要的是，尽量通过亲自参与履行审议程序的董事会，在会上有针对性地了解上市公司信息披露的有关内容。（2）调查核实信息的能力。在前述过程中听闻或发现信息披露文件中存在虚假陈述的可能性时，独立董事应及时进行调查。可以通过书面质询公司内部人员、要求内部人员参与并配合调查、提议召开独立董事内部会议、聘请会计师事务所、律师事务所等中介机构的等方式进行。

而基于独立董事对于上市公司披露信息真实性的担保责任，仅仅获取信息远远是不够的，广大投资者期待的是作为监督者的独立董事能够在获取信息基础上，结合自己的专业知识加以分析并准确、客观地传递，进而以此为依据做出合理的投资决策。所以，一方面这些获取的信息需要被及时地传递出去：因为作为独立董事需要“站好的最后一班岗”，信息的传递直接关系着投资者能否做出合理判断、证券监管部门能够及时落实监管措施。所以独立董事在察觉信息披露文件存在虚假陈述的可能时，需要通过在书面确认意见中发表意见、陈述理由并申请披露的方式让社会公众知悉，情况重大、紧急的也需向证券监管部门报告。[1]而另一方面，这些获取的信息也不能仅限于传递出去：因为独立董事绝不是“传声筒”，对于调查和获取的信息应当以专业知识为基础进行独立判断。这也是为什么仅仅被动信赖中介机构意见不应当单独成为独立董事免责的原因，因为在这种情形下，独立董事只是沦为了聘请机构和传递机构意见的工具，没有体现自己的专业价值。同时，这个道理也同样适用于董

〔1〕 参见王怡丞、左进玮：《独立董事的信息披露监督定位与勤勉义务研究》，载《金融监管研究》2020年第12期。

事会履行审议程序时独立董事投票表决的情形，异议、投反对票只是一种单纯的信息传递，并没有满足投资者的合理期待，陈述的理由是否有理有据才能够体现独立董事的专业价值，而这也是本文不主张以“赞成票”“反对票”这种外在形式作为判断独立董事有无过错的原因。

2. 主观特质

与客观特质相对应，主观特质指的是独立董事在信息披露事项上实际具有的知识和能力。虽然主观特质具有很强的模糊性，但由于其背后体现着侵权法理中的自己责任原则，故应当作为“合理人”的必要构成要素之一。具体而言，如果纯粹以外界期待作为独立董事勤勉标准的唯一来源，那么认定其存在过错也只是因为违背了外界的期待，因而没有足够体现独立董事自身的主观可责难性，与侵权责任的基本精神不符。

另外，当独立董事实际拥有的知识和能力超出了外界的合理期待时，仅以客观特质作为过错的判断标准，很有可能导致个案不公正的情况出现。譬如，在独立董事能力问题上，外界的合理期待应限于独立董事通过正常行使自己的各项职权获取并传递信息的能力，但是如果个案中某个独立董事因极强的交际能力，从控股股东处意外获得了上市公司涉嫌虚假陈述的信息，显然不属于前述合理期待的范围之内，那么即使其隐瞒该信息，在仅仅包含客观特质的“合理人”标准之下，他仍然是勤勉尽责的。而这显然与我们朴素的正义观、公平观不符；相反，如果在合理人中引入了主观特质，那么独立董事对因其能力所实际获得的信息也负有传递的义务，进而实现了个案公正。故前文所述“客观特质为主，主观特质为辅”的具体含义是：在信息披露事项上，法院在判断独立董事是否勤勉尽责时，应主要判断其行为是否符合客观特质的要求，仅在独立董事的实际知识和能力超出外界合理预期时，将法官自由裁量权和主观特质相结合，实现个案正义。[1]

五、虚假陈述中独立董事民事赔偿责任的确定

（一）过错程度的区分和责任起点的确定

1. 过错程度的区分

首先在区分过错程度之前，需要解决的前提性问题是，什么情况下独立董事是存在过错的。而需要注意的是，在前文“合理人”标准建构完成后，当法官去认定独立董事有无过错时，仅仅应当从其是否违背勤勉义务的角度出发加以判断，而非从上市公司是否发生虚假陈述行为、是否造成投资者损失这一结果逆向推理。换言之，即使当独立董事在上市公司信息披露中满足了“合理人”的标准，仍然有可能因为直接责任人员的造假手段过于高明、虚假

〔1〕 参见刘俊海：《现代公司法》，法律出版社 2015 年版，第 646 页。

信息过于隐蔽等原因，导致上市公司虚假陈述的发生，而此时独立董事应当被认定为无过错。

在此基础上，所谓独立董事的过错程度是指独立董事在信息披露过程中违反勤勉义务的程度大小。由于“法官需要通过对过错程度、违法性程度以及因果关系贡献度的综合考量，来确定是否构成侵权及构成侵权时的责任大小”〔1〕，因而对于独立董事的过错程度的区分直接影响着后文独立董事具体的责任承担。学界通说将过错区分为故意和过失，而故意又可分为直接故意、间接故意，过失又可分为重大过失、一般过失和轻微过失，其对于责任大小的影响一般遵循“直接故意>间接故意>重大过失>一般过失>轻微过失”的顺序。而在上市公司信息披露过程中，独立董事的直接故意系指独立董事明知上市公司存在虚假行为且会对投资者造成损失，仍然主动参与当中，积极的追求、希望此种损害后果的发生，具体表现形式如与内部董事共谋参与到信息披露文件的造假过程中。与此对应，间接故意则是要求独立董事在明知的基础上抱有放任的态度，譬如明知相关人员编制草案时存在造假，依然不管不顾地在董事会履行审议程序时投出赞成票。而对于直接、间接故意情形下独立董事的责任承担问题，无论是学界还是司法实践都认可应直接适用《证券法》第85条之规定，认定其承担连带赔偿责任。

然而，虚假陈述民事赔偿案件中，独立董事故意的情形十分罕见，所以问题的焦点实际集中于独立董事过失的区分上。独立董事过失是指，在“合理人”勤勉义务之下，独立董事应当预见上市公司虚假陈述的事实以及投资人造成损失的后果，但由于过于自信或疏忽大意没有能够预见，以致虚假陈述和损害事实的发生。那么接下来的问题是，如何在此基础上进一步区分过失的轻重呢？笔者认为，独立董事在信息披露中“重大过失”标准的确定尤为关键，因为事实上，各个过错程度之间并非有着明确界限，而是呈现一种连续不断的渐进状态，所以作为过失之下的子类别——处于间接故意和一般过失之间的“重大过失”，既在过错程度区分上起着连接两种主观状态的桥梁作用，另又在侵权效果上扮演着独立董事最终责任类型的分水岭。正如杨立新教授在《侵权法论》中提道：“违反普通人的注意义务，为重大过失，亦称重过失。如果行为人仅用一般人的注意，即可预见之，而竟怠于注意，不为相当之准备，就存在重大过失。”〔2〕所以通俗地说，当法官根据实际情况发现，在案件中即使是以普通人士的视角，就能够发现上市公司在信息披露过程中存在虚假陈述的事实，而身为专业人士的独立董事竟然产生了疏忽，此种情形应认定为重大过失。

当然这仍然是一种比较模糊的说法，故也有学者在此基础上进一步提出，作为间接故意

〔1〕 参见叶金强：《论过错程度对侵权构成及效果之影响》，载《法商研究》2009年第3期。
〔2〕 参见杨立新：《侵权法论》，人民法院出版社2004年版，第187页。

和一般过失的连结点，重大过失事实上是一种行为人在“认识基础上的过失”。[1]一方面，相较于间接故意中对于损害后果“基本必定发生”的认识以及放任的态度，重大过失只要求行为人认识到损害结果很有可能发生，且行为人对于损害后果抱有排斥的态度；另一方面，这也使得重大过失与无认识的一般过失相区分。

具体而言，此种认识既包含了对于违法事实、损害后果发生高度盖然性的认识，又包含了对于行为非正当性的认识。前者系指独立董事认识到上市公司信息披露文件中很有可能存在虚假陈述的事实：譬如，在信息披露文件中的虚假陈述事实过于明显以至于普通人都能察觉，又或是社会公开舆论中已经对上市公司之前的一系列披露信息的真实性产生了质疑，这个时候便可以推定独立董事确有理由认识到此种违法事实发生的高度可能性。而所谓行为非正当性认识，并不要求独立董事认识到自己行为的违法性，只要求其认识到自己的行为是一种失职行为，且这种认识能够表明独立董事对上市公司因虚假陈述给投资人造成的损失具有较强的可控性，只要稍加注意便能够避免。

与此相对应，一般过失则是独立董事在履职过程没有尽到专业人士的注意，违背了前文“合理人”标准中的勤勉义务，导致了投资人遭受损害的结果。轻微过失则是在独立董事基本全面履行了“合理人”标准项下各项勤勉义务中，出现了较小的瑕疵：譬如，虽然独立董事在上市公司信息披露过程中积极调查并聘请了中介机构，但是最终由于虚假陈述的隐蔽性没有能够发现这一违法事实，故仍然不属于“完美”履职。

2. 责任起点的确定

在明确了不同过错程度的具体形式和内涵后，紧接着需要解决的问题是——究竟应以何种过错程度作为独立董事承担责任的起点。而目前看来，争议主要集中在“轻微过失”、“一般过失”和“重大过失”之间。在新《规定》实施前，司法实践的严苛态度表明其贯彻的是一种“轻微过失”即承担责任的立场；而在新《规定》“打首恶”的立场下，第16条中的诸多免责情形实质上确立了以“重大过失”作为独立董事担责门槛的责任制度。以“轻微过失”作为担责门槛所产生的问题已毋需多言，而笔者认为新《规定》中“重大过失”的担责门槛也有待商榷：

首先，在前文的分析下，要想认定独立董事存在重大过失，必须满足对于违法事实、损害后果发生高度盖然性以及行为非正当性认识的条件，而这种条件本身是十分苛刻且难以达到的，所以在此情形下绝大多数的独立董事将免予民事赔偿责任的承担，这也是学者认为新《规定》矫枉过正的根本原因所在。其次，重大过失是以普通人而非专业人士的注意义务去评价独立董事，而独立董事如果仅仅需要在违背了普通人的注意义务的情况下才承担责任，那么独立董事的专业价值如何体现，在日后又如何督促独立董事有效履行职责？最后，将重

---

〔1〕 参见叶名怡：《重大过失理论的构建》，载《法学研究》2009年第6期。

大过失作为承担责任的起点也需要特殊的合理事由：譬如，《民法典》中对于财产代管人因重大过失造成失踪人财产损失应当承担赔偿责任的规定，[1]以及保管期内因无偿的保管人重大过失，导致保管物毁损、灭失而承担赔偿责任的规定，[2]其共同点是二者均属于无偿性行为，而独立董事显然不具有这种无偿性质。

另外，也有学者基于商事领域、商业决策的特殊性，提出以重大过失作为责任起点，进而鼓励董事敢冒风险、大胆决策。笔者认为，这种机制本质与“商业判断规则”异曲同工，对于鼓励内部董事勤勉履职具有较强的促进作用。但是，相较于直接参与商事公司具体经营活动的内部董事，主要起监督作用的独立董事在上市公司信息披露过程中，既没有商业风险的现实背景，也没有大胆决策的现实需要，故此种特殊事由对独立董事而言并没有适用的空间。

而在排除了“轻微过失”和“重大过失”作为责任起点的可行性后，本文认为，以一般过失作为独立董事责任承担的起点具有较强的合理性，能够最大限度地体现“权责平衡”“宽严适当”的原则，一方面使独立董事不至于陷入严格责任的窠臼，另一方面也有利于督促独立董事积极履职，最大可能地保障信息披露内容的真实性。

（二）“阶梯式”责任形态的构建

在前文明确了以“一般过失”作为独立董事责任承担起点的基础上，虚假陈述中独立董事的主观状态表现为直接故意、间接故意、重大过失和一般过失四种程度。而相较于不加区分、统一适用连带责任所带来的权责失衡问题，构建“阶梯式”的责任形态，能够更好地在上市公司虚假陈述民事赔偿案件中实现兼顾保护投资者合法权益与公平课予加害人责任之间的平衡。[3]所谓“阶梯式”责任形态，即根据独立董事主观程度分别确定不同的最终责任。具体而言，在独立董事主观故意、和内部董事存在共同过失的情形下适用连带责任，而在其单方过失的情形下进一步区分重大过失和一般过失，建立起不真正连带责任和补充责任为基础的责任认定机制。需要说明的是，之所以对直接故意和间接故意不加以细分，一方面系因虚假陈述案件中独立董事主观故意的情形本身罕见，进一步区分没有现实的意义；另一方面是因为民商事侵权领域和刑事犯罪不同，直接、间接故意的区分对最终责任形态的确定并不会造成实际影响。而正如前文所述，一般过失和重大过失在行为人认识层面上存在较大的差异，故在最终责任形态上应当有所区分。

---

〔1〕《民法典》第43条第3款规定：财产代管人因故意或者重大过失造成失踪人财产损失的，应当承担赔偿责任。

〔2〕《民法典》第897条规定：保管期内，因保管人保管不善造成保管物毁损、灭失的，保管人应当承担赔偿责任。但是，无偿保管人证明自己没有故意或者重大过失的，不承担赔偿责任。

〔3〕参见江苏省南京市中级人民法院（2016）苏01民初2066号陶某与崔某梅、倪某、谢某杰、协鑫集成科技股份有限公司证券虚假陈述责任纠纷一审民事判决书。

1. 重大过失下的不真正连带责任

侵权法下（典型）的不真正连带责任，指的是当多个责任主体违反法律所规定的义务，基于相互竞合的不同侵权行为导致同一个被侵权人的法定权益受到侵犯时，各责任主体对于其引发的相同内容的侵权责任都需要承担全额赔偿的责任，且由于责任主体之一的实际履行而导致全体责任消灭的责任形态。譬如，在《民法典》第 1203 条中规定了产品缺陷致损后生产者和销售者应当对被侵权人承担不真正连带责任。[1] 而在独立董事单方存在重大过失的场合，内部董事或其他责任人员是不实信息的直接来源，其侵权行为表现为故意编制虚假信息，而独立董事的侵权行为则表现为在重大过失下的调查不严、监督不力。这两种不同性质的侵权行为相互竞合、相伴发生，在共同作用之下导致了投资人遭受损失的同一结果，符合“竞合的不同侵权行为”“同一损害结果”的基本构成。

同时，基于侵权法的一般原理，这种典型的不真正连带责任应当适用于“必要条件的竞合侵权行为”，即多个侵权行为当中存在主从关系，且从侵权行为给主侵权行为提供了必要条件。而这种必要性体现在，如果没有从行为的配合主行为难以单独产生损害后果。[2] 正如前文所述，重大过失的重大性体现在责任主体对于损害发生可能的高度盖然性认识。在上市公司信息披露语境下，系指独立董事即便以普通人的注意也能够发现上市公司虚假陈述的事实，所以在此时只要其稍加勤勉尽责，便能够通过向证券监管部门报告、发表独立意见并申请披露等方式及时向外界发出警告，从而制止虚假陈述损害后果的发生。而在独立董事重大过失的情形下，正是其玩忽职守的行为为直接责任人员编制虚假信息提供了必要的条件和机会，导致了投资人遭受损害的结果，符合不真正连带责任的适用前提。

最后，基于不真正连带责任内外效力的特殊构造，以其作为独立董事重大过失情形下的最终责任形态，有助于实现投资者和独立董事之间的利益平衡。在对外效力上，不真正连带责任中所有的责任主体对于其侵权行为所造成的损害结果都应当全额地赔偿，即受害人可以选择向任一责任主体行使赔偿请求权并要求其承担全部赔偿责任，所以在上市公司虚假陈述民事赔偿案件中，遭受损失的投资人可以基于各责任主体赔偿能力的考量，选择包含独立董事在内的任一责任主体赔偿全额损失，优先实现投资者的求偿权，进而保护广大投资者的基本利益。而在对内效力上，如果受害人最终选择由侵权主体中的从行为人承担赔偿责任，那么这个中间责任主体在承担相应责任后，有权向对损害发生起到主要作用的最终责任人行使追偿权。所以即使投资者基于种种考虑选择独立董事承担赔偿责任，那么在此情形下，重大过失的独立董事仍然可以请求侵权虚假信息的制造者承担最终赔偿责任，进而填补自己的损失。

---

〔1〕《民法典》第 1203 条规定：因产品存在缺陷造成他人损害的，被侵权人可以向产品的生产者请求赔偿，也可以向产品的销售者请求赔偿。产品缺陷由生产者造成的，销售者赔偿后，有权向生产者追偿。因销售者的过错使产品存在缺陷的，生产者赔偿后，有权向销售者追偿。

〔2〕参见杨立新：《论不真正连带责任类型体系及规则》，载《当代法学》2012 年第 3 期。

2. 一般过失下的补充责任

补充责任作为一种非典型的不真正连带责任，指的是不同责任主体基于相互竞合的不同侵权行为造成了同一损害结果，并因此产生了多个赔偿请求权，而法律要求被侵权人必须依据特定顺位行使求偿权的责任形态。[1]譬如，《民法典》第1198条中规定的在第三人侵权的情形下，未尽安全保障义务的经营管理者需要向受害人承担补充责任。[2]其在适用前提下和典型不真正连带责任大致相同，都要求"竞合的不同侵权行为""同一损害结果"。而在独立董事一般过失的情形中，投资者的投资损失同样是由主要责任人员的造假行为和独立董事的失职行为共同造成，与该适用前提相符。

但是需要注意的是，虽然这两种责任形态都要求客观上存在"不同侵权行为"，但是二者对于主从侵权行为的内部关系以及主从侵权行为对损害结果的原因力上存在显著差异，而这也是本文在独立董事最终责任形态问题上进一步区分一般过失与重大过失的原因。在典型不真正连带责任适用的情形中，从行为给主行为的实施提供了必要的条件，二者对于损害结果的发生都产生了决定性作用；在补充责任适用的情形中，从行为只是为主行为的实施提供了非必要的契机，对于损害结果的发生影响较小。而这与一般过失情形下独立董事和直接责任人员的行为关系相符合，此时独立董事的失职行为只是为上市公司及其直接责任人员的造假行为提供了机会，对于投资者的损失并不产生决定性的影响。因为前文已经提到，判断独立董事有无过错不应以结果为导向，即不应当以有无发生虚假陈述这一结果逆向判断独立董事有无勤勉尽责。所以在独立董事一般过失的情形下，即使假设独立董事履行了勤勉义务，仍然可能由于虚假信息的隐蔽、造假手段的高明（此种可能性并不会出现在独立董事重大过失的场合），导致上市公司虚假陈述、投资人遭受损失的结果发生，所以此时独立董事的失职行为不是损失结果发生的必要条件。

另外，补充责任在适用的过程中也能够在满足投资者求偿权的同时，公平、合理地追究独立董事的责任。一方面，基于补充责任的对外效力，遭受损失的投资者在向上市公司、内部董事等直接责任主体主张赔偿责任后，仍然能够就不足的部分向作为补充责任人的独立董事请求赔偿，进而保障自己的求偿权能够得到最大程度的实现。同时，基于补充责任的有限性，当投资者就不足部分要求独立董事承担责任时，独立董事并非当然地承担剩余所有损失，而是应当由法官通过判断独立董事在虚假陈述中具体的过错程度和原因力大小确定赔偿范围，体现了责任承担过程中过错与责任相一致的精神。另一方面，基于补充责任的对内效力，独立董事既受到了第二赔偿顺位的保护，也能够在承担责任后向直接责任人追偿进而弥

---

〔1〕 参见张新宝：《我国侵权责任法中的补充责任》，载《法学杂志》2010年第6期。

〔2〕《民法典》第1198条规定：宾馆、商场、银行、车站、机场、体育场馆、娱乐场所等经营场所、公共场所的经营者、管理者或者群众性活动的组织者，未尽到安全保障义务，造成他人损害的，应当承担侵权责任。因第三人的行为造成他人损害的，由第三人承担侵权责任；经营者、管理者或者组织者未尽到安全保障义务的，承担相应的补充责任。经营者、管理者或者组织者承担补充责任后，可以向第三人追偿。

补自己的损失，不至于产生明显的不公。所以，正如有学者指出，作为连带责任和按份责任的折中形态，补充责任在商事侵权领域的优先适用能够缓和连带责任所带来的冲击。

六、结语

在上市公司因虚假陈述而引发的民事赔偿案件中，一套内容合理、标准明确的独立董事民事赔偿责任制度的存在是正当且必要的。一方面，“无义务不责任”，作为公司治理结构中的监督者，独立董事在上市公司信息披露中负有主动问询、积极调查等方面的勤勉义务，而对于该义务的违背会对广大投资者的知情权益和财产权利造成侵害，必然引起侵权损害赔偿责任的发生。另一方面，一套科学的问责机制，在维护证券市场信息披露秩序和中小投资者利益的同时，也能倒逼独立董事勤勉履职，以免其陷入“不独不懂”的尴尬境地，长远看来有助于独立董事制度在我国上市公司治理架构中发挥效用。

故本文以“合理性”为目标，试图构建一套行之有效的独立董事责任制度，无论在过错标准还是责任形态上都能够达到“宽严适当”“权责一致”的效果。一方面，通过“合理人”标准的构建，明晰独立董事在上市公司信息披露中勤勉尽责标准，并在细分独立董事的过错程度的基础上，提出以“一般过失”作为独立董事责任承担门槛；另一方面，通过构造“阶梯式”的责任形态，以连带责任、不真正连带责任和补充责任为基础，以期达到独立董事过错程度与责任范围相一致的效果，从而促进其积极、大胆履职，维护投资者利益。

我国债券纠纷调解启动程序的构建

刘　源*

目　次

一、引言

债券群体性纠纷频发背景下，如何有效实现对弱势债券持有人的权利救济，成为当前资本市场法治建设中的难题之一。相较于传统的诉讼渠道，调解具有灵活性强、成本低、效益高等优势，对债券纠纷的解决而言，能够提供便捷可行的权利救济渠道。最高人民法院、中国证监会在2018年联合发布《关于全面推进证券期货纠纷多元化解机制建设的意见》，主张对于金融领域的纠纷构建多元化的非诉解决机制。2019年《证券法》第94条明确规定了金融机构的强制调解义务。然而，现行《证券法》对调解制度更多的是原则性的规定，缺乏体系化的构造。就债券纠纷调解的启动程序而言，现有的调解法律规范仍规定得过于笼统。

* 刘源，河南财经政法大学民商经济法学院讲师。

一般而言，调解程序的启动应由纠纷双方当事人共同申请或者以获得双方当事人的同意为前提。依照此思路，债券纠纷调解程序的启动应当首先获得债券纠纷当事人的同意。问题在于，面对数量众多且分散的债券持有人，如何确定债券持有人的调解意愿，债券持有人启动调解的意愿又应当如何表达，除了金融机构以外其他中介机构是否同样应当承担强制性参与调解义务？这些是债券纠纷调解启动程序所应当解决的首要问题。诚如学者所言：程序为利益衡量提供制度理性，程序正义是法律正义的有机组成，程序正义与实体正义同为法律上的两个轮子，没有程序正义就无所谓法律正义。[1] 由此，应当对债券纠纷调解的启动程序作出全面考量，以实现对债券持有人利益的均衡保护。

二、债券纠纷调解启动应考量的主要因素

通常而言，一般的调解程序经过当事人双方的同意即可启动。不同于一般的调解启动程序，债券纠纷调解启动程序的设计，具有一定的特殊性。对此，应当作出更为精细的考量。其应当考虑以下三个方面：一是要重视对全体债券持有人利益的整体、平衡保护；二是防范个别强势债券持有人滥用权利，对弱势持有人权益造成损害，影响债权公平受偿；三是应当结合注重效率原则。

（一）启动程序中的整体利益考量

应当明确的是，债券纠纷调解启动程序的设计并非仅是程序上的安排，启动程序的设置涉及各个主体间利益的衡量。纠纷中的当事人都基于自身对利益的处分权限享有程序上的选择权。[2] 应当结合整个债券群体性纠纷的特征作出细致的考量。债券纠纷的启动程序，先要考虑的就是各个主体背后可能存在的利益冲突。在债券群体性纠纷中，利益往往具有复杂性和多元性。实际上，仅就债券持有人一方而言，内部存在整个债券持有人的群体利益与个别债券持有人具体利益的内部冲突。以发行人处于破产状态下为例，其除了需要清偿债券持有人的债权外，还可能需要清偿其他债务。债券持有人是发行人众多债权人中的一个群体。从清偿顺序上来看，依照《企业破产法》一般规定，除了破产费用和共益债务外，债券持有人所申报的债权清偿同样可能会晚于其他的一般债权。[3] 通常而言，发行人将所剩余的部分资产清偿给债券持有人时，往往不足以实现对所有债权人足额清偿。可以看出，在发行人资产

---

〔1〕 梁上上：《利益衡量论》（第二版），法律出版社 2016 年版，第 111 页。

〔2〕 李浩：《民事程序选择权：法理分析与制度完善》，载《中国法学》2007 年第 6 期。

〔3〕《企业破产法》第 113 条规定：“破产财产在优先清偿破产费用和共益债务后，依照下列顺序清偿：（一）破产人所欠职工的工资和医疗、伤残补助、抚恤费用，所欠的应当划入职工个人账户的基本养老保险、基本医疗保险费用，以及法律、行政法规规定应当支付给职工的补偿金；（二）破产人欠缴的除前项规定以外的社会保险费用和破产人所欠税款；（三）普通破产债权。破产财产不足以清偿同一顺序的清偿要求的，按照比例分配。破产企业的董事、监事和高级管理人员的工资按照该企业职工的平均工资计算。”

有限的情况下，全体债券持有人对发行人所享有的债权首先面临着与发行人的其他债权人权益的竞争。

出于对群体性利益的考量，应当通过集体行动采取权利救济措施，集体行动应当优先于持有人的个人抉择。个别债券持有人启动调解的目的是实现个人债权的清偿，保护的仅为个别债券持有人的债权。如果任由个别债券持有人随意启动程序，将可能造成对全体债券持有人权益的损害。应当明确的是，债券持有人所采取的纠纷解决方案决定着其权益的实现程度。以债券违约为例，债券持有人同意债券展期或申请破产将会产生截然不同的效果。如果发行人出于临时性或者突发性原因造成债券违约，在债券展期的情形下，则可能会给予发行人更多生存空间，通过重整或其他手段能够重新进行生产经营。而采取申请破产等措施将会导致全体债券持有人进入破产程序，债券持有人的债权将与发行人的其他债权人一样进行债权申报。此时，债券持有人实现受偿的比例将大幅度降低。在此情形下，无论债券持有人选择何种纠纷解决方案，都应以全体债券持有人的利益为出发点。由此，应当通过组织性制度如债券持有人会议或由债券受托管理人选择最优的纠纷解决方案。在同次债券持有人之间存在高度集合关系，并且其个体利益的实现依赖于债券持有人的整体利益，故其需通过内部集体程序行使权利。[1]

除此之外，由于各个债券持有人的分散性，单个的债券持有人往往会陷入集体行动困境，即单个的债券持有人由于投资额相对较小很难拥有集体的凝聚力，因此，其采取的行动或合作的经济动机容易被忽视，难以实现其个体权益。[2]这意味着，个别的债券持有人往往不会单独与发行人或者其他中介机构进行调解，而一旦个别债券持有人单独行动采取诉讼或个别调解的策略，往往是个别的强势债券持有人基于自身与其他纠纷主体的特定关系，如经济业务的往来或者特定关系，在发行人资产有限的情况下，一旦实现与个别所持份额较多的债券持有人达成协议，将会降低发行人的清偿能力，造成对全体债券持有人利益的损害。根据利益衡量理论，当事人的具体利益、群体利益、制度利益和社会公共利益形成一个有机的层次结构。各种利益之间是层层递进的，群体利益的保护应当优先于个体利益。[3]基于此，债券纠纷调解程序的设计应当考量债券持有人的整体利益。对于个别债券持有人滥用调解启动权利进行限制，防止个别债券持有人的行动影响到整个纠纷解决的进程。

（二）启动程序中的个体权利滥用防范

对于债券持有人启动程序的设置，应当防范个别主体启动权限的滥用，这实际上也是出

〔1〕郑丁灏：《论公司债券治理的组织法构造——以〈公司法〉修订为进路》，载《证券市场导报》2021年第8期。

〔2〕窦鹏娟：《新常态下我国公司债券违约问题及其解决的法治逻辑》，载《法学评论》2016年第2期。

〔3〕梁上上：《利益的层次结构与利益衡量的展开——兼评加藤一郎的利益衡量论》，载《法学研究》2002年第1期。

于对债券持有人平等保护的需要。公司债券是基于同一债券契约在共同时点与特定债券发行人所形成的债权债务关系。在同一期债券中，除了持有人所持债券数额存在差异，在整个发行交易的过程中，都是和相同的主体发生法律关系。债券持有人债券的兑付依赖于发行人的资产状况，一旦发生侵权或者违约纠纷，债券持有人的利益都将会受到损害。这意味着各个债券持有人的利益具有同质性。尽管债券持有人的利益本质上是一致的，但同质利益间的权衡，并非着眼于具体利益的数值大小，而是其背后承载的规则利益。[1]考虑到各个债券持有人在债券违约、侵权等纠纷发生后的解决能力存在差异。

从债券持有人的组成来看，个体之间具有广泛性和分散性。债券持有人的内部构成存在较大差异。从整个持有人的构成比例上来看，除了自然人债券持有人外，机构投资者同样是债券持有人的重要组成部分。在交易所债券市场中，机构投资者是持有人的主要构成部分。以2019年债券交易所市场中投资者的比例来看，金产品持债约30%，银行（含理财）、保险、券商持债均在10%～20%。个人投资者持有债券余额不足400亿元，持债占比仅0.3%。[2]机构投资者相较于自然人投资者而言，除了在专业知识、风险承受能力等方面具有优势外，一旦发生债券纠纷，其与发行人或其他相关中介机构有更强的协商能力。实践中，个别强势的债券持有人与发行人以及其他中介机构联系密切，甚至能做到操控债券持有人会议。在此情形下，如果仍放任个别债券持有人任意实施调解，其显然会造成发行人与个别债券持有人达成特别协议，对于其他弱势债券持有人而言，此种程序设计无疑是不公平的。总而言之，出于防范个别债券持有人启动调解程序带来的对其他债券持有人权益损害的风险，实现全体债券持有人的公平受偿，应当对其权限给予一定约束。

（三）启动程序中的效率原则遵循

调解程序相较于诉讼、仲裁而言，其所具备的优势在于其能高效且以相对较低的成本解决纠纷。无论是债券纠纷中哪一方当事人启动调解程序，都应当注重调解效率的保障。

从债券持有人的角度来看，启动程序的设计应当采取集体行动逻辑，尽管每个债券持有人都有其应享有的权利，但从债券持有人的分散性角度出发，应当采取集体行动优先的基本思路。个别的债券持有人分别与其他纠纷主体进行调解一定程度上将会造成社会成本的增加，不符合纠纷解决的效率原则。从数量上来看，债券持有人数量众多。以“五洋债”为例，其中原告中有487名自然人持有人。发行人面向不特定的群体发行债券，持有人数量众多且分散在不同的地域，对持有人而言，将会花费更多的时间和经济成本。对持有比例较小的持有人而言，可能其所花费的费用高于其债券兑付后的数额。对于发行人和中介机构而言，分别与持有人进行协商、谈判将会投入更多的时间和精力。而在资本市场中，效率往往

〔1〕［德］G. 拉德布鲁赫：《法哲学》，王朴译，法律出版社2005年版，第145－146页。

〔2〕《机构投资者为交易所债券市场绝对主力　个人投资持债占比仅0.3%》，载https：//baijiahao.baidu.com/s? id =1653134259014255762&wfr =spider&for =pc，最后访问日期：2021年10月2日。

是金融产品所追求的主要价值，对于资本市场中的金融机构而言，无论是机构投资者或是证券公司等中介机构都不期望在纠纷解决过程中花费巨大精力。[1]面对人数众多的债券持有人，基于债券纠纷的同质性，通过集体性组织选择出债券持有人代表，统一和发行人及中介机构进行调解，才是最优程序设计。如果一味强调个别债券持有人的处分权限，任由个别债券持有人随意提起调解，将会造成整体社会成本的增加，且并不必然达成调解协议。

事实上，采取债券纠纷调解集体行动优先的路径也符合当前司法机关关于债券纠纷处置的思路，这一点可以从2020年最高人民法院出台的《全国法院审理债券纠纷案件座谈会纪要》中得到印证。其在诉讼主体资格认定部分中明确提出："采用共同诉讼的方式能够切实降低债券持有人的维权成本，最大限度地保障债券持有人的利益，也有利于提高案件审理效率，节约司法资源，实现诉讼经济。"当前我国债券纠纷诉讼采取的是集中起诉原则为主的审判模式，债券纠纷调解程序的启动与诉讼程序实际上有着相同的原理，其启动程序的设计应当考量债券持有人的群体性特征，以实现纠纷解决的最大化。

此外，在债券的群体性纠纷中，持有人往往容易陷于集体行动的困境，即除非有更大的激励或独立的激励，否则个人通常不会采取行动以实现他们共同的或集团的利益，从而导致理性冷漠。[2]实践中，主动提起调解的个别债券持有人实际很少，对于个别债券持有人启动调解权限的限制，并不当然对债券持有人的启动权限造成损害。且对于个别债券持有人单独启动调解的限制，并不意味着对个别债券持有人启动调解的禁止。单个的债券持有人是其所持有债券的权利主体，基于所持债券衍生出相应的权利，无论是诉讼或调解都是其应有权利。通过采取集体行动优先于个人行动的启动调解程序，将会更加快速便捷地促进调解程序的开展与实施，更为有效。

债券纠纷调解注重效率的表现，同样体现为对于对证券公司等其他纠纷当事人作出要求，其主要体现在对证券公司必须强制参与调解上。这一点同样可以从域外国家金融纠纷处理程序上得到印证。英美法系国家对于金融纠纷的调解，主要采用的是金融申诉专员制度。其中较为突出的一个特点是：当金融投资者提出与金融机构协商的请求时，金融机构必须要和投资者进行友好的协商，不能对于投资者诉求置之不理。无论是何种类型的金融申诉专员制度，都强调了对于金融机构参与协商调解的强制性。从其原因上来看，其主要是由于金融机构作为金融产品的承销商或者是销售者都是直接与投资者发生法律关系的主体。就金融投资者而言，与其接触最密切的就是金融机构。从这一角度出发，规定证券公司强制参与调解的义务具有其正当性。实践中更为常见的情形是在金融纠纷发生后，金融机构对于金融投资者的诉求置之不理。那么出于对金融纠纷高效解决的需要，对于证券公司强制参与的义务应当作出规定。尽管债券纠纷属于金融纠纷中的一种类型，在债券纠纷调解的启动过程中，同

---

〔1〕 沈竹莺：《论我国金融专业调解机制的完善》，载《证券法苑》2019年第27卷。
〔2〕 [美] 曼瑟尔·奥尔森：《集体行动的逻辑》，陈郁等译，上海人民出版社1995年版，第36页。

样对于证券公司而言应当对其规定强制参与调解的义务。事实上当前我国《证券法》已经将证券公司强制参与调解作了明确规定。那么在债券纠纷除调解程序的启动程序中，应当结合其立法目的及域外经验进行综合考量。债权纠纷调解程序的启动，无论是从持有人利益的维护角度，还是从纠纷解决的角度而言都应当注重对效率的维护。这实际上也是债券纠纷调解程序效益原则的内在要求。

综上所述，在债券违约或侵权等群体性纠纷中，债券持有人对于纠纷策略的选择，影响着其利益实现程度。对个别债券持有人启动调解进行限制具有正当性。基于保护全体债券持有人利益的考量，以集体行动的方式选择纠纷解决方式是优项选择。债券群体性纠纷中，债券调解程序的启动，应通过债券持有人的组织性制度进行决定。就债券持有人组织性保护机制而言，我国借鉴并引入了大陆法系的债券持有人会议机制和英美法系的债券受托管理人制度。尽管上述机制在我国已经得到运行，但从其债券市场的运行来看并不成熟。债券纠纷调解程序又应当如何通过这两种制度得以启动，应当做全面且细致的考量。

三、债券持有人启动调解的行权路径

如前所述，基于债券持有人的分散性、涉众性以及出于高效率启动债券纠纷调解程序的考虑，债券持有人在启动调解程序时应当授权统一主体行使权利，但也不能对个别债券持有人的启动权限造成限制。

（一）集体行动优先：债券受托管理人启动调解

1. 债券受托管理人作为启动主体的正当性

从我国现有的债券持有人组织性保护机制来看，只有债券受托管理人制度是常设性保护机制。尽管债券持有人会议也为持有人提供了表达诉求的平台，但从性质上看，其仅仅是临时性的法定组织。2019 年修改的《证券法》首次明确了债券受托管理人的独立诉讼主体地位，使得受托管理人代表持有人提起诉讼具有了正当性。[1]但在现有的金融调解法律规范中，并未明确债券受托管理人能否代表债券持有人直接主动启动调解程序，通过对债券受托管理人制度的构建目的及原理进行考察，可以发现，将债券受托管理人作为启动债券群体性纠纷调解程序的主体具有正当性。

从目的上看，债券受托管理人是监管机构出于对分散债券持有人群体保护的需要而做的制度设计，其是为了解决债券持有人群体的集体行动困境而创设的。债券作为一种融资方式，是面向不特定群体而发行的，这也就决定了债券持有人具有分散性和广泛性的特征。尽

〔1〕《证券法》第 92 条第 3 款规定：债券发行人未能按期兑付债券本息的，债券受托管理人可以接受全部或者部分持有人的委托，以自己名义代表债券持有人提起、参加民事诉讼或者清算程序。

管各个债券持有人较为分散，但其所交易的主体具有同一性。各个债券持有人对发行人享有本质上相同的债券利益。依照社会学一般理论，利益群体是“以一定的社会关系为基础，具有大致相同的利益要求，持相对共同的利益态度而结合在一起的个人的利益集合体”，依照此种逻辑，债券持有人构成了基于对发行人所享有的共同的债权诉求而构成了共同的利益群体，然而，“一般利益集团虽然人数更多，利益总量更大更重要，但通常会在利益博弈中处于下风”。[1]尽管债券持有人构成了一个利益群体，如前所述，这一群体相较于债券交易过程中的其他主体而言实际上处于弱势地位。在债券纠纷中，其无论是相较于发行人抑或是其他中介机构而言都难以进行平等有效的协商。债券持有人这一利益群体更容易陷入“集体行动困境”。

集体中的个人都会对收益和成本分析，大集团中的成员特别容易作出行动的成本大于收益的判断，而理性的做法就是自己不行动，而期待集团中的其他成员做出行动。[2]在资本市场中，无论是购买债券的持有人抑或购买的股票的股东都存在“集体行动”困境。经济人假设的前提下，投资者所追求的是个人利益最大化。即便是在债券纠纷发生后，个别债券持有人也会考虑自己选择诉讼或进行调解所要付出的经济成本，个别债券持有人单独采取纠纷解决策略的实践较少。

也正是出于对分散的债券持有人这一群体的特殊保护以及破解债券持有人集体行动困境的需要，英美法系国家设置了债券受托管理人制度。美国在1939年颁布的《受托契约法》中要求美国所有公开交易的债务工具都必须指定债券受托管理人，由受托人来管理债券从发行到清偿的一系列事务。[3]从制度设计的目的来看，债券受托管理人的基本功能就是负责保护债券持有人的权益。这也是债券持有人行使各项权利的出发点。需要明确的是，尽管债券受托管理人是债券持有人组织性保护机制，但是其行使权利的基础可能来自不同方面。就英美法系债券受托管理人制度的设计而言，其将发行人、债券持有人以及债券受托管理人按照信托的基本逻辑进行设计，在财产权转移的情形下，债券受托管理人可以直接行使基于债权的相关权限。[4]需要说明的是，债券持有人与受托管理人之间并非天然信托关系，其法律关系的构造仍需要制度设计。需要符合其他法律如《信托法》的规范构造。

2. 现行债券受托管理人启动调解存在的障碍及其克服

我国早在2003年引入了债券受托管理人制度，然而，其并未得到有效实施。这主要是由两个方面原因造成：

其一，相较于股票市场，我国早期债券市场发展缓慢。这致使《证券法》的供给多注重对股票的规制，忽略了债券法律的规范供给，《证券法》体系中长期呈现“重股轻债”的理

〔1〕 徐加根：《金融制度改革中利益集团作用机制研究》，西南财经大学2008年博士学位论文。
〔2〕 高春芽：《集体行动的逻辑及其困境》，载《武汉理工大学学报（社会科学版）》2008年第1期。
〔3〕 习龙生：《公司债券受托管理制度的国际比较及立法建议》，载《证券市场导报》2005年第2期。
〔4〕 于春敏：《公司债券受托管理人的角色定位及其制度设计》，载《上海财经大学学报》2019年第6期。

念。尽管引入了债券受托管理人制度，但早期对其仅是简单的规定。在债券市场发生纠纷时，以债券违约为例，无论是监管者层面还是债券持有人都存在刚性兑付理念，对债券纠纷的解决多采取的是行政化的手段，债券受托管理人制度作为持有人的代言人机制，并未发生作用。对于债券受托管理人的制度借鉴过于表面，仅起到宣示性的规定。

其二，尽管随着后期我国债券市场违约纠纷频繁，监管者也转变刚性兑付理念，但由于对债券受托管理人制度的借鉴并未结合我国的国情，以债券受托管理人与发行人及持有人之间的关系为例，在美国法中，三者之间为信托关系。而依照我国现有的法律规范，受托管理人之间与持有人之间只能简单地认定为一般的民事代理关系。然而，仅简单地将两者之间关系认定为民事代理关系显然会影响着债券受托管理人作用的发挥。受托管理人的行为将会受制于债券持有人的授权，不具备发挥其能动性的空间。除此之外，当前，我国债券受托管理人作为启动调解程序的主体，仍主要存在以下两个问题：

一是债券受托管理人自身的利益冲突问题。从我国债券受托管理人的实践来看，证券公司作为承销商的同时也担任受托管理人的角色。《证券法》明确提出在公开发行的公司债中，由承销商担任受托管理人。[1]证券公司作为承销商对于整个债券交易的过程较为熟悉，且对发行人的基本信息更为了解，从这一角度来看，证券公司作为受托管理人存在其自身优势。但是这一双重角色实际上更容易引发证券公司的道德风险。[2]证券公司作为债券承销商，其所得的佣金来源于发行人。这意味着只有在协助债券成功发行的前提下，证券公司才能获得最大化的利益。在这一过程中，证券公司相较于发行人而言，实际上更为被动，其很有可能在利益驱动下听从发行人的安排和指示。而债券受托管理人这一角色的基本功能是要代理债券持有人对发行人实施有效监管。这意味着，当证券公司作为受托管理人存在角色的内在冲突，一方面其要服务于发行人的债券发行，另一方面，其要对发行人进行监督。从实际情况来看，实践中证券公司的佣金来源主要由发行人给付，其作为债券受托管理人并未获得相应的报酬，实际上缺乏积极为债券持有人维护权利的动机。在此情形下，受托管理人很容易诱发道德风险，即其很有可能在债券纠纷发生后不积极作为。

需要说明的是，就债券受托管理人自身的利益冲突这一问题并非仅在启动调解程序中可能会发生。当作为承销商的证券公司担任受托管理人时必然面临着角色双重冲突的问题。然而这些问题并非不能解决，我认为可以从以下两个方面着手：一方面，完善对证券公司作为受托管理人时的激励机制。当证券公司作为受托管理人为持有人行使相关权益时，在此期间可以考虑由发行人给付一定的佣金给证券公司，以作为证券公司履行勤勉义务的奖

---

〔1〕 参见《证券法》第 92 条第 2 款规定：公开发行公司债券的，发行人应当为债券持有人聘请债券受托管理人，并订立债券受托管理协议。受托管理人应当由本次发行的承销机构或者其他经国务院证券监督管理机构认可的机构担任，债券持有人会议可以决议变更债券受托管理人。

〔2〕 蒋莎莎：《债券受托管理人的角色定位与功能发挥》，载《西南金融》2018 年第 12 期。

励。[1]另一方面，应当完善受托管理人的责任机制。尽管当前也规定了受托管理人应尽到勤勉注意义务，但对于证券公司未尽到义务后所应承担的具体责任并未予以明确。现行的债券法律规范中可以增加相应的责任条款，如因为受托管理人存在故意或重大过失而未能及时履行职责造成持有人权益损害的，应当按照过错承担一定责任。以此来督促受托管理人更好地履行其应尽的义务。

二是需要注意的是：证券群体性纠纷中主要包含债券违约和因债券发行所导致的债券侵权性质的群体性纠纷，在债券违约纠纷中，其纠纷的当事人主体主要是发行人和债券持有人。除了前述的双重角色冲突外，此时证券公司作为受托管理人去代表持有人启动程序并未存在其他不当之处。而在债券侵权性纠纷中，以虚假陈述导致的侵权纠纷为例，债券纠纷的当事人主体则不仅仅是发行人，其也包括证券承销商等相关中介机构。以我国首例债券虚假陈述案件“五洋债”为例，其中德邦证券股份有限公司作为债券的承销商，需要与发行人一起对持有人承担连带赔偿责任。在此情形下，证券公司既是证券纠纷的当事人主体，又是受托管理人，此时由债券受托管理人作为纠纷主体的当事人，代表持有人启动债券纠纷调解程序显然并不妥当。在此情形下，债券受托管理人可以通过召集债券持有人会议，对自身角色的冲突性予以说明。并且通过债券持有人会议选出新的债券持有人代表或者委托其他相关主体代表债券持有人启动调解程序，以解决受托管理人是纠纷当事人的内在矛盾。

我国对于债券持有人的保护，不仅有受托管理人机制，同样包含持有人会议组织机制。当前，现行法律规范未对此两项组织性保护机制做有效协调，债券受托管理人的很多权限实际上都受制于债券持有人会议。在有关债券持有人的重大利益相关问题时，几乎都要经过债券持有人会议决议通过才能进行。那么当债券受托管理人决定启动调解程序时，是否有必要经过债券持有人会议的授权才能合法启动?

依照现有的债券持有人会议相关规范，我国现行公司债券持有人会议所讨论的事项主要体现在证监会2021年所修改的《公司债券发行与交易管理办法》第63条，其采取了列举加兜底式的规定。[2]但是，在这诸多情形中，债券受托管理人启动调解程序是否应当经过债券

---

〔1〕 徐承志、于萍：《公司债券受托管理人制度的法理逻辑与完善——以债券投资者权益保护为视角》，载《上海政法学院学报（法治论丛）》2016年第6期。

〔2〕《公司债券发行与交易管理办法》（2021年修改）第63条规定：存在下列情形的，债券受托管理人应当按规定或约定召集债券持有人会议：（一）拟变更债券募集说明书的约定；（二）拟修改债券持有人会议规则；（三）拟变更债券受托管理人或受托管理协议的主要内容；（四）发行人不能按期支付本息；（五）发行人减资、合并等可能导致偿债能力发生重大不利变化，需要决定或者授权采取相应措施；（六）发行人分立、被托管、解散、申请破产或者依法进入破产程序；（七）保证人、担保物或者其他偿债保障措施发生重大变化；（八）发行人、单独或合计持有本期债券总额百分之十以上的债券持有人书面提议召开；（九）发行人管理层不能正常履行职责，导致发行人债务清偿能力面临严重不确定性；（十）发行人提出债务重组方案的；（十一）发生其他对债券持有人权益有重大影响的事项。在债券受托管理人应当召集而未召集债券持有人会议时，单独或合计持有本期债券总额百分之十以上的债券持有人有权自行召集债券持有人会议。

持有人会议决议通过并未予以明确。针对这个问题，笔者认为债券受托管理人在启动调解程序时不需要经过债券持有人会议的授权通过。其主要有以下原因：

其一，从纠纷解决的效率性角度考量，如需经过债券持有人会议讨论决议可能会增加调解程序的成本，整体上看将会降低调解程序的效率。如前所述，债券受托管理人启动调解程序实际上是其本身的职能范围。调解程序的启动仅仅是债券受托管理人采取纠纷解决的一种手段和方式，就启动程序而言，其并未直接涉及全体债券持有人的债权的处理。即便个别债券持有人不同意采取调解的纠纷解决方式，其可以在调解方案公示后做出拒绝同意调解方案的意思表示即可。一旦召集债券持有人会议，对于受托管理人而言，其需要花费更多时间和精力去征求分散的债券持有人的意见。无论是对受托管理人还是债券持有人而言，都会造成时间成本的增加。债券纠纷调解程序所必须遵循的一项基本原则就是效率优先原则。债券受托管理人仅启动调解程序，不可能会对债券持有人的实体权益造成影响。从这一角度出发，债券持有人会议无须对受托管理人做出过多限制。

其二，尽管我国采取了两项组织性保护制度并存的方式，但根据我国债券市场的实践情况来看，发挥作用更多的是债券受托管理人。从债券持有人会议的实践来看，其往往成为发行人所操控的制度工具。〔1〕在债券持有人会议的表决中，往往被个别大的债券持有人或发行人所操控。债券受托管理人作为一种常设性保护机制，能够更加及时有效地处理债券持有人所面临的各项问题。从这一角度来看，受托管理人制度能够更为实际地发挥作用。此外，从现有的《公司债券发行与交易管理办法》第 59 条的规定来看，债券受托管理人享有谈判或者诉讼事务的权限。那么依照此条款，启动调解程序应当也是债券受托管理人的权限范围之内。从现有学者对我国债券受托管理人制度的思考来看，其也多主张更多地借鉴英美法系的受托管理制度，通过在发行人、受托管理人、持有人之间构建信托关系，以给予债券受托管理人更多的权限。〔2〕基于上述两点原因，债券受托管理人启动调解程序时，并不需要债券持有人会议的授权。

（二）个体行动补缺：个别债券持有人启动调解

如前所述，债券纠纷调解的启动应当遵循的是集体行动思路，即通过债券受托管理人启动调解程序。但是个别债券持有人作为债权的权利人，其基于债权而行使处分权的权限不能被禁止，在债券违约或侵权的情形下，尽管债券持有人都期望自己能够得到足额的赔付，但个别债券持有人可能出于多重考虑、多种情形与发行人进行调解，且其调解协议的内容并未

〔1〕 伍坚、黄入凌：《债权人参与公司治理视野下的债券持有人会议制度研究》，载《上海金融》2016 年第 7 期。

〔2〕 参见刘迎霜：《公司债券受托管理的信托法构造》，载《法学评论》2020 年第 3 期；于春敏：《公司债券受托管理人的角色定位及其制度设计》，载《上海财经大学学报》2019 年第 6 期；蒋莎莎：《债券受托管理人的角色定位与功能发挥》，载《西南金融》2018 年第 12 期。

对其他债券持有人造成损害的情形下，其仍然能够启动调解程序，且其启动权限不能受到限制。

1. 个别债券持有人启动调解与受托管理人启动调解的关系

尽管债券持有人启动调解程序应当采用集体行动优先的思路，在理论上仍然存在个别债券持有人启动调解程序是否应当被禁止或者说从启动的时间节点上来看，是否对其应当予以限制？针对此问题，首先应当明确债券纠纷调解的启动，对于债券持有人而言都是一种程序上的权利，程序选择权强调当事人有权根据自己的利益和判断来选择适用或拒绝适用一定的程序事项。[1]之所以强调以集体行动的方式启动调解程序是出于对债券持有人整体利益的考量以及维护调解效率的需要。但这并不意味着对个别债券持有人启动调解权限的绝对禁止。无论是诉讼抑或调解程序都是纠纷解决的基本方式，债券持有人的程序权利其根源于对发行人所享有的债权。其采取何种纠纷解决方式，是基于自身的财产权而行使的权利处分。尽管我们强调要防范个别债券持有人通过单独调解程序实现提前不公平的受偿。但防范的方式并非对个别债券持有人启动权限的限制或禁止。启动程序仅仅是调节过程中的一个环节。并不当然对其他债券持有人的权利造成可能的损害。对个别债券持有人单独行权造成不公平受偿的防范，应当从调解协议的效力上入手，这样更具有针对性。事实上个别债券持有人启动调解程序并不当然对其他债券持有人的权益造成损害，比如个别的债券持有人可能并不绝对要求发行人偿还本息。假定其提出将自己所持有的债权转化为股份的情况下，那么对于发行人而言，其所可用于偿还的资产并不当然减少。在此情形下，个别债券持有人的纠纷也得到了解决。因此个别债券持有人启动调解与受托管理人启动调解应当是一种并存的状态。只是行使权利的基础不同，债券持有人直接基于自身债权行使启动调解权限，而受托管理人则基于法定权限。

2. 个别债券持有人启动调解的具体路径

个别债券持有人如若想要启动调解程序，其可以通过以下两种路径：其一，其可通过在债券持有人会议中提议受托管理人启动调解程序。其二，其可以直接与债券纠纷中的其他主体进行调解。

首先，债券持有人会议作为分散债券持有人的组织性保护机制，其构建目的在于为分散债券持有人提供一个充分表达诉求的平台。是债券持有人自我管理、自我保护的组织性机制。[2]个别债券持有人可以在债券持有人会议中提议受托管理人对债券纠纷进行调解，此种情形更多的可能适用于分散的自然人债券持有人。对于个别自然人债券持有人而言，其可能购买的债券份额较小。在债券违约或者侵权事件发生后，就其个人而言，通过诉讼或者单独

---

〔1〕 李浩：《民事程序选择权：法理分析与制度完善》，载《中国法学》2007 年第 6 期。

〔2〕 汪文渊：《公司债券持有人组织性保护制度的理念更新与法律变革——基于制度融合的视角》，载《证券法苑》2016 年第 17 卷。

启动调解的成本过高。依照"经济人",个体都希望以尽可能少的付出,获得最大限度的收获。[1]基于此,应当通过组织性保护机制促进其行使权利。在受托管理人未主动启动调解的情形下,其可以在债券持有人会议中提出采用调解方式解决纠纷的建议。需要说明的是,此种提议权限严格意义上讲并非债券持有人启动调解程序,只是出于讨论便利的需要,将其归为个别债券持有人启动调解的范畴。其本质上来讲仅仅起到提议作用。

其次,在债券受托管理人未启动调解程序的情形下,个别债券持有人可以单独与发行人或其他相关主体进行调解。这是个别债券持有人应有的法定权限。从债券持有人的投资者结构来看,机构投资者在债券持有人中占据了较大比例。对于机构投资者而言,其在人员配置、专业基础等方面相较于一般的自然人债券持有人都具有较大的优势。[2]其具备与发行人或者中介机构进行谈判的基础。出于纠纷解决便利的需要,对其单独启动调解的权限,不应进行禁止。尽管前文已经提及,应当注意的是对个别债券持有人启动调解程序损害全体债券持有人利益。为了防止此类情况的发生,可以通过后续的制度设计。具体而言,可以通过公示制度并结合调解协议的效力对其进行防范。一方面个别债券持有人在启动调解程序并与相关主体达成调解协议后,应当将调解协议的主要条款内容作出公示,以使得其他债券持有人了解调解协议的内容,并判断其偿还比例是否公正公允。如果个别债券持有人与发行人或其他主体达成的调解协议,明显会减少发行人的现有资产。且其偿还比例明显高于其他债券持有人的话。那么可以依据《民法典》合同无效的规定,调解协议侵害他人的利益的,可认定该调解协议无效。以便于在个别债券持有人行使权利与其他债券持有人利益保护之间作出有效平衡和协调。

综上所述,就债券持有人启动调解程序而言。首先应当采取一种集体行动的思路,通过受托管理人启动调解程序。尽管应当防范个别债券持有人滥用启动程序,但是对于个别债券持有人调解程序的启动不应当予以限制。如此才能更好地发挥调解灵活高效的功能,更好地促进调解程序的运行。

四、其他主体启动调解的路径

债券群体性纠纷中,除了债券持有人作为一方当事人主体外,还存在其他的纠纷主体。如在债券违约纠纷中,其当事人还包括发行人、保证人等。在债券侵权纠纷中,除了发行主体以外,还存在证券公司、信用评级机构、会计师事务所等中介机构。对于上述主体是否具有启动调解权限以及应当如何启动调解程序,应结合债券纠纷的特点,予以细化考量。

---

〔1〕 张旭昆:《经济人、理性人假设的辨析》,载《浙江学刊》2001 年第 2 期。

〔2〕 参见牛建波、吴超、李胜楠:《机构投资者类型、股权特征和自愿性信息披露》,载《管理评论》2013 年第 3 期。

应当明确的是，在债券纠纷中，无论是侵权性质的群体性纠纷亦或合同性质的违约纠纷。除了债券持有人这一方主体外，其他方当事人都享有法定的、应然的主动启动调解的权限。从纠纷当事人之间的地位来看，发行人及其他中介机构都处于强势地位。相较于债券市场中出现的发行人恶意破产、证券公司对投资者诉求不予理睬的情形，其主动启动调解程序一定意义上显示出其对纠纷解决的愿望。这对于债券持有人而言，有利于其权益的早日实现。对于证券公司及其他中介机构等纠纷当事人主动提起调解的权限不应予以限制。然而实践中更为常见的是在债券纠纷发生后，证券公司及其他主体运用自己的强势地位不愿意与持有人进行调解。债券持有人向证券公司以外的其他主体提出调解时，其他纠纷主体参与调解的意愿是否应当受到限制，需要予以综合考虑。

（一）证券公司被动参与调解的强制性

对于证券公司作为纠纷主体时的调解，现行《证券法》第94条首次在法律层面上规定了证券公司的强制参与调解义务。根据该条款，投资者提出的调解不得被拒绝，这实际上对证券公司启动调解的权限进行了一定限制。该条款对于金融调解只是做了一个笼统性的规定，对其应当有更加深入且准确的认识。

从立法目的上看，《证券法》第94条主要是为了普通投资者提供多元纠纷解决渠道。是针对普通投资者与证券机构之间发生的一般业务纠纷。其所试图解决的包括债券、期货、基金、股票等多项种类的金融产品纠纷。证券公司作为承销商在二级市场上是最常见和普遍的与普通投资者进行交易的主体。就一般的投资者而言，其相较于证券公司实际上处于一种弱势地位。在实践中，投资者与证券机构发生纠纷时，证券公司往往对投资者的诉求不予理睬。这也导致投资者缺乏与证券机构进行有效的沟通协商机制。出于降低投资者维权成本、提升纠纷解决效率的考虑。我国《证券法》在此次修改时借鉴了英美国家的金融申诉专员制度。对于证券公司作为纠纷主体时，必须强制参与调解作出了规定。然而《证券法》第94条对于我国金融领域的调解制度，仅是作了原则性的规定。由于我国当前并未完全建立国外的金融申诉专员机制。具体到债券纠纷中，需要对各个主体启动调解的权限做细化考量。

具体而言，首先考虑到债券持有人投资者结构的具体特征，仅将强制调解的范围适用到普通投资者并不完全妥当。尽管普通投资者和专业投资者存在专业知识、风险辨识和风险承担等方面能力的差异，但是无论普通投资者还是专业投资者，实际上相较于中介机构而言，都是处于一种弱势地位。[1]在债券纠纷发生时，相对于强势的发行人或中介机构，其实际上在纠纷解决能力上与普通投资者是相同的。如果在纠纷救济程序中将普通投资者与专业投资者进行区分，实际上并不符合金融公平原则。

在债券群体性纠纷中债券持有人启动调解应当采取集体行动的逻辑，也就是通过债券受

---

〔1〕 黄辉：《金融机构的投资者适当性义务：实证研究与完善建议》，载《法学评论》2021年第2期。

托管理人或者债券持有人会议的表决机制选举出代言人启动调解程序。在此情形下，适用《证券法》第94条首先面临着将受托管理人认定为普通投资者还是合格投资者的难题。债券市场相较于股票市场的特殊性在于，从其投资者结构上来看，机构投资者占有较大的比例。债券受托管理人所代表的是整个持有人群体的意志，很难将其认定为普通投资者或合格投资者。从该条款的立法目的来看，其主要是为了投资者提供多元的纠纷解决渠道，在债券持有人与证券公司及其他市场参与主体的不平等地位之间维持平衡。基于此在债券纠纷调解的启动程序中，无论是自然人债券持有人抑或是机构投资者，一旦主动提起调解程序，不应局限于《证券法》第94条中仅限于普通投资者的申请，证券公司必须都必须参与到调解的过程中去。

（二）其他中介机构参与调解的自愿性

如前所述，证券公司作为纠纷当事人时，一旦债券持有人提出调解请求，依照现行《证券法》的规定，其都必须强制参与到调解过程中去。由此带来一个问题：即在债券的发行和交易过程中同样发挥中介作用的会计师事务所、律师事务所或信用评级机构等中介机构是否应当仿照证券公司，一旦债券持有人提出与其进行调解，其是否也必须强制参与到调解过程中去？笔者认为，对于除证券公司以外的中介机构，不应当对其施加强制参与调解的义务，其原因主要如下：

一方面，应当明确的是在债券群体性纠纷中，一旦除证券公司以外的其他中介机构成为债券纠纷当事人时，此种债券群体性纠纷的类型往往是侵权纠纷。从整个债券的发行和交易过程来看。除了证券公司作为证券的承销商，其余债券持有人有较多的交集。对于一般的持有人而言，其基本上不会与证券公司以外的其他中介机构产生往来。中介机构在整个债券发行交易的过程中，其扮演的角色，往往多为助力于债券的发行，满足监管主体需要。由于投资者与其他中介机构并无过多的接触，一旦在债券纠纷发生后，投资者直接与信用评级机构，会计师事务所等主体进行调解的实践并不常见。从这个角度来看，强制规定证券公司以外的其他主体必须参与调解不具有现实意义。对于一般的民事主体而言，其调解程序的启动仍应当遵循调解的自愿原则。不应当对其纠纷解决程序的选择作出过多干涉，以防范对于民事主体的权利侵害。

另一方面，之所以对证券公司施加强制被动参与调解义务，其目的在于为投资者提供一条便捷的纠纷解决渠道。是对投资者与证券公司之间不平等地位的一种矫正。而证券公司以外的其他中介机构由于并未和投资者之间产生过多的往来，除了侵权性债权纠纷外，中介机构直接对投资者权益造成损害的实践较少。强制对其他纠纷主体规定同样的义务，是对《证券法》第94条的错误解读，与调解的自愿原则和调解的合法性相抵触，侵害了其他主体的正当权益。

五、债券纠纷调解启动的配套机制

从我国债券纠纷调解的实践来看，我国债券纠纷调解的基础仍然较弱，当事人并无主动进行调解的意愿。这一点可以侧面从发行人与持有人之间签订的债券募集说明书中得以印证。当前，在债券募集说明书中，一般并未规定将调解作为纠纷解决的首要方式，调解作为一项独立的纠纷解决方式，并未在债券交易的相关主体中受到重视。具体而言，主要包括以下几项原因：

首先，调解协议并不具备法律强制执行力，证券经营机构和上市公司对投资者执行调解协议普遍存在担忧。其次，证券经营机构和上市公司在调解活动中做出让步时，需要得到公司的授权，程序非常烦琐。再次，由于现行税费、会计制度不完善，调解金在会计处理和税前扣除等面临认定困难。最后，公司妥协达成调解结果很容易成为公司质询甚至追究高管责任的一种借口，由此致使相关主体对调解方式解决纠纷还存在心理上的排斥感。[1]

基于上述原因，在金融纠纷领域当事人进行调解的意愿并不强烈，调解作为一种独立的纠纷解决方式其基础较弱。当事人更愿意选择诉讼作为纠纷解决的方式，调解的意愿仍有待提升。通过将中立评估机制引入债券纠纷调解中，能够推动债券纠纷的相关主体启动债券纠纷调解程序。

（一）中立评估对于债券纠纷调解启动的价值

早期中立评估制度（early natural evaluation）产生于美国20世纪80年代末第三次司法改革浪潮的背景，是美国法院为应对纠纷数量众多、“诉讼爆炸”难题而开发的纠纷解决程序。[2]其是指民商事纠纷在实质进入审判程序前，由专业、独立、公正的第三方评估主体通过结合相关事实，依照自己的判断对案件可能产生的结果进行分析，作出相应的评估报告，以帮助当事人选择合理的纠纷解决策略的机制。其创始人北加州法院法官罗伯特在长期的审判实践中发现：在诉前阶段，当事人由于受到专业知识、情绪等诸多非理性因素的影响，不能对案件有冷静、客观的评估。由于对案件审判结果有着过高的估计以及受律师的不良诱导，当事人往往选择采取诉讼方式解决纠纷，致使纠纷的成本过高，加剧了法院的审判负担。通过设置中立评估机制能够更加有效地促进当事人选择纠纷解决策略。

需要明确的是，中立评估是一个独立的制度，具有一定的独立性，并非调解、诉讼程序，但实际上能够优化当事人纠纷解决策略的选择。考虑到债券纠纷中持有人结构中投资者占有重要比例的特征，其可能更有意愿选择中立评估机制来帮助自己选择纠纷解决策略，其

---

〔1〕 董新义：《新〈证券法〉证券纠纷调解的保障机制建设——以域外经验为借鉴》，载《银行家》2020年第2期。

〔2〕 林轲亮：《早期中立评估制度研究》，法律出版社2017年版，第54页。

与调解制度启动程序的结合点在于，通过中立评估机制的引入，能够促进债券持有人更加倾向于选择纠纷调解解决策略，有助于调解程序的启动。

在债券的群体性纠纷中，无论是债券违约亦或基于虚假陈述造成的侵权纠纷，其所涉及的金额巨大，所牵连的主体较广。在巨额债务下，发行人往往面临破产的风险。此时，持有人纠纷解决策略的选择具有重要意义。一方面，其不仅关涉单个债券持有人利益的保护，也可能会导致发行主体在诉讼压力下存在破产风险。另一方面，在发行人偿还能力有限的情况下，如何实现对债券持有人的公平受偿亦是必须考量的问题。在此情形下，引入中立评估机制，对于相关主体纠纷解决方案的选择具有重要意义。与调解、仲裁等程序不同，早期中立评估程序的功能不在于解决纠纷，而是帮助当事人获得中立、客观的信息，从实践中中立评估机制的运行来看，其往往能够促进当事人选择调解程序，促进调解程序的启动。在债券纠纷调解中建立中立评估机制同样具有重要意义，其能够促进相关主体启动调解程序。具体而言，其主要从以下几个方面得以体现：

首先，中立评估机制有助于当事人降低案件预期。在债券纠纷中，一旦出现债券违约或群体性纠纷，债券持有人或其他相关主体往往对案件存在过高的预期。以债券群体性违约为例，其中存在的法律关系有时候可能并不复杂，发行人未能按期承兑债券理所应当承担相应的赔偿责任。在此情形下，在政府传统债券违约“刚性兑付”观念的影响下，持有人往往对纠纷结果有着较高的预期。然而在真正的债券纠纷中，不能简单地认为持有人的这种诉求就一定能得到相应的满足。主要原因如下：在债券违约纠纷中，尽管当事人之间的法律关系清晰，但从当事人能否实际获得相应赔偿来看，仍具有较大不确定性。在常见的债券违约纠纷中，持有人实际上往往处于被动地位，并非其作为权利主体就能通过诉讼渠道实现受偿。一方面，通过诉讼方式实现权利救济并非最优选择。除了前述的持有人单独起诉抑或受托管理人诉讼面对的困境外，其要面临诉讼程序所固有的成本高、周期长等问题。另一方面，鉴于持有人与发行人之间的信息不对称，发行人可能会采取转移财产后实施破产等恶意规避债务行为，债券市场中并不缺乏此种行为。持有人在对发行人财产信息了解受限的情形下很有可能最后才会得到受偿。在法律关系较为简单的债券违约纠纷中，持有人的权益尚不足以得到充分保障。而在以虚假陈述为代表的虚假陈述、内幕交易等侵权纠纷中，鉴于当事人之间法律关系的复杂性以及取证的困难性，持有人维护自身权益的难度又得到增加。债券市场化发展趋势下，债券纠纷将会日益采取法治化路径予以解决。刚性兑付的案例将会日益减少，持有人对案件结果的高预期将会被打破。

其次，中立评估机制有助于债券持有人启动调解程序。在债券群体性纠纷中，在发行人偿债能力有限的情况下，不同的措施影响着发行人的偿还能力，将纠纷解决方式一味地诉诸于诉讼并不当然能够实现持有人权益保护，相反可能会限于耗时长、成本高的诉讼桎梏之中。以我国债券市场首例公司债券虚假陈述“五洋债”欺诈发行案为例，自 2016 年问题初步显现到2021年9月法院二审判决作出，已经经历了五年时间。从法院判决的作出到相关主体真正履行赔偿义务，仍需耗时较长时间。事实上，在“五洋债”的诉讼过程中，在参与五洋债案一审的487名个人投资者中，有部分接受了主承销商德邦证券的和解方案，人数或在10%左右。[1]尽管就个别债券持有人的权益而言，已经通过和解方式维护了自身权益。在信息不对称情形下，部分债券持有人由于策略选择不当，很有可能在资产已经清偿完毕的情形下债权无法得到保护。由此可以看出，不同的纠纷解决策略影响着债权的清偿时间、投入的成本。尤其在不同债券持有人实力存在较大差异的情形下，其对发行人的财务状况了解程度也不同。

在债券纠纷中由于投资者主体中很大比例为机构投资者，其具有申请启动中立评估机制的内在动力。通过中立评估机制，能够为其提供对案件走向的合理预期。基于此，在债券纠纷中，在市场的中立评估模式下，对于中立评估机制的启动应当更为灵活，在主体方面不应当强制要求双方当事人共同启动，即一方当事人申请即可。此外，除了当事人的主动申请外，也可以接受法院、仲裁机构、金融机构的委托，对纠纷进行评估。也可以接受证券业协会、证券监管机构的委托对纠纷进行评估，债券纠纷的中立评估申请或启动应当多元，不应对此予以过多限制，以便于促进纠纷的有利解决。通过中立评估机制的引入，能够为持有人提供切实可行的纠纷解决方略。

（二）中立评估在债券纠纷调解启动中的应用

尽管中立评估机制自20世纪80年代产生以来，已经形成了其固有的运作模式，但具体到不同的纠纷领域，应当结合不同纠纷的特征、当事人的特点，以及与其他监管模式的协调而构建出符合实际的纠纷解决制度。我国当前尚未建立专门的债券纠纷中立评估机制，中立评估机制本身在我国的发展仍处于起步阶段。就金融纠纷领域的中立评估机制构建而言，更是只有个别法院在进行摸索、[2]中国人民银行在推行试点，[3]以及市场化的中立评估模式刚刚得到推行。现有的金融领域的中立评估制度在受理范围、运作模式、运行主体等方面都未形成统一的规则，其仅是在最高人民法院出台的指导意见中被提及。如前所述，中立评估机制在我国债券纠纷领域的构建是有必要的，但应当建立何种中立评估模式仍需立足于我国的实践进行细致考量。

事实上，当前我国债券纠纷领域的中立评估机制更适合建立一种市场化的评估模式。市场化运行的中立评估机构与评估结果没有任何利害关系，具有天然的中立第三方身份。不同

---

〔1〕《五洋债案二审开庭前夕部分投资者与德邦证券达成“全额赔付本金”和解》，载 https://baijiahao.baidu.com/s?id=1707697449477408974&wfr=spider&for=pc，最后访问日期：2021年11月4日。

〔2〕早在2014年山东省潍坊中院就出台了建立中立评估机制的指导意见，此种中立评估模式类似于最早的美国加利福尼亚州法院建立的中立评估机制，是以法院主导下的中立评估模式。

〔3〕上海市金融消费调解中心推出了中立评估模式，从性质上看，此模式实质上是金融监管主体主导调解机构下的中立评估机制。

于法院政策性主导的司法干预式中立评估，市场化运行的中立评估更强调当事人主观能动性的发挥，因此这种中立评估所作的中立评估报告更容易被当事人接受。市场化运行的中立评估更加尊重当事人的主体地位。尽管市场化的中立评估机制需要收取一定的费用，但实际上在债券纠纷领域中，考虑到其多数持有人为机构投资者，相较于一般主体而言，其具备支付相应费用的实力，在面对群体性纠纷时，其更倾向于运用中立评估机制来帮助其选择理性的纠纷解决策略，基于此，在债券纠纷中，应当采用市场化中立评估机制模式为主。

当前，我国蓝海商事调解中心作为市场化的纠纷解决机制已经初步建立了中立评估模式，其也出台了专门的中立评估规则，但对于债券群体性纠纷的中立评估实践仍相对较少。笔者认为，在现有的中立评估机制中，针对债券群体性纠纷的特征，可以建立示范性中立评估报告，在债券群体性纠纷中，如虚假陈述、债券违约等纠纷中，债券纠纷的一方当事人为诸多的分散债券持有人，从法律关系上看，尽管存在数量众多的法律关系，但此类纠纷类型相同，具有同质性。事实上，对于金融领域的群体性纠纷案件中，基于纠纷类型的同质性，我国已经开展了示范性判决诉讼制度，以期快速地解决纠纷。在将中立评估机制引入债券纠纷的过程中，如涉及债券违约、债券侵权等群体性纠纷，也可以引入一种示范性中立评估报告制度，这有利于通过较小的成本实现对债券持有人参与调解积极性的提升。

具体而言，在债券群体性纠纷中，以虚假陈述为例，如某一机构投资者想要了解自己在此类侵权纠纷中参与诉讼的成本和效果收益，其通过参与中立评估程序后，得到的中立评估报告，对其他持有人实际上仍具有参考价值。在此情形下，如若征得相关主体的同意后，中立评估机构可通过对当事人的基本信息进行技术化处理后，对此类纠纷可能的判决结果及其他成本收益作出公示，在此情形下，将对其他持有人起到重要参考作用。事实上，法院完全可以将此类纠纷委托给独立的中立评估机构进行评估，将评估的结果予以公示后，将会促进相关主体参与调解的积极性，从而减少自身的负担，以实现纠纷的快速解决。

六、结语

相较于一般调解程序而言，债券纠纷调解程序的启动具有特殊性。首先，启动程序的设计，需要考量对全体债券持有人利益的整体、平衡保护，防范个别强势债券持有人滥用启动调解的权利，对弱势持有人权益造成损害。其次，从调解程序启动的效率原则出发，总体上应当采取债券受托管理人代为启动调解程序的思路，当然也不能对其他债券持有人启动调解的权限予以禁止。在证券公司作为被申请调解的主体时，对其规定强制参与义务具有正当性，但此种强制义务不应当类推到其他中介机构中去。最后，可以将中立评估机制与债券纠纷调解的程序相结合，通过建立市场化的中立评估机制，构建示范性中立评估报告，有助于促进债券纠纷当事人更为主动地启动债券纠纷调解机制，发挥债券纠纷调解制度的作用。

破产法制

重整融资债权超级优先权保护研究

刘晓萌*

目　次

一、破产重整融资债权保护的困境

（一）现有融资债权保护制度与重整融资需求的非对称性

资金融通重在资本的融通性，满足困境企业不断扩张的重整融资需求不仅是当下破产法的市场化趋势的回应，也迎合了营商环境评估中优化破产制度的要求。〔1〕《最高人民法院关于适用〈中华人民共和国企业破产法〉若干问题的规定（三）》（以下简称《破产法司法解释（三）》）虽然在《企业破产法》基础上明确了融资债权作为共益债权清偿的性质，重整融资债权优先性的单一规定不足以使重整企业在复杂的市场环境下获得融资，民法物权在破产法上的全面实现很难真正发挥破产重整的制度优势，现有重整融资债权保护制度与重整融资需求呈非对称性。

---

* 刘晓萌，华东政法大学经济法博士研究生。

〔1〕 参见丁燕：《世行“办理破产”指标分析与我国破产法的改革》，载《浙江工商大学学报》2020年第1期。

如何协调担保物权与重整融资债权，满足破产重整商事实践中的融资需求，是重塑破产法微观规则必须要考虑的问题。

随着现代公司企业制度发展下公司规模的不断扩大，企业破产所产生的连锁反应给周边社会及公众带来的影响也越来越大，[1]社会利益的需求纳入其中，[2]破产法律制度的功能性取向表现为三维方向的作用与平衡。[3]正是破产立法由一元化[4]向多元方向发展，[5]破产案件将视角从债权人与债务人扩大到可能受其影响的社会利益群体，[6]重整制度应运而生。从我国经济发展大环境来看，随着破产制度的完善以及优化营商环境的迫切需要，《企业破产法》修订工作已被列为2021年全国人大财经委工作要点之一，我国破产法的适用将呈现常态化趋势。2021年2月，国家发改委出台了《关于推动和保障管理人在破产程序中依法履职进一步优化营商环境的意见》，提出“加强信贷支持，对有重整价值的企业提供融资”。考虑我国当前的经济社会条件以及疫情全球蔓延下促进经贸发展的困境及纾解，现阶段破产预防可能比破产清算更具综合效益，[7]这也正是破产重整制度社会本位的价值取向。[8]

融资作为破产重整成功的第一要素，若无新资金注入，则难以达到再生之目的。[9]充足的资金使企业的复兴具有现实可能性，[10]实现企业资产价值的最大化，[11]避免被破产清算而损及出借人对企业营运价值的权益。对企业而言，常见的融资方式主要是债务性融资和权益性融资，其中获得贷款是主要的融资方式，具有资金量大及资金来源稳定等明显优势。重整企业由于缺乏信贷基础，很难通过正常渠道获得融资。随着担保权制度的发展和担保物范围的扩张，困境企业的资产大多已设定担保，如果没有融资手段的特别授权，难以实现新资金注入。[12]为

---

〔1〕 尹景春：《日本倒产法各制度及其比较》，载《东方法学》1998年第2期。

〔2〕 陈英：《破产重整中的利益分析与制度构造——以利益主体为视角》，山东大学出版社2013年版，第140页。

〔3〕 参见韩长印：《企业破产立法目标的争论及其评价》，载《法律科学》2004年第5期。

〔4〕 一元化是美国学者对于企业破产政策目标向度的分类之一，主要指以Jackson为代表的债权人博弈论和Schwartz的破产合同理论，Scott的风险分担理论以及Warren的多元目标理论为多元目标理论。

〔5〕 韩长印：《破产理念的立法演变与破产程序的驱动机制》，载《法律科学》2002年第4期。

〔6〕 参见［英］费奥娜·托米：《英国公司和个人破产法》（第二版），汤维建、刘静译，北京大学出版社2010年版，第63页。

〔7〕 本文所指的困难企业是指存在复兴可能并具有重整价值的企业，虽然立法上并未将其作为申请重整的必要条件，但对其进行限制是有必要的。一方面，若缺乏必要限制，将会滋生滥用重整制度的温床，降低重整制度的效率；另一方面，不具备复兴可能的企业会在重整程序中扩大负债，浪费社会资源。需要注意的是，判断复兴可能的重整价值亦不能唯市场论，需要以重整经济收益与重整社会受益为基础，建立全面的价值判断体系最大可能地促进企业重整成功。

〔8〕 张世君：《我国破产重整立法的理念调适与核心制度改进》，载《法学杂志》2020年第7期。

〔9〕 李永军：《破产法律制度》，中国法制出版社2003年版，第451页。

〔10〕 参见贺丹：《破产重整控制权的法律配置》，中国政法大学2006年博士学位论文。

〔11〕 Well，Gostshal，Manges LLP，*Reorganizing Failing Business*（*revised edition*），American Bar Association，2017，p.5－16.

〔12〕 参见贺丹：《破产重整控制权的法律配置》，中国检察出版社2010年版，第125－126页。

降低投资风险吸引其他投资人融资，就需要强化对新债权的保障,[1]如要求为新借贷提供担保或者赋予优先受偿权，抑或是获得公司控制权。[2]《破产法立法指南》为吸引融资借款提供了设立担保与配置优先权两种方案。[3]

我国破产重整新融资债权保护一直处于缺位状态，虽然《企业破产法》第75条明确了破产企业设定融资担保的合法性，但对于融资债权的性质并未明晰，因采取列举式的立法方式,[4]重整新融资债权并未囊括在共益债权之中，导致认定共益债务是否包括重整融资债权的观点不一。[5]虽然有部分学者对其作出扩大解释，将重整融资债务归入《企业破产法》第42条第4项，即属于“为债务人继续营业而产生的其他费用”，进而获得“共益债权”随时清偿的优先保护,[6]部分地区司法实践也开始确认新融资债权作为共益债权的合法性,[7]但始终因缺乏立法明确规定而遭到诟病。

2019年《破产法司法解释（三)》的出台第一次明确规定了新融资债权作为共益债权优先受偿的法律地位，为重整企业提供新融资建立保障机制，并将融资债权保护范围扩大至破产申请受理后为继续营业融资产生的债权。但需要注意的是，《破产法司法解释（三)》使用“参照”一词，并未将新融资债权直接规定为“共益债权”。融资债权作为“参照”共益债权处理，能否按照《企业破产法》第43条获得随时清偿的保护出现了不确定。此外，我国破产法体系下为全体债权人的共同利益而负担的共益债务间的清偿顺位模糊，并未区分新融资债权与共益债权、破产费用间的受偿排序，加剧了同一顺位利害关系人的冲突。最后，重整制度下担保债权的实现缺乏协调机制，未对融资债权在设定担保、使用程序上进行明确规定，既未能有效激励新融资债权人促进企业重整，又忽视对原有债权人的合理保护，使得新旧担保权人之间的利益难以均衡。

（二）重整融资债权保护的价值冲突与利益平衡

当企业处于破产状态时，各利益主体间复杂的关系体现为冲突与合作并存。基于“公共池塘”效应，剩余的有限的企业价值会加剧各方的利益斗争的排他性与竞争性。与此同时，众多利害关系人在一定程度上具有减损维稳的共同利益，欲使“博弈”的结果增进双方利益

---

[1] 王福强:《破产重整中的营业保护机制研究》，法律出版社2015年版，第77页。

[2] 郭毅敏主编:《破产重整·困境上市公司复兴新视野》，人民法院出版社2010年版，第209页。

[3] 联合国国际贸易法委员会编:《破产法立法指南》，第105页。

[4]《企业破产法》第42条规定:“法院受理破产申请后发生的下列债务，为共益债务:（一）因管理人或者债务人请求对方当事人履行双方均未履行完毕的合同所产生的债务；（二）债务人财产受无因管理所产生的债务;（三）因债务人不当得利所产生的债务；（四）为债务人继续营业而应支付的劳动报酬和社会保险费用以及由此产生的其他债务;（五）管理人或者相关人员执行职务致人损害所产生的债务；（六）债务人财产致人损害所产生的债务。”

[5] 参见王卫国:《破产法精义》（第二版)，法律出版社2020年版，第155页。理论界、实务界解释该条第4项规定的“其他债务”包括重整企业的融资，界定融资为共益债务。该条并未明确借款为共益债务。

[6] 李震东:《重整中的新融资债务属于破产程序中的共益债务》，载《人民司法》2014年第24期。

[7] 丁燕:《共益债务融资的实践进路与法律保障》，载《月旦财经法杂志》2020年第6期。

以及整个社会利益，必须摒弃“零和”思维采取合作，[1]在此情况下，能够使债务企业财产最大化的程序即重整是符合各方共同利益的最优解。[2]因此，维护社会稳定、实现社会公正和财富最大化作为企业破产程序利益平衡的价值目标符合当前经济发展和社会形势。[3]

受融资债权优先权影响的主体分别是既有担保债权人、普通债权人、股东和新融资债权人，兼顾利益平衡下四类主体利益的多元性是确立融资债权优先制度的前提。[4]

首先，新融资债权人与既有担保债权人间存在利益冲突。本文所涉及破产法下的担保债权通常是具有特殊清偿顺位的物上担保（抵押与质押），保证和定金等债权作为普通债权清偿并非本文所要探讨的范畴。为保证企业重整程序的正常推进，限制破产程序中担保物权的行使成为各国通行做法，[5]我国《企业破产法》第19条同样也对担保债权的行使采取“暂时中止”的限制，为重整企业的继续营业提供了可能。美国在长期实践中形成了超级优先权规则以激励融资，[6]即法院授权债务人企业在已经设立了担保的财产上设立同级或优先于该担保清偿顺位的新融资债权优先权以获得贷款。如何妥善处理担保债权，协调破产目标与担保物权是重整立法的难点与重点。从理论上来看，二者共存的基础在于担保物价值与使用价值的双重属性，担保权人需要控制担保物的价值，困境企业需要发挥财产的使用价值，二者不同的追求使得平衡和协调存在可能。[7]从现实层面来看，二者的结合点在于企业和金融之间的对立统一关系，只有相互促进才能确保企业发展与经济繁荣，因此适当限制担保物权的行使具有逻辑上的必要性。

其次，新融资债权人与普通债权人间的利益冲突。《破产法司法解释（三）》第2条初步赋予了新融资债权优先于普通债权受偿的合法性。[8]在一定程度上加剧了普通债权清偿的不利处境。破产重整程序不仅需高昂的金钱付出，还耗费大量时间成本，美国破产案件的成本

---

〔1〕 就破产清算角度而言，破产财产是所有权利人可获得的利益总和，某一个权利人多获得一些分配就必然导致其他权利人获得分配减少，亦即某一权利人收入的增加来自其他权利人收入的减少，这是一种零和博弈；就破产重整的角度而言，破产企业的维持可能带来破产企业价值的增加，多分配一部分权利人价值，不会导致其他权利人价值的减少，亦即部分成员收入的增加并不一定来自其他成员收入的减少，这是一种非零和博弈。

〔2〕 参见王建平：《论破产重整中的利益平衡》，中国政法大学2011年博士学位论文。

〔3〕 丁文联：《破产程序中的政策目标与利益平衡》，法律出版社2008年版，第65页。

〔4〕 杨忠孝：《破产法上的利益平衡问题研究》，北京大学出版社2008年版，第30页。

〔5〕《日本破产法》第155条规定：在破产申请后破产宣告前，法院可根据利害关系人的申请或依职权就破产财团实行假扣押、假处分或其他必要的保全处分；1986年《英国支付不能法》第11－（3）（d）条规定：在行政管理令作出后，不应采取行动来执行在支付不能公司财产上设定的任何担保，也不影响采取行动取回在分期购买协议下由支付不能公司已取得的物品；美国破产法创造了独特的自动冻结（automatic stay）制度，对包括担保债权在内的破产债权实施最全面的限制。

〔6〕 11 USC s. 364.

〔7〕 陈英：《破产重整中的利益分析与制度构造——以利益主体为视角》，山东大学出版社2013年版，第108页。

〔8〕 破产申请受理后，经债权人会议决议通过，或者第一次债权人会议召开前经人民法院许可，管理人或者自行管理的债务人可以为债务人继续营业而借款。提供借款的债权人主张参照《企业破产法》第42条第4项的规定优先于普通破产债权清偿的，人民法院应予支持，但其主张优先于此前已就债务人特定财产享有担保的债权清偿的，人民法院不予支持。

约为企业资产价值的 17.6% ,[1]日本公司更生程序也需要至少 1 亿日元,[2]与之对立的是重整案件的成功率非常低。此外，重整程序中 30% 的成本由普通债权人分摊，这部分普通债权人的清偿顺序本就劣后，重整融资债权优先受偿势必会加重其劣势地位。普通债权人作为重整程序中人数最多、范围最广的参与者，可以通过重整程序显著提高清偿率。与此同时，重整程序也加大了普通债权人的风险，这部分债权人可能因此成为重整实施的阻力。一方面囿于有限责任制度和普通债权自身的性质的短板，普通债权人承担更大的重整风险；另一方面重整程序本身有待于加强对普通债权人实体权益的保障，普通债权人缺乏有效参与。

最后，新融资债权人与股东冲突与合作并存。“若重整失败股东将一无所获，但若重整成功股东则会增加获利，对于股东而言，重整是不会造成任何损失的选择。”[3]股东作为拯救企业的积极推动,[4]不仅最有动力也最有能力挽救企业。[5]股东相对债权人对企业的经营信息掌握更为充足，更有能力促进企业重整成功。在重整程序中，第三方融资债权人的外部资金也在一定程度上稀释了原有股东股权，不仅分红减少，还降低了原有股东控制权，因此与融资债权人优先权间存在不可避免的冲突。股东权利保护的主线要明确的是，之所以要保障股东权利，是因为股东是拯救企业的积极推动，重整成功离不开股东的积极参与，因此也要限制股东的实体权益，以防保护倾斜对其他债权人不公。股东作为信息资源的掌握者与重大决策的管理者，相比其他未参与企业经营管理的债权人、雇员而言更有能力避免经营失败，因此股东不应该受到更多的保护。

总体而言，现代破产法价值目标的多元化，使重整制度从单一的“债权人中心主义”转向鼓励债务人再生的“挽救主义”，促进困境企业的再生与复兴。重整融资保护对于企业重整具有至关重要的作用，企业获得新资金的注入才可继续经营、维持企业价值，避免社会资源浪费、员工失业等一系列消极影响，从而实现社会效益最大化。

（三）破产重整融资债权现行保护制度的体系性缺陷

重整融资债权优先权立法[6]可划分为融资优先权与共益债权优先权两类。[7]共益债权

---

〔1〕 参见 Elizabeth Warren，Jay Lawrence Westbrook，*The Law of Debtors and Creditors*: *Test*，*Cases*，*and Problems*，中信出版社 2003 年版，第 512 页。

〔2〕［日］宫川知法:《日本倒产法制的现状与课题》，于水译，载《外国法译评》1995 年第 2 期。

〔3〕［美］理查德·A. 波斯纳:《法律的经济学分析》，蒋兆康等译，中国大百科全书出版社 1997 年版，第 528 页。

〔4〕 王利明:《破产立法中的若干疑难问题研讨》，载《立法研究》2005 年第 3 期。

〔5〕 陈英:《破产重整中的利益分析与制度构造——以利益主体为视角》，山东大学出版社 2013 年版，第 117 页。

〔6〕 重整融资中债权优先性主要有两大表现类型：一是不同层级的贷款优先权，二是共益债权的优先性。两者具体的立法构造与法律适用范围亦有所不同。

〔7〕 丁燕:《论破产重整融资中债权的优先性》，载《法学论坛》2019 年第 3 期。

优先权主要以中国、日本为代表，[1] 都是破产程序中产生的为全体债权人利益而支付的费用和发生的债务，具有随时清偿并优先于普通债权的共性；美国法下 DIP 层级优先权最具有代表性，根据困境企业融资难度提供了不同层级的优先权，以最大限度地激励融资债权人促进重整成功。我国采用“共益债权”模式，就目前实践来看呈“内忧外患”的局面：一方面制度内部规则模糊，未厘清新融资债权与共益债务、破产费用的清偿顺位；另一方面外部效益差，不能从根本上解决目前融资需求与融资债权保护制度的不对称性，[2] 相比较而言，美国法下的“超级优先权”制度更易激励融资获取继续营业的资金支持进而促进企业重整成功。

《破产法司法解释（三）》赋予融资债权“参照”共益债务的法律地位，可不依重整计划随时清偿，但并未明确共益债务间及共益债务与“融资债务”间的清偿顺位。也即该“融资债权”并未具有优先于其他共益债务的清偿顺位，重整融资债权人不能因此减少重整未来的风险，[3] 换言之，该规定仅提高了融资债权人回收借款的可能性，并未实质性地保障融资债权。首先，破产费用与共益债务之间的清偿规则也提高了融资债权不能回收的风险。根据《企业破产法》第 43 条的规定，债务人财产不足以清偿所有破产费用和共益债务的，先行清偿破产费用。在清偿顺位的安排上，重整融资债权“参照”共益债权在债务人财产不足以清偿两者的情形下，融资债权劣后于破产费用，甚至可能出现融资借款先行清偿破产费用的风险。因此，《破产法司法解释（三）》看似赋予了融资债权优先权，但该优先权面临尴尬的境地：既非优先于同级共益债务，更非优先于破产费用，[4] 事实上仅获得随时清偿的保障，难以带给融资债权人以全面的保护激励其融资。

其次，新融资债权优先性的保护避不开既有担保的规定，我国《民法典》明确了担保物权统一受偿规则，即以登记时间顺序依序受偿，若无登记按比例清偿的规则，不仅进一步压缩了重整融资的空间，协商改变抵押顺位来保障新融资债权的方式也将会提高操作难度与成本。为解决在后融资债权的保障问题，《民法典》新增了超级动产抵押权，在满足一定条件下给予该动产价款抵押权“超级优先权”，优先于同一财产上除留置权外的其他担保物权。[5] 相比之下，破产重整程序中为新融资设定的担保权劣后于既有担保债权，更何况未设定担保的新融资债权，采“共益债权”模式保护的新融资债权难以实现激励融资的立法目的，不符合现有商业实践需求。

---

[1] 《日本民事再生法》第 119 条第 5 项规定，“共益债权”即“重整程序开始后为所有主体的利益和债务人财产再生进行贷款产生的债权”。

[2] 参见陈景善：《重整融资之超级优先权模式：功能与构造》，载《政治与法律》2021 年第 9 期。

[3] 丁燕：《论破产重整融资中债权的优先性》，载《法学论坛》2019 年第 3 期。

[4] 参见陈景善：《重整融资之超级优先权模式：功能与构造》，载《政治与法律》2021 年第 9 期。

[5] 《民法典》第 416 条规定：动产抵押担保的主债权是抵押物的价款，标的物交付后十日内办理抵押登记的，该抵押权人优先于抵押物买受人的其他担保物权人受偿，但是留置权人除外。

二、破产重整融资债权保护路径的重构方向

（一）重整融资债权保护突破原有债权保护体系的必要性

之所以赋予重整融资债权以优先性，是因为对其内在公平、效率和利益平衡综合考量的结果，这也正是对经济活动进行法律规制的价值取向。[1]申请破产保护的债务人的资产负债表越来越多地被大量的担保债务所占据，这意味着他们确实需要求助于特殊的融资债权保护制度以吸引融资。特别是疫情后全球可能面临罕见的“通胀型经济萧条”的情形下，申请重整的债务人获得经营所需的贷款变得极其困难，其中许多人面临迫在眉睫的经济短缺，可能迫使他们“关门大吉”。与此同时，融资需求的不断扩张很可能大大提高剩余贷款机构拥有相当大的谈判筹码，为满足日益扩大的融资需求并避免融资债权人的过度扩张，[2]需要采取合理措施解决“供求问题”。海商救助融资和重整融资之间具有相似之处，救助人将遇难船只的货物从海商的毁灭中解救出来，同样地，新融资债权人也会阻止债务人的整个业务被清算，即“打捞船只”，抑或是帮助企业资产的持续经营价值，即“拯救货物”，鼓励向陷入困境的债务人提供融资，因此海商法院处理救助协议的方式对于重整融资债权的规则重构具有启发性。

一方面，陷入困境的企业避免资产清算是基于“继续营业”价值比单个资产价值总和更有价值，企业这一实体产生协同效应需要资本的投入，因此采取有效措施吸引投资才能提高重整成功率，促使债权人利益最大化。另一方面，应预防胁迫下的融资协议或救助协议。当救助人存在恶意时，法院也会相应减少对救助人的赔偿，[3]因此对于融资债权的保护要贯彻公平原则，在强制条件下提出的敲诈协议与公共政策相违背而无效，合理限制重整融资债权优先权的范围及边界，尽可能维护交易安全性与稳定性并减少对其他利害关系人的影响。[4]

破产法作为一个社会外部性极强的综合性法律规范，融破产清算与再生复兴程序于一体，是市场经济之“宪法”。[5]破产法需要高屋建瓴统领各方利益，秉持多元目标的发展理念，以达到社会效益与整体效用的最优，[6]这意味着利益分析以及制度构造需贯彻破产法的公平原则，并将社会整体效益最大化作为价值追求。之所以赋予重整融资债权以优先性，是

---

〔1〕 丁燕：《论破产重整融资中债权的优先性》，载《法学论坛》2019 年第 3 期。

〔2〕 See Seth Shicha, *Debtors Qua Salvee: Superimposing Salvage Law Onto Dip Financing Agreements*, 90 Am Bankr LJ 129, 2016, p. 130 -131.

〔3〕 See Seth Shicha, *Debtors Qua Salvee: Superimposing Salvage Law Onto Dip Financing Agreements*, 90 Am Bankr LJ 129, 2016, p. 148.

〔4〕 丁燕：《论破产重整融资中债权的优先性》，载《法学论坛》2019 年第 3 期。

〔5〕 参见王欣新：《破产王道》，法律出版社 2021 年版，第 1 -2 页。

〔6〕 张钦昱：《破产优先权之限制理论研究》，法律出版社 2016 年版，第 65 -68 页。

因为对其内在公平、效率和利益平衡综合考量的结果，这也正是对经济活动进行法律规制的价值取向。[1]特别是如今疫情后全球可能面临罕见的“通胀型经济萧条”的情形下，申请重整的债务人获得经营所需的贷款变得极其困难，与此同时，融资需求的不断扩张很可能会使贷款机构过度扩张，[2]需要采取合理措施解决“供求问题”限制重整融资债权优先权的范围及边界，尽可能维护交易安全性与稳定性并减少对其他利害关系人的影响。[3]

随着破产法市场化、法治化的实施，优化破产法制度本身的同时，还需要有效回应因企业破产而衍生的一系列社会问题，[4]尤其是当下“僵尸企业”的处置问题，要从识别企业价值入手，减少不合理的非市场化补贴，及恶性循环的借新还旧式输血，[5]还原企业“造血”功能，优化营商环境、完善市场化退出机制。国有企业中“僵尸企业”的比例最高，[6]与社会稳定、金融安全、职工就业等一系列问题息息相关，[7]因此在处置“僵尸企业”的过程中，若“僵尸企业”仍有经营价值或其破产对周边经济影响巨大，为了避免资源浪费、实现社会效益最大化，破产重整制度应是首要选择。“僵尸企业”的破产重整最大的问题是债权债务问题，比普通困境企业融资难度更大，且担保占比高，若想获得第三方外部融资，就需要强化对新债权的保障。

（二）担保债权优先受偿的不合理

物权担保制度保护融资债权人安全、降低交易成本的同时，促成资金高效率运用，担保物权的实现保障了债权人的基本权利；与此同时，企业资产的相对完整性是企业继续营业的前提，重整债务人资产附着大量担保物权已是不争的事实，若允许担保物权的全部实现，企业复兴的目标就会成为空中楼阁。因此，既有担保债权能否让位于融资债权成为重整立法中必须要面对的问题。

首先，担保财产是继续经营基础。债务人企业对机器、设备等财产的占有、使用、收益、处分是继续营业的需要，企业的正常经营和运转离不开企业财产的相对完整性，如果允许担保债权人在重整期间行使权利，那么企业拯救便成为空谈。此外，资产负债率和未设担保财产的数量是决定企业融资的决定性因素。[8]美国学者克罗宾指出：“在应对财务困境的

---

〔1〕 丁燕：《论破产重整融资中债权的优先性》，载《法学论坛》2019 年第 3 期。

〔2〕 See Seth Shicha, *Debtors Qua Salvee: Superimposing Salvage Law Onto Dip Financing Agreements*, 90 Am Bankr LJ 129, 2016, p. 130 – 131.

〔3〕 丁燕：《论破产重整融资中债权的优先性》，载《法学论坛》2019 年第 3 期。

〔4〕 王欣新、郑志斌：《完善重整挽救制度优化东北营商环境》，载《中国审判》2020 年第 1 期。

〔5〕 张亮、唐任伍、成蕾：《“僵尸企业”的成因、处置障碍与对策》，载《经济纵横》2018 年第 2 期。

〔6〕 聂辉华等：《我国僵尸企业的现状、原因与对策》，载《宏观经济管理》2016 年第 9 期。

〔7〕 赵树文、王嘉伟：《僵尸企业治理法治化保障研究——以破产法及其实施机制的完善为研究路径》，载《河北法学》2017 年第 2 期。

〔8〕 D. D. Moore, *How to Finance a Debtor in Possession*, Commercial Lending Review, 1991, p. 8 – 10, this conclusion is affirmed by an empirical study in S. Dahiya, K. John, M. Puri & G. Ramirez, *Debtor-in-possession Financing and Bankruptcy Resolution: Empirical Evidence*, JFE, No. 69, 2003, p. 266.

过程中，破产法有时会应该而且必须实质性改变非破产法所承认的权利。”[1]随着现代经济对融资安全的需求以及担保制度的发展，需要限制担保权利的行使促进企业重整的顺利推进。[2]

其次，担保债权优先受偿会侵害其他债权人利益空间。在破产程序中，有担保权人的权利的实现牺牲了广大普通债权人的利益。[3]美国经济学家贝布丘克指出，“无调节能力”债权人大量存在于债务人企业，[4]这部分债权人因谈判劣势地位，无法要求企业提供担保等优待，并且缺乏相应的专业能力，无法预见公司破产其债权得不到清偿的危险。在这种情况下，法人的有限责任制度与担保物权的优先受偿会协助破产债务人及担保权人损害普通债权人的利益。许德风教授认为现行破产法侧重于保护担保债权人的利益，这不利于重整的顺利推进，并会造成其他利益主体权益的受损。[5]

最后，担保债权人回避风险有违公平。美国学者杰克逊指出，破产前夕现象可以在海商法和共同海损分摊问题中找到类似情况，[6]如果一艘满载贵重货物的船舶在海上发生事故，船长可以做出任何必要的牺牲以防止船舶和货物完全沉没，所有参与航行的船东将根据其占比为共同海损费用作出贡献。从这个角度来看，破产程序就是一个损失分摊的过程，[7]破产重整的参与也是对企业经营失败这一“共同灾难”的共同分担，这意味着利害关系人都要公平的分摊经营失败所带来的损失。若放任对于重整程序没有做出新的贡献的担保债权人行使担保物权，不仅无法实现企业的继续营业，还会致使风险分担的不匹配，对效率价值产生实质打击。[8]

（三）重整新融资债权超级优先权制度的引入

基于实现破产重整之融资便利、优化营商环境的考量，重整融资债权“超级优先权”模式比“共益债权”模式更有利于重整目标的实现，“超级优先权”制度的引入需要在充分了解其背景和适用的基础上进行本土化改良。[9]

---

〔1〕 See Donald R. Korobkin, *Rehabilitating Values: A Jurisprudence of Bankruptcy*, 91 Colum. L. Rev., 1991, p. 768.

〔2〕《破产法立法指南》第一部分和第二部分，第77页第29条。

〔3〕 陈英：《破产重整中的利益分析与制度构造——以利益主体为视角》，山东大学出版社2013年版，第89页。

〔4〕 Lucian AryeBebchuk & Jesse M. Fried, *The Uneasy Case for the Priority of Sr cured Claims in Bankruptcy*, Vol. 105The Yale Law Journal, 1996, p. 864-865.

〔5〕 许德风：《论担保物权的经济意义及我国破产法的缺失》，载《清华法学》2007年第3期。

〔6〕 See Thomas H. Jackson and Robert E. Scott, *On the Nature of Bankruptcy: An Essay on Bankruptcy Sharing and The Creditors' Bargain*, Virginia Law Review, Vol. 75, No. 2, 1989, p. 171-172.

〔7〕 See Thomas H. Jackson and Robert E. Scott, *On the Nature of Bankruptcy: An Essay on Bankruptcy Sharing and The Creditors' Bargain*, Virginia Law Review, Vol. 75, No. 2, 1989, p. 167.

〔8〕 See Elizabeth Warren, *Bankruptcy Policy*, The University of Chicago Law Review, Vol. 54, No. 3, p. 801-804, 1987; Jagdeep S. Bhaddari& Lawrence A. Weiss ed., *Corporate Bankruptcy: Economic and Legal Perspectives*, Cambridge University Press, 1996, p. 73.

〔9〕 参见陈景善：《重整融资之超级优先权模式：功能与构造》，载《政治与法律》2021年第9期。

1. DIP 融资与超级优先权规则

债务人资产融资可以追溯到 19 世纪铁路破产接管时期，铁路公司需要向供应商支付费用以维持铁路运行。1878 年最高法院批准了“六个月规则”，即供应商因为在破产法启动后六个月内提供了供货而获得比其他担保债权人优先的清偿顺位。[1]“六个月规则”解决了融资问题的基础上，进一步创新了优先权来源，为帮助铁路公司获得融资，法院授权接管人签发“接管人证明书”，也就是今天的 DIP（debtor in possession）融资措施。[2]随着时间的推移，“接管人证书”的适用逐渐扩大，到 19 世纪末 20 世纪初，破产管理程序的适用范围扩展到非铁路公司，但由于非铁路公司的公众利益不大明显，法院在批准非铁路公司的“接管人证书”方面要严格得多。1978 年破产法不仅取消了公共企业和私营企业的区别，也不需要任何将融资与特定支出挂钩的期望，[3]各国也在 DIP 融资基础上探索建立本土化的重整融资债权优先权规则。[4]

2. 比较法视野下的超级优先权规则

“救助文化”下，首先是拯救陷入困境的企业而不是关闭该企业，并尽快将受益分配给债权人，救援文化的诞生和发展离不开重整融资债权超级优先规则。[5]“超级优先权”（priming lien）的典型代表是《美国破产法》第 364 条（d）规定，该项下融资债权优先于所有既有担保受偿为陷入困境企业的持续经营提供了便利，[6]层层递进式的新融资债权人保护规则为新融资债权提供了全方位的保护，[7]进而实现了企业破产融资市场化运营。《加拿大公司债权人安排法》第 11. 2. 条（2）规定法院可下令担保或抵押优先于公司任何有担保债权人的债权。[8]加拿大法院已经试图在行使其公平管辖权的过程中找到最佳的平衡点授予 DIP 融资或其他优先权和 DIP 融资费用，并在适当的情况下授予超级优先权融资，[9]如 Dylex，SkyDome（现为罗杰斯中心）和伊顿等案例都是使用 DIP 融资提供临时融资的情况。[10]

---

〔1〕 David A. Skeel Jr，*The Past*，*Present and Future of Debtor-in-Possession Financing*，Faculty Scholarship at Penn Law. 695，2004，p. 1910.

〔2〕 David A. Skeel Jr，*The Past*，*Present and Future of Debtor-in-Possession Financing*，Faculty Scholarship at Penn Law. 695，2004，p. 1911.

〔3〕 张思明：《美国破产重整 DIP 融资制度研究》，载《商业研究》2016 年第 6 期。

〔4〕 丁燕：《论破产重整融资中债权的优先性》，载《法学论坛》2019 年第 3 期。

〔5〕 Ashby，Lana Latoya，*Priority and Rescue Financing in the Commonwealth Caribbean：Lessons from the United States of America*，*United Kingdom and European Union*，Commonwealth Law Bulletin，Vol. 40，Issue 2，2014，p. 321.

〔6〕 11 U. S. C，§364.

〔7〕 王佐发：《DIP 融资制度的成本收益分析及对我国金融机构的启示》，载《海南金融》2009 年第 3 期。

〔8〕 Companies' Creditors Arrangement Act（CCAA）R. S. C. ，1985，c. C-36，11. 2（2）.

〔9〕 Janis Sarra，*Debtor in Possession Financing：The Jurisdiction of Canadian Courts to Grant Super priority Financing in CCAA Applications*，The Dalhousie Law Journal，Vol. 23 No. 2，2000，p. 375.

〔10〕 See ROTSZTAIN，Michael B. ，*Debtor-in-Possession Financing in Canada：Current Lawand a Preferred Approach*，available at：https：//www. cbj. ca/debtor_in_possession_dip_financing/.

2009年《韩国破产法》第180条第7项规定了“超级优先权”，系指优先于破产费用和共益债权的超级优先性。[1]2016年修订的《债务人重整与破产法》，不仅扩大新贷款债权人的权限，并缩小了新贷款程序中听取利害关系人意见的范围，[2]以有效进行融资贷款。[3]2007年我国台湾地区在借鉴美国“超级优先权”基础上修订了“债务清理法”草案，新融资贷款人可以申请法院裁定其获得优先于既有担保权人的清偿顺位，但需要同时满足无可担保财产与既有担保权人拒绝同一顺位的两个条件，并明确了该“超级优先权”的退出优先保护制度。

3. 重整新融资债权超级优先权的适用条件

对于超级优先权制度的引入，需要在了解制度本身的基础上进行本土化构建，先行试点、后续逐步展开。[4]目前“超级优先权”规范最为详尽的是《美国破产法》第364条（d）条，超级优先权的授予条件有三，分别是（1）债务人不能获得通过其他三种方式获得融资；（2）既有担保债权人获得充分保护；（3）公告和听证是法院授权的前置程序。

首先是法院在经通知并听审后予以批准。《美国破产法》第102条定义了何为“听证和通知”的内涵，[5]合理通知以告知有关各方诉讼的未决性，并为他们提供提出反对意见的机会。[6]也就是说，只有在向债权人发出申请通知并且法院就该事项召开听证会之后，法院才可根据《美国破产法》第364条（c）授权债务人取得信贷。《联邦破产程序规则》第102条b款允许法院在某些情况下免除实际听证的必要性，但是只有在适当通知所有利益方并且没有提出听证请求的情况下，法院才可以在不举行听证会的情况下采取行动。

其次是DIP不能通过其他方式获得融资。困境企业不能通过此方式之外的其他途径获取贷款，即债务人无法依据第364条（a）（b）（c）或其他方式获得贷款。[7]在债务人企业资产无可抵押的财产时，“无能为力”要件不难证明，更重要的是如何证明既有担保债权人“充分保护”。第364条（d）在断定无法获得信贷之前，并未规定债务人有义务向每个可能的贷款人寻求信贷，[8]也即债务人只需要证明尽合理努力的标准。

最后是其他破产申请前担保债权人已获得充分保护。“超级优先权”制度突破原有担保物权体系，严重影响了原有担保权人的利益。因此，需要保障既有担保权人利益，但“充分

---

〔1〕 参见陈景善：《重整融资之超级优先权模式：功能与构造》，载《政治与法律》2021年第9期。

〔2〕 修订以前，《债务人重整与破产法》第179条第2款规定，“重整程序开始后，法院许可管理人进行新贷款的，应当听取利害关系人的意见”，但未明确利害关系人的范围。有观点认为，利害关系人的范围过宽，不利于有效进行新贷款。本次修订将“利害关系人”修改为“债权人委员会”，债权人委员会系指在大型企业的破产程序中由10人以下的债权人组成，由管理委员会或法院来选任（《债务人重整与破产法》第20条）。

〔3〕 卢泰岳、韩李：《英国破产法最新修改与破产法院的设立》，载《中国政法大学学报》2018年第4期。

〔4〕 丁燕：《破产重整企业债权融资的异化及其解决》，载《华东政法大学学报》2019年第4期。

〔5〕 11 USCS § 102.

〔6〕 *Mullane v. Cent. Hanover Bank & Trust Co.*，339 U.S. 306，314（1950）.

〔7〕 11 U.S.C. § 364（c）.

〔8〕 *In re Snowshoe Co.*，789 *F.2d* 1085. 1088 –1090（1986）.

保护”要件并不等同于原有担保权人的利益得到百分百的保障，《美国破产法》第 361 条提供了三种提供充分保护的替代手段,[1]分别是定期支付现金、额外留置权或替代留置权及无可置疑的等同物。[2]债务人在提出为有担保债权人提供充分保护的建议时，应当在案件情形下尽可能向债权人提供其为权利讨价还价的价值。[3]虽然适当保护标准及其对不容置疑的等同性要求保持不变，但在某一特定情况下是否存在充分的保护取决于担保物的性质和债务人提议使用该担保物的性质。

三、破产重整融资债权优先保护的规则构建

“超级优先权”规则的引入突破了破产法绝对优先原则，如何兼顾新融资债权人的保护与限制，同时不会降低担保物权促进资金融通、增强社会整体福利的正外部性影响,[4]是“超级优先权”本土化构建的重点。

（一）融资债权“层级优先权”制度的构建

在破产重整融资问题上，美国 DIP 融资中的层级优先权规则通过分层设计给予不同阶段参与重整融资的贷款人以全方位保护，《美国破产法》第 364 条根据不同融资难度对破产新融资债权授予不同种类的优先权，细化优先权的种类不仅满足了商业实践需要，减少了信息不对称带来的交易成本，提高潜在贷款人的融资积极性，帮助企业尽快募集资金，进而实现继续营业;[5]也从侧面进一步约束“超级优先权”规则，尽可能缩小其适用范围以保障担保债权的稳定性，同时也给予困境企业“速效救心丸”，畅通企业重整融资渠道。

DIP 融资中，破产法为投资者提供四种不同的优先权。最容易获得融资的情况下，《美国破产法》第 364 条（a）提供了无须法院批准的最低等级的新融资债权优先权，融资债权人获得与管理费用同级顺位的受偿权，该种融资贷款限于企业一般运营活动。[6]若想获得一般运营活动之外的融资贷款。第 364 条（b）规定了通知、听证及批准程序加以限制。在债务人企业不能通过前两种方式获取贷款。第 364 条（c）赋予新融资债权优先于管理费用的清偿顺位或在抵押财产上提供次于既有担保的清偿顺位，但同样需经过通知、听证及批准的程序。第 364 条（d）规定，债务人在无法通过其他方式获得融资且既有担保权人得到“充

---

〔1〕 11 USCS § 361.

〔2〕 *In re Murel Holding Corp.*，75 F. 2d 941（2d Cir. 1935），在第 361（3）条中加入“无可置疑的等价物”一词最为重要，这个概念起源于本案。

〔3〕 See *In re Martin*，761 F. 2d 472，475（1985）；*See also In re American Mariner Indus.*，734 F. 2d 426，435（1984）.

〔4〕 许德风：《论担保物权的经济意义及我国破产法的缺失》，载《清华法学》2007 年第 3 期。

〔5〕 丁燕：《论破产重整融资中债权的优先性》，载《法学论坛》2019 年第 3 期。

〔6〕 美国法上的所谓行政管理费用，依照《美国破产法》第 503 条（b）（1）规定，包含财团管理、税金与罚款等。

分保护”时，可以为新融资债权人提供优先于原有担保权人的受偿顺位。需要注意的是，后三种贷款都会对其他利害关系人造成一定影响，因此这三类优先权的授予需要进行通知、听证和批准程序，以此平衡新融资债权人与其他利害关系人的利益，并为其他债权人提供救济及异议的方式。同时，如果债务人善意地提供了信贷，即使法院的授权裁决在上诉中被推翻或修正，《美国破产法》第364条（e）“安全港”条款保护也能防止后续法院裁决的结果影响到重整融资债权人的优先权，从而保障重整融资债权人的优先退出权。[1]

（二）破产重整融资债权层级优先权清偿顺位探索

各利益主体利益冲突的核心在于债权清偿顺位的先后，尤其是“超级优先权”规则的引入加剧了矛盾的复杂性，厘清融资债权层级优先权模式下的清偿顺位需要以本土化语境为基础，综合考虑重整参与者的利益平衡。

1. 我国破产立法中清偿顺位问题研究

我国1986年《企业破产法（试行）》第37条对破产财产的分配顺位进行了规定。《企业破产法（试行）》第37条第2款规定，破产财产优先清偿破产费用后，按照职工工资和劳动保险费用、税款、破产债权的顺序清偿。我国1986年《企业破产法（试行）》采用除斥债权立法体例，破产费用、劳动债权和税收债权均不属于破产债权范畴，且不承认劣后债权制度，劣后债权在我国没有清偿地位。关于破产费用的范围，1986年《企业破产法（试行）》与相关司法解释进行了界定，[2]第90条还规定，清算期间职工生活费、医疗费可以从破产财产中优先拨付。根据以上规定可知我国1986年《企业破产法（试行）》将诉讼费用、共益费用以及清算期间职工生活费、医疗费等都归入破产费用范畴，享有第一顺位受偿。由此可见，1986年破产优先权之间顺位为：破产费用—工资与劳动保险费用—税收费用，同一顺位按比例清偿。

2006年《企业破产法》继承了《企业破产法（试行）》的固有传统，细化了三类破产优先权：一方面将劳动债权分为了顺位不同的两个层次；[3]另一方面将破产费用区分为破产费用与共益债务。在破产财产的清偿问题上，我国并未将担保物权的行使的权利标的排除在破产财产之外，即我国承认担保债权属于破产财产。[4]与日、德破产法的别除权制度不

〔1〕 See Stephen L. Sepinuck, Linda J. Rusch, Gregory M. Duhl, *Problems and Materials On Bankruptcy Law and Practice*, West Academic Publishing, 2013, p. 472.

〔2〕 1986年《企业破产法（试行）》第34条规定：“下列破产费用，应当从破产财产中优先拨付：（一）破产财产的管理、变卖和分配所需要的费用，包括聘任工作人员的费用；（二）破产案件的诉讼费用；（三）为债权人的共同利益而在破产程序中支付的费用……”

〔3〕 列入第一清偿顺位的劳动者债权包括：拖欠的工资和医疗、伤残补助、抚恤费用；拖欠的社会保险费用中应当划入职工个人账户的基本养老保险、基本医疗保险费用；拖欠的应当支付职工的补偿金。除斥之外的社会保险费用与拖欠税款一并列入第二清偿顺序清偿。

〔4〕 2006年《企业破产法》第30条规定，破产申请受理时属于债务人的全部财产，以及破产申请受理后至破产程序终结前债务人取得的财产，为债务人财产。

同,[1]我国破产法仅规定担保权人享有就破产债务人特定财产优先受偿的权利，没有承认担保债权具有可不依破产程序而行使的权利。那么就产生了一个问题：享有“别除权”的担保债权与享有优先受偿权的优先性破产债权在效力竞存时顺位如何安排？

我国《企业破产法》第113条规定职工债权一般情况下仅获得优先于税款和普通债权的清偿顺位，劣后于破产费用和公益债务清偿。同时第132条对劳动债权提供了有限制的特殊保护，不足以清偿的部分获得特定财产优先于对该特定财产享有担保权的权利人受偿。该种特殊的安排其实反映了一种价值判断——长期利益与短期利益的价值冲突，进而兼顾各方利益协调价值冲突。[2]

在世界各国破产法改革与发展的大趋势下，我国企业破产法仍然保留税收债权优先于普通债权受偿顺位的安排是否有足够的立法理由遭遇质疑。韩长印教授指出，税收风险的转移会使众多纳税人成为损失的最终承担者，从而有损风险分担的公平。[3]从税法“经济上的可税性”与“法律上的可税性”来看，对资不抵债的公司进行收税显属不合理，也不符合税收公平分配的目的。许多国家的破产法已经取消了税收债权的首先顺位，最典型的就是澳大利亚和德国，尽管美国还保留了税收债权的司法担保权,[4]但实践中极少有纳税机关通过破产程序追缴税款，更多地作为保障性条款。因此，税收优先权的地位有待进一步探讨。

综上，根据我国《企业破产法》有关规定，破产财产的清偿顺位如下：担保债权（特殊情况下劳动债权）[5]—破产费用、共益债务（融资债权）[6]—劳动债权—税收债权—普通债权。

2.“层级优先权”制度下清偿顺位问题研究

相比西方盛行的“挽救文化”，国内对于破产重整制度的优势没有充分认可，对于企业重整的参与有限，很大程度上是“输血式”注入资金缓解企业困境，政府补贴的非市场化色彩明显。“层级优先权”制度的目的在于最大限度集合社会潜在资金实现企业拯救，现有规则下破产财产清偿顺位的厘清是引进“层级优先权”制度的基础。

---

[1] 别除权是大陆法系破产法上的概念，是指在破产程序中，对破产人的特定财产享有担保物权的权利人，可以不依照破产程序对该特定财产优先受偿。有学者认为我国新企业破产法第109条是有关“别除权”的规定。参见赵雷主编：《新企业破产法讲读》，中国工人出版社、人民法院出版社2006年版，第246页。

[2] 王利明：《关于劳动债权与担保物权的关系》，载《经济法学、劳动法学》2005年第7期。

[3] 参见韩长印：《破产优先权的公共政策基础》，载《中国法学》2002年第3期。

[4] 潘琪：《美国破产法》，法律出版社1999年版，第139页。

[5]《企业破产法》第132条规定，破产人在本法公布之日前所欠职工的工资和医疗、伤残补助、抚恤费用，所欠的应当划入职工个人账户的基本养老保险、基本医疗保险费用，以及法律、行政法规规定应当支付给职工的补偿金，依照本法第一百一十三条的规定清偿后不足以清偿的部分，以本法第一百零九条规定的特定财产优先于对该特定财产享有担保权的权利人受偿。

[6]《企业破产法》第43条规定，破产费用和共益债务由债务人财产随时清偿。债务人财产不足以清偿所有破产费用和共益债务的，先行清偿破产费用。债务人财产不足以清偿所有破产费用或者共益债务的，按照比例清偿。债务人财产不足以清偿破产费用的，管理人应当提请人民法院终结破产程序。人民法院应当自收到请求之日起十五日内裁定终结破产程序，并予以公告。

三级优先权分别具有优先于担保债权、优先于管理费用以及作为管理费用受偿的地位，在破产财产清偿中依融资难度具有不同的受偿顺序。DIP 模式下美国破产三级融资债权优先权的清偿顺位为：超级优先权（d）—担保债权——般优先权（c）—管理费用与次级优先权（a、b）[1]—其他优先权（第一顺位为行政费用）[2]—普通无担保债权—劣后债权。[3]相比较而言，我国的劳动债权与税收债权包含于美国破产法中的"其他优先权"，还对管理费用和共益债务进行了顺位上的特殊区分，具有更复杂的破产财产清偿顺位。"层级优先权"的引入将会给清偿顺位带来不同于美国破产财产的清偿顺位，因此，梳理重整融资债权各类优先权的范围与边界，具体如其与管理费用、共益债权、普通债权与担保债权之间的清偿顺位更为重要。

如前所述，《破产法司法解释（三）》在《企业破产法》的基础上明确了重整融资债权的属性，赋予其优先于普通债权清偿的顺位，此为我国融资债权"一般优先权"，该笔借款只要用于正常经营活动无须经过债权人会议和法院批准。若是借款用于非正常经营，比如非继续营业所必需，管理人或者债务人对于该融资债权优先权的申请须经债权人会议和法院批准。倘若债务人财产不足以清偿所有破产费用和共益债务的，该"一般优先权"不能优先于破产费用清偿，此时三者清偿顺位为破产费用—共益债务和一般优先权；若债务人财产不足以清偿所有破产费用或共益债务的，三者按照比例清偿。

另外，获得难度较大的借款，即无法以一般优先权的待遇获得资金之情形，此类借款经过债权人会议和法院批准后，可在无担保财产上设定担保，或获得劣后于既有担保债权人的担保权益，即劣后于担保债权同时优先于破产费用及共益债务获得清偿的第二顺位优先权——"次级优先权"。

最后在特殊情况下，给予融资债权"超级优先权"。"超级优先权"的授予不仅需要满足债务人"无能为力"以及既有担保权人获得"充分保护"的实质条件，还需经债权人会议和法院听证的程序。该种优先性保护突破了原有担保物权保护规则，因此法院负有审慎审核的义务，债务人负有举证责任，需向法院和债权人会议证明"无能为力"、"充分保护"以及该融资的紧迫性与不可替代性。需要注意的是，如若企业尚存资产可以另设担保，新融

---

〔1〕美国对破产费用与共益债务不做区分，统称为管理费用；《美国破产法》第 503 条规定，管理费用是维持破产财产实际必需的成败和费用，包括破产案件启动后为破产程序顺利进行而提供服务的酬金、薪金。一项债权构成管理费用需符合两个条件：（1）该债权必须发生在破产申请之后；（2）必须是用来维持财团实际的、必需的费用。

〔2〕《美国破产法》第 507 条第 1 款规定了八个等级的优先债权，他们之间实行"等级制清偿"，顺位在前的享有优先受偿权，只有上一级债权人获得充分清偿后，下一级债权人才可以获得清偿。这八种债权依次为：行政费用债权；日常经营支出债权；未支付的工资和其他劳动报酬债权；雇工的福利债权；粮食生产者与水产品生产者的债权；消费者预付债权；税收债权；特殊的银行保证金债权。参见付翠英编著：《破产法比较研究》，中国人民公安大学出版社 2004 年版，第 363 页。按照 11 USCS § 507 第 1 款规定，第一顺位为抚养费用，在企业破产中暂不考虑此项，所以企业破产中第一顺位为行政费用。

〔3〕刘明尧：《破产债权制度研究》，中国社会科学出版社 2018 年版，第 169 页。

资债权不能获得“超级优先权”，即该融资所获担保不能优先于既有担保债权人就特定物设定的担保债权。[1]

由此，我国破产法体系下层级优先权的清偿顺位如下：超级优先权—担保债权（特殊情况下劳动债权）—次级优先权—破产费用、共益债务与一般优先权—劳动债权—税收债权—普通债权。

（三）破产重整融资债优先保护的程序保障

优化营商环境大背景下，重整融资的保障对于企业的再建与复兴至关重要，融资债权“层级优先权”规则的引入将有效突破重整企业融资难的困境，进而实现破产法的价值目标，因此，规范层级优先权的启动与退出程序，也是现代破产重整制度发展的大势所趋。

1. 破产重整融资债权的启动程序

破产的司法干预原则越来越多地被各国立法所接受，特别是重整程序中国家公权力的介入因素不仅是社会价值考量的结果，还是由重整计划的特殊性质决定。法院的主导地位确保过程和结果的公开、公正与公平，法院要对每一步程序进行确认，有助于从司法层面对于融资债权层级优先权的保护给予司法保障，从立法层面确认超级优先权、次级优先权以及一般优先权优先受偿的地位，从而降低新融资债权人的投资风险，激励困境企业重整成功。

根据《美国破产法》第 364 条赋予“受托人”融资债权优先权的申请权，一般情况下在自愿提交第 11 章申请后，债务人自动成为“占有债务人”。因此，在各个方面都占据了破产受托人的地位。[2]个人只有在有能力履行受托人职责，并在案件待决的司法区或相邻的司法区居住或任职的情况下，才能在破产案件中担任受托人，同时并未否认债权人、债权人的律师及股东成为受托人的可能。[3]我国法采取破产管理人制度，原则上法院选任破产管理人但允许债权人会议另行选任，主要由有关部门、机构组成清算组，自然人担任破产管理人极少。[4]因此，破产管理人作为破产程序的主要推动者，也应成为融资债权司法优先权的主要申请主体；债务人、股东和出资人作为重整程序的重要参与者，对于寻求融资具有较大的驱动力，也应具有申请权；相比之下，担保债权人的自利性致使其不会主动申请“超级优先权”以限制担保权的实现，但是对于次级优先权以及一般优先权不能排除其申请权。

首先，法院和债权人委员会应根据听证的结果批准融资优先权的授予，一般情况下，管理人或者自行管理的债务人应当负举证责任。债权人会议或债权人委员会进行初步审核，随后将债权人会议或债权人委员会审批建议一并报送法院进行二次实质审核，由法院最终决定授予债权人何种等级的融资优先权。若债权人会议否决了债务人的批准申请，并不意味着该

〔1〕 丁燕：《论破产重整融资中债权的优先性》，载《法学论坛》2019 年第 3 期。
〔2〕 11 USCS § 323.
〔3〕 11 USCS § 321.
〔4〕 姜铄、丁燕：《试论我国破产管理人之民事责任》，载《广西政法管理干部学院学报》2021 年第 4 期。

债权人无法获得融资优先权，在债权人会议或债权人委员会报送审批结果的同时，债务人或管理人有权提出异议并补充相关证据，法院将会在综合考虑之后依职权予以强制通过，甚至改变债务人所申请的融资债权优先权等级及债权范围。

具体而言，对于融资债权一般优先权的申请，应以企业的营业活动为基础区分“正常营业”范围。根据《破产法司法解释（三）》第2条，经债权人会议决议通过，或者第一次债权人会议召开前经法院许可，可以为债务人继续营业而借款，无须通过法院批准；若是融资债权属“非正常营业”，则只有在通知、听证并获得法院批准后，该债权才能与管理费用居于相同之受偿地位，不宜采取“困境企业所必需”的过高标准，防止扼杀可以通过一般优先权获得的融资机会；对于次级优先权及超级优先权的批准都要证明合理努力的要件，即债务人企业须通过其他方式尝试获得融资未果，[1]次级优先权的申请要有证据表明申请人为获得符合共益债务条件的无担保债权所做的努力，超级优先权的申请除了要证明“无能为力”的要件之外，对该笔融资借款的重要性也负有举证责任。

其次，“超级优先权”的授予要满足既有担保债权人得到“充分保护”的要件。债务人在向债权人会议或法院申请时，管理人或者自行管理的债务人须提供证据证明被降低次序的既有担保债权人的权益仍然能获得保护，包括但不限于定期支付现金、额外留置权或替代留置权、提供等同物等保护措施。同样地，倘若既有担保权人自愿放弃其优先受偿权降次于重整融资债权后清偿，则可以免除债务人的举证责任，在这种情况下，合意优先权的达成不仅节约了时间成本还减少了司法资源的浪费。

最后，必须证明融资性债权优先权的赋予具有现实紧迫性，符合各利害关系人的共同利益。重整融资债权优先权的加入会使原有债权人权益受损，如若该笔借款并非重整所需则其他债权人的让位与牺牲有失公平。融资债权优先受偿的理论基础在于使企业获得重整所需资金，帮助企业摆脱债务危机，从而保持继续营业并进行企业拯救。因此，管理人或者债务人需要证明其该笔融资对于企业复兴的必要性，符合所有债权人的共同利益，不仅在于现有债权清偿率的提升，还可以实现企业未来发展、维护社会经济与稳定的长远目标。

2. 重整程序中融资债权司法优先权的听证与法院授权

事前通知、听证、陈述和申辩是听证会之必经程序，法院将会根据听证会结果作出批准决定。[2]美国联邦破产程序规则要求至少提前28天通知提出异议的确定时间，并包含确认听证会的相关信息，[3]《美国破产法》要求有条件批准的披露声明应不迟于确认计划的听证会之日前25天邮寄，[4]关于披露声明的听证会可以与确认计划的听证会相结合，法官将对

---

〔1〕 丁燕：《论破产重整融资中债权的优先性》，载《法学论坛》2019年第3期。

〔2〕 高丝敏：《我国破产重整中债务人自行管理制度的完善——以信义义务为视角》，载《中国政法大学学报》2017年第3期。

〔3〕 USCS Bankruptcy R 3017 (f) (1).

〔4〕 11 USCS § 1125 (f) (2).

信息披露所提出的异议进行审查。正当法律程序的基本要求是有机会发表意见，[1]如果未在听证通知明确债权人异议的期限，通知不及时、不到位致使债权人未参与听证，将会被认为违反了正当程序，那么将不会批准债务人借钱以继续经营的请求。同时法院不应在充分通知之前给予紧急单方面救济，以免鼓励将救济请求推迟到紧急情况变得不言而喻之前。[2]除非于特定情况下，在充分表明在通知不利方或其律师之前将对动议方或重组工作造成直接和不可挽回的伤害、损失或损害的情况下，仍应提供单方面救济。由于授予超级优先权可能会损害其他债权人的利益，正当程序要求这些债权人享有有意义的通知和听证的机会，即使在申请人可能无法事先发出书面通知的紧急情况下，也必须做出一些努力，为债权人提供合理的机会发表意见，有关各方的反对意见最终需要在听证会上得到听取。利害相关人的异议足以影响 DIP 融资的金额甚至批准与否的决定。[3]

如前所述，若既有担保债权人通过协商自愿放弃或调整其优先受偿权，不仅减轻了融资债权司法优先权申请的时间成本，同时降低了通知、听证等程序的协商成本，使破产企业尽快得到融资维持正常营业。因此，法院应该对该种合意优先权的设置予以确认，给予合意优先权以法律强制力的保障，合意优先权的设立不仅更符合破产法市场化的实施，同时减少了政府对市场的干预，能够减少司法成本并提高整体效率。合意优先权规则的设置类似破产程序中的和解程序，破产和解程序虽然没有重整程序的适用性高，但在清偿与妥协等方面具有其不可替代性，通过协商达成减免债务数额及债务延期的合意，从而缓解债务危机、避免破产。同样地，融资债权合意优先权也是以重整参与方的协商为基础，避免了司法优先权程序上的时间浪费，通过当事人间的退让与妥协达成企业重整的共同目标，当事人根据其谈判优势获取相应的对价以实现清偿顺位的移动。

此外，法院的审核程序也是保障该合意合法的必经程序，这就要求法院对合意优先权协议进行实质性审核，避免欺诈、胁迫或显失公平的情形发生，减少因恶意协商造成的不公平，保障实体公正。和解协议草案需要符合“由出席会议的有表决权的债权人过半数同意，并且其所代表的债权额占无财产担保债权总额的三分之二以上”的条件，为保障劣后债权人的合法权益，合意优先权协议需要取得涉及合意优先权调整的债权人的过半数同意，表决机制的完善有利于保护债权人合法权益。

3. 重整融资债权优先权的退出机制

倘若重整融资债权人在重整失败转为清算程序后失去优先受偿权，那么重整融资优先权将徒有其名，顶着优先受偿的头衔以激励融资贷款人，却不能在危难时真正保障其权利，将

---

〔1〕 *In re Leading Edge Prods.*, *Inc.*, 120 B. R. 616. 619 (1990).

〔2〕 *In re Sullivan Ford Sales*, 2 B. R. 350. 354 (1980).

〔3〕 See Sandeep Dahiya, Kose John Puri & Gabriel Ramirez, *Debtor-in-possession Financing and Bankruptcy Resolution: Empirical Evidence*, Journal of Financial Economics, Vol. 69, No. 2, 2003, p. 262.

极大地损伤新融资债权人的投资意愿，有违重整融资债权优先权设立的初衷。因此，有必要建立融资债权优先权的全程保护机制，确立程序转换后的优先受偿权——退出优先权，保障融资债权优先权免受破产清算的影响。《破产法立法指南》指出新融资债权优先权应不受程序转化的影响；《美国破产法》第364条（e）的“安全港”保护条款也是对融资债权优先退出权的规定，根据该条款，在上诉时撤销或修改，不影响因善意提供该借贷而设立的新融资债权优先权；[1]我国台湾地区的“公司法”第312条也对重整融资债权的退出机制做出规定，确认新融资债权优先权在程序转换后不受影响。

我国破产法承认了重整融资所设担保的继续有效性，但缺乏对非担保融资的债权保护。根据《企业破产法》第93条，人民法院裁定终止重整计划执行的，重整计划中作出的债权调整的承诺失效，重整融资债权优先权是否也因此失效转变为普通债权值得商榷。但从规则的整体性上来讲，仅赋予“超级优先权”以退出优先权缺乏制度的合理性，其作为最高等级的融资债权优先权对于担保债权的影响最大，在企业破产时仍然具有优先退出权予以全程保护，“次级优先权”与“一般优先权”本就保护劣后，却未获得退出优先权显然不合逻辑。鉴于此，应建立重整融资债权的退出优先保护制度，赋予为企业重整提供帮助的融资债权以优先退出权保障其债权的实现，最大限度降低融资贷款人的风险，明确企业破产后，为重整计划的执行提供的担保与融资债权优先权继续有效。

四、结语

正是破产法的价值目标的多元化，破产制度不再单方面追求债权人利益的保护，通过多种措施达到恢复企业经营能力、企业拯救、稳定就业的多元目标，进而以社会利益最大化为最终追求。破产重整作为现代破产法的重要组成部分，相较于清算、和解制度，可以通过挽救困难企业，实现个人利益与社会利益的辩证统一。但当前市场主体对于破产重整的制度优势认识不足，缺乏企业重整的参与度，现有的破产制度难以调动市场融资为困难企业注入活力。重整融资作为破产重整成功的关键，是企业继续经营、实现再建的基础，为激励潜在贷款人融资，有必要重塑重整融资保护规则。现有制度下重整企业新融资债权明确规定为共益债务，缺乏对重整融资的立法关怀，出现应然与实然的偏颇，形成融资需求与融资债权的保护非对称性结构。基于破产法市场化的发展，应加大对于重整融资债权的保护尽可能吸引潜在投资者，为此重构重整融资债权优先性保护规则，降低投资者资金注入的风险，避免重整债务人在仍具有重整价值的情况下因融资困难而走向破产清算。

本文以权利的冲突与平衡为视角，对重整程序中各方利益进行博弈分析，总结各方需求

---

〔1〕 11 USCS § 364 (e).

的共同点在于维持社会稳定，同时深入剖析融资债权作为共益债权保护的体系性缺陷，并对重整程序中担保债权的绝对优先提出质疑，寻求担保债权与重整制度的契合点，赋予融资债权超级优先权符合逻辑自洽性。在“超级优先权”基础上通过“层级优先权”制度平衡破产制度的目标与担保物权的社会经济功能之间的矛盾和冲突，运用权利位阶理论梳理新融资债权在破产债权清偿顺序中的层级优先权问题。最后，通过完善相关配套制度构建重整融资债权优先权的全程保护，推动我国融资性债权优先保护规则的系统性建设。

综上，应当尽快确定我国重整融资债权保护的路径，以利益平衡和社会效益最大化为视角进行重整融资债权保护规则重构，缓解现有融资债权保护制度与重整融资需求的不对称，促进企业未来的发展，维护社会生产力和社会公益。

律师实务

建筑企业“壳资源”反向出售式重整模式探究及路径优化

王中良　陈泓舟 *

目　次

一、引言

《中共中央关于制定国民经济和社会发展第十四个五年规划和二〇三五年远景目标的建议》强调，“十四五”时期经济社会发展方向应以深化供给侧结构性改革为主线。[1]而供给侧改革入手点则是以合理的经济手段为指导，去除过剩产能，赋予新产能新空间。[2]司法视域下的“去产能”着力于依法妥善发挥“僵尸企

---

* 王中良，上海锦天城（重庆）律师事务所高级合伙人；陈泓舟，上海锦天城（重庆）律师事务所律师。

〔1〕 黄守宏：《坚持以深化供给侧结构性改革为主线（深入学习贯彻党的十九届五中全会精神）》，载《人民日报》2020年12月11日，第7版。

〔2〕 参见北京大学国民经济研究中心课题组：《2021中国宏观经济政策分析》，载《宏观经济》2021年第3期。

业”的破产制度功效，即对无重整希望的企业及时启动破产清算程序，释放再生产要素；对具备重整价值的企业适当引入破产挽救程序，实现企业的涅槃重生。囿于建筑业企业的特殊施工资质，由此衍生出挂靠分包经营及在建工程处置等现实桎梏，破产建筑企业的重整思路应根据企业的责任资产属性，分类评估，分别处置。在发挥破产审判职能之外，注重提升破产重整实效，达致破产保护宗旨。

二、“壳资源”特征属性及重整价值

（一）核心化财产属性

根据《建筑法》及《建筑业企业资质管理规定》等相关规定，建筑企业系从事建筑施工、土木建设、装饰装修及线路管道设备安装等工程新建、改建、扩建等活动的特许资质企业。建筑企业所持有的专属建筑资质类的行政许可，便是破产建筑企业的特殊资产——“壳资源”。“壳资源”所产生的法律效应，既体现在未经资质审查申请合格并取得资质证书时不得从事建筑施工相关工作，也反映在从事的建筑施工活动应受限于资质许可范围之内。鉴于此，尚在破产重整或清算程序中的建筑企业所拥有的建筑资质作为债务人青睐处置的责任财产的同时，也成为战略投资人的重点资产。严格意义上来说，行政许可并不是财产或财产权利，但被许可人依此特权而加持其经济行为的获益度，亦反忖出“壳资源”具备经济学意义上的财产属性。[1]实践中，能够顺利获取建筑资质的企业并不多，具备特级、一级专业类建筑资质的企业更是凤毛麟角。[2]此时，由于建筑资质需依附并保留于企业主体资格才能发挥公允价值，故建筑企业的“壳资源”无疑成为具备高价值的稀缺性资源。

（二）限制性的行政特许

行政许可兼具为政府提供干预市场的法律手段，以及为市场交易提供信息资源的双重属性。[3]而建筑资质是建设行政主管部门基于行政合法性与合理性考量对特殊经营范围作出的专属性与效力性认可。从《建筑法》第 13 条规定可推知，建筑资质的行政许可系建筑企业承接建设工程的先决条件及合法基础。[4]《建筑业企业资质管理规定》与《建筑业企业资质标准》对于建筑资质也进行了多元种类的划分与精细标准的设置，如在将建筑业企业资质的序列区分为施工总承包资质、专业承包资质、施工劳务资质的基础上，又根据工程性质与技

---

〔1〕 参见［美］波斯纳：《法律的经济分析》，蒋兆康译，中国大百科全书出版社 1997 年版，第 57 页。

〔2〕 徐阳光、叶希希：《论建筑企业破产重整的特征与模式选择——兼评“分离式处置”模式》，载《法律适用》2016 年第 3 期。

〔3〕 吕长城：《行政许可注销制度的实施困境与体系建构》，载《中国行政管理》2021 年第 7 期。

〔4〕《建筑法》第 13 条规定：“从事建筑活动的建筑施工企业、勘察单位、设计单位和工程监理单位，按照其拥有的注册资本、专业技术人员、技术装备和已完成的建筑工程业绩等资质条件，划分为不同的资质等级，经资质审查合格，取得相应等级的资质证书后，方可在其资质等级许可的范围内从事建筑活动。”

术特点将建设工程施工总承包资质划分为若干等级。例如，2007 年《施工总承包企业特级资质标准》规定，施工总承包特级资质就企业资信能力、主要管理人和技术人员要求、科技进步水平及代表工程业绩等方面均作出特级、一级、二级、三级的具体分级，并为之匹配了严苛的申请审核条件。足以看出，建筑企业"壳资源"的行政许可要求申请方企业须兼顾特殊信誉、特殊成就与特殊技能。

（三）集团企业避税资产

国内外中大型基础设施工程的招投标响应性文件中通常对承包单位资质的获取标准、过往建筑业绩及企业注册规模划定了严苛标准。[1]前述业绩及规模的考核本就是相应建筑资质行政许可审批的前提条件。故实质上，承包单位是否具有高等级总承包资质及全面的专业承包资质，是制定前述响应性文件标准的重点考量因素。此举导致集团公司作为管理机构虽不具备施工能力，但将实际施工力分配于各专业子公司中，产生集团内部工程承包资质实质共享的局面，进而规避建筑企业特定税收的两票制适用。两票制源于对医药企业、经销商与医院销售模式中开票流程所进行的限制，根本目的是帮助企业降低开票成本，提高经销商提现效率。建筑集团的二级开票制，系指下设公司以内部承包协议为依托开具阶段性销项税发票以供集团公司抵扣进项税额，而后集团对公司及业主方出具施工销售项税发票以实现合理缴费闭环。[2]在内部承包的税务核算模式中，总公司与下设公司各自独立设账，前者应对业主验收开票结算，后者负责实现日常施工管理。两票制背景下集团公司及下设公司在税法层面都属于在工程施工地预缴增值税及附加税的独立纳税人。通常，集团公司负责开票缴税，依据内部承包协议其往往可主张下设公司的销项税发票作为集团公司的分包发票。故在集团公司利用上市内部资质共享方式全额抵扣后，整体税负将明显降低。

三、"壳资源"破产处置模式的司法供给

（一）清算式处置方式

在我国《企业破产法》视阈下，破产程序被划分为破产和解、破产清算及破产重整三阶段。[3]因破产和解是债权人与债务人对于标的企业经营状况与承债情况的意思自治调整，不涉及对于特许资质等财产的处置变更，故不纳入本文研讨范围。

破产清算兼具变现处置高效与债权兜底性保障的特点，指在破产企业宣布破产后，由人民法院指定的会计师、律师、评估师等专业人员组成清算组接管公司，并对破产财产进行评

〔1〕 具体参见谈云波、钟汉华：《浅谈水利水电工程施工招标文件的编制》，载《水利建设与管理》2008 年第 4 期。

〔2〕 许建：《集团施工企业资质共享核算模式利弊分析》，载《国际商务财会》2021 年第 9 期（上）。

〔3〕 参见李永军、王欣新、邹海林：《破产法》，中国政法大学出版社 2017 年版，第 57 页。

估清算与处置分配。在实务中，碍于破产企业的经营状况恶化、资产状况不明、挂靠经营情况复杂，直接提起破产清算并不能满足受偿者对优先受偿权的期待，故破产清算通常作为破产重整或和解程序的后位程序。清算模式因处理方式径直简略大大节省了程序成本，但其法律效果多以债务人主体资格消灭为目标。由于建筑资产依附于企业而存在，故适用清算程序时，无法实现建筑企业资质保留的基本目的。可以说，一旦企业进入破产清算程序，企业的所有者权益及公允价值都将归零，企业的责任资产估值显然一落千丈。况且，符合我国《企业破产法》清算标准的破产企业，其自身资产往往已设立多重抵押，在满足优先债权受偿后，普通债权人的受偿率往往所剩无几。显然，通过消灭企业主体进行资质置换，出让价款，清偿债务的破产清算路径，并不具有可行性。

（二）留存式重整方式

相较于破产清算制度，破产重整制度具备参与主体众多、担保物权受限、介入时机前置等显著制度优势，更有益于发挥破产重整制度的企业挽救价值。留存式重整方式是最传统且最为人熟知的企业重整基本模式。其在保留原法人资格基础上，外部，通过与债权人达成债务缓减、债转股、担保涤除等方式处理债务危机；内部，通过调整注册资本、调整业务架构、引入战略投资等方式达成重振企业之目的。此种重整方式在建筑企业“壳资源”处置的困境突破路径选择中，较完整地保留了“壳资源”在市场价值、承接在建工程后续处置、稳固竣工工程质量保障义务、避免行政许可变更等方面所具备的天然制度优势。例如，在淄博钜创纺织品有限公司破产重整案中，管理人通过与投资人达成《托管协议》，委托投资人接管企业运营与员工管理，先行挽救企业的营业停滞情况。而后再与破产企业签订出让合同，由投资人以评估价全面承接企业的整体资产、负债、现有劳动职工及经营架构。〔1〕但留存式重整在建筑企业适用中仍存桎梏，在资产评估方面，因建筑企业不良债务多来自资质出借、违法分包转包等经营实践，导致“壳资源”变为不良资产。若不良资产无法剥离，将影响投资人对于整体企业价值的预估。但剥离的后果则是将建筑企业中最核心的财产一概出让，导致企业的整体价值严重贬损。故此，针对破产建筑企业资产负债交替存于同一标的物——“壳资源”之情形时，以债权债务概括承受为特征的留存式重整缺乏现实可行性。

（三）出让式重整处置

“壳资源”的处置过程，表现为先对债务人财产管理及变价成本进行评估，再由管理人编制财产管理及变价方案，最后提交债权人会议审议表决。〔2〕如前文所述，对于“壳资源”的最佳处置路径是将标的物的资产与负债相互剥离，而将负债涤除后的建筑企业资质，可称为“净壳资源”。显然，清算式重整处置和留存式重整处置两种方式都无法实现“净壳资

〔1〕 赵玉忠、张德忠：《关于企业重整过程中几个问题的思考及应对——以淄博钜创纺织品有限公司重整案为视角》，载《山东审判》第31卷总第224期。

〔2〕 张丽平、尹口：《基于行政合法性考量的建筑企业破产重整“壳资源”处置》，载《建筑》2020年第20期。

源”的获取，继而在破产实务中涌现出了出让式重整处置模式。囿于该模式并未存在于我国立法体系内，故《企业破产法》对该重整模式尚无准确的概念界定。在实务操作中，出让式重整是将具备可持续性营业价值的部分事业出让给他人，将其留存于新主体内，并将转让所获对价及未转让财产清算款项用于清偿债权人的重整方式。[1]其实现方式通常包括签订出让合同及股权出让。前者是将破产企业的固定资产、人力资源、营业资料一并打包转让。如渤钢系企业破产重整案中，渤钢系企业在破产后重组“钢铁重整平台”与“非钢重整平台”，将不同类型子公司分别在不同平台进行出让[2]；后者则是将破产企业的资产包视为对新公司的增资入股，投资人受让新公司股权后，完成整体出让手续。如宿迁市建设工程（集团）有限公司破产重整案就是将包含商业字号、资质许可等资产与关联企业合并后向社会公开拍卖出让。[3]该模式的最大亮点在于投资人或购买方与原企业既存债务的承受关系，也避免了未申报债权的嗣后突袭。但遗憾的是，该模式并未解决建筑企业特许资质与企业主体一体化问题，即“壳资源”须依附于企业主体存在且无法合意转让。此时，出让式重整模式必然导致原企业主体消灭，则所依附于原企业的资质价值亦即告消灭。

四、“壳资源”合规化重整路径：反向出售模式

（一）资质重整的价值趋向

企业破产重整标志特征是在原企业之外利用原特许资产及市场资源继续经营，体现了重整制度重在挽救实质事业而非企业形式本身的理念。[4]如出让式重整的基本处置模式虽是将债务人优质资产打包出让以偿还对价债务，但也要求受让方具备将收购资产快速消化并正常运营之能力。在美国克莱斯勒及通用汽车破产重整案中，在原克莱斯勒及原通用汽车整体资产打包出售给美国财政部、加拿大进出口公司后，又引入具备销售渠道及管理经验的菲亚特公司作为平台公司，共同出资设立了新的克莱斯勒公司。[5]如前所述，“壳资源”本身限制诸多，且不具备显性经济价值。但根据我国《关于进一步做好全国企业破产重整案件信息网推广应用工作的办法》第5条的规定，要求管理人对债务人的商誉品牌、政策扶持、资质优势等方面所具备的经济价值信息予以公示。其反映出最高人民法院对企业资质这类特殊行政许可的重整价值肯定。故此，建筑企业的“壳资源”存续符合重整程序中“重启经营事项”这一基本宗旨。一方面有助于企业存续，原因在于建筑资质是企业运营及承担预期义务的资

---

〔1〕 徐阳光、何文慧：《出售式重整模式的司法适用问题研究——基于中美典型案例的比例分析》，载《法律适用》2012年第11期。

〔2〕 参见（2018）津02破11－45号破产重整裁定书。

〔3〕 参见（2018）苏1302破9号之三《破产重整裁定书》。

〔4〕 王欣新：《重整制度理论与实务新论》，载《法律适用》2012年第5期。

〔5〕 参见冀宗儒：《美国破产法案例选评》，对外经济贸易大学出版社2006年版，第97－98页。

格载体，重整中资产盘活的经济意义远高于清算条件下的出让价值。另一方面有利于稳定民生，“壳资源”保留意味着原公司主体的存续，保护公司内部技术人员及实际施工的农民工群体免遭企业注销带来的裁员风险，一定程度上维护了社会秩序的稳定。

（二）行政机关的合理监督

转让是否具有合法性是管理人或外聘评估机构在对建筑企业“壳资源”进行价格评估时的关键考量因素。甚至部分高院在审查重整计划时也将行政许可转让能否获得主管机关的同意作为资产处置的前提条件。《北京市高级人民法院企业破产案件审理规程》明确提出，破产重整草案中涉及行政许可事项的相关行为，管理人或债务人应取得行政许可事项对应主管机关的书面同意意见，否则裁定终止重整、宣告破产。因此，在“壳资源”处置过程中，行政机关的监督及审查也影响着重整处置方式的选择。主要体现为“壳资源”主体变更的合法性审查。我国《行政许可法》及《建筑业企业资质管理规定》均规定由原颁发行政许可的建设部门作为审查主体，在企业发生分立合并、重组改制、新设并购等事项上需承继或变更原建筑资质的，应重新核定企业资质登记。即应对于是否满足建筑法律资质认定标准进行重新审核。故在出让式重整程序中，对原企业主体的任何操作势必要求建设部门的监督职能发挥其应有之义。《住房和城乡建设部关于建设工程企业发生重组、合并、分立等情况资质核定有关问题的通知》仅对企业与全资子公司间的资质转让采开放态度。但对注册资本、技术人员、设备业绩等方面仍要求进行重点筛查。现实中，正是因为企业经营困难或资不抵债才导致进入破产程序，故在出让式重整程序中，受阻于建筑资质并不具备可转让性的特征，对原企业主体资质的任何操作势必引发建设部门监督职能的发挥。实践中存在的现实经营障碍常导致无法达到资质变更的标准，投资人对于“壳资源”的受让期待随之降低，从而延缓重整程序的进程。

（三）司法实践的经验反思

正是基于“壳资源”这一类特殊行政许可的转让限制，才催生出实践中股权转让这一在规避监管条件下合法、顺利转让行政许可的操作方法。〔1〕在我国法律规范体系下，建筑企业股权转让的请求权基础依托于我国《公司法》，而股权转让审批的限制情形集中于《外商投资法》及《上市公司重大资产重组管理办法》中对于特殊公司法人的规定。通常而言，基于对股权转让中私法自由的尊重，往往只需在市场监管部门进行股权变更登记即可产生对外公示效力。〔2〕而在《建筑法》及相关规范中，并未对企业股权转让作出与资质转让相同或相似的审批要求，使得经营尚佳的建筑企业可以通过受让股权进而参股或控股，对“壳资源”达到实际控制。

---

〔1〕 王太高：《论行政许可变更》，载《南京大学学报》2013 年第 3 期。

〔2〕《公司法》第 71 条仅对股权转让进行程序性规定。参见王军：《实践重塑规则：有限公司股权转让限制规范检讨》，载《中国政法大学学报》2017 年第 6 期。

但从战略投资者角度出发，上述方法仅对于优良的"净壳资源"具备操作可能。对已身陷破产囹圄的建筑企业，通过受让股份或增资扩股方式来一并承担"壳资源"所负担的巨额债务，显然不是理性之选。故此，广大破产实务工作者在缺乏准确立法指引与完整理论支持的情况下，创造性地引入了保留"壳资源"企业法人资格，但将原企业债务与优质资产相剥离的分离式处置方式，称为反向出售模式。我国首例特级资质建筑企业破产重整案件"温州中城集团破产案"是通过司法重整处置资质财产的典型案件。[1]具体操作为先将中城集团的总承包特级资质及相关资质留存在原企业，再将与此无关的其他资产负债一并转移至新设企业，最后将原企业的全部股权进行公开拍卖。由于原企业仍处于资不抵债的情况，因此股权及实控人所享有的所有者权益应调整为零。此时，对全部股权转让的价款即可等同于"壳资源"拍卖的评估价值。而后还需在后续转让协议中配套工程项目的承包方义务。此种模式的核心价值在于避免企业债务对"净壳资源"的价值剥削，采用分离方式实现债务有效清偿及企业资产盘活的平衡，但其处置依据的合法性与运作模式的合理性，仍需在法理分析与法律构造中进行厘清。

五、反向出售模式规制引入及适用完臻

（一）重整模式合规性论证

反向出售模式是以企业净壳重整为主，辅之以投资人注入新经营性事业的处置方式。其与上市公司的借壳上市操作存在诸多类似之处。通常做法是，具备上市意向的公司先行调查已上市但业绩不佳的壳公司，通过收购公开发售的股票、受让限制性原始股权或特定交易结构方式将壳公司变为其实际控制公司，再将经营性事业注入壳公司中，完成借壳上市，合法规避上市成本及终止上市的风险。[2]相对应的是，上市公司通常在资不抵债、无法清偿到期债务情况下，通过引入新兴战略投资人或注入新型营业性事业来实现保壳目的的操作模式也为破产重整企业的"壳资源"反向出售模式提供了司法借鉴。但该模式系针对建筑资质的变通性处置方式，同时也属于破产重整程序中资产重整处置的重要环节，故有必要正本清源，从对法律渊源的论证入手探寻重整方案之依据。

反向出售模式系基于私法自治而产生资产重组、企业变更、债务重整的系列总和，但在该模式中，资质剥离如何区别于其他方式，是否属于资质的间接转移等问题，还需从行政法层面给予回应。行政主管部门依据《建筑业企业资质管理规定》及《行政许可法》的相关规定，对于资质主体的监管表现在行政事项变更审批、资质适格标准动态监督及借用资质违

---

〔1〕 汪金敏：《揭秘中城破产迷雾——垫资是中城债权危机罪魁祸首》，载《建筑时报》2015 年 2 月 5 日。

〔2〕 王欣新教授曾提及上市公司卖壳式重整即为反向出售式重整。参见王欣新：《重整制度理论及实务新论》，载《法律适用》2012 年第 5 期。

法行为惩处三方面。因借用资质的违法行为仅是对施工资质的挂靠使用，并不涉及反向出售模式的“壳资源”保留及破产债权分离问题，故该情形尚未纳入本文讨论范围。

行政事项变更审批界分为登记事项及许可事项，前者主要系指许可证所登记的名称、注册资本、企业住址及法定代表人等基本信息，后者则是指公路建设、房屋建筑等施工建筑领域的法定授权。在现行《行政许可法》第四章“行政许可的实施程序”第五节“变更与延续”的专门章节中，对其进行了原则性规定，并匹配相关司法解释进行具体适用阐述。此外，结合《建筑业企业资质管理规定》第 21 条，在企业发生合并、分立、重组以及改制等事项时，需承继原建筑业企业资质的，应当申请重新核定建筑业企业资质等级。该规定表明了在反向出售模式并未改变原债务人主体资格的情况下，无论登记事项或许可事项均属内部变更，并不会引起行政许可的重新审批。《建筑业企业资质管理规定》第四章“监督管理”亦赋予了县级以上人民政府住房城乡建设主管部门和其他有关部门对建筑业企业资质获取后是否满足资质标准和市场行为的监督管理及违法行为纠正惩处权能。其中第 28 条至第 31 条就未持续满足资质要求规定了责令整改、撤回资质证书、撤销企业资质、吊销经营资质等处罚措施。以上规定均促使企业在反向出售模式的净壳资产剥离阶段中，将建筑资质对应的技术人员、关键资产留存于原壳企业，保障与原壳资质匹配的净资产总量。

（二）重整模式架构的风险审视

《企业破产法》将市场经济理念奉为圭臬，积极发挥市场主体的退出及挽救机制。重整程序的引入更是明晰地凸显了拯救型破产的立法导向。[1] 建筑企业的施工资质是依法取得且不可转让的特殊行政许可，在该重整模式下债务人的优质“壳资源”得以延续且涤除了过重的债务负担。而重整投资人通过受让全部股权便能获得具备资产负债率优势的高级别资质企业，达到承揽相应中大型建筑工程的投资目的。受让款项则悉数由全体债权人依方案清偿。此举实现投资人、破产者及债权人的共赢局面。在破产建筑企业众多的单列或组合资产包中，为实现“净壳资源”与原破产主体的债务实质分离，战略投资人更青睐于购入“净壳资源”借此成为建筑资质受让主体。与此相对应的是，变现款项能相当大限度地实现债权人所期待的受偿数额及比例，有助于管理人基于“净壳资源”所编制的财产管理方案或财产变价方案获得债权人委员会的一致通过。然而在“净壳资源”处置模式中，对于合理路径选择的判断疏漏往往会给三方当事人造成适法风险，故应将该模式多方主体的风险识别作为重整路径选择的前置程序。应横向识别债务人、投资人及管理人的操作风险，并在破产债务人推行反向出售模式前先行考虑“壳资源”成功转移的可能性。若采用向债务人设立的全资子公司转移“壳资源”的方式，则多从子公司的企业资产、技术人员、业绩产值方面入手，重新核

〔1〕 江苏省南京市中级人民法院课题组：《强化破产司法供给的实务探索》，载《人民司法》2017 年第 25 期。

定资质等级风险，抑或是通过受让企业 100% 股权的方式。但以上操作都将面临建筑资质与所匹配的资产、技术、装备相剥离导致资质被撤回的行政处罚可能，加剧了资质转移障碍的不确定性。投资人在决议参与该模式下"壳资源"的出售竞拍过程中，应在管理人资产公告外，另行委托出具法律尽职报告及财务尽职报告，通过专业法律论证方式梳理该模式下实质股权转让的操作逻辑，防止行政监管机关以间接转让建筑资质为由对投资人予以处罚，也防止股权转让协议被判定无效后，投资人的实付款项无法收回。

并且，对于"壳资源"企业的净资产现状及处置价格的财务评估，能促使投资人对于资产收购的成本进行预先估算。因资产债务的前置剥离势必会影响受让企业的现行资本价格和人员设备匹配程度。若低于建筑资质相应要求，会导致投资人在承担转让款项外，需肩负其他代价。破产管理人的工作职责包含针对破产企业财产的接管、评估及处置，并依据债权债务情况实现财产分配。[1]优质"壳资源"与企业商誉是相互关联的，具备知名度与高口碑的企业商誉往往是建筑企业破产前优质建筑资质所衍生的无形财产。而在反向重整模式中，"壳资源"虽然能最大限度保留在企业主体内，但企业商誉价值并不能随债务清偿而恢复原状。再加之"壳资源"运作或股权转让纠纷被采取否定性评价时，管理人可能会陷入违法剥离"壳资源"造成债务人损失和管理失职的负面指控中。在破产管理费用及业绩方面也将大打折扣。因此，在反向出售式破产重整模式中，应从"壳资源"主体留存及债务剥离的合规性处置、重整方案约束范畴等角度进行探讨。

（三）处置目标厘定及路径抉择

美国法借鉴层面上，当破产企业债权人及管理人选择适用出售模式对建筑企业的"壳资源"进行处置时，通常将"出售具备合理商业目的、向利益关联方已尽到准确通知义务、出售价格符合市场标准、出售程序秉承公平原则"四个要素纳入考虑范畴。[2]在我国《企业破产法》视野下，企业破产重整后继续经营的运营模式分为破产管理人管理、债务人自行管理与外聘职业管理团队管理三种。管理人适用反向出售式模式无须转移资质，此时为提高处置价值，应着重考虑债务人价值保留与投资人配资的衔接程度。因反向出售模式无须转移建筑资质，亦不存在行政许可主体变更，从而免除了行政机关的严苛审核，规制了间接转移资质的违法嫌疑。同时，债务人的人员组成及无形资产的继续留存，也有益于吸引战略投资及政策红利。在对上述多元目标价值的衡量下，反向出售模式中战略投资人的投资方式与管理意向决定着"壳资源"的处置及投资人获取资源途径的选择方向，其有效促进了管理人与债务人在选择重整路径时将投资人与之匹配程度纳入优先考量范畴。依托于"壳资源"企业主体

〔1〕 杨仕兵、叶璐、苏培培：《论我国破产管理人选任制度的完善》，载《内蒙古农业大学学报（社会科学版）》2021 年第 1 期。

〔2〕 李曙光、郑志斌：《公司重整法律评论》（第 1 卷），法律出版社 2010 年版，第 276 页。

资格保留的价值实现与破产债务的实质性剥离两大考量目标，围绕投资人对于“壳资源”企业的配资模式，笔者对建筑企业资质的反向式重整方案作出类型化实践设计，包括以下三种路径的优化适用：

1. 不良资产剥离 + “壳资源”企业股权完整受让

该模式在实务操作中表现为将破产建筑企业的“壳资源”与其他资产、全部债务相分离。因被剥离的资产及债务是与“壳资源”无关的资产及负债，应将其视为不良资产，合并至关联公司资产负债表内。而保留的“壳资源”及剩余优质资产则作为“净壳资源”，通过企业100%股权出让的方式由投资人竞得。最终在不变更资质主体的情况下，投资人获得对“壳资源”的实际控制。需要注意的是，此时的剩余优质资产涵盖了技术人员、管理人员等人力资源及企业商标、营业商誉、既往业绩等无形资产，为投资人直接开展业务经营提供了有力的业务资源支柱。该模式的桎梏在于将部分资产及全部债务转移至关联企业后，必然导致原企业破产财产的减少及债务承担主体的更替，反向加剧了破产债权的清偿难度。故该重整方案似乎不能得到债权人会议认可。

但《企业破产清算有关会计处理规定》操作准则明确规定，债务人因资不抵债被宣告受理破产后，将债务人及出资人权益调整为零，所有者权益相应为负数。故单纯将企业股权折价拍卖并不能产生可分配的会计效益。例如，宿迁建设集团的重整方式就延续了该处置路径。首先，通过分离处置，将集团名下的各类资质及配套知识产权、商业字号组合整合为无形资产包，与竣工项目的保修义务一并保留在企业集团的重整范畴中；其次，再通过剥离债务，将重整前不良资产、重整期间形成的共益债务与重整后的企业相剥离，并与关联企业宿迁市振苏建和工程有限公司进行破产合并清算；最后，将重整后的集团整体股权进行公开竞价拍卖，保证投资人对重整后的宿迁建设集团能尽快恢复相应资质经营能力期望的实现。

2. 表外资产负债转移分公司 + “壳资源”及表内资产留存

在近年来大规模的重新规划及建设中，建筑行业内挂靠经营行为迭起，既影响了建筑市场的健康发展，也直接导致了诉讼案件持续加剧，甚至企业破产丛生的社会现象。[1]正是关注到挂靠经营与建筑企业破产的泛化联系，在破产实务中尝试通过引入留存清单方式实现“壳资源”与权利义务的横向分离。管理人在重整方案中设置重整企业的资产债务清单，将“壳资源”及相关的资产均保留于清单内作为表内资产，相应的表外资产则包含与资质无关但公允价值较低的固定资产、应收款项等。具体而言，表内债务包括公司重整后面临的工程承建义务、维护保修义务、合同继续履行义务。表外债务则包括破产债权及分公司原本的清算义务。在整体操作流程中，一般将表外资产及债务平移至分公司中，而重整后企业将不再

〔1〕 董建中、高玲：《建筑行业挂靠纠纷审理中存在的问题及解决对策》，载《法律适用》2007年第6期。

承担表外债务，也不享有表外资产。将原企业整体股权转让价款及表外资产处置所得金额用于支付表外债务、共益债务及破产费用，既保障了“壳资源”及资质主体的一致性，又实现了对于未清偿债务部分的法定豁免。

《企业破产法》第92条规定了债权人可以依据重整计划的约定，按照同类债权的清偿条件行使权利。即允许通过合意方式将追偿对象扩大至分立企业。虽然当分公司因清算完毕而注销时，难免会被质疑此前的约定条款无法得到完备履行。但相比于破产清算，重整后高价值的“壳资源”才是用于清偿债权的主要责任财产。此时分公司注销只是将债务剥离于原企业，实现“壳资源”保值的必然之举。例如，浙江省中高柴油机重工有限公司就先行设立了分公司，后以增资扩股方式注入表内资产及债务，通过原企业股权转让过程中出让方所得的重整资金进行债务清偿。清偿完毕后即注销分公司。[1]

3. 资债移交子公司 + 投资人获取“净壳资源”

从经济成本及运作效率角度考量，战略投资人对债务人配资方式多采用选择低价取得债务人整体股权后注入定额资产，再按同等资质条件设立子公司并实现“壳资源”整体平移的方式，进而减少前述处置路径的复杂流程及成本费用。但上述方式除了产生资质主体变更效果而将受到严格的行政管制以外，还面临较高的税务成本及避税风险。例如，采用赠与方式平移资质时，子公司需缴纳评估金额25%的企业所得税。又如，采纳租赁方式向原企业注入资产，再转移至子公司进而将两公司报表合并纳税，此举目的为规避企业所得税，但明显增加了投资税务合规性风险。故此，为实现“壳资源”资产有效处置、债权人利益最大化保障及重整后投资人经营有序开展，应对涉及资产与债务打包剥离方式的重整计划进行如下改良。

首先，债务人、管理人外聘或委派管理人员，对子公司进行债权债务汇总清算，并形成处置清偿方案债权人会议或债权人委员会决议。其次，将债务人已审计评估的全部资产、截至破产受理申报的全部债权及原有的股东权益悉数打包移交给子公司，由子公司管理人员就该资产包进行先行处置，按照《重整计划》清偿部分债权并完成公司注销。最后，投资人通过公开竞拍取得企业的“净壳资源”，而债权人的剩余债权由转让款项予以清偿。对于重整期间未申报债权的债权人，只能在重整计划执行完毕后，按照重整计划规定的同类债权清偿条件向债务人行使权利。[2]当然，若所得变价或转让款项尚不能清偿完毕，则在合同中约定由投资人与债权人另行将部分股权以债转股或其他方式作为债务清偿手段。上述重整手段中，将包括“壳资源”在内的可持续经营资产进行保留这一做法具备广泛的适用价值。在吉林麦达斯铝业有限公司破产重整案中，由投资人金豆集团与其共同投资设立的子公司吉林启

〔1〕 参见（2015）浙杭破（预）第10号民事裁定书。

〔2〕 郗伟明：《论破产重整中未按期申报债权之处置》，载《法商研究》2012年第29期。

星铝业公司对吉林麦达斯铝业有限公司的全部资产进行了尽数收购，使得原企业的主营业务得以持续经营，而不受债务人破产债权的过多羁绊。[1]

（四）重整模式的配套制度保障

效率与公平是两个核心的法律价值。联合国国际贸易法委员会制定的《破产法立法指南》中也对破产法的效率原则予以了特别强调。故我国破产法的制度设计理应秉持对于效率的追求。[2]在破产实践不断发展之当下，债务人企业类型日趋丰富，重整模式日趋多元，单依靠法院选择破产管理模式已难以满足各方诉求的平衡。尤其是基于实施破产企业并购重组的专门投资人及金融机构的泛化介入，仅仅依靠法律层面实施重整程序供给短板逐显，要求其需与其他领域的制度互动结合、密切衔接。[3]反向式出售重整模式的高效推进依托于法院的程序主导、破产管理人的程序参与、债权人的程序监督，甚至是行政机关及社会组织的联动发挥。

鉴于此，破产受理法院应建立常态化案件管控流程及审理绩效考核机制，在审理程序上对申请审理、管理人选定、债权申报及核实、资产清查、重整计划草案制订及决议、投资合作协议签订及履行等常见期限节点进行梳理。树立审判人员程序引导意识，设置合理审理期限，把控程序审理进度，强调实质化重整结果。管理人应建立履职清单及履职考核体系，以便于更好地督促管理人在重整方案出台、意向投资人招募、债权人会议磋商等关键程序节点及时完成工作指标，将阶段化考核结果作为区域性破产管理人库的分级及退出参评依据，并与管理人薪酬费用相挂钩。

此外，破产法院与政府部门的府院协调机制能够有效解决破产工作中由于各方立场冲突导致的障碍。[4]在国家倡导“兼并重组替代破产清算”的政策出台与消灭“僵尸企业”的司法需求共同背景下，政府权责部门应秉承“简政放权”理念，在“壳资源”及相关资产处置的行政审批、税收扶持方面对基层职能部门充分放权。对已通过重整，成功继续经营的“壳资源”企业也应发挥市场资源“牵线搭桥”的经济调控作用，以及法律规制的行政手段。

六、结语

破产制度是挽救企业生命的核心制度，在对企业破产方式进行选择时，如何处置破产资

---

〔1〕 参见（2018）吉04 民破 3 –6 号破产重整裁定书。

〔2〕 张善斌、翟宇翔：《破产重整程序中未按期申报债权处理方式的选择与构建》，载《河南政法大学学报》2020 年第 4 期。

〔3〕 池伟宏：《困境企业拯救的破产重整路径效率优化》，载《中国政法大学学报》2021 年第 4 期。

〔4〕 朱舒婕：《从营商环境评价视角看我国破产司法制度优化》，载《现代交际》2021 年第 18 期。

产往往成为重点考量事项。[1]对破产企业重整程序的启动，首要应考量是否具备挽救价值，其次还应辅之以考虑挽救的可行性。建筑企业“壳资源”的价值彰显也使其成为不良资产处置市场中投资人关注的优质资产。借助反向出售式重整模式实现困境建筑企业的实质挽救，需依法解决破产企业、债权人、管理人及行政主管部门各方顾虑及综合矛盾，适当改革破产事务的管理理念，及时形成合规可行的资产重整方案，快速达成分离式处置路径共识，才能最终实现具备重整价值的“壳资源”可持续性营业供给。

〔1〕 马胜：《企业破产制度重构》，西南财经大学出版社 2006 年版，第 23 页。

互联网小微贷重点法律问题解析

林先海 *

目　次

一、引言

根据艾瑞咨询于2021年11月发布的《中国中小微企业融资发展报告》显示，“小微企业占我国市场主体的96.5%，对GDP的贡献比重为60%，就业比重为80%。”小微企业对于我国经济发展起着至关重要的作用，加强小微企业贷款等金融服务一直是金融监管部门的工作重心。如《国务院办公厅关于金融支持小微企业发展的实施意见》（国办发〔2013〕87号）所述：“小微企业是国民经济发展的生力军，在稳定增长、扩大就业、促进创新、繁荣市场和满足人民群众需求等方面，发挥着极为重要的作用。加强小微企业金融服务，是金融支持实体经济和稳定就业、鼓励创业的重要内容，事关经济社会发展全局，具有十分重要的战略

---

* 林先海，法学硕士、上海市锦天城律师事务所资深律师。

意义。”

继国家“十三五”普惠金融发展规划后，“十四五”确定了数字经济发展规划。根据2015年12月31日发布的《国务院关于印发〈推进普惠金融发展规划（2016—2020年）〉的通知》（国发〔2015〕74号），小微企业是当前我国普惠金融重点服务对象之一，提高小微企业贷款覆盖率是发展普惠金融总体目标之一“提高金融服务可得性”的重要内涵。根据2021年12月12日发布的《国务院关于印发〈“十四五”数字经济发展规划〉的通知》（国发〔2021〕29号），金融等服务业数字化转型是大力推进产业数字化转型的重要手段。同时，2021年中央经济工作会议强调引导金融机构加大对小微企业等实体经济的支持。

在当今新冠肺炎疫情影响下，互联网小微贷是数字经济背景下发展普惠金融的重要工具。受新冠肺炎疫情影响，小微企业生存艰难，便利的贷款服务成为其维持生存的重要工具。中国人民银行于2020年创设普惠小微企业贷款延期支持工具和普惠小微企业信用贷款支持计划两项直达实体经济的货币政策工具，支持金融机构对暂时遇到困难的小微企业贷款延期还本付息，鼓励金融机构加大对小微企业信用贷款投放力度。互联网小微贷在此背景下不断发展并于2021年获得广泛应用，各大贷款平台开始逐步布局互联网小微贷业务。例如，根据相关报道，抖音的运营主体“字节跳动”于2021年年底通过并购方式获得小额贷款牌照后开始进军小微贷。〔1〕甚至消费金融公司亦开始布局参与向小微企业主发放消费贷款。〔2〕

在此过程中，互联网小微贷亦存在关键环节外包、综合成本过高、贷款用途核查不严等一系列法律问题。对此，笔者将在本文中分析互联网小微贷的业务模式、剖析其法律基础，并解析互联网小微贷的重点法律问题，以供互联网小微贷从业者参考讨论。

二、互联网小微贷的业务模式

参照《商业银行互联网贷款管理暂行办法》对于互联网贷款的定义，本文所称互联网小微贷是指金融机构运用互联网和移动通信等信息通信技术，基于风险数据和风险模型进行交叉验证和风险管理，线上自动受理贷款申请及开展风险评估，并完成授信审批、合同签订、贷款支付、贷后管理等核心业务环节操作，为符合条件的借款人提供的用于日常生产经营周转等的个人贷款和流动资金贷款。互联网小微贷的主要特点是运用金融科技提供贷款，为借款者的日常经营提供周转资金。

（一）互联网小微贷的认定

互联网小微贷的认定决定着相关法律法规的具体适用。我国现行法律法规并未针对互联

〔1〕《独家：字节跳动进军小微贷》，载https：//mp. weixin. qq. com/s/4d0CzBKVRbwrMBsWWnattg，最后访问日期：2022年3月20日。

〔2〕《消费金融公司业务转向，巨头开拓线下、小微贷越来越香》，载https：//mp. weixin. qq. com/s/Tndms7jR2hP6n6QAwce68g，最后访问日期：2022年3月20日。

网小微贷做出明确规定，而是分别对互联网贷款和小微贷做出了相关要求，笔者将分别分析互联网贷款的认定及小微贷的认定。

1. 互联网贷款的认定

根据中国银行保险监督管理委员会出台的《商业银行互联网贷款管理暂行办法》，互联网贷款具有以下三个基本特征：（1）运用信息通信技术；（2）线上完成核心业务环节操作；（3）借款用途为消费、日常经营周转。只有符合上述条件的贷款才能被认定为互联网贷款。对于贷款授信的核心判断源于线下的贷款以及进行线下办理手续的抵质押贷款，不属于互联网贷款的范畴。

是否被认定为互联网贷款决定着其是否适用《商业银行互联网贷款管理暂行办法》等互联网贷款相关规定。在实务中，不同的贷款业务会基于不同的业务需求而希望被认定为互联网贷款或不被认定为互联网贷款。例如，《商业银行互联网贷款管理暂行办法》对于从事互联网贷款的商业银行、信托公司、消费金融公司等金融机构内部管理制度有特殊要求，并要求单户用于消费的个人信用贷款授信额度不超过人民币 20 万元等。部分金融机构为避免相关内部制度违反《商业银行互联网贷款管理暂行办法》，或者避免部分贷款业务受到 20 万元授信额度的限制，而不希望将其开展的贷款业务认定为互联网贷款。

实践中，有些贷款业务的特点决定着其明显不属于互联网贷款，而有些贷款业务则存在讨论空间。例如，对于房产抵押贷款业务而言，鉴于目前绝大部分抵押登记手续仍需通过线下办理，尽管其业务流程通过线上操作，但仍不属于互联网贷款；对于助贷业务而言，部分助贷机构通过线下方式完成获客、收集基础材料等流程，金融机构通过线上方式对接助贷机构并完成贷款审核等流程，对于该业务模式，部分金融机构将其解释为贷款授信核心判断源于线下，进而解释为不属于互联网贷款。这里的关键是贷款业务的授信核心判断来源，若通过线下流程获取的相关数据信息可以认定为贷款授信核心判断，例如，对于小微贷业务通过线下贷前调查方式获取其经营数据等信息并作为贷款授信的主要依据，则不属于互联网贷款；若通过线下流程获取的相关数据仅为基础信息，其贷款授信核心判断仍需源于同盾、百融或其他线上数据，则应属于互联网贷款。可见，对于互联网贷款的认定，从法律法规层面而言是较为清晰的，但从实务层面而言，则需根据具体业务结构全方位考虑其业务模式后再行判断。

2. 小微贷的认定

我国法律法规对于小微贷既规定了相关鼓励政策又明确了相关约束条件。对于小微贷的认定决定着相关贷款业务是否适用相关规定。

根据我国相关法律法规的要求，小微贷既包括金融机构向小微企业发放经营贷款的业务，又包括金融机构向小微企业主发放经营贷款的业务。根据原中国银行业监督管理委员会《关于深化小微企业金融服务的意见》（银监发〔2013〕7 号）的规定，小微企业贷款包括商业银行向小型、微型企业发放的贷款，个体工商户贷款以及小微企业主贷款。根据中国人民银行发布的《普惠小微信用贷款支持政策问答》，普惠小微信用贷款是指根据《中国人民银行关于2019年金融机构金融统计制度有关事项的通知》（银发〔2018〕346号）相关规定，单户授信1000万元及以下小微型企业、个体工商户、小微企业主发放的纯信用经营性贷款。根据《中国银保监会办公厅关于2021年进一步推动小微企业金融服务高质量发展的通知》（银保监办发〔2021〕49号）规定，要继续将单户授信总额1000万元以下（含）的普惠型小微企业贷款作为投放重点。对货车司机、出租车司机、网店店主等个体经营者，可比照个体工商户和小微企业主，在同等条件下为其经营性贷款办理延期还本付息。

（二）互联网小微贷的主要模式

本文主要从借款主体及核心风控视角分析目前互联网小微贷的主流模式。

1. 按借款主体区分

按借款主体不同，可将互联网小微贷的主要模式区分为个人经营贷模式和企业经营贷模式。个人经营贷模式是指金融机构向小微企业控股股东等自然人发放的用于其控制的小微企业生产经营的互联网贷款。例如，美团生意贷产品即为个人经营贷模式，据其官网介绍，“美团生意贷是面向美团生意人的经营性用途信用贷款”。[1]企业经营贷模式是金融机构向小微企业发放的用于其生产经营的互联网贷款。例如，微众银行的微业贷产品即为企业经营贷模式，据其官网介绍，微业贷为“小微企业专属贷款”[2]。

2. 按核心风控模式区分

每个互联网小微贷产品都有其特定的风控逻辑，按核心风控逻辑的不同进行区分，可以将互联网小微贷的主要模式区分为平台数据风控模式、政务数据风控模式、增信风控模式。

平台数据风控模式，是指金融机构主要依据其关联方或合作方互联网平台业务经营积累的平台数据进行风险控制的互联网小微贷款。例如，网商银行网商贷的产品之一“订单贷款”的申请条件即包含：在淘宝和天猫平台“当前有符合条件的‘卖家已发货，买家未确认收货’的订单”的“淘宝网集市卖家和天猫卖家”[3]。笔者在支付宝平台“网商银行·网商贷”入口查询到的《授信申请和信息授权合同》中有以下约定：“若您作为经营者在网商银行关联方平台、其他电子商务平台或有关服务平台等（如淘宝、天猫……）产生或留存了注册信息、联系信息、账户信息（如平台账号ID、支付宝账号ID）……等经营相关信息，网商银行将向关联方和/或上述其他合法留存您信息的其他方查询并收集前述信息，以便综合评估您的还款能力或风险。”根据以上信息可判断出网商贷部分产品风控较为依赖其关联

〔1〕参见网址：https：//xiaodai. meituan. com/。

〔2〕参见网址：https：//smewyd. webank. com/mesp-wpm/h5/rls/#/user/login? portal =1827_0008&advert_id =00607&channel_id =10。

〔3〕参见网址：https：//mobilehelp. mybank. cn/bkebank/knowledgeDetail. htm? id =1891#toMainCat。

方平台数据及合作方平台数据。

政务数据风控模式，是指金融机构主要依据纳税等政府数据进行风险控制的互联网小微贷款。例如，中国建设银行“小微快贷—云税贷”主要是基于小微企业纳税数据并运用大数据分析进行风险控制。根据中国建设银行官网介绍，申请“小微快贷—云税贷”的基础条件包含“具有良好纳税记录的小微企业、个体工商户”，申请流程的重要环节包含在“上海银税互动信息服务平台”〔1〕完成对中国建设银行的授权〔2〕。

增信风控模式，是指金融机构主要依据借款人或第三方增信措施进行风险控制的互联网小微贷款。例如，在公开检索到的《中国平安财产保险股份有限公司、李世保等保险人代位求偿权纠纷民事一审民事判决书》〔3〕中，涉案业务模式即为：华夏银行股份有限公司厦门分行向借款人发放经营贷，中国平安财产保险股份有限公司为该笔借款提供个人保证保险，借款人以不动产向中国平安财产保险股份有限公司提供抵押反担保。该业务结构项下，保险人依据借款人的不动产抵押反担保等措施实施个人保证保险层面的风控，贷款人依据保险人提供保证保险等措施实施贷款层面的风控，各方风控逻辑中均包含一定的增信因素。

三、当前调整互联网小微贷的主要制度规则

互联网小微贷的基础法律关系是金融机构向借款人发放贷款的关系，其涉及的法律法规规定主要为《民法典》《商业银行互联网贷款管理暂行办法》《个人贷款管理暂行办法》《流动资金贷款管理暂行办法》等法律法规。

1. 基本法律

互联网小微贷交易项下金融机构与借款人之间在法律上为平等主体，尽管在实践中存在信息不对称等不平等的情形，但不能改变其在法律上平等主体的关系认定，就法律上的权利义务而言其具有平等地位，因此，互联网小微贷交易适用《民法典》。在《民法典》中，合同编明确规定了借款合同应遵守的法律规定，其中“禁止高利放贷，借款的利率不得违反国家有关规定”是《民法典》相较于《合同法》等旧法新增的规定。

2. 基本规则

近年来，随着互联网贷款业务的快速发展，为避免其步 P2P 业务后尘，加强对互联网贷

〔1〕 根据“上海银税互动信息服务平台”官网（网址：https：//tax. shbanking. cn/#/indexPage/aboutUs）介绍，“‘上海银税互动信息服务平台’是面向上海地区中小微企业开通的信息服务平台，平台遵循国家税务总局和中国银行业监督管理委员会推出的‘银税互动’活动要求，在国家税务总局上海市税务局与上海银监局组织领导下，由上海市银行同业公会承建，并联合在沪金融机构，在依法合规的基础上，企业线上自主授权，银行在线实时查询，通过互联网安全数据交互通道，以中小微企业的涉税数据为依据，实现银税一体化服务。”

〔2〕 参见网址：http：//ccb. com/chn/home/gnfx/gnfxgglm/fqdywtj/ywtj/xqyjr/xwkdysd/index. shtml。

〔3〕（2021）粤 0604 民初 27469 号。

款业务的监管并规范其发展迫在眉睫。2020年7月，中国银保监会颁布的《商业银行互联网贷款管理暂行办法》正式施行。该办法明确了互联网贷款业务的内涵及外延，并对金融机构参与该项业务应遵守的业务流程及风险管理体系做出了明确规定。其中，对于经营性贷款额度做出了明确规定但并未限定具体数额，即"商业银行应根据自身风险管理能力，按照互联网贷款的区域、行业、品种等，确定单户用于生产经营的个人贷款和流动资金贷款授信额度上限。"对于适用的金融机构范围，上述办法明确规定，外国银行分行及消费金融公司、汽车金融公司开展互联网贷款业务应参照执行。2021年2月19日，中国银保监会发布《关于进一步规范商业银行互联网贷款业务的通知》，就上述办法的部分内容做出了补充规定，具体包括落实风险控制要求、加强出资比例管理、加强合作机构集中度管理、实施总量控制和限额管理、严控地域经营等，并且将适用的金融机构范围扩大至信托公司。

除上述针对互联网贷款的专门规定外，2010年，原中国银监会还颁布了两项关涉小微贷的制度规则——《个人贷款管理暂行办法》和《流动资金贷款管理暂行办法》。《个人贷款管理暂行办法》就贷款人向符合条件的自然人发放的用于个人消费、生产经营等用途贷款的贷前调查、贷后管理等做出了明确规定。其中，对于生产经营用途贷款而言，贷款资金金额不超过50万元人民币的可以采用自主支付方式发放贷款；贷款资金金额超过50万元人民币的应采用受托支付方式发放贷款。《流动资金贷款管理暂行办法》就贷款人向企（事）业法人或国家规定可以作为借款人的其他组织发放的用于借款人日常生产经营周转贷款的贷前调查、贷后管理等做出了明确规定。其中，对于贷款支付方式，要求存在"与借款人新建立信贷业务关系且借款人信用状况一般""支付对象明确且单笔支付金额较大"等情形时，原则上应采用贷款人受托支付方式，但并未就自主支付条件做出明确规定。

需强调的是，互联网小微贷是实现小微企业普惠融资的重点，我国相关法律法规一直在鼓励及规范小微贷及互联网小微贷发展，并严禁贷款资金违规乱用。例如，《关于防止经营用途贷款违规流入房地产领域的通知》（银保监办发〔2021〕39号）明确规定了金融机构开展经营用途贷款应遵守"加强借款人资质核查""加强信贷需求审核""加强贷款期限管理""加强贷款抵押物管理""加强贷中贷后管理""加强银行内部管理""加强中介机构管理""继续支持好实体经济发展"等要求。

四、互联网小微贷的重点法律问题剖析

（一）关键环节外包法律问题

根据金融监管规定，金融机构与合作机构开展助贷业务时，金融机构不得将关键环节外包。《关于进一步规范商业银行互联网贷款业务的通知》（银保监办发〔2021〕24号）就明确强调："商业银行应强化风险控制主体责任，独立开展互联网贷款风险管理，并自主完成

对贷款风险评估和风险控制具有重要影响的风控环节，严禁将贷前、贷中、贷后管理的关键环节外包。”

在互联网小微贷业务项下，鉴于不同业务模式的核心风控数据不同，金融机构开展助贷业务时，借助合作机构的相关核心风控数据实施风控较为常见。中国银保监会在《关于2021年进一步推动小微企业金融服务高质量发展的通知》中就提道“研判是否存在为‘冲规模’‘冲时点’而在营销获客、授信审批、贷后管理等核心环节过度依赖第三方机构的隐患，及时纠偏”。若银行等金融机构的核心风控主要是依赖合作机构的审核结果，则不排除被认定为存在将关键环节外包的违规。在监管实践中，银保监会重庆监管局在对重庆富民银行股份有限公司作出的行政处罚决定中就认为，重庆富民银行股份有限公司存在“部分核心风控外包合作机构”的违规事实，进而对其予以处罚。[1]

（二）综合成本法律问题[2]

我国法律法规对于金融借款关系中借款人承担的综合成本上限做出了相关规定。中国银保监会发布的《关于规范整顿“现金贷”业务的通知》（以下简称141号文）第1条第2款就规定，各类机构以利率和各种费用形式对借款人收取的综合资金成本应符合最高人民法院关于民间借贷利率的规定，禁止发放或撮合违反法律有关利率规定的贷款。最高人民法院在《〈关于进一步加强金融审判工作的若干意见〉的通知》（法发〔2017〕22号）中规定，金融借款合同的借款人以贷款人同时主张的利息、复利、罚息、违约金和其他费用过高，显著背离实际损失为由，请求对总计超过年利率24%的部分予以调减的，应予支持，以有效降低实体经济的融资成本。相关规定对于小微贷综合成本问题亦予以提示。例如，中国银保监会发布的《关于2021年进一步推动小微企业金融服务高质量发展的通知》（银保监办发〔2021〕49号）规定，银行保险机构通过银保合作或与第三方机构合作向小微企业提供融资服务的，要评估各环节费用，合理确定综合成本，避免多段收费加重小微企业实际融资负担。

首先，对于综合成本上限，在司法实践中一般认为超过年利率24%的部分不予支持，部分司法案例中对于超过4倍LPR的部分不予支持。例如，在“捷信消费金融有限公司、深圳捷信信驰咨询有限公司金融借款合同纠纷案”[3]中，人民法院认为，根据《最高人民法院关于进一步加强金融审判工作的若干意见》第2条规定，金融借款合同的借款人以贷款人同时主张的利息、复利、罚息、违约金和其他费用过高，显著背离实际损失为由，请求对总计超过年利率24%的部分予以调减的，应予支持。在“刘萍与捷信消费金融有限公司金融借款合

〔1〕渝银保监罚决字〔2021〕30号。
〔2〕李宪明、林先海：《金融机构参与互联网助贷法律实务》，法律出版社2021年版。
〔3〕（2018）豫01民终2982号。

同纠纷案”中[1]，法院认为，原告要求确认超出《最高人民法院关于审理民间借贷案件适用法律若干问题的规定》利率上限部分的利息无效的请求，合法有据，本院予以支持。

其次，对于综合成本的范围，在司法实践中对于担保费、保险费等有相应服务资质的机构向借款人另行收取的费用是否计入综合成本以判断其效力存在不同认定。例如，在“维仕担保有限公司与冯翠翠追偿权纠纷案”中[2]，法院对于月利率0.9%的贷款利息及月费率1.50%的担保机构担保费均予以支持。在“中国平安财产保险股份有限公司安徽分公司与汤国香、付祥九保险纠纷案”中[3]，法院认为，“因保险公司收取的保证保险保费具有类似银行贷款利息性质，而本案银行贷款的月利率为0.55%，加上每月保费率1.9%，实际每月利率2.45%，折算为年利率标准超过了24%但未超出36%，故逾期未付保费应按现有1.9%保费率减按1.45%（2%～0.55%）计算，超过部分本院不予支持。”

（三）法定代表人签署借款合同效力问题

在面向企业开展的互联网小微贷业务中，有些产品采用仅认证企业法定代表人并由法定代表人代表企业签署借款合同等文件的形式开展业务，而不要求企业进行认证并签署相关文件。在此类业务模式中，法定代表人代为签署借款合同等文件的效力存在一定的不确定性。

根据我国《民法典》的规定，法定代表人以法人名义从事的民事活动，其法律后果由法人承受。根据《最高人民法院关于适用〈中华人民共和国民法典〉有关担保制度的解释》的规定，公司的法定代表人违反公司法关于公司对外担保决议程序的规定，超越权限代表公司与相对人订立担保合同……相对人非善意的，担保合同对公司不发生效力。因此，法定代表人代表企业签署的合同一般应认定为有效，但若相对人非善意则可能导致相关合同无效。在“福州嘉威电子有限公司与西安呈功商贸有限公司、翁程国买卖合同纠纷案”中[4]，法院认为：“合同当事人只要通过法人的营业执照、组织机构代码证或者工商登记档案查询确定其就是法人的法定代表人，其以法人的名义签订的合同合法有效，对该法人具有法律约束力，该法人因此享有合同权利并承担合同义务。公司对外盖章行为和法定代表人签字分别独立地代表公司的行为，并非必须有公司盖章和法定代表人签字才有效。”而在“吴顺友、江西省德安县水利水电建筑工程公司等租赁合同纠纷案”中[5]，法院认为：“本案乐亿租赁公司在签订案涉《脚手架租赁合同》时并未要求案涉项目负责人张志刚出具德安水电公司同意对租赁合同进行担保的公司决议进行合理审查，故其属于非善意相对人，担保合同对德安水电公司不发生效力。”

---

〔1〕（2021）冀0104民初1514号。
〔2〕（2019）鲁0303民初1175号。
〔3〕（2019）皖0203民初775号。
〔4〕（2015）榕民终字第749号。
〔5〕（2021）闽0623民初3447号。

（四）格式合同效力问题

根据我国《民法典》的规定，提供格式条款的一方未履行提示或者说明义务，致使对方没有注意或者理解与其有重大利害关系的条款的，对方可以主张该条款不成为合同的内容。根据《最高人民法院印发〈关于充分发挥司法职能作用助力中小微企业发展的指导意见〉的通知》（法发〔2022〕2号）的规定，具有优势地位的市场主体采用格式条款与中小微企业订立合同，未按照《民法典》第496条第2款的规定就与中小微企业有重大利害关系的条款履行提示或者说明义务，致使中小微企业没有注意或者理解该条款，中小微企业主张该条款不成为合同内容的，应予支持。

由于互联网小微贷业务采用线上签署，一般均采用格式条款，若金融机构未履行提示或者说明义务，则根据上述规定，存在相关条款被认定无效的风险。在"田刚、周静与中原信托有限公司借款合同纠纷案"中[1]，法院认为："贷款人与金融消费者订立借款合同时，若因贷款人对利率格式条款未予披露和详细说明的原因，致使借款人没有注意或者理解借款合同的实际利率，应当认为双方就'按照该实际利率计算利息'未达成合意，贷款人无权据此收取利息。"

（五）贷款用途核查问题

根据金融监管规定，金融机构应对贷款用途进行核查。《商业银行互联网贷款管理暂行办法》也明确要求，商业银行应当采取适当方式对贷款用途进行监测。此外，根据《关于防止经营用途贷款违规流入房地产领域的通知》规定，银行等金融机构应当加强贷后资金流向监测和预警，不得以已开展受托支付为由弱化贷后资金管控。若金融机构未审慎核查贷款用途，则存在被监管处罚的风险。中国银保监会荆门监管分局就于2021年11月15日对中国农业银行股份有限公司荆门分行进行了行政处罚，认为其"贷后管理不慎，个人贷款违规流入房地产领域"。[2]

（六）夫妻共同债务问题

根据我国《民法典》的规定，对于夫妻一方所负债务，若无夫妻另一方追认且债权人无法证明用于共同生活、共同生产经营或经夫妻共同意思表示的，则不能认定为夫妻共同债务。互联网小微贷项下，对于个人经营贷而言，一般较难获得夫妻另一方同意的书面文件，部分借款用途项下贷款人亦较难证明其借款用于共同生活、共同生产经营或经夫妻共同意思表示，因此很难认定构成夫妻共同债务。若发生借款人违约情形时，贷款人仅能申请以借款人名下财产份额用于偿还债务，而不能申请以夫妻共同财产中另一方财产份额用于偿还债务。在"绍兴银行股份有限公司嘉兴平湖小微企业专营支行与张建中、蒋卫芳金融借款合同

〔1〕（2020）沪74民终1034号。
〔2〕荆门银保监罚决字〔2021〕3号。

纠纷案”中[1]法院即认为：“原告未能举证证明张建中向其借款系用于二被告夫妻共同生活或者共同生产经营，其主张本案债务系夫妻共同债务，本院不予采信。”

（七）破产问题

根据我国《企业破产法》的规定，企业法人发生资不抵债等情形时可以申请进入破产程序，企业法人进入破产程序将对债权人债权实现产生一定影响。近年来，我国开始构建个人破产制度。2020 年 8 月 26 日，深圳市率先通过了《深圳经济特区个人破产条例》，规定在深圳经济特区居住，且参加深圳社会保险连续满三年的自然人，因生产经营、生活消费导致丧失清偿债务能力或者资产不足以清偿全部债务的，可以依照该条例进行破产清算、重整或者和解。根据该规定，附利息的债权，自人民法院裁定受理破产申请之日起停止计息。在互联网小微贷项下，若企业借款人或个人借款人发生破产情形的，贷款人需依照法律法规的规定参与破产程序，并且贷款人债权的实现会因此受到影响。

五、规范互联网小微贷业务的基本措施

互联网小微贷是金融科技背景下小微贷业务发展的必然趋势，开展互联网小微贷业务应把握普惠金融的基本原则，充分利用金融科技开展业务活动，并应注意风险防范。

1. 把握普惠金融基本原则

发展普惠金融是助推经济发展方式转型升级及增进社会公平与社会和谐的重要手段。互联网小微贷应当坚持普惠金融的基本原则才能持久发展。根据普惠金融发展目标的总体要求，应当建立起与全面建成小康社会相适应的普惠金融服务和保障体系，有效提高金融服务可得性，明显增强人民群众对金融服务的获得感，显著提升金融服务满意度，满足人民群众日益增长的金融服务需求，特别是要让小微企业、农民、城镇低收入人群、贫困人群和残疾人、老年人等及时获取价格合理、便捷安全的金融服务，使我国普惠金融发展水平居于国际中上游水平。这一目标体现了普惠金融既要“普”又要“惠”的价值追求。

而普惠金融业务发展至今，更多地体现为普，而非惠。诸多金融科技公司开展的小微贷业务，分期手续费高于银行，背离了普惠金融的发展理念，实际上是“普而不惠”。2020 年年底，中国银保监会向各银保监局下发了《关于促进消费金融公司和汽车金融公司增强可持续发展能力、提升金融服务质效的通知》，提出了摒弃高收益覆盖高风险的粗放风控思路、努力降低管理成本、获客成本和风险成本、最大限度降低利费水平的要求。以互联网小微贷为代表的普惠金融业务的发展应当坚持“普”“惠”并重的思路。

2. 充分利用金融科技

金融业务的发展历程离不开科技的重要作用。近年来人工智能、大数据、云计算、物联

[1] （2021）浙 0482 民初 60 号。

网等科技信息技术与金融业务深度融合（又称金融科技），为金融发展提供源源不断的创新活力，其在互联网贷款等创新业务中的重要性尤为明显。金融机构在依法合规前提下发展金融科技，有利于提升金融服务质量和效率，优化金融发展方式，增强金融核心竞争力。互联网小微贷的业务发展应充分利用金融科技，以有效解决互联网小微贷业务所面临的成本高、收益低、效率低等问题，同时，有效解决小微企业融资难、融资贵的问题，真正实现既“普”又“惠”的普惠金融。

3. 充分利用金融工具

金融工具在资金融通促进经济发展方面具有重要作用。互联网小微贷应充分利用金融工具，实现普惠金融的目标。在实践中，非标业务的放款承接模式及资产证券化模式都是互联网小微贷发展常用的业务模式。其中，资产证券化工具是资本市场与互联网小微贷资产联系的重要纽带，对盘活互联网小微贷资产、降低互联网小微贷业务成本具有重要作用。可以说，资产证券化模式是降低互联网小微贷业务成本、减费让利的重要金融工具。为此，中国人民银行2022年发布的《关于推动建立金融服务小微企业敢贷愿贷能贷会贷长效机制的通知》（银发〔2022〕117号）中，就鼓励金融机构积极开展信贷资产证券化，利用资产证券化等金融工具服务小微企业的融资需求。

4. 注意风险防范

风险防范是金融业务的重中之重。互联网金融业务基于批量自动化的业务特性更加容易产生相关风险，互联网小微贷业务尤其如此。银行等金融机构在开展互联网小微贷业务时，应避免关键环节外包的违规行为、确保综合成本合法合规、注意法定代表人签署借款合同的效力风险、避免格式合同的效力风险、加强贷款用途核查、避免破产法律风险，等等。此外，充分利用金融科技工具亦可协助互联网小微贷高效实现合法合规发展，利用金融科技手段合法合规完善业务流程，有效避免风险。

六、结语

对于普惠金融行业而言，继2020年监管部门明确提出不能普而不惠的要求以来，监管部门不断整顿。2021年4月，中国人民银行、银保监会、证监会、外汇局等金融监管部门先后联合约谈蚂蚁集团及部分从事金融业务的网络平台企业，约谈内容涉及金融业务需持牌经营、断开支付工具和其他金融产品的不当连接、合规开展个人征信业务、依法申请金融控股公司、合规审慎开展互联网贷款等业务、规范资产证券化产品发行和赴境外上市交易、强化金融消费者保护机制等。从上述监管部门对普惠金融行业的整顿情况来看，目前监管部门整顿的重点均围绕互联网平台，无论是银行还是信托等金融机构涉及与互联网平台合作的普惠金融业务基本都受到了整顿的影响。其中涉及银行违规行为的主要有：违规协助互联网平台加杠杆；对投资底层资产为互联网平台助贷业务的资管计划管理不审慎，基础资产的筛选、监控、清收、处置由互联网平台完成，甚至部分不掌握基础资产明细。

就普惠金融业务的发展方向而言，其既不在于消费贷款，亦不在于经营贷款，而在于科技向善。普惠金融的业务逻辑在于金融科技的应用，金融科技应用的价值在于对社会大众及经济发展有利，只有符合科技向善这一大方向的相关业务才是符合发展趋势并被监管机构鼓励的业务。在金融科技应用的普惠金融创新环境下，我们需要首先厘清创新业务的底层逻辑，符合科技向善、有利于社会发展的必然会被监管鼓励并走得长远；否则必然会被监管整顿甚至发生系统性风险。互联网小微贷业务发展亦应秉持该思路。

域外法制

美国数字资产市场结构和投资者保护法*

李 洁 梁瑞琳 译

为数字资产监管等目的，美国的参议院和众议院在国会会议上颁布本法案（编号为H. R. 4741）。引述本法时，可将本法简称为《数字资产市场结构和投资者保护法》（Digital Asset Market Structure and Investor Protection Act）。

第一编 联邦证券法下的数字资产证券

第一章 《1934年证券交易法》

第101条数字资产证券的定义

（a）证券的定义。对《1934年证券交易法》第3（a）（10）条［15 U. S. C. 78c（a）（10）］[1]进行修订：

---

*《数字资产市场结构和投资者保护法》由美国第117届国会第一届会议于2021年7月28日通过并颁布。由Beyer先生对本法案进行了介绍，该法案已提交给金融服务委员会、农业委员会和筹款委员会，有关委员会将审议属于其管辖范围内的规定，期限由议长随后确定。

〔1〕《1934年证券交易法》第3（a）（10）条规定："'证券'是指任何票据、股票、库存股份、公债、利息单据，或者在任何利润股份管理中的分成或在任何石油、汽油或其他矿产产地使用费或租赁中的利息单据或分成，任何附属信托单据，团体组建前的单据，或是认缴费单据，可转让股份，投资合同，股票信托单据，存款单据，以上所列作为一种证券、或任何卖方的选择权，付款通知权、使对方在一定期限内按某一价格收交货的权力、买卖的特权，或者对任何证券、存款单据，或团体或证券指数的优惠权（包括其中的任何股权或在其中的价值基础上的股权），或者是进入与外汇有关的国家证券交易所的任何卖方的选择权、付款通知权，使对方在一定期限内按某一价格收交货的权力、买卖的特权、或优惠权，或者，通常被一般视为一种'证券'的契约；还指任何股权单据、或者是对上述任何一项的分成，或作为其暂时或临时单据，或作为其收据或保证书，或对其认购或购买的权利；但不包括货币或任何纸币、汇票、交易所账单，也不能包括具有自签发之日起不超过9个月的到期日（其中不包括宽限日期、或任何该到期日另有限制的延期）的银行承兑。"

（1）在“投资合同”后添加“数字资产证券”；且

（2）将“但不包括任何货币”改为“但不包括任何法定货币、商品、数字资产”。

（b）其他定义。对《1934 年证券交易法》第 3（a）条［15 U. S. C. 78c（a）］进行修订：

（1）将第（79）段移至第（78）段之后；

（2）将第（80）段调整为第（81）段；且

（3）在末尾添加以下内容：

“（82）数字资产证券。

（A）一般规定。‘数字资产证券’一词是指一种数字资产：

（i）向数字资产的持有者提供以下任一权利的：

（I）发行人的股权或债务权益；

（II）从发行人处取得利润、利息或股息支付的权利；

（III）对发行人重大公司行为（不包括与数字资产相关的新区块创建、硬分叉或协议变更）的表决权；

（IV）发行人清算时的清算权。

（ii）发行人的服务、商品或平台在发行此类数字资产时并未完全投入运营的，发行人为募集资金以开发拟运营的服务、商品或平台，向持有人发行此类数字资产以换取货币（包括其他数字资产）的任何筹资或资本形成活动（包括首次代币发行）。

（B）与数字资产相关的规则。‘数字资产证券’一词不包括除（A）项所述以外的任何其他数字资产。（A）项中未描述的任何数字资产均应被视为《商品交易法》（7 U. S. C. 1a et seq. ）中所指的商品[1]并受其监管。”

第 102 条数字资产证券的延迟注册

《1934 年证券交易法》第 12（g）（1）条［15 U. S. C. 781（g）（1）］[2]修订为：

（1）在（A）（ii）项的末尾删除“且”；

（2）在（B）项中，在“人”之后插入“且”；且

（3）在（B）项之后插入以下内容：

“（C）对于数字资产证券的发行人，在发行人首次拥有总资产超过一千万美元和某类由

---

〔1〕《商品交易法》第1a（9）条规定：“‘商品’一词系指：小麦、棉花、大米、玉米、燕麦、大麦、黑麦、亚麻籽、高粱米、磨粉饲料、黄油、蛋、马铃薯（爱尔兰马铃薯）、羊毛、羊毛条、脂油（包括猪油、牛油、棉籽油、花生油、豆油以及所有其他脂油）、棉籽粕、棉籽、花生、大豆、大豆粉、活牲畜、活牲畜产品、冷冻浓缩橙汁以及所有其他货物和物品（其他法规另有规定除外），以及作为现在交易或未来交易的远期交割合约标的之一切服务、权利以及权益（但电影票房收入或与电影票房收入相关的任何指数、指标、价值或数据除外）。”

〔2〕《1934 年证券交易法》第 12（g）（1）条规定了从事州际贸易或从事对州际贸易有影响的业务，或其证券利用邮寄或州际贸易的任何手段和工具进行交易的发行人进行证券登记注册的程序。

两千人及以上记录持有的股权证券（豁免的证券除外）后结束的第三个会计年度最后一天以后的 120 日内”。

第 103 条数字资产证券的逆证券化

对《1934 年证券交易法》第 12（g）条[1][15 U. S. C. 781（g）] 进行了修订，在末尾添加了以下内容：

“（7）数字资产证券的逆证券化。在发行人向证券交易委员会提交逆证券化证明后，任何本款所述的数字资产证券的注册程序或（和）某一证券注册状态应当终止 90 日或委员会确定的更短期限。逆证券化证明应当说明发行人的服务、商品或平台已完全投入运营，以及此类数字资产持有人未取得第 3（a）（82）（A）条第（Ⅰ）至（Ⅳ）款所述的任何权利。如果委员会发现逆证券化证明材料不真实，则其应当在通知并给予听证机会后，拒绝终止注册或（和）变更证券状态。终止注册或（和）变更状态应当持续至对所拒绝事项作出最终决定。此类逆证券化的数字资产证券应被视为《商品交易法》（7 U. S. C. 1a et 7 seq. ）中所指的商品[2]，并受其监管。”

第 104 条美国证券交易委员会和商品期货交易委员会共同制定主要数字资产分类规则

对《1934 年证券交易法》进行修订，在末尾添加以下内容：

“第 105 条　美国证券交易委员会和商品期货交易委员会共同制定主要数字资产分类规则：

（a）一般规定。证券交易委员会和商品期货交易委员会应当在本条颁布之日起 150 日内共同发布法规草案，并进行为期 60 日的公众意见征询，法规将根据（i）最高市值以及（ii）最高每日交易量将主要数字资产分为：

（1）数字资产；或

（2）数字资产证券。

（b）最终规则。证券交易委员会和商品期货交易委员会应当在本法案颁布之日起 270 日内共同发布最终规则，法规将根据（i）最高市值以及（ii）最高每日交易量将主要数字资产分为：

（1）数字资产；或

（2）数字资产证券。

（c）主要数字资产的定义。在本款中，‘主要数字资产’一词是指《数字资产市场结构

[1] 《1934 年证券交易法》第 12（g）条规定了发行人进行证券登记注册的程序以及豁免的条件。

[2] 《商品交易法》第 1a（9）条规定：“‘商品’一词系指：小麦、棉花、大米、玉米、燕麦、大麦、黑麦、亚麻籽、高粱米、磨粉饲料、黄油、蛋、马铃薯（爱尔兰马铃薯）、羊毛、羊毛条、脂油（包括猪油、牛油、棉籽油、花生油、豆油以及所有其他脂油）、棉籽粕、棉籽、花生、大豆、大豆粉、活牲畜、活牲畜产品、冷冻浓缩橙汁以及所有其他货物和物品（其他法规另有规定除外），以及作为现在交易或未来交易的远期交割合约标的之一切服务、权利以及权益（但电影票房收入或与电影票房收入相关的任何指数、指标、价值或数据除外）。”

和投资者保护法》颁布当日（i）最高市值以及（ii）最高每日交易量排名在前的25种数字资产（包括数字资产证券），排名以CoinMarketCap等发布此类信息的适当公开网站（网站名录由证券交易委员会和商品期货交易委员会共同确定）中的报告为准。”

第105条一致性修正

（a）经纪商的定义。《1934年证券交易法》第3（a）（4）（A）条［15 USC 78c（a）］[1]在“证券”后插入“包括数字资产证券，但不包括数字资产，”。

（b）《证券交易法》中的定义。对经第101条修订的《1934年证券交易法》第3（a）条［15 U. S. C. 78c（a）］进一步修订，在末尾添加以下内容：

“（83）《商品交易法》中的术语。《商品交易法》第1a条（7 U. S. C. 1a）对‘商品’、‘数字资产’、‘数字资产交易存管机构’以及‘虚拟货币’的定义[2]适用于本法。”

第二章 其他证券法律

第111条《1933年证券法》

（a）证券的定义。《1933年证券法》第2（a）（1）条［15 U. S. C. 77b（a）（1）］[3]修订为：

（1）在“投资合同”后添加“数字资产证券”；且

（2）删除末尾的句号并插入“；但不包括具有自签发之日起不超过9个月的到期日（其中不包括宽限日期、或任何该到期日另有限制的延期）的任何法定货币、商品、数字资产或任何票据、汇票或银行承兑汇票。”

（b）其他定义。对《1933年证券法》［15 U. S. C. 77b（a）］第2（a）条进行修订，添加以下内容：

“（20）《商品交易法》第1a条（7 U. S. C. 1a）对‘商品’、‘数字资产’、‘数字资产交易存管机构’以及‘虚拟货币’的定义[4]适用于本法。

（21）《1934年证券交易法》第3（a）条［15 U. S. C. 78c（a）］对‘数字资产证券’的定义[5]适用于本法。”

---

〔1〕《1934年证券交易法》第3（a）（4）（A）条规定：“‘经纪人’是指任何为他人从事证券交易业务的人，但不包括银行。”

〔2〕见本法案第201（b）条。

〔3〕《1933年证券法》第2（a）（1）条规定：“‘担保品’是指任何票据、股票、库存股份、公债、公司债券、借据、息票或参与任何分红协定的证书、货物信托证书、组织前证书或认股额、可转让股票、投资合同，或授权信托证书、可供担保的存款证书、石油、煤气或其他矿产开采权的部分的完整的股份证书、任何卖出买进期货的选择权证书、套利选择权证书，或者对任何担保品、存款证书或证券的类或指数（包括其中的任何利息或以其价值为基础）或对任何卖出买进期货选择权、套利选择权的特权，或涉及的对与外币有关的全国证券交易的特权，或者，一般被看作‘证券’的任何权益或凭证，或任何息票或参与分红证书，暂时或临时证书，收据，担保书，订购或购买任何前述事项的凭证或权利。”

〔4〕见本法案第201（b）条。

〔5〕见本法案第101（b）条。

第112条《1940年投资顾问法》

(a) 证券的定义。对《1940年投资顾问法》第202 (a) (18) 条 [15 U. S. C. 80b2 (a) (18)][1]进行修订:

(1) “投资合同”后添加“数字资产证券”;且

(2) 删除末尾的句号并插入“;但不包括具有自签发之日起不超过9个月的到期日(其中不包括宽限日期、或任何该到期日另有限制的延期)的任何法定货币、商品、数字资产或任何票据、汇票或银行承兑汇票。”

(b) 数字资产证券的定义。对《投资顾问法》第202 (a) 条 [15 U. S. C. 80b-2 (a)] 进行修订,在末尾添加以下内容:

“(31)《1934年证券交易法》第3 (a) 条 [15 U. S. C. 78c (a)] 对‘数字资产证券’的定义[2]适用于本法。”

(c) 其他定义

修订《1940年投资顾问法》第202 (a) (29) 条 [15 USC 80b-2 (a) (29)][3]:在“商品交易顾问”后插入“‘商品’、‘数字资产’、‘数字资产交易库’、‘虚拟货币’,”。

第113条《1940年投资公司法》

(a) 证券的定义。《1940年投资公司法》第2 (a) (36) 条 [15 U. S. C. 80b 2 (a) (36)][4]修订如下:

(1) 在“投资合同”后插入“数字资产证券,”;且

(2) 删除末尾的句号并插入“;但不包括具有自签发之日起不超过9个月的到期日(其中不包括宽限日期、或任何该到期日另有限制的延期)的任何法定货币、商品、数字资产或任何票据、汇票或银行承兑汇票。”

---

[1] 《1940年投资顾问法》第202 (a) (18) 条规定:“‘证券’指任何票证、股票、库存股、证券期货、债券、信用债券、债务凭证、利润分享协议下的权益或参与凭证、担保信托凭证、筹建凭证或认购证、可转让股份、投资合同、表决权信托凭证、证券存托凭证,油气或其他矿产权的小额未分割权益、任何证券(包括存托凭证)或证券组合或指数(包括其中任何权益或基于价值的权益)的卖出权、买入权、跨式套利期权或特权,或在全国性证券交易所签订的与外汇有关的卖出权、买入权、跨式套利期权或特权,或通常被认为是‘证券’的任何权益或文书,或任何前述的权益或参与凭证、暂时或临时凭证、收据、担保或认购证或认购或买入权。”

[2] 见本法案第101 (b) 条。

[3] 《1940年投资顾问法》第202 (a) (29) 条 [15 USC 80b-2 (a) (29)] 规定:“‘商品集合’、‘商品集合运营者’、‘商品交易顾问’、‘主要掉期交易参与人’、‘掉期’、‘掉期交易商’及‘掉期合约执行设施’的含义同《商品交易法》第1a条(《美国法典》第7编第1a条)的有关定义。”

[4] 《1940年投资公司法》第2 (a) (36) 条规定:“‘证券’指任何票证、股票、库存股、证券期货、债券、公司债券、债权凭证、任何利润分享协议下的权益或共享凭证、担保信托凭证、筹建凭证或认购权证、可转让股票、投资合同、有表决权的信托凭证、证券存托凭证,石油、天然气或其他矿产权的小额未分割权益任何证券(包括存托凭证)或组合证券或证券指数(包括其中的任何价值或以其价值为基础的任何权益)的卖出期权、买入期权、跨式套利、期权或特权。或在全国性证券交易所中与外汇有关的任何卖出期权、买入期权、跨式套利期权或特权,或概括来说被通常视为‘证券’的任何权益或文书,或任何权益或共享凭证、暂时或临时凭证、收据担保,或认购购买凭证或认购权、买入期权。”

（b）《商品交易法》中的术语。对《1940 年投资公司法》第 2（a）（54）条［15 USC 80a－2（a）］[1]进行修订：

删除“和‘互换执行设施’”，并插入“‘互换执行设施’、‘商品’、‘数字资产’、‘数字资产交易存管机构’，和‘虚拟货币’”。

（c）数字资产证券的定义。修订《1940 年投资公司法》第 2（a）条［15 U. S. C. 80a－2（a）］，在末尾添加以下内容：

“（55）《1934 年证券交易法》第 3（a）条［15 U. S. C. 78c（a）］对‘数字资产证券’的定义[2]适用于本法。”

第 114 条《1970 年证券投资者保护法》

（a）一般规定

（1）证券的定义。修订《1970 年证券投资者保护法》第 16（14）条[3]［15 U. S. C. 78lll（14）］：

（A）在“投资合同”后插入“数字资产证券”；

（B）在“如果此类投资合同”后插入“数字资产证券”；

（C）在最后一句中的“商品”后插入“数字资产”。

（2）其他定义。修订《1970 年证券投资者保护法》第 16 条（15 U. S. C. 78lll），添加以下内容：

“（15）《商品交易法》条款。《商品交易法》第 1a 条（7 U. S. C. 1a）对‘商品’、‘数字资产’、‘数字资产交易存管机构’和‘虚拟货币’的定义[4]适用于本法。

（16）数字资产证券。《1934 年证券交易法》第 3（a）条［15 U. S. C. 78c（a）］对‘数字资产证券’的定义[5]适用于本法。”

（b）证券投资者保护公司通知。证券投资者保护公司应当在本法颁布之日起 90 日内，

---

〔1〕《1940 年投资公司法》第 2（a）（54）条规定：“术语‘商品池’、‘商品池运营者’、‘商品交易顾问’、‘主要掉期交易参与者’、‘掉期交易’、‘掉期交易商’和‘掉期合约执行系统’与《商品交易法》第 1a 条中的定义相同（《美国法典》第 7 编第 1a 条）。”

〔2〕见本法案第 101（b）条。

〔3〕《1970 年证券投资者保护法》第 16（14）条规定：“‘证券’指任何票证、股票、库存股、证券期货、债券、信用债券、债务凭证、担保信托凭证、筹建凭证或认购证、可转让股份、表决权信托凭证、证券存托凭证，或《1934 年证券交易法》［15 USCS § 78c（a）（55）（A）］第 3（a）（55）（A）条中定义的任何证券期货，任何或利润分享协议下或石油、天然气或矿产特许权使用或租赁中的权益或参与凭证或投资合同（如果此类投资合同或权益是依据《1933 年证券法》的规定向委员会提交登记声明的）、任何证券（包括存托凭证）或证券组合或指数（包括其中任何权益或基于价值的权益）的卖出权、买入权、跨式套利期权或特权，或在全国性证券交易所签订的与外汇有关的卖出权、买入权、跨式套利期权或特权，或通常被认为是‘证券’的任何权益或文书，或任何前述的权益或参与凭证、暂时或临时凭证、收据、担保或认购证或认购或买入权。除上文特别规定外，‘证券’一词不包括任何货币、任何商品或相关合约或期货合约，或认购或购买或出售上述任何一项的认股权证或权利。”

〔4〕见本法案第 201（b）条。

〔5〕见本法案第 101（b）条。

在公司网站上公开发布以下通知。

（1）关于数字资产和数字资产证券的状态以及这种状态如何影响证券投资者保护公司的保险范围；及

（2）数字资产不是存款，数字资产证券在几乎所有情况下都不属于证券，也不在证券投资者保护公司的保险范围内，无论是否具有以下情形：

（A）数字资产或数字资产证券由保险银行、储蓄协会或信用合作社持有；或者

（B）数字资产或数字资产证券由经纪商或交易商（定义见 1934 年《证券交易法》第 3（a）条［15 U. S. C 78c（a）］持有。

第二编 《商品交易法》下对数字资产的处理

第 201 条定义

（a）商品的定义。对《商品交易法》第 1a（9）条［7 U. S. C 1a（9）］[1]进行修订：在"活牲畜产品"后添加"数字资产（包括比特币、以太币及其硬分叉）"。

（b）与数字资产有关的其他定义。修订《商品交易法》（7 U. S. C 1a）第 1a 条，在末尾添加以下内容：

"（52）数字资产。'数字资产'定义如下：

（A）系指以下资产：

（i）以电子或数字方式，通过软件代码创建的；

（ii）遵循一定规则进行编程的：

（Ⅰ）管理此类数字资产的创建、供应、占有、使用和转让；且

（Ⅱ）旨在防止任何个人或共同控制人修改或篡改；

（iii）具有以下交易历史记录：

（Ⅰ）记录在：

（aa）分布式数字账本；或

（bb）通过可验证的数学过程达成共识的数字数据结构；且

（Ⅱ）根据与交易和所有权相关的数字资产编程规则同步更新；且

（Ⅲ）旨在防止达成共识后任何个人或共同控制人修改或篡改所有权或交易历史；

（iv）通过去中心化的方法，能够在人与人之间转移，而无须中间托管人；且

---

〔1〕《商品交易法》第 1a（9）条规定："'商品'一词系指：小麦、棉花、大米、玉米、燕麦、大麦、黑麦、亚麻籽、高粱米、磨粉饲料、黄油、蛋、马铃薯（爱尔兰马铃薯）、羊毛、羊毛条、脂油（包括猪油、牛油、棉籽油、花生油、豆油以及所有其他脂油）、棉籽粕、棉籽、花生、大豆、大豆粉、活牲畜、活牲畜产品、冷冻浓缩橙汁以及所有其他货物和物品（其他法规另有规定除外），以及作为现在交易或未来交易的远期交割合约标的之一切服务、权利以及权益（但电影票房收入或与电影票房收入相关的任何指数、指标、价值或数据除外）。"

（B）系广义的术语，包括市场参与者和监管机构用于描述数字资产的其他几个术语，如‘虚拟资产’、‘虚拟货币’和‘可兑换虚拟货币’等。

（53）数字资产证券。《1934 年证券交易法》第3（a）条［15 U.S.C.78c（a）］对‘数字资产证券’的定义〔1〕适用于本法。

（54）数字资产交易存管机构。‘数字资产交易存管机构’是指出于为任何数字资产提供集中的记录保存设施的目的，对州际贸易中第三方参与的数字资产交易合同的交易、持仓、条件（包括链上公共分布式账本交易和链下交易）进行收集和维护信息或记录的任何人，但不包括私有、公共分布式账本或此类账本的运营商，除非此类账本或其运营商也致力于聚集‘链下’交易。

（55）分布式账本技术。‘分布式账本技术’是指一个去中心化的点对点计算机网络，其中计算机借由开源软件运行，该软件在全网可见的永久性公共分布式账本上验证同时不可撤销地记录数字资产所有权和交易。

（56）虚拟货币。‘虚拟货币’是指一种数字资产，一种价值的数字表示，它不具有法定货币地位，可用作交换媒介、记账单位或价值储存手段。”

（c）商品交易顾问的定义。修订《商品交易法》第1（a）（12）（A）（i）条［7 U.S.C.1（a）（12）（A）（i）］〔2〕如下：在“适合性”后添加“商品权益，包括任何——”。

（d）期货经纪商的定义。修订《商品交易法》第1a（28）（A）（i）（I）（aa）条〔3〕［7 U.S.C.1a（9）］如下：

（1）在子项（EE）中，删除末尾的“或者”；且

（2）在末尾添加以下内容：“（GG）州际贸易中的任何数字资产销售合同，但不包括数字资产证券；或者”。

（e）介绍经纪商的定义。修订《商品交易法》第1a（31）（I）条〔4〕［7 U.S.C 1a.C（31）］如下：

---

〔1〕见本法案第101（b）条。

〔2〕《商品交易法》第1（a）（12）（A）（i）条规定：“为获取报酬或盈利而针对下列交易的价值或适合性提供顾问服务的主体，包括直接为他人提供顾问服务或通过出版物文章或电子媒介为他人提供顾问服务的主体”。

〔3〕《商品交易法》第1a（28）（A）（i）（I）（aa）条规定了期货经纪商的特征之一，即“（aa）从事关于下列各项的交易指令的招揽或接受：（AA）远期交割商品买卖；（BB）证券期货产品；（CC）互换；（DD）第2（c）（2）（C）（i）条或第2（c）（2）（D）（i）条所述任何协议、合约或交易；及（EE）根据第4c条获得核准的任何商品期权；或（FF）根据第19条获得核准的任何杠杆交易；或（FF）根据第19条获得核准的任何杠杆交易。”

〔4〕《商品交易法》第1a（31）（I）条规定了介绍经纪商的特征之一，（I）从事关于下列各项的交易指令的招揽或接受；（aa）任何远期交割商品证券期货产品或互换的买卖；（bb）第2（c）（2）（C）（i）条或第2（c）（2）（D）（i）条所述任何协议、合约或交易；（cc）根据第4c条获得核准的任何商品期权；或（dd）根据第19条获得核准的杠杆交易。

（1）删除（cc）项末尾的“或”；

（2）在（dd）末尾删除“和”并插入“或”；且

（3）在末尾添加以下内容：“（ee）州际贸易中的任何数字资产销售合同，但不包括数字资产证券；及”。

第202条数字资产的实际交付

修订《商品交易法》第2（c）（2）（D）（ii）（Ⅲ）条[1][7 U. S. C. 2（c）（2）（D）（ii）（Ⅲ）] 如下：

（1）在（aa）项中：

（A）删去“其他较长”并插入“较短”；且

（B）删去“；或”并插入分号；且

（2）在末尾添加以下内容：

“（cc）数字资产的实际交付（包括对私钥的控制权的转移）应在交易达成后24小时内，通过以下任一方式完成：

（AA）在数字资产的公共分布式账本上记录交易；或者

（BB）未记录在数字资产公共分布式账本上的数字资产交易，向商品期货交易委员会注册的数字资产交易存管机构报告交易；或者”。

第203条数字资产交易和清算适用的联邦宪章

修订《商品交易法》第2（a）（1）条［7 U. S. C. 2（a）（1）］，在末尾添加以下内容：

“（J）数字资产交易和清算适用的联邦宪章。注册实体可以在州际贸易（包括数字资产）中列明、交易或清算商品销售合同。注册实体应将包括《银行保密法》、反洗钱和了解客户要求在内的所有核心原则和相关法规适用于此类合同。根据本款规定，商品期货交易委员会对注册实体或通过注册实体列明、交易或清算实施的州际贸易商品（包括任何数字资产）销售合同的任何协议、合同或交易拥有专属管辖权；而且，出于监管和执法目的，此类合同应被视为期货合同。与本法的规定不一致的，适用本法。”

第204条报告要求

修订《商品交易法》第2（a）（13）条：

（1）将本段标题修改如下：“交易和数字资产交易数据的报告和公开”[2]；且

（2）在末尾添加以下内容：

---

〔1〕《商品交易法》第2（c）（2）（D）（ii）（Ⅲ）条对零售商品交易的适用作出了例外规定（之一），即“（Ⅲ）符合下列条件的出售合约：（aa）在28日内进行实际交割或在商品期货交易委员会基于所涉商品的现货或即期市场的典型商业实践而通过规则或规章确定的其他更长时限内进行实际交割；或（bb）在有能力在其业务范围内进行交割的卖方与有能力在其业务范围内接受交割的买方之间创设了可强制执行的交割义务”

〔2〕 原标题为“互换交易数据的公开提供”。

“（H）数字资产交易的报告。州际商业交易中数字资产销售合同所涉及的数字资产的实际交付（包括对私钥的控制权的转移）应在交易达成后24小时内通过以下任一方式完成：

（AA）在数字资产的公共分布式账本上记录交易；或者

（BB）未记录在数字资产公共分布式账本上的数字资产交易，向已经在商品期货交易委员会注册的数字资产交易存管机构报告交易；或者。”

第205条商品交易顾问和商品合资基金经理：商品权益

修订《商品交易法》第4m（3）（C）条[1]［7 U. S. C. 6m（3）（C）］如下：将“款”改为“法案”，并删除“实物”一词。

第206条互换数据存管机构和数字资产交易存管机构

《商品交易法》（7 U. S. C. 24a）第21条修订如下：

“第21条　互换数据存管机构和数字资产交易存管机构。

（a）注册要求。

（1）要求；衍生品清算机构的授权。

（A）一般规定。除非已在商品期货交易委员会注册，否则任何人直接或间接地利用邮件或任何州际贸易手段或工具履行互换数据存管机构或数字资产交易存管机构的职能当属违法。

（B）衍生品结算机构的注册。衍生品结算机构可以注册为互换数据存管机构。

（2）检查和核查。每一注册的互换数据存管机构和数字资产交易存管机构均应接受商品期货交易委员会代表的检查和核查。

（3）核心原则合规。

（A）一般规定。要注册为互换数据存管机构或数字资产交易存管机构并维持该注册，互换数据存管机构或数字资产交易存管机构应遵守：

（i）本条所述的要求和核心原则；及

（ii）商品期货交易委员会依第8a（5）条所制定的规则或规章所施加的任何要求。

（B）互换数据存管机构合理的自由裁量权。（A）项所述的互换数据存管机构或数字资产交易储存库依其合理的自由裁量权决定其遵守本条所述核心原则的方式，商品期货交易委员会另有规定的除外。

（b）标准制定

（1）数据识别

（A）一般规定。根据（B）项，商品期货交易委员会应制定标准，具体规定各个注册的

---

〔1〕《商品交易法》第4m（3）（C）条规定：“商品权益。就本款而言，商品权益包括：远期交割商品出售合约、该等合约的期权、证券期货、互换、杠杆合约、外汇、实物商品的即期和远期合约，以及商品权益交易账户中的任何资金。”

互换数据存管机构或数字资产交易储存库针对每一互换或数字资产种类应收集并保存的数据元素。

（B）要求。执行第（A）项的规定时，商品期货交易委员会应制定适用于注册实体和报告对手方的统一数据元素标准。

（2）数据收集和保存。商品期货交易委员会应制定互换数据存管机构和数字资产交易存管机构的数据收集和保存标准。

（3）可比性。商品期货交易委员会根据本款制定的标准应当与其对衍生品结算机构的互换或数字资产结算设定的数据标准具有可比性。

（c）职责。互换数据存管机构或数字资产交易存管机构应当：

（1）受理符合商品期货交易委员会针对（b）款的每一互换或数字资产交易种类所规定的数据；

（2）与互换或数字资产交易的对手双方确认所提交数据的准确性；

（3）按照商品期货交易委员会要求的格式、方式和期限保存第（1）款所述数据；

（4）（A）向商品期货交易委员会（或商品期货交易委员会的任何指定人，包括其他注册实体）提供直接的电子接入；且

（B）按照商品期货交易委员会要求的格式和频率提供第（1）款规定的信息，以遵守第2（a）（13）条规定的公开报告要求。

（5）在商品期货交易委员会的指导下，建立用于监控、筛选和分析互换或数字资产数据的自动系统，包括单个实体和关联实体获得最终用户豁免集中结算的合规性和频率；

（6）维持从互换交易商、交易对手或其他注册实体收到的任何与互换或数字资产交易数据的隐私性；

（7）在遵守第8条保密规定的基础上，向商品期货交易委员会通知后，可以根据下列机构的请求，提供分别由互换数据存管机构或数字资产交易存管机构取得的互换或数字资产数据，包括单个对手方的交易及持仓数据：

（A）每一相应的审慎监管机构；

（B）金融稳定监督委员会；

（C）证券交易委员会；

（D）司法部；及

（E）商品期货交易委员会认为适当的任何其他人员，包括：

（i）外国金融监管机构（包括外国期货监管机构）；

（ii）外国中央银行；及

（iii）外国政府部门；及

（iv）其他外国官方机构；且

（8）为了使存储库及时恢复和重启运营并履行互换数据存管机构的职责和义务，建立并维护应急程序、备用设施和灾难恢复计划。

（d）保密协议。在互换数据存管机构或数字资产交易存管机构与第（c）（7）条所述任何实体共享信息之前，互换数据存管机构或数字资产交易存管机构应收取相关实体的书面协议，实体在书面协议中应该声明其遵守本章第 12 条所述的与其提供的互换或数字资产交易信息有关的保密要求。

（e）首席合规官的指定。

（1）一般规定。各互换数据存管机构和数字资产交易存管机构应当指定一名个人担任首席合规官。

（2）职责。首席合规官应当：

（A）直接向互换数据存管机构或数字资产交易存管机构的董事会或高级管理人员汇报工作；

（B）审查互换数据存管机构或数字资产交易存管机构对本条所述的要求和核心原则的遵守情况；

（C）与互换数据存管机构或数字资产交易存管机构的董事会、履行董事会类似职能的机构或高级管理人员磋商，解决任何可能发生的利益冲突；

（D）负责实施根据本条要求制定的每一项政策和程序；

（E）确保遵守本法（包括规章）中与协议、合约或交易有关的规则，包括商品期货交易委员会根据本条规定制定的每项规则；

（F）制定相关程序，据以对首席合规官通过以下任何方式发现的不合规问题采取补救措施：

（i）合规办公室审查；

（ii）回顾工作；

（iii）内部或外部审计结果；

（iv）自报失误；或

（v）经核查的投诉；及

（G）制定并遵循适当的程序以处理、响应、补救、再次检验和解决不合规问题。

（3）年度报告。

（A）一般规定。首席合规官应当根据商品期货交易委员会制定的规则每年编制并签署一份报告，其中应包含以下内容：

（i）首席合规办公室所属的互换数据存管机构或数字资产交易存管机构对本法（包括规章）的合规情况；及

（ii）首席合规官所属的互换数据存管机构或数字资产交易存管机构的每项政策和程序

（包括该互换数据存管机构或数字资产交易存管机构的职业道德准则和利益冲突政策）。

（B）要求。按照第（A）项编制的合规报告应当：

（i）附有根据本条要求应向商品期货交易委员会提供的互换数据存管机构或数字资产交易存管机构的适当财务报告；并

（ii）包含一份自查证明，证明该合规报告准确性和完整性，并明确表示其知晓作伪证将招致法律惩罚。

（f）适用于互换数据存管机构和数字资产交易存管机构的核心原则。

（1）反垄断事项。除非对实现本法案的目的是必要或适当的，否则互换数据存管机构或数字资产交易存管机构不得存在以下行为：

（A）采用任何会导致不合理贸易限制的规则或进行任何会导致不合理贸易限制的行动；或

（B）对交易过程中的交易、清算或报告造成任何重大的反竞争负担。

（2）管理安排。各互换数据存管机构或数字资产交易存管机构应建立透明的管理安排：

（A）以满足公共利益需要；且

（B）以支持联邦政府、所有者和参与者的目标。

（3）利益冲突。各互换数据存管机构或数字资产交易存管机构应当：

（A）制定并实施规则，以尽量减少互换数据存管机构或数字资产交易存管机构决策过程中的利益冲突；且

（B）建立一个能解决（A）项所述利益冲突的程序。

（4）委员会规定的附加规则。

（A）一般规定。委员会可以制定一项或多项适用于互换数据存管机构或数字资产交易存管机构的附加规则。

（B）考虑不断发展的标准。在制定（A）项规定的其他规则时，委员会可以参考美国或国际社会中不断发展的标准。

（C）委员会指定对象的附加规则。委员会应为已注册的互换数据存管机构或数字资产交易存管机构确定附加规则，以最大限度地减少利益冲突、保护数据、确保合规性并保证互换数据存管机构和数字资产交易存管机构的安全。

（g）互换数据存管机构和数字资产交易存管机构的必要注册。

任何根据本条规定应当注册为互换数据存管机构或数字资产交易存管机构的对象都应向委员会注册，无论其是否还获得了经营银行、信托公司、货币服务企业的许可，或已注册成为证券交易委员会基于证券的互换数据存管机构、经纪商、合格托管人或转让代理人。

（h）规则。委员会应采用相关规则以管理根据本条要求注册的对象。”

第三编　数字联邦储备票据、法定货币地位、数字资产法币型稳定币的监管及数字资产的联邦存款和股票保险

第一章　数字联邦储备票据

第 301 条一般规定

（a）监督并规范联邦储备票据的发行承偿兑。《联邦储备法》［12U. S. C. 248（d）］第 11（d）条修订如下：

“（d）通过财政部长监督并规范联邦储备票据（包括实物的和数字的）的发行和偿兑，但不包括不适合流通票据的涂销、销毁及与其有关的会计处理，同时制定规则和规章（包括适当的技术）以便财政部长据此将此类票据交付给申请票据的美联储代理机构。”

（b）在储备银行上的发行；义务性质；赎回。对《联邦储备法》第 16 条〔1〕(12U. S. C. 411）进行修订，删除前两句并插入：“联邦储备票据经授权由美国联邦储备理事会自由决定发行，目的仅限于通过下述联邦储备代理机构贷款给联邦储备银行。

除了当前的实体联邦储备票据外，美国联邦储备理事会还有权发行数字版本的联邦储备票据，与本法的规定不一致的，适用本法。此外，在与财政部长协商后，美国联邦储备理事会将被授权使用分布式账本技术来创设、分散和记录所有涉及数字联邦储备票据的交易。上述票据属于美国的国债，应被视为法定货币，应被所有国家银行及会员银行以及联邦储备银行所接受，并可用于支付所有税收、关税和其他公共应付款项。

它们应在美国财政部、哥伦比亚特区华盛顿市或任何联邦储备银行按要求以合法货币赎回。”

第 302 条数字资产的法定货币地位

《美国法典》第 31 章第 5103 条修订如下：“§5103. 法定货币。

美国硬币和钞票（包括联邦储备票据和在联邦储备银行与国家银行流通的票据）是支付所有债务、公共费用、税收款项和应付款项的法定货币。外国法定货币、数字资产、数字资产证券和外国金银币都不是法定货币。”

第二章　数字资产法币型稳定币的监管

第 311 条财政部对数字资产法币型稳定币的监管

在《美国法典》第 31 篇第Ⅳ分篇第 51 章第Ⅰ分章的末尾添加以下内容：“§5104. 财政部对数字资产法币型稳定币的监管。

〔1〕《联邦储备法》第 16 条规定：“上述票据属于美国的国债，应被所有国家及会员银行以及联邦储备银行所接受，并可用于支付所有税收、关税和其他公共应付款项。它们应按规定在美国财政部、哥伦比亚特区华盛顿市或任何联邦储备银行通过合法货币赎回。”

（a）一般规定。自本条颁布之日起，任何人不得发行、使用或允许使用未经财政部长根据（b）款批准的数字资产法币型稳定币。

（b）申请程序。

（1）一般规定。在本条颁布之日起90日内，财政部长应设立一个申请程序，并根据该程序在其认为必要和适当的条件下选择批准或不批准发行数字资产法币型稳定币的申请。

（2）协商。财政部长在审核第（1）款所述的数字资产法币型稳定币的申请之时，应与以下各方协商：

（A）联邦储备理事会；

（B）证券交易委员会；

（C）商品期货交易委员会；及

（D）财政部长认为合适的其他外国中央银行或外国财政部或机构。

（3）批准或不批准；条件变更；终止。

（A）一般规定。依照（B）项的规定，财政部长可以批准或不批准数字资产法币型稳定币发行人的申请，可以撤回申请批准或修改根据第（1）项已经作出的批准条件。

（B）时间。根据（A）项对申请批准进行撤回或修改的，财政部长应在撤回或修改批准前的至少60日内通知发行人。

（4）现有数字资产法币型稳定币受在后生效的法律规定的制约。财政部长不得允许使用以往任何数字资产法币型稳定币。所有数字资产法币型稳定币，包括本条颁布之日既已存在的数字资产法币型稳定币，均应根据本条规定向财政部长提出申请。

（c）数字资产法币型稳定币的定义。在本条中‘数字资产法币型稳定币’一词是指一种由财政部长确定的，主要由以下货币捆绑、挂钩或担保的数字资产［定义见《商品交易法》第1a条[1]（7USC1a）］：

（1）美元或；

（2）一种或多种法定货币。”

第312条一致性修正

修订《美国法典》第31篇第Ⅳ分篇第51章第Ⅰ分章的目录，并在末尾添加以下内容：

“5104. 财政部对数字资产法币型稳定币的监管。”

第三章　数字资产的联邦存款和股票保险

第321条数字资产非联邦存款或股票保险的存款

（a）《联邦存款保险法》。《联邦存款保险法》第3（1）（5）条［12U. S. C. 151813（1）（5）］修订如下：

---

〔1〕见本法案第201（b）条。

（1）在（B）项中，删除"；和"并插入分号；

（2）在（C）项中，删除末尾的句号并插入"；和"；且

（3）在末尾添加以下内容：

"（D）任何

（i）数字资产［定义见《商品交易法》第1a条（7U. S. C1a）］；或

（ii）数字资产证券（定义见《1934年证券交易法》第3（a）条〔1〕［15U. S. C. 78c（a）］。"

（b）《联邦信用联盟法》。修订《联邦信用联盟法》第101（5）条〔2〕［12USC1752（5）］，删除"州法"并插入"州法：进一步规定：在任何情况下，此类术语均不得包括数字资产［定义见《商品交易法》第1a条〔3〕（7USC1a）］或数字资产证券（定义见《1934年证券交易法》第3（a）条〔4〕［15USC78c（a）］"。

第322条联邦存款保险公司和国家信用合作社管理局网站披露的有关数字资产和保险责任豁免范围的指导性规则制定

（a）联邦存款保险公司（FDIC）和国家信用合作社管理局（NCUA）通知。在本法颁布之日起90日内，联邦存款保险公司和国家信用合作社管理局应各自在其网站上公开发布通知，内容包括：

（1）对数字资产和数字资产证券的处理方案；

（2）数字资产和数字资产证券不是"存款"或"股票"，并且不在（FDIC或NCUA提供的）联邦存款保险的承保范围内，无论其是否由被保险银行、储蓄协会还是信用合作社持有；且

（3）此类通知应具体说明FDIC发布的非存款投资产品（NDIP）政策声明和相关披露义务或NCUA发布的类似要求是否适用于数字资产和数字资产证券。

（b）数字资产。《商品交易法》第1a条〔5〕（7U. S. C. 1a）对"数字资产"的定义适用

---

〔1〕见本法案第101（b）条。

〔2〕《联邦信用联盟法》第101（5）条规定："'成员账户'和'账户'系指经董事会批准的某一类型的信用社成员的股份、股权证书或股金提款账户，其是为了证明信用社在一般业务流程中收到或持有金钱或其他等价物，同时信用社已经或应该将上述金钱或其他等价物计入该成员的账户。在主要为低收入成员（由董事会定义）提供服务的信用合作社中，这些术语（当涉及信用合作社所服务的非成员的账户时）是指经董事会批准类型的非成员的股份、股权证书或股金提款账户，以及信用合作社在一般业务流程中收到或持有金钱或其他等价物的证明，同时信用合作社已经或应该向非成员的账户贷记的股份、股权证书或股金提款账户。这些术语是指本法第207条列举的非成员信用合作社和联邦、州或政府及其行政分区的非成员单位的股份、股权证书或股金提款账户，这些术语是指依据第107条（13）款为全部或部分出售的贷款而建立的保管账户；就被保险的州信用合作社而言，本段中所指的'股份'、'股权证书'或'股金提款'账户，包括由董事会决定的由本州法律规定的等价物。"

〔3〕见本法案第201（b）条。

〔4〕见本法案第101（b）条。

〔5〕见本法案第201（b）条。

于本条。

（c）数字资产证券。《1934 年证券交易法》第 3（a）条［15USCSec. 78c（a）］对“数字资产证券”的定义适用于本条。

第四编　银行保密法

第 401 条银行保密法

（a）货币工具的定义

《美国法典》第 31 篇第 5312（a）（3）（B）条[1]修订如下：

（1）在“外国货币”之后插入“数字资产”；且

（2）在“交付”之后插入以下内容：“，数字资产证券的定义如 1934 年《证券交易法》第 3（a）条[2]所述。”

（b）数字资产和虚拟资产的定义。修订《美国法典》第 31 篇第 5312（a）条，在第（6）段之后添加以下内容：

“（7）数字资产。《商品交易法》第 1a 条[3]（7U. S. C. 1a）对‘数字资产’的定义适用于本法。

（8）虚拟资产。‘虚拟资产’一词是指：

（A）可以进行数字交易或转让的，并可用于支付或投资的有价值的数字表示；及

（B）数字资产。”

（c）虚拟资产服务提供商的定义。对《美国法典》第 31 篇第 5312（a）条进一步修订，在末尾添加以下内容：

“（9）虚拟资产服务提供商。术语‘虚拟资产服务提供商’

（A）指进行以下行为的人员：

（i）数字资产和法定货币之间的交易；

（ii）数字资产之间的交易；

---

〔1〕《美国法典》第 31 篇第 5312（a）（3）（B）条：

“（3）货币工具是指：

（A）美国的硬币和钞票；

（B）财政部长通过法规规定的外国硬币和钞票、旅行支票、不记名流通票据、不记名投资证券、不记名证券、交付时即移转所有权的股票以及类似的材料；

（C）财政部长为第 5316 条和第 5331 条（《美国税收法典》第 31 编第 5316 条和第 5331 条 or［31 USCS §§ 5316 and 5331］）之目的通过规章规定的，以外国金融机构为付款人或由外国金融机构付款的非无记名形式的支票、汇票、本票或其他类似票据；及

（D）州务卿通过法规规定的，能够替代（A）、（B）或（C）项中所述货币工具的价值。”

〔2〕见本法案第 101（b）条。

〔3〕见本法案第 201（b）条。

（iii）数字资产的转移；

（iv）负责数字资产的托管、保管，或管理控制数字资产的工具；

（v）发行或有权赎回数字资产；且

（vi）为数字资产发行人发行或出售数字资产，提供相关金融服务；且

（B）不包括有以下情况的人：

（i）获取数字资产是为了自己购买商品或服务的；

（ii）向资金转移机构提供其使用的通信服务或网络接入服务；或

（iii）开发、创建或传播用于数字资产发行或促进数字资产相关金融活动的软件。”

（d）附加定义。《美国法典》第31章第5312（c）（1）条[1]修订如下：

（1）删除（A）项末尾的句号并插入分号；且

（2）在（A）项之后增加以下内容：

“（B）任何具有以下行为的虚拟资产服务提供商：

（i）数字资产和法定货币之间的交易；

（ii）数字资产之间的交易；

（iii）转移数字资产；

（iv）负责数字资产、控制数字资产工具的托管、保存或管理；或

（v）为发行人发行或销售数字资产提供相关金融服务。”

第402条匿名服务、钱骡及匿名性增强的可兑换虚拟货币

《美国法典》修订第31篇第Ⅳ分篇的第53章第Ⅱ分章，在末尾添加以下内容：

“第5333条　匿名服务、钱骡及匿名性增强的可兑换虚拟货币

（a）一般规定。在《数字资产市场结构和投资者保护法》颁布之日起180日内，财政部长应通过金融犯罪执法网络发布一项规则，对以下事项进行规范：

（1）匿名服务；

（2）钱骡；及

（3）匿名性增强的可兑换虚拟货币交易。

（b）目的。（a）款中所述规则的目的应是确保匿名服务、钱骡和匿名性增强的可转换虚拟货币不被用于个人客户的数字资产、数字资产证券或虚拟货币的流通。

（c）要求。（a）款中的规则应当：

（1）规定金融机构禁止任何人从事任何涉及数字资产或数字资产证券与以下事项的

---

〔1〕《美国法典》第31章第5312（c）（1）条：

“（c）附加定义。为本分章［31 USCS § § 5311及其后各条］之目的，应适用下列定义：

（1）定义中包括的某些机构。术语‘金融机构’［如（a）款所定义］包括如下各项：

（A）任何依据《商品交易法》［7 USCS § § 1及其后各条］注册或被要求注册的期货经纪商、商品交易顾问、或商品基金经理人。”

交易：

（A）匿名服务；

（B）钱骡；或

（C）匿名性增强的可兑换虚拟货币；

（2）禁止任何金融机构提供以下信息：

（A）存在匿名服务、钱骡和匿名性增强的可兑换虚拟货币；

（B）取得匿名服务、钱骡和增强匿名性的可兑换虚拟货币的渠道；或

（C）识别匿名服务、钱骡和匿名性增强的可兑换虚拟货币的方法；且

（3）要求所有金融机构建立书面程序以管理与特定交易有关的人员和款项记录，其中的特定交易内容涉及以下事项：

（A）匿名服务；

（B）钱骡；或

（C）匿名性增强的可兑换虚拟货币。

（d）定义。财政部长通过金融犯罪执法网络对‘虚拟货币’、‘匿名服务’、‘钱骡’和‘匿名性增强的可兑换虚拟货币’的定义适用于本条。”

第403条数字资产交易实际交付报告

在本法颁布之日起180日内，财政部长应在与商品期货交易委员会协商后发布规则，对州际贸易中任何涉及数字资产［依《商品交易法》第1a条[1]（7USC1a）的定义］销售合同的交易提出以下要求：

（1）卖方在数字资产交易达成后24小时内向买方转移占有和控制权（包括对所有私钥的控制权），该交付可通过以下任一方式完成：

（A）在该数字资产公共分布式账本上记录交易；或

（B）未在数字资产公共分布式账本上记录的向已于CFTC注册的数字资产交易存管机构报告交易。

第404条虚拟数字资产服务提供商

（a）一般规定。财政部长应在本法案颁布之日起270日内发布规则，对在美国从事与数字资产证券和数字资产有关服务并向美国人提供服务的虚拟资产服务提供商［定义见《美国法典》第31章第5312（a）条］提出下列要求，即使该服务提供商位于美国境外也应该：

（1）在证券交易委员会或商品期货交易委员会以适当身份进行适当的登记；

（2）在数字资产证券方面，适用经证券交易委员会注册的客户资金和证券经纪商的客户保护和账户托管的相关规定；且

---

〔1〕见本法案第201（b）条。

（3）在数字资产方面，适用经商品期货交易委员会注册的期货委经纪商客户账户托管和资金隔离的相关规定。

（b）客户账户。（a）款中提及的客户账户托管要求内容上应包括但不限于：雇佣经注册的合格托管人、对客户账户进行适当的分类和识别、经注册的合格托管人至少向客户出具的季度账户报表、由在上市公司会计监督委员会注册的会计师事务所作出的年度突击审计要求和年度审计的次数。

第五编　数字资产报告

第 501 条关于数字资产所有权/税收的国税局报告

（a）一般规定。在本法案颁布之日起 270 日内，财政部长应在与其他联邦、州监管机构以及市场参与者适当协商后，通过国税局向特定委员会提交一份关于美国公民使用数字资产的报告，其中包括：

（1）估计截至本法案颁布之日拥有数字资产的美国公民的数量和比例，以及在 2016 年至 2020 年每年为数字资产纳税的美国公民的数量和比例；

（2）比较在上述同一时期内持有股票和债券以及为此类资产纳税的美国公民的数量和比例；

（3）估计未报告数字资产持有量和收入的美国公民的数量和比例，并将其与未报告股票和债券持有量的美国公民的数量和比例进行对比；

（4）确定美国主要的数字资产交易平台、各平台客户账户数量、各平台年交易量；

（5）估计美国公民中使用美国注册的数字资产交易平台的人数，并与使用外国数字资产交易平台的人数进行比较；

（6）估计 2016 年至 2020 年间每年因美国纳税人申报不足而未向美国财政部缴纳税款的数额；及

（7）为改进数字资产的报税和征税提供立法和监管建议，使其更类似对证券持有的报税和征税。

（b）特定委员会。在本条中，“特定委员会”一词是指：

（1）众议院筹款委员会；

（2）参议院财政委员会；

（3）众议院金融服务委员会；

（4）参议院银行、住房和城市事务委员会；

（5）众议院农业委员会；及

（6）参议院农业、营养和林业委员会。

第 502 条关于勒索软件和数字资产的报告

（a）报告。在本法颁布之日起 270 日内，司法部、国土安全部、财政部和联邦储备理事会应联合向有关委员会提交一份报告，内容包括：

（1）总结美国和全球近期发生的勒索软件攻击的数量和规模；

（2）讨论勒索软件黑客要求通过数字资产支付的频率，并确定其最经常要求的数字资产种类；

（3）讨论为掩盖涉及数字资产的审计线索所使用的洗钱服务和钱骡；

（4）确定最常用于数字资产赎金交易的数字资产交易平台；及

（5）为解决勒索软件和数字资产问题提出立法和监管建议。

（b）适当的委员会。适当的委员会包括众议院司法委员会、国土安全委员会、金融服务委员会和农业委员会，以及司法委员会，国土安全和政府事务委员会、银行、住房和城市事务委员会、参议院的农业、营养和林业委员会。

第 503 条关于去中心化金融的报告

在本法颁布之日起 270 日内，联邦储备理事会、货币监理署、财政部长、证券交易委员会和商品期货交易委员会，应向有关委员会联合提交一份报告，内容包括：

（1）总结美国去中心化金融的使用情况；

（2）估计使用去中心化金融产品和服务的美国公民的数量和比例并将其与全球使用情况进行对比，并按估算的美元使用量确定主要的去中心化金融产品和服务；

（3）就美国法律编纂中会使用的“去中心化金融”一词的定义提出建议；

（4）讨论数字资产法币型稳定币与央行数字货币的主要区别；

（5）讨论去中心化金融是否会导致金融稳定风险；

（6）就美国银行业、证券业和商品方面去中心化金融的适当监管和投资者保护提供建议，包括对美国管辖权和美国法律适用的建议；及

（7）讨论去中心化金融应用程序、分布式账本、智能合约和其他被黑客入侵或用于欺诈和操纵的应用程序的创建者、所有者或运营商的法律义务。

第 504 条关于数字资产和数字资产证券托管的报告

证券交易委员会、货币监理署、财政部长、商品期货交易委员会应于本法颁布之日起 270 日内，联合向有关委员会提交报告。该报告应该：

（1）对数字资产托管人和数字资产证券托管人的监管、许可和审计提出建议；及

（2）研究以下问题：

（A）数字资产和数字资产证券的托管。

（B）估计交易平台、持牌托管人、自托管钱包中的数字资产和数字资产证券托管。

（C）美国金融业监管局对经纪商关于托管数字资产和数字资产证券的指引。

（D）美国注册会计师协会对数字资产和数字资产证券托管的态度。

（E）托管市场、银行、信托公司、经纪商、交易商和期货佣金商。

（F）按规模（持有的资产）和许可划分的美国和外国主要数字资产和数字资产证券托管人的背景。

第505条关于数字资产交易平台的报告

在本条颁布之日起270日内，证券交易委员会、商品期货交易委员会、财政部长和金融犯罪执法网络在与联邦和州监管机构及委员会认为适当的市场参与者协商之后，应联合向相关委员会提交一份报告，内容包括：

（1）确定美国前10大数字资产交易平台及其注册状态、各平台的客户账户数量以及各交易平台过去5年的年交易量；

（2）总结和比较以下内容：

（A）美国投资者目前可使用的适用于美国数字资产交易平台（MSBs）的法律法规；及

（B）适用于国家证券交易所、另类交易系统、指定合约市场和互换执行设施的法律法规；

（3）确定和计算本法颁布之日前5年内全球所有已知且重大的未经授权的数字资产交易平台电子访问或黑客攻击造成的投资者损失；及

（4）为加强对美国投资者的保护，在数字资产和数字资产证券的销售或交易方面提供立法和监管建议。

该报告将讨论货币服务业务和证券/商品交易之间的主要区别，并提供具体的立法和监管建议，以明确数字资产和数字资产证券的交易应受哪些实体约束以及应适用哪些规则，以区别于货币工具传送适用的实体和规则。

第506条关于数字资产交易平台上虚假交易申报、冲销交易和链下交易的报告

在本条颁布之日起270日内，商品期货交易委员会、财政部长和金融犯罪执法网络与委员会认为适当的联邦和州监管机构和市场参与者协商后，应联合向相关委员会提交一份关于州际贸易中数字资产销售合同虚假交易申报、冲销交易和链下交易的报告，该报告应该：

（1）审查本条颁布之日前的5年内每份关于数字资产交易平台虚假交易申报和数字资产冲销交易的公开报告；

（2）确定参与重大虚假交易申报和冲销交易行为的美国及境外数字资产交易平台；

（3）估计最近五年中每年发生的虚假交易申报和冲销交易的数量；

（4）讨论数字资产交易平台使用综合账户持有客户资产的情况，以及讨论基于公共分布式账本存有所有交易和当前数字资产所有权最新记录的事实，数字资产交易平台采用数字资产交易内部化是否会产生与公共分布式账本相关的透明度问题；

（5）计算过去五年中每年在美国数字资产交易平台上发生的、未在数字资产公共分布式

账本上报告的链下数字资产交易量和日均交易量；

（6）确定为虚假交易申报提供便利的实体；及

（7）为加强美国数字资产投资者保护提供立法和监管建议。

第 507 条相关委员会的定义

“相关委员会”一词是指：

（1）众议院金融服务委员会；

（2）参议院银行、住房和城市事务委员会；

（3）众议院农业委员会；及

（4）参议院农业、营养和林业委员会。

英国初级市场的有效性审查：上市规则的反馈和最终变更

肖 铮 叶文昭 译

2021 年 7 月 5 日，英国金融行为监管局（FCA）针对初级市场有效性的改革进行了公开的意见征询，广泛征集市场参与者对上市制度改革的建议，以满足日益变化的市场需求，提升英国金融市场的竞争力。2021 年 12 月，FCA 发布了本政策说明，就其关于初级市场有效性的意见征询所收到的对《上市规则》的修改建议进行了反馈，同时对其规则手册进行了最终修订。

一、概要

2021 年 7 月 5 日，我们（注：本文指代英国金融行为监管局）发布了一份意见征询报告（以下简称报告），对初级市场的有效性进行了审查，报告包含两个主要部分：

i. 就英国上市制度的运行进行公开讨论并征求意见，以便更好地理解上市对于发行人和投资者而言的目的及价值。我们希望收集到有关如何改进上市制度以使其更加高效和便捷，同时保留英国公开市场的高行为标准的宝贵意见。

ii. 就现行上市制度的针对性变更征求意见，以消除上市的直接障碍并提升我们规则手册的可操作性，这也有利于保护和增强市场的健全性。

作为意见征询内容的一部分，我们建议：

- 在高级市场中有针对性地建立双重股权结构
- 将在高级市场和标准市场上市的非基金公司股票的最低市值门槛从 70 万英

镑提高到5000万英镑

- 将上市时所要求的公众持股比例（通常称为“自由流通股”）从25%降低到10%
- 鼓励豁免三年经营记录的披露，对上市规则、披露指南、透明度规则及招股说明书监管规则进行小幅度简化以及现代化改造

本政策说明总结了我们收到的关于意见征询问题（报告21/21第5~9章）的反馈，并列出了我们的政策回应，还包括最终规则以及规则适用过程中一些过渡性安排。本说明未就我们收到的与上市制度（报告21/21第3章）运行相关的内容进行反馈。我们将在2022年上半年针对与上市制度的目的和结构相关的深入思考，提供进一步的反馈并指明下一步的举措。

（一）本说明将影响以下人群：

本政策说明将有助于：

- 发行人
- 考虑在英国上市的潜在发行人
- 上市公司的现有和潜在投资者，包括机构投资者和个人投资者
- 协助发行人的律师事务所、投资银行和其他顾问和中介机构
- 交易所或其他场所经营者
- 在首次公开发行（IPO）或二级市场上向发行人提供包括投资执行和/或营销在内的服务，以促进上市的中介机构
- 代表上述各类市场参与者的行业协会
- 更广泛的金融市场参与者，例如分析师

（二）本政策说明的更广泛背景

在报告21/21中，我们概括了公开市场在促进企业融资方面的重要性，而企业融资反过来也为英国经济带来了增长以及就业岗位。值得信赖的公开市场在一个易于理解，且具有高披露标准并受金融行为监管局监督的环境下为投资者提供机遇。越多公司在其生存周期的较早阶段上市意味着投资者有越多的机会分享这些公司在成长过程中所获得的回报。

然而，《英国上市审查》和《英国金融科技行业报告》都强调了我们的上市制度中成为公司上市障碍的特定部分。他们指出，《上市规则》（LR）只是造成这些障碍的众多原因之一。但他们提出了改进制度的具体建议。

我们的意见征询在关于《上市规则》的变更上紧随报告21/10之后，目的在于鼓励具有强大投资者保护功能的大型特殊目的收购公司（SPAC）减少由其造成的市场信用风险。我们在8月介绍了这些变更。

这项工作与英国财政部关于批发市场改革的意见征询、英国招股说明书制度的意见征询以及我们自身关于修改英国金融工具市场法规中的行为和组织要求的工作同时进行。这三个

意见征询旨在形成一个公平、以效率为本且能够提升市场有效性，同时保持最高监管标准的架构。

《英国上市审查》还指出，英国上市公司数量从存在于 2008 年的近年峰值下降了约 40%。2015 年至 2020 年间，英国仅占全球 IPO 的 5%。今年的市场活动是活跃的：1 月至 10 月约有 50 个主体进入主板市场，市值接近 8000 亿英镑。但是，我们认识到仍然有消除市场准入障碍并确保我们的制度尽可能地具备高效性和有效性的机会。

（三）最终规则如何与我们的目标联系起来

正如报告 21/21 所述，我们认为我们目前最终确定的提案应能减少考虑上市的公司的障碍和成本，这将会鼓励更多公司在英国或继续选择在英国上市。同时，市场透明度和健全性将保持高水平，这将会提升投资者对英国上市市场的信心以及英国上市的声誉。

提升初级市场的有效性有助于我们通过更强的流通性和稳定性来保护和增强英国金融体系的健全性。因此，我们的最终规则与我们确保市场运作良好的法定目标以及保护和增强市场健全性的运行目标是一致的。

（四）我们正在进行的变更

我们正在对《上市规则》进行以下变更：

- 在高级市场上市中有针对性地建立双重股权结构
- 上市时要求的公众持股比例从目前的 25% 降低到 10%
- 将非基金公司上市的最低市值门槛提高至 3000 万英镑
- 对《上市规则》《披露指南》《透明度规则》《招股说明书监管规则》进行小幅现代化改造

法律文件与征求意见的草案没有显著差异。此外，我们没有收到任何关于我们在报告 21/21 附件 2－5 中陈述的有关该提案的成本效益分析（CBA）的实质性反馈。我们认为在对规则进行最终定稿时所作的有限的修改不会使我们最初的成本效益分析发生实质性的变化。

（五）我们所寻求的效果

我们将在高级市场引入双重股权结构，减少自由流通股并对《上市规则》进行其他细微的变更。通过这些行动，我们旨在减少公司在英国上市的障碍并鼓励私营公司考虑在更早的阶段上市，同时仍然保持对投资者的高标准。鼓励更多公司进入英国上市市场，也将在监管良好且透明的上市环境中为投资者提供更多的投资机会。

通过将新标准市场和高级市场的最低市值提升到 3000 万英镑，我们旨在建立如下环境：

- 由于小型上市公司的不法行为或合规的欠缺而对投资者造成损害的可能性降低，以及
- 通过减少可能破坏市场健全性的可疑交易和潜在市场滥用行为，提高对英国上市市场的信心

上述两点都有助于提升英国市场的吸引力。

（六）衡量成果的标准

我们旨在通过监测以下内容来衡量我们的变更所产生的影响

- 上市准入门槛的减少以及之后英国上市对发行人的吸引力
- 我们是否减少了对投资者以及市场现有的危害，以及
- 是否产生了其他额外的危害

我们将研究一系列指标，包括我们的上市市场中首次公开募股的性质、数量和规模，以及通过不同方式进入上市市场的发行人的数量和规模。这将表明投资者的选择是否有所增加。

作为准入流程的一部分，我们将监测希望使用最终规则下确立的额外弹性机制的发行人的数量和类型，以及之后市场如何接纳这些规则。

我们还将监测市场活动，以确定是否有新领域的不法行为产生或现有的不法行为增加。

然而，我们知道《上市规则》只是更大范围的公开市场的一个组成部分，许多其他因素也决定了公司选择上市的时间和地点。因此，这些措施可能不会当然地导致上市公司数量的整体性提升。我们将监测我们提议变更的效果以了解《上市规则》是否仍然是公司进入公开市场的障碍。我们还将与利益相关者开展进一步合作以了解选择在其他地方上市的发行人的数量及其原因。

（七）对反馈的总结与回应

1. 对反馈的总结

58 名受访者对我们的意见征询作出了具体的评论。除了将股票的最低市值门槛从 70 万英镑提高到 5000 万英镑的提议收到了不同意见之外，我们的提案总体上得到了普遍支持。

我们已经对目前收到的有关我们变更建议的反馈进行考量。我们根据收到的反馈总结了我们对最终规则的决议以及对下列意见征询中的提案的所有变更，第 2 ~ 6 章中有详细的反馈。

- 高级市场的双重股权结构：基于广泛的多数支持，我们正在根据意见征询确定最终规则，包括维持我们在报告 21/21 中陈述的双重股权结构方案的主要特征。
- 最低市值：一些反馈对我们将最低市值从 70 万英镑提高到 5000 万英镑的提议表示担忧。因此，我们对涉及较小型上市发行人问题的内部数据进行了进一步分析，我们发现只有极少数案例（7 例）：自 2017 年以来获准进入官方上市的公司标准股票发行人的最低市值在 3000 万英镑至 5000 万英镑。我们注意到，对介于 2000 万英镑（案例数量已经开始大幅减少）至 5000 万英镑的替代最低市值水平进行稳健评估是不切实际的，因为在过去 4 ~ 5 年间在此市值范围内上市的公司数量非常少。我们还慎重考虑了认为高门槛可能会将那些可能更倾向于在非公开市场上市的小型公司排除在外的回复。我们坚持了我们的立场，但总的来说，我们决定在最终规则中设置相比于我们的

意见征询方案更低的 3000 万英镑的市值门槛。这一门槛仍然适用于绝大多数（超过 80%）不同规模大小的公司，在这些公司中我们可以看到持续存在的问题和一系列严重不法行为的案件发生（例如，从 2018 ~ 2021 年开始，大约在 75% 的案例中我们监测到了股价大幅波动的情况并收到可疑交易的警报）。但最终规则采纳了考虑降低最低市值水平以减少考虑在英国上市但可能会认为 5000 万英镑的门槛过高的小公司数量的反馈。第 3 章进一步详细介绍了我们收到的反馈以及我们在最终确定此变更方案时考虑的因素。

- 公众持有的最低股份数量（"自由流通股"）：我们正在根据意见征询最终确定规则，将公众持股的最低数量设定为变更后的 10%，遵循了意见征询回复中的多数支持意见。这取代了当前 25% 的标准以及金融行为监管局变更规则的自由裁量权，而采纳了一个更低的标准。遵循对该提议的越来越多的负面评价，我们不打算继续提出对自由流通股更具针对性的透明度要求的建议。
- 经营记录：我们收到了更有说服力的证据，表明有必要对这一要求进行更广泛的审查，而不是依赖个案评估和例外情况下的豁免。我们建议在思考对我们的上市制度进行更宽领域改革的背景下审查经营记录义务，以回应讨论章节（见下文）。
- 对《上市规则》、《披露指南》、《透明度规则》以及《招股说明书监管规则》的小幅变更：我们在广泛征求意见的同时进行了一些细微变更，以回应某些认为特定变更并未完全达到预期政策效果的有效的反馈。在与我们的重要交易规则相关的部分，我们不同意建议变更草案的反馈，并在制定最终规则时保留了我们在意见征询时的方案。

2. 对反馈的回应：关于上市的作用和目的的讨论

我们对上市制度新型架构可能采取的模式进行了讨论，受访者踊跃参与并提供了详细的意见以回应我们的讨论。我们正在慎重考虑这些意见，并将用它来评估我们为改进上市制度所可能做出的进一步的变更。

我们将提供更详细的信息，以说明我们在 2022 年上半年收到的对报告 21/21 的这一部分内容的回应，包括我们提案的后续进程。在此之前，我们打算与受访者或受访者群体取得联系并讨论其提出的具体的争议问题。

我们认识到，一些针对意见征询的反馈以及商讨章节的部分内容质疑：在对我们的上市制度进行更宽领域改革的背景下对某些意见征询方案进行考量是否将会更妥当。然而，我们得出的结论是，我们目前的变更将有利于英国市场，同时也不会阻碍未来上市领域的改革。因此，在本政策说明中确认的最终规则的变更，不应被视为我们为回应所提出的商讨问题，所可能考虑得更宽领域改革的先决方案，对此我们保持着开放的态度。

（八）平等和多元化考量

我们没有收到任何关于平等和多元化评估的反馈。由于我们已经作出了最终变更，我们对平等和多样性问题的评估保持不变。我们认为这些提案不会对符合《2010 年平等法案》下受保护特征的任何群体产生实质性影响。

二、双重股权结构

在本章中，我们总结了已经收到的有关在高级市场中推进具有针对性、时限性的双重股权结构形式这一意见征询提案的反馈。

（一）将双重股权结构引入高级市场

双重股权结构涉及一类股份，允许股东（或股东权益小组）保留对公司的表决控制权，该控制权与其在公司的经济利益不相称。一般而言，在我们现有的规则下，拥有双重股权结构的公司在高级市场上市是不可行的，但是，拥有双重股权结构的公司可以在标准市场上市。

在报告 21/21 中，我们建议对现行规则引入一个有条件的五年例外情形，该规则规定只有高级市场上市股票的持有者才对有关在高级市场上市的事项享有表决权。这旨在使得特定类型的双重股权结构中未上市的加权投票股份的持有者能够参与这些表决。

根据《英国上市反馈》的建议，我们提议在具有加权投票权的股份类别满足以下条件时适用例外情形：

- 最大加权投票比率为 20∶1
- 只能由公司董事或该董事财产的受益人持有
- 加权投票权仅在两种有限的情况下适用：
  —关于罢免持有人董事身份的投票，以及
  —在控制权变更后，就任何事项进行投票（作为对收购的强大威慑）
- 加权投票权只能由公司董事持有

我们建议在高级市场上市制度中满足这些条件的股份被称为“特殊加权投票股”。

请问：

Q18：您是否赞同我们将双重股权结构引入高级市场的理由？是否有需要我们考虑的其他依据？

Q19：如果加权投票股未上市，您能预见到我们的提案会受到哪些限制？

Q20：您是否认为双重股权结构在高级市场的 5 年日落期是保护公司免受意外收购的合理期限？请为您的回答提供依据。

Q21：您是否认为提案中机制都将有效地阻止意外收购？请给出您回答的理由和任何可能的替代方案。

Q22：您是否同意在高级市场中针对双重股权结构提出的限制？是否有任何其他的限制

措施可以使该制度更加有效？

（二）对收到反馈的总结与回应

在对双重股权结构发表评论的人中，有 30 名受访者同意我们在符合提案条件的情形下将双重股权结构引入高级市场，其中包含贸易协会、投资经理以及交易所在内的多领域受访者。少数受访者对将双重股权结构引入高级市场表示质疑。

所有受访者对提案的评论分为三大主题：

- 设计的提案不会吸引公司进入英国市场：一些受访者认为该政策不会吸引公司在英国市场上市，因为我们的提案不够深化，相反，它们会过度淡化与高级市场相关联的高标准。
- 高级市场中对双重股权结构的限制和控制：一些人认为我们提出的将双重股权结构引入高级市场的条件应该放宽，以更好地实现我们的政策目标。
- 对机构投资者尽职治理的影响：受访者评论说，引入双重股权结构将引起机构投资者尽职治理与高级市场的高标准公司治理之间的失衡。其中一些受访者评论说，控制措施应该更加严格，以保护高级市场的高标准公司治理。

1. 所设计的提案不会吸引公司进入英国市场

（1）对反馈的总结

大约 8 名受访者对我们提议变更的有效性表示质疑。具体来说，他们表示，在提案的控制措施下，允许双重股权结构在高级市场中存在不会显著提高英国上市的吸引力，也不会对公司关于在哪里上市的决策产生实质性影响。因此，这些受访者认为这些变更可能只对在伦敦上市的公司数量具备有限效果。

其他受访者表示，我们的提案将不能完全消除意外收购的风险，这一提案内容为在控制权变更后，允许在股东大会上提交给股东的任何表决事项上适用加权投票制。

考虑到加权投票制的范围太过局限，其他受访者希望我们阐明这些提案没有深入推进的原因。他们建议我们应该允许加权投票制直接适用于控制权变更的表决，或者我们应该允许黄金股等替代结构的存在。

（2）我们对于反馈的回应

在确认少数受访者提出的观点的同时，我们决定根据意见征询确定最终规则。大多数受访者支持将双重股权结构引入高级市场以及保障其实现所采取的控制措施。

我们将双重股权结构引入高级市场的目的是促进创新成长型公司在其发展的较早阶段在公开市场进行上市。在这些公司发展的同时，其上市行为反过来又会增加投资者参与市场的机会。我们赞成这些公司可以选择在标准市场上市、在非上市市场交易或保持私有化。但我们认为，高级市场额外的公司治理和股东保护机制对股东来说更有利。

我们在意见征询中明确表示，我们为该制度设计了有针对性的特性以满足创始人主导的成长型公司的需求，并排除了这些公司在高级市场上市的特定障碍。正如反馈中所反映出来的，我们认识到，一些公司可能希望拥有比我们为高级市场提出的特定类型更多样的双重股权结构模式；一些公司可能更喜欢使用“黄金股”。我们仍允许这些公司目前使用这种结构在标准市场上市。我们还将考虑允许董事就阻止控制权变更进行直接表决，但我们认为提案中的机制与目前的上市规则最为兼容。

我们还认识到，一些发行人在有机遇实施其经营战略的下一阶段之前，可能对一旦其成为上市公司后即被意外收购或董事被免职的威胁格外敏感。在对反馈进行了审查后，我们坚持认为，提议规则将有效阻止意外收购或控制权变更，尽管我们承认这些规则并不能完全阻止。

我们没有看到强有力的支持需要在高级市场更多样化地应用双重股权结构的依据。这也与我们的观点相契合，即高级市场应持续代表着高标准的公司治理和股东参与（我们将在有关机构投资者尽职治理的部分进一步讨论）。

2. 高级市场中对双重股权结构的限制和控制

（1）对反馈的总结

一些受访者表示，我们应该在高级市场中允许双重股权结构的存在，但应修改或删除的5年日落条款提议。替代建议包括：

- 根据公司的经营计划将日落条款缩短至3年
- 延长日落条款的期限从而与其他司法管辖区的实践更相适应，例如延长至7年，以及
- 取缔有加权投票权股份的权利应与特定的公司事件相关联，一位受访者表示以时间为依据的日落条款是不恰当的。

少数受访者对引入20∶1的加权投票比率的提议表示担忧。他们认为，该比率表明创始人拥有过度控制权，在实践中可能导致非创始人股东的权利被有效剥夺。受访者还表示，正如我们在意见征询中指出的那样，为具备有效阻止收购并保持控制权的能力，董事需要持有4.7%的股权。

一位受访者指出，我们并未修改控股股东规则或上市公司独立经营的要求。他们表示，由于加权投票股份的持有人可能不符合成为“控股股东”的条件，我们应该考虑将控股股东的要求当然地适用于这些持有人。

一位受访者评论说，高级市场的双重股权结构应仅限于电子科技产业的发行人。

另一位受访者担心允许特定加权投票股份持有人参与要求事先批准文件（包括LR9.4下的员工股权计划、长期激励计划和贴现期权计划）的表决破坏了重要的股东保护机制。他们建议，应继续禁止特定加权投票股份的持有人就此类事项进行表决。

（2）我们对于反馈的回应

我们对双重股权结构提出的限制和控制机制旨在保留高级市场制度特有的多数股东权益

保护机制。同样，大多数受访者同意我们的提案和确保维持高水平公司治理的控制机制。

鉴于我们收到的反馈，我们仍然认为 5 年的日落期对于消除上市早期阶段的意外收购风险是适当的。我们相信强制性的、以时限为基础的日落条款将会是防止加权投票制所带来的壕沟效应和中小股东所永久面临的道德风险的有效保障。这个数值也与意见征询中所强调的各种学术研究相一致，也为创始人主导型企业适应公开市场并以公众公司的身份实施其经营战略提供了合理的期限。我们承认加权投票权还有其他的失效方式，然而，我们认为这会给我们的规则增加不必要的复杂性，并可能使投资者更难理解，并且将减弱投资者对发行人表决结构中风险的感知。

我们认识到，一些发行人可能希望将其双重股权结构和特定加权投票权股份的期限延长至 5 年以上。为实现这一目标，公司需要根据 LR5. 4 或 LR5. 2，通过股东表决转移到另一个上市市场（如标准市场）或退市。

对加权投票比率的限制确保了股东在公司治理决策中的权益与经济上的所有权大小相关。这一比率越高，股东对公司的控制程度就失衡。该比率可以设置在一个更高或更低的水平，这与在适用加权投票权时要求股东持股 50% 以上有相同的效果。鉴于我们收到的反馈，除了我们在意见征询之前已经考虑过的以外，我们没有看到其他动摇我们这一观点的依据，即为了确保加权投票制在有限的情形下适用，设置相对较高的比率是合理的。

我们没有看到任何新的依据表明我们应该在这一阶段修改控股股东规则或上市公司独立经营要求。我们认为，控股股东制度提供的保护规则与 LR9. 2. 21R 项下例外适用的特殊加权投票股规则是相协调的。

具有特定加权投票权的股东在"一股一权"的基础上参与特定的表决，除了控制权发生变更之外，加权投票权不再适用。因此，我们认为把加权投票股的股东排除在其他特定事项的表决之外是不合理的。

3. 对机构投资者尽职治理的影响

（1）对反馈的总结

一些受访者担心我们会放任创始人对公司进行与其持股数量不相称的表决权控制。他们表示这不符合投资者的长期利益，因为这可能会限制他们追究公司责任的能力，并损害他们履行尽职治理义务的能力。

一位受访者认为，在大多数股东认为符合公司和股东的最佳利益的任何时间（而不是仅在上市之日起 5 年后）被投标人收购对一家经营不善的公司来说是至关重要的。这一观点被另一位受访者补充，他表示没有任何证据表明收购会阻碍公司的发展。

一位受访者表示应当允许出于某些特定原因罢免董事或将有加权投票权的股份自动转换为普通股。这些原因包括长时间未能履行职责，以及董事会认定该董事永久丧失工作能力。

少数受访者表示，鉴于潜在的公司治理问题，在任何情况下于高级市场推进双重股权结构都是不合理的。他们提到了对被动投资者的担忧，如果被动投资者被纳入相关指数，他们除了对这类公司持股而别无选择。然而，这类受访者确实注意到，如果这一变更使指数中列出的公司组合更有活力，则可能会产生抵销性积极影响。

另一位受访者表示，公司适用双重股权结构的关键信息应通过年报、监管信息服务（以下简称 RIS）公告和通告函等文件明确传达。他们还建议通过招股说明书和其他公开公告提高透明度，以突出投资适用双重股权结构的发行人证券所带来的风险。这些信息可以特别聚焦于对其他股东表决权的影响、不同类别股份的表决权比例以及相关时限。

（2）我们对于反馈的回应

从律师事务所到资产管理公司的大多数受访者都认可我们在允许双重股权结构进入高级市场与保持伦敦高水平的公司治理和尽职治理之间的权衡。我们将按照意见征询推进这些规则。

我们认识到英国公开市场中尽职治理以及公司治理高标准的重要性。总体来说，我们的提案仅落实了相关证据表明对创新成长型公司最为关键的双重股权结构的特定部分，旨在具有针对性并最大限度地减轻对公司治理的担忧。大多数（28 名）受访者同意我们为保护高级市场高标准的公司治理而采取的安全保障措施。

我们认为，即使使用我们提议的双重股权结构形式，高级市场也为股东提供了广泛且重要的额外安全保障。我们认为这些足以维持高标准的公司治理水平以及投资者对采用双重股权结构的发行人的信赖。这些保障措施也明显强于英国标准市场或非上市市场，在非上市市场中公司也可能在其他情况下进入公开市场。

公司可能希望在其公司章程中增加包括在董事因任何原因无法履行职责时罢免董事在的额外机制，但我们不会对此提出要求。我们的政策目标是规定公司在高级市场适用双重股权结构的最低要求。

在报告 21/21 中，我们提到我们也认识到了对投资被动基金的消费者的附加风险的担忧。我们赞成在不改变投资要求的情况下，这些消费者可能会被动投资于那些以前没有资格被纳入高级市场的适用双重股权结构的公司。我们认为我们设置的限制和控制机制将会持续提升高级市场的公司治理高标准。指数纳入也是供应商的重要业务，他们可以改变他们的标准，并且可能经常这样做，以从其用户群中寻求意见。我们注意到，一家指数供应商已经根据《上市规则》的变更提案发布了意见征询，以考虑他们是否应该因此而修改他们自己的指数纳入标准。

上市规则 LR9. 2. 6ER 项下，要求发行人披露与股份相关的权利。他们可以通过招股说明书或向金融行为监管局递交发行文件，该文件须阐明与上市股份相关的权利、对这些权利的限制以及行使这些权利的程序。我们认为这将能够保证充分披露有关发行人的双重股权结构的关键信息的有效性。

三、最低市值

本部分总结了我们收到的关于将上市规则变更为要求新的将在高级市场或标准市场上市的发行人的最低市值为 5000 万英镑提议的反馈。此外，我们列出了我们的回应，包括我们在最终规则中做了与意见征询中的提案不同修改的部分。

（一）对提案的总结

在报告 21/21 中，我们建议：

- 修改 LR2. 2. 7R1（a）以要求所有即将上市证券的预期总市值应从目前的 70 万英镑增加到至少 5000 万英镑
- 仅将其适用于新的上市（从指定日期开始），并且在目前的情况下，不会作为一项持续性义务来履行
- 不改变即将上市的封闭式投资基金或开放式投资公司股票的预期总市值，其市值即至少保持在 70 万英镑

请问：

Q23：你同意我们将在标准市场和高级市场上市的公司最低市值提高至 5000 万英镑的提议吗？如果不同意，请说明您的理由并指明可能更适当的替代门槛以及相应支持证据。我们也欢迎就以下两方面提出建议：我们是否应考虑为可能变更的关于新门槛的拟议规则设定条件，以及如果同意的话利益相关者认为我们应该有效采纳怎样的标准。

Q24：您认为目前上市债务的市值水平是否仍然适当？请给出您的回答及理由。

（二）对收到反馈的总结

超过 40 位受访者对我们的最低市值提案发表了评论。

40 位中有 15 位同意我们将在标准市场或高级市场上市的公司的最低市值提高到 5000 万英镑的提案。另有 11 位认为目前的最低市值太低，但表示增加到 5000 万英镑过高，他们提出的替代门槛为 500 万英镑到 2500 万英镑，大多数人建议为 1000 万英镑。

大约 10 名受访者，主要来自小型发行人、卖方市场参与者和交易所，完全不同意提高股票的市值门槛。他们给出的理由包括这将会对小型公司不利而且可能会促使其选择在其他地方上市，（包括其他国家）。有些人还认为如果潜在的担忧在于公司的“质量”及其持续履行监管义务的能力，那么这只是一个起不到太大作用的工具。

7 位受访者表示，出于各种原因，另类投资市场和阿奎斯证券交易市场不一定是合适的替代市场。这些原因包括另类投资市场和阿奎斯市场采用比标准市场更烦琐和成本更高的制度，因为其要求公司从经批准的顾问处获取密切和持续的建议，并要求这些顾问担任看门人的角色。少数人表示，这也对投资者不利，因为这剥夺了其选择权和获得更高回报的潜在可

能性。

提高最低市值的一些替代建议包括要求标准市场的发行人有指定的顾问或出自保荐人的资格信。另一个建议是让金融行为监管局考虑额外的培训，为较小型的发行人提供额外的支持。

8 名受访者强调了对 10% 的自由流通量与较低的最低市值相结合的担忧。

不到 10 名受访者询问现有的小型收购公司（如 SPAC）将如何受到影响。有些人认为我们提案会对他们不利。他们指出，最低市值低于新门槛的现有上市特殊目的收购公司，需要为完成收购后，未来申请重新上市筹集比预期更多的资金，以满足提高后的最低市值门槛。

有人认为提高市值意味着所有低于这一门槛的公司都不适合上市，但相反我们应该更多关注公司的成熟度。

少数人建议需要有更强的灵活性和均衡性。建议包括：

- 高级市场适用 5000 万英镑，标准市场则适用更低的标准
- 能够为处于新门槛边缘的申请人适用灵活的处理办法
- 如果一个公司有更高的自由流通量则允许其有更低的最低市值

一位受访者质疑提高最低市值对存托凭证发行人的影响。他们建议，对于已经上市的发行人，《上市规则》应参考相应股份的总体市值，而不是上市存托凭证所占比例股份的市值。受访者认为不做相关变更的话，如果投资者将其存托凭证转换为对相应股份的直接持股，这些存托凭证发行人将无法达到持续增长的最低市值准入标准，从而将被要求退市。

一些受访者建议我们对所有变更进行审查。

10 位受访者专门回答了关于我们对债券上市保留现有 20 万英镑最低市值水平的提案，大多数人表示支持。不赞同的人主要认为适用于债券的最低市值标准已经过时了，需要更新。但那些建议提高标准的人并没有提出关于最低市值的建议。

（三）我们对于收到反馈的回应

我们已根据收到的反馈进行了一些变更并最终确定了我们的提案，总结如下：

——将提议的股份最低市值标准从 5000 万英镑降至 3000 万英镑。

——引入了一项过渡性条款，允许在本公告发布之日前已经向我们提交完整的上市资格审查申请的申请人继续根据当前 70 万英镑的最低市值标准正式申请上市，前提是他们在本公告发布之日起 18 个月内提出申请。

——引入了一项过渡性条款。允许在生效之日起已经上市的空壳公司（包括 SPAC），在完成收购后根据当前 70 万英镑的最低市值标准提出上市申请。前提是在生效之日起 2 年内向我们提交完整的上市资格审查和招股说明书审查。这意味着上市空壳公司将有 2 年的时间寻找收购目标并根据 LR5. 6. 21R 重新申请上市。该过渡性条款项下要求的申请文件略有不同，因为与目前的申请人不同，上市空壳公司将有充足的时间准备上市资格和招股说明书审

查相关文件的提交。

1. 最低市值最终规则

我们已经仔细考虑了有关陈述，这些陈述表示 5000 万英镑的标准可能会排除那些能够达到并持续满足我们在上市市场中所期望的标准，并且出于特定原因相比于非上市市场更倾向于选择上市的公司。

根据进一步的内部分析，我们得出的结论是，我们可以将最低市值从提案的 5000 万英镑最低市值降低到 3000 万英镑，并且在很大程度上仍能够实现我们的政策目标（参见第 1. 23 段）。我们在报告 21/21 中的成本效益分析显示，在 2018 ~ 2021 年我们观察到股价高波动并收到可疑交易警报的案例中，超过 85% 是针对市值低于 5000 万英镑的公司，将门槛变更为 3000 万英镑后，这些公司的比例占据了 75%。3000 万英镑的门槛也涵盖了我们正在调查的严重不法行为案件中的大多数公司。同时，它减少了一些可能达到 3000 万 ~ 5000 万英镑门槛的更小市值公司上市的障碍。

我们认为将最低市值从 70 万英镑提高到 3000 万英镑，应该可以减少一些预期损害，这些损害是由于大量小型公司在最初上市时难以满足我们的预期要求所造成的，但之后我们选择将其上市，通常他们在遵守持续性监管义务以及涉及可疑交易活动方面会遇到更大的困难。

如果公司不能达到新的门槛，我们坚持认为另类投资市场和阿奎斯证券交易市场在英国提供的附加市场很可能是适合大多数小公司的其他选择。在这些市场上，指定类型的顾问提供持续性支持的要求确保了较小型公司能够得到来自权威机构，帮助他们理解并履行监管义务的专业性知识，这将会减少不合规以及可疑交易问题的情况。（例如对市场滥用制度缺乏了解）

2. 其他建议的方案

关于其他建议，我们坚持认为单一的上市市值门槛仍然是合适的，而无须在标准市场和高级市场设置不同的门槛。尽管我们认识到标准市场上市申请人受到的影响最大，但我们认为单一门槛仍然更加清晰和简明。

我们认为，根据更多定性因素或参考提案中的公司自由流通量水平来逐案判定我们是否应允许一个更低门槛的存在是不可行且不现实的。根据进入 IPO 的计划数量，我们想要为发行人提供关于规则将如何适用的确定性。我们将不断审查这些变更，并将收到的关于最低市值的反馈作为我们对更大范围改革所考量的部分。这可能包括，例如，考虑引入要求某些规模较小的上市公司长期具备经批准的顾问或保荐人的要求。

3. 针对现有申请人和上市空壳公司的过渡条款

关于我们正在最终确定的与最低市值门槛相关的变更，我们已接受了认为应当为特定公司和申请人提供合理过渡性条款的反馈。如上所述，我们已经最终确定了过渡性措施，允许：

- 已于2021年12月2日16时根据70万英镑的最低市值标准向金融行为监管局提出以申请上市为目的的上市资格审查申请，前提是他们在2023年6月2日之前申请上市（自新规则适用之日起18个月内）
- 当前拥有上市股份，或最近取消上市但之后在反向收购完成后重新申请上市的空壳公司，包括特殊目的收购公司在内，根据70万英镑的最低市值门槛申请上市。前提是他们已在2023年12月1日或之前向金融行为监管局提交上市资格审查和招股说明书审查（允许此类公司最多2年时间来寻找收购目标并开始新实体的上市程序）
- 现有股份类型获准在2021年12月3日之前上市的，并且将持续拥有至少一种上市股份类型的公司，申请将其他类型的股份根据70万英镑的最低市值门槛申请上市，不受时间限制

过渡性措施旨在减少规则变更对现有申请人的影响，这些申请人已经提交了完整的申请，并有了已上市的空壳公司。我们不打算将过渡性规则扩大适用到在过渡阶段整体经营计划已经发生了重大变化的申请人。如果这样的变化已经发生，则将被视为新的申请，因此过渡性措施将不适用。即使对于不同申请人而言，同样的变化不会对他们整体经营计划产生相同的影响，我们仍需要逐案评估，将这些重大变化列出详尽的清单也是不可行的。但是，这些重大变化可以包括，例如，创始人退出、对公司具有重大影响的公司董事或大股东的重要变动、申请人是空壳公司；或拟议经营业务的性质发生重大变化（尤其是对于初创公司）。此外，在三个月内没有实质性活动的情况下，我们将继续采用现有的处理失效情形的方案。在适用于过渡性条款但以这种方式失效的案件中，任何进一步的申请都将被视为新的上市申请，因此过渡性条款将不会被适用。

我们认识到，这些关于最低市值的过渡性措施与自由流通股的最终规则相结合时，可能会使一些特定的从过渡规则中获利的发行人存在价值70 000英镑的公众持股潜在浮动空间。我们将在下面的第4部分讨论我们对这一点的回应。

4. 存托凭证

我们注意到了有关存托凭证的具体反馈。我们可以阐明，LR2. 2. 7R项下的最低市值要求仅适用于特定类型证券的首次获准上市，发行人此后无须继续遵守该规则。所以，我们引入的变更将仅适用于首次上市时，而不是作为持续性的义务。因此，规则变更不会影响在提高后的最低市值生效前上市的发行人。所以，我们认为存托凭证发行人不存在因这次变更而被要求退市的风险。

但是，申请将尚未上市的存托凭证类型上市，在首次获准公开发行时（由LR18. 2. 11R解释）将需满足LR2. 2. 7R项下要求的提高后的最低市值门槛。这与我们降低规模较小的上市股票发行风险的政策目标相一致。我们没有收到关于意见征询的反馈，表明新的最低市值

门槛将成为存托凭证新上市的障碍。数据还表明，在过去 10 年中，总价值低于 5000 万英镑的存托凭证从未被获准上市，因此在实践中，这一变更不会影响此类上市。

5. 适用于债券上市的最低市值

至于目前适用于债券上市的 200，000 英镑的最低市值标准，我们不建议在现阶段进行任何更改。

四、最低公众持股量——“自由流通股”

本部分总结了我们收到的对于我们所提出的将上市规则中，在上市时和持续要求中公众持股（自由流通股）的最低比例修改为 10%，而不是现有的 25% 议案的反馈。本部分对我们收到的反馈予以了总结：我们建议修订上市规则，要求上市时公众持股（自由流通股）的最低比例修改为 10%，而不是现有的 25%，且需为连续持股。另外我们列出了我们的回应，包括我们对最终规则中哪些领域的咨询建议进行了更改。

（一）提案摘要

在报告 21/21 中，我们建议将《上市规则》所要求的标准市场以及高级市场中的自由流通量股比例从 25% 修改到 10%，无论是在上市时还是作为一种持续性义务。这将使发行人能够更灵活地以适合他们的方式进行首次公开募股。

我们还提议删除规则中有关申请修改规则的指导，鉴于某些因素，我们可以接受较低的百分比。这些因素包括同一类别的股份获准上市的地点以及其向公众配发的程度。这些修改基于公司能够证明其股票在上市时将存在流动性市场。这意味着在上市申请或作为公司对相应持续义务的遵守中，我们理所当然不会接受自由流通股的数量低于 10%。

如果现有上市发行人低于 10% 的水平，我们将不再允许他们通过其他方式表明其具有流动性。相反，我们会要求他们制定一个尽快恢复遵守规则的计划。

我们请问：

Q25：您是否同意我们关于将自由流通股数量降至 10% 的提议并删除当前有关规则修改的指导？请给出您的理由。

Q26：您认为有关发行人自由流通股数量的信息对投资决策有用吗？

（二）对收到反馈的总结

对问题 25 有 37 份答复。其中，绝大多数（28 份）支持我们将自由流通数量减少到 10%，并删除当前的规则修改指导的提议，7 人反对，2 人持不同意见。支持者包括交易场所，律师事务所和买方代表。反对者包括其他买方机构和机构投资者，一个贸易协会和另一个交易场所。

1. 支持我们提案的观点

支持我们提案的人包括支持我们分析的受访者，即与其他似乎有更灵活方法的司法管辖区相比，我们目前的规则可能因发行人是否能在英国以低于25%的自由流通股水平上市的不确定性而给上市造成障碍。

9名受访者表示，目前的规定可能会对上市造成障碍。有人列举了一些支持这种观点的原因，包括他们认为降低比例至10%的提案可以更好地反映出各私人企业之间的差距，同时可以借鉴诸如美国或欧洲等不要求固定百分比或适用更灵活的上市目的地。该受访者为支持他们的观点而指出，自2010年以来，阿姆斯特丹近三分之一的IPO只向公众出售了不到25%的股份。他们还指出，对许多公司来说，IPO仍将涉及向公众出售至少25%的股份，因为发行人寻求筹集更多的资本来成长，以及早期投资者希望变现他们的部分投资。

4名受访者明确支持我们的数据分析以及我们成本效益分析（CBA）的结果，即任何对流动性产生意外后果的下行风险都被减少在英国上市障碍的潜在好处所抵销。1名受访者指出，他们认为减少上市障碍的好处大于流动性减少的任何风险。

另一名受访者也赞同这一观点，并指出公司之间的差异性意味着自由流通股并不必然代表着更高的流动性。他们举例道，一个具有高比例自由流通股但股票主要由长期投资者持有的公司，其流动性可能低于自由流通股比例低但是股东营业额更大的公司。他们总结道，更高的自由流通股比例门槛并不是影响流动性的唯一因素，当自由流通股较低时流动性未必会恶化。一家资产管理公司还指出，高自由流通股水平下，即使允许我们放弃该规则以允许更低的水平，也可能对寻求上市的公司产生阻碍。在此基础上，他们支持我们的分析和将比例修改至10%的提案。

2. 反对修改的观点

（1）反对观点的总结

①流动性问题以及与市值的联系

在反对我们提议的人中，有5人提出较低的自由流通股水平可能会对流动性产生负面影响。一名受访者指出，有证据表明，2011年英国富时指数（FTSE）将自由流通股的最低要求从15%提高到25%，对流动性产生了积极影响。他们补充说，更高自由流通水平的股票具有较高的流动性水平，这在公司的法律结构和公司治理更完善时更为明显。

另一位受访者还认为，10%的自由流通股对于除大公司以外的任何公司的流动性保障而言都太低了。他们对于5000万英镑的MMC和10%的自由浮动阈值的结合将允许500万英镑的最低浮动价值表示了担心。他们认为这不足以保证长期的市场流动性。为了解决这个问题，他们建议增加一项要求，确保随着时间的推移有足够的流动性。

一家贸易机构也有类似的担忧，该机构指出，由于修订了MMC和自由流通股水平，500万英镑的最低浮动价值无法满足投资者对市场流动性的需求而且这些水平不太可能吸引机构投资者参与 IPO。它指出，这可能会导致对这些股票的市场流动性和有序运转的担忧；它认为 FCA 应该考虑到如果价格形成效率低下，散户投资者将面临潜在风险。另有人发表了类似的观点，要么鼓励 MMC 和自由流通股之间建立特定联系，以确保最低浮动价值，并因此肯定我们的提案组合；要么对只有市场规模较小的公司才适用 10% 的自由流通股水平表示关心。

②公司治理问题——中小股东

5 位受访者评论说，自由流通股是对小股东或少数股东的重要保护，特别是在促进独立股东群体的培育方面。其中一位评论说，至少 25% 的自由流通股水平才可能建立起向董事会和其他利益相关者表示对公司管理现状和战略关心的独立股东群体。另一名受访者认为，目前的自由流通股要求“在正确的水平上”，甚至可以提高到 30%。他们认为只有不到 25% 的人会倾向于控股股东和稀释少数股东影响公司的可能性，因此可能不利于公司的长期成功。

（2）我们对于反对观点的回应

鉴于受访者的大力支持，我们决定继续执行我们的提案，将自由流通股减少到 10%，并删除与之前限制自由流通股相关的修改指南。

在报告 21/21 中，我们注意到之前曾将自由流通股要求设定在 25%，以保障流动性。此外，从我们的分析来看，似乎可以合理假设与拟议与降低自由流通股水平相关的任何流动性的减少，都可能是微小以及暂时性的。我们给出了两个原因：

i. 发行人已经可以申请修改我们的规则，以低于 25% 的自由流通股上市，所以部分发行人可以在这个水平以下上市，并且

ii. 我们对英国 IPO 的平均自由流通股的广泛分析显示这一水平通常远远高于 25%。

此外，在我们的成本效益分析中，我们认为尽管我们的分析表明自由流通股和流动性之间的相关性较弱，但我们无法准确估计我们的提案对市场流动性的影响。我们注意到，那些担心 10% 的自由流通股可能对流动性产生负面影响的受访者并没有提出详细的新证据以说明我们的提案对流动性的潜在影响。鉴于此，我们仍然认为我们不应该设置自由流通股来保障流动性，而是应确保至少有 2 名公众股东，以明确“公众持股”的含义。

我们的成本效益分析也对下述内容进行了分析：即能否通过将发行者自由流通股的比例降至 25% 及以下的方式，来减少不确定性以及在英国上市的阻碍。这可能会导致这种上市比其他国际私法管辖区的上市更困难或者烦琐。我们注意到，答复的人中有近四分之一在这个问题上明确指出了我国目前自由流通股的要求构成了上市障碍。

我们还注意到一些利益相关者对最低流通和市场流动性之间的联系以及我们提高 MMC 的提案发表了评论。在报告 21/21 中，我们对自由流通股和 MMC 的提案进行了单独的成本效益分析，并认为是自洽的。同时，我们考虑了我们关于自由流通股的提案对流动性的影响可能会产生意料之外的后果。我们认为由于自由流通股与流动性之间的相关性较弱，这种可

能性很小。但是我们注意到，MMC 从目前的 70 万英镑的水平上升至 5000 万英镑将进一步抵销这一点（根据现有的 25% 自由流通股上市规则，目前最低流通价值仅 175 000 英镑），这将在上市时产生 500 万英镑的最低流通股。后者水平与欧洲的泛欧证券交易所所采用的最低流通股要求相当。基于我们修订后将 MMC 提升到 3000 万英镑的观点，这仍然会导致上市时的最低流通股价值达到 300 万英镑。我们仍然认为应该采取行动来降低流动性的潜在意外后果导致的风险。

我们也认识到，根据 MMC 的过渡条款，与目前的 175 000 英镑相比，数量有限的公司可能流通的价值为 70 000 英镑（例如，如果申请人使用新的 10% 的自由流通阈值，同时受益于过渡措施，允许他们将使用现有的 MMC70 万英镑股票门槛）。如前所述，我们认为自由流通股通常不是一项有效的保障流动性的政策措施。我们不认为 175 000 英镑和 70 000 英镑的自由流通股价值之间的差异会实质性地改变公司股票的预期流动性。

我们预计在许多情况下，发行人可能会选择超出最低水平进行发行。此外，投资者可以在知情的情况下选择是否愿意投资价值非常低的新上市自由流通股，而这样的买卖机会可能有限而且股价波动更大。值得注意的是，我们是在设置最小值而不是目标——我们不希望自由流通股在大多数情况下是 10%，因为发行人需要将投资者的需求作为他们结构化决策的一部分。现有申请人需要在资格申请书和上市申请书中反映他们根据新规则使用较低自由流通股水平的意图。这意味着他们需要根据 LR3. 3. 2R 至 LR3. 3. 4R 的相关规定提交更新后的《上市规则》资格清单，并在上市申请书中包含关于自由流通股水平和股东数量的信息。

其他受访者也对减少自由流通股可能对公司治理产生负面影响表示担忧，例如对少数股东的保护。正如报告 21/21 所述，我们并不认为自由流通是确保有效公司治理的行之有效的工具，并建立了控股股东制度。对我们提案中关于确保最低数量的公众股东的回应包含在下文关于与自由流通股有关的其他问题（第 4. 17 段）中。

3. 关于降低水平或保留灵活性的建议

（1）反馈建议的总结

一些利益相关者认为我们可以进一步减少自由流通股的要求。一家代表散户投资者的机构根据我们的数据分析发表评论说，更简单的方法可能是完全取消限额。他们认为，投资者可以对流动性风险有自己的看法，市场也会因此进行自我调节。在一个类似主题中，另一个利益相关者认为除了将规则中的水平降低到 10% 外，我们还可以保留接受在特殊情况下更低的百分比。一些受访者还认为对于大型（或超级盘口）上市公司来说，情况可能尤其如此。其中一个表示，随着时间的推移可能会建立一种“浮动规模”模式，允许企业以较低的自由流通股进入市场。

相比之下，一些反对减少自由流通股的受访者认为，对于 FCA 来说，更好的是展示额外的流动性，而不是减少自由流通股。

（2）我们对于反馈建议的回应

我们在报告 21/21 的中的提案旨在减少公司能否以低于 25% 的自由流通股上市的不确定性。我们认为这种不确定性一直是上市的障碍。我们此前的分析表明，即使在允许的情况下，在可比国际市场上也很少有 IPO 的自由流通股低于 15%。鉴于此，尽管我们认识到正如某些受访者所回应的那样，在某些情况下更好的灵活性具有潜在的好处，我们认为，总体来说，最好继续采用我们提议的方法删除有关的修改的指南，并通常不允许以低于 10% 的自由流通股上市。

4. 与自由流通股相关的其他问题

（1）反馈总结

4 名受访者表示，我们可能需要重新审视公众持股的定义。其中一人表示，如果新的股东群体主要由总持有量超过 5% 的大型机构和私人财富公司组成，该规则可能会对公司 IPO 构成障碍（因此根据我们的规则不会被视为公开持有的股份）。这有可能阻止一家公司成立。另一名受访者提出了类似的观点，并建议“总持有量”的门槛提高到 10%。他们还提出，由同一集团持有但是相互独立管理的股份之间不应该合并计算。

另一名受访者认为，公司仅满足 2 ~ 3 名公众股东的自由流通股要求的能力不符合自由流通股要求的目的，还应要求更高的最低公众股东人数才有上市资格。

其他评论包括一家公司要求我们阐清在案件中的立场，即在何种情况下，公司可能因收购情况而违反持续的最低自由流通股义务，并可能无法回复合规状态。与此同时，一名受访者要求我们考虑为直接上市提供便利。他们建议我们可以考虑，一家公司可以提供通过寻求申请的受监管交易场所进行的交易，其可供销售的股份至少占现有已发行股本的 10%（通过向公众提供主要或次要要约）时，已经满足了 10% 的自由流通股要求。

一些利益相关者建议我们改变“公众持股”的定义。利益相关者还要求我们考虑增加所需的公众股东数量，超过我们现有定义所暗含的最低 2 名公众股东的要求。

（2）我们对于反馈的回应

根据我们目前的提案，我们考虑了一个公司应该拥有的能被认为是“公众持股”的最低股东数量，如果将自由流通股的水平设定在 10% 将能确保任何公司在上市时拥有超过 2 名公众股东。

在报告 21/21 中，我们考虑了是否有任何可用证据表明我们应该设定这一要求，以确保更多的股东数量。但是，我们得出结论，由于该要求的目的并不是为了确保流动性，而只是为了确保公司在某种程度上是由公众所持有的，因此高数量并不必然合理。

有相关人士评论称，根据我们目前对公众持股的定义，在自由流通股范围内考虑现在关于股份所有权 5% 的比例限制，可能会排除股东采取的一些管理或促进 ESG 或改善公司治理的行动。一些受访者评论说 10% 的限制可能效果更好。我们认识到机构投资者和资产管理公司在完善治理方面发挥的重要作用。但我们认为，因为我们关于这种改变的影响的数据，目前改变我们的要求是不合适的，特别是这种变化在实践中可能会减少“公众”股东的数量。

在报告21/21中，我们认识到在探索自由流通股的潜在变化时，人们可能会期望公司拥有最低水平的公众股份或公共股东。这是我们提议10%的自由流通股的部分原因以及为什么我们决定不以英国上市审查推荐的方式改变公众股票的构成。

我们注意到对FCA关于公司的自由流通股可能因收购而下降存在观点分歧。我们没有就此进行磋商，尽管我们预计由于我们将自由流通股降低至10%的提案这个问题将在更少的情况下才会发生。如果发行人的自由流通股低于10%，我们会要求他们向我们提供关于如何回复合规状态的计划。

我们注意到就如何促进直接上市的评论在我们关于自由流通股提案的咨询分析中，并没有专门提到直接上市（也被称为“介绍”）。但原则上，我们看到了减少自由流通股的最终规则对此类上市公司可能产生的潜在好处。然而，我们需要更多的了解被用来或提议进行直接上市的具体运作制度，以及如果存在的话，我们的规则可能对此类上市构成哪些障碍。

5. 对自由流通股潜在披露要求的反应

（1）反馈总结

问题26共有22个回答，该问题就披露发行人自由流通股水平的信息是否能有效地为投资决策提供信息征求了意见。在对这个问题发表意见的22名受访者中，有10名支持设定自由流通股披露要求的提议，2名所持意见不一，10名反对。

支持该项提案的人认为，为投资者提供更多的透明度可能是有益的。但总体来说，能够说明该信息潜在重要性的证据或细节仍然很有限。

5名反对该提案的受访者认为，因为已经获得大量的可用信息，这种要求对发行人而言可能是繁重或不必要的。一些受访者也指出了他们的担忧，即如果投资者因担心流动性而投资于自由流通股较多的公司，这种披露可能会对投资者产生误导，因为更高的自由流通股并不必然与更高的流动性相关。

（2）我们对于反馈的回应

我们考虑了对这个问题的各种不同看法，以及受访者关于自由流通股信息披露的要求可能内容烦琐、重复，并可能导致误导性信息的观点：我们决定不在这一领域进行任何政策变化。我们注意到，受访者表示，可供他们使用的上市公司自由流通股信息是已经公开的，所以监管要求所带来的潜在好处有限。

五、业务记录要求

本部分总结了我们就征求意见而收到的反馈，即是否有理由更改我们对溢价上市公司财务业绩记录的现有要求，以及我们提出的后续步骤。

（一）提案摘要

在报告 21/21 中，我们探讨了对现有关于溢价上市公司财务业绩记录的要求进行更改的案例，注意到业绩记录要求也是招股说明书制度的一部分，且这些变动需要初步立法的支持。财政部最近该制度改革进行了磋商，可能会让我们获得额外权力。就这一磋商结果而言，我们可能会考虑将业务记录要求作为对招股说明书更广泛审查的一部分。

我们还考虑了我们在《上市规则》中比招股说明书制度中的要求更为广泛的情况，以及它们是否构成上市的重大障碍。

我们在报告 21/21 中并没有提出具体的建议，而是试图阐清我们为现有要求提供灵活性的意愿。

根据此次咨询的回应，我们表示可能会就是否可以在一级市场公告中豁免现有的业务记录规则发布进一步的指导。每次评估我们都将根据每个案件的事实进行。

请问：

Q27：基于我们的评估，如果这只会影响少数利益相关者，您是否同意我们保留现在的业务记录要求的提案？如不同意，请提供进一步证据或案例说明这对未来上市申请人或拟议修正案具有更广泛影响。

Q28：何种类型的公司难以满足现有关于溢价部分覆盖 75% 业务范围的 3 年业务记录要求？这些公司可以采取哪些替代措施？

（二）收到反馈的总结

1. 业务记录要求是否应该保持不变

问题 27 有 27 名受访者。其中 9 名受访者支持我们保留现有的业务记录要求的提案，但有 15 名反对。

支持该提案的受访者普遍认为目前的要求可以确保提供能为投资者提供重要保护的信息。这些受访者还认为，任何审查都应当结合照顾说明书要求的更改。

反对该提案的人包括会计师事务所、交易所和资产管理人。他们提供了当前要求繁重的例子，特别是通过收购来成长的公司以及大量的小规模收购。

有人评论说，在实践中，一些计划发行人很难理解如何遵守现行规则；这些规则可能会导致收购后业务发生显著变化的异常结果。另一个例子说明了公司可能在哪些方面遇到问题。这些包括，一是关于纯粹为合规的目的提供收购信息，二是业务记录的前期即必须包括收购，三是信息差距导致其难以遵守。

其他受访者还表示，招股说明书规则下的要求就已经足够了。

其他受访者还举例表明当前的一些业务记录要求导致部分公司决定不上市。

2. 难以适用业务记录规则的公司类型

共有 12 名受访者回答了问题 28，即要求受访者提供难以复合要求的高增长创新公司的具体示例。受访者提供的例子包括收入前投资公司，如电子商务和科技公司，生物技术、金融科技和制药行业的并购公司，以及采取整合并购策略的公司。

但也有一些人反对扩大豁免范围，将来自投资者群体中的高风险公司囊括在内。

（三）我们对于反馈的回应

根据反馈以及受访者给出的例子，遵守现有规则的可能代价高昂且困难，或导致提供对投资者无用的信息，我们承认这是一个重要的问题，并将努力探索改变我们的要求。

我们将考虑把业务记录要求纳入上市规则作为我们明年有关上市制度结构工作的一部分，以期在适当时候就这些问题进行协商。我们还将在保持与发行人及其保荐人接触来寻找在可能给公司带来挑战的过渡期内能够满足这一规则的可接受和贴合实际的办法。

六、上市规则、披露指南、透明度规则及招股说明书监管规则的细微修改

本部分总结了对细微改动的咨询反馈以确保我们在报告 21/21 中提出的规则与时俱进，能够反映现代技术和商业实践。此外，我们还提出了应对措施，包括我们根据咨询建议对最终规则进行修改的内容。

（一）提案摘要

我们提出了一些修改：

- 删除相互冲突的要求，其中一些是退出欧盟前对《招股说明书条例》进行的修改
- 更新技术变革，例如取消对多个文件副本的要求、删除控诉性条款

对我们提案的总结

1. 现代化

- 取消文件需有两份副本的要求，因为现在可以提供电子副本
- 删除对文档查看工具的引用
- 删除某些文件完成条款的选项以便于伦敦金融城的检查

2. 重复和澄清

- 删除与排除股票回购条款有关的竞争性规则
- 更新收购要约前开始取消的通知股东的规则
- 允许循环使用链接
- 要求一般通知的主要信息提供者在控制权发生变更时通知我们
- 更新第 2 类阈值的规则
- 仅要求发行人在制定保荐人的情况下提交材料

- 第1类通知：协调已经逐渐分离的LR App 1和PR App 1
- 盈利展望和盈利预测

3. 术语更改

- “主席”一词的使用
- 更新FCA地址
- 阐明“电子副本”的定义
- 删除对短名称的引用
- 将“UKLA”的引用更新为“主要市场”
- 纳入之前被删除的“交易日”的定义
- 修改“国际公共机构”的定义，将亚洲基础设施投资银行纳入其中
- 手册中可选择适用的斜体
- 修改“国际会计准则”和“可转让证券”，使其与《信息披露及透明度规则》（以下简称DTR）相关

请问：

Q29：您是否预见到这些旨在使《上市规则》、《披露指南》和《透明度规则》以及《招股说明书监管规则》现代化的更改会产生任何意想不到的后果？

（二）对收到反馈的总结

所有被访者都同意我们简化上市规则使其现代化的建议。受访者还同意英国上市制度烦琐复杂，已经影响制度的公开性和可及性的观点。然而，受访者提出或阐明了一些新规则，或有助我们更好地实现政策目标的提案。这些在下面详述。

1. 对新规则的阐明

（1）对反馈的总结

我们收到的反馈表明，以下各要素的起草工作可以进行修正以使规则更清晰或与上市框架的其他各方面保持一致：

- 交易日的定义
- 电子形式的文件副本
- 收购后取消上市
- 公布受监管的信息（披露和透明度规则）
- 在伦敦金融城展出的文件副本

反馈表明，拟议的交易日定义与伦敦证券交易所将“营业日”定义为“交易所开放证券交易的任何一天”的规则并不一致。

反馈意见还建议进行修改，允许以电子方式复印文件的更改与《金融服务与市场法》（以下简称FSMA）第417节不一致（该节规定“文件”包括以任何形式记录的信息），因此

规则应提及正在记录的文件。

一名受访者还建议，当收购完成后取消上市时，发行人发布 RIS 公告就足够了。之所以可以这样做，是因为股东届时将收到一份在达到批准收购的75%门槛后概述要约人意向的要约文件的副本。

另一名受访者提议修改有关以未经编辑的全文发布受监管信息的提案。他们表示，我们拟议的新规则将要求 RIS 公告在年度财务业绩方面包括 DTR 4.1 中规定的所有信息项目，以及与半年业绩相关的 DTR 4.2 中规定的所有信息项目。

对于在伦敦金融城发布的文件，我们收到了一些公司担心在线发布此类文件不仅能让会员访问这些文件，还会使它们的条款收到公共领域的反馈。有人建议，应允许公司在公司注册机关制订计划规则以作为替代方案。

（2）我们对于反馈的回应

我们仔细考虑了这些反馈，并决定酌情修订最终规则，以阐明新规，并使其与上市规则的其他方面保持一致。

关于交易日的定义，我们将不会修改最终规则以使其与伦敦证券交易所使用的定义一致。因为这将扩大我们的定义，将证券和股权交易包含在内。

当允许以电子形式复制文件时，我们将采用 FSMA 第417条的定义，以允许记录文件。

我们认为在收购后取消上市时不足以发布 RIS 公告。我们希望通过电子方式分别向每位股东或 DRs 的持有人发布个人通知。提议的更改旨在阐明我们的政策意图，即正式说明通知何时发出，无意更改对股东发出的通知。

关于受监管信息的发布，我们的政策意图使将受监管信息纳入 DTR 6.3.5 的规定，包括在满足某些条件时的豁免。

关于在伦敦金融城供查阅的文件，我们认为，由于现在的信息现可以更容易地以电子方式获取，目前的要求已经过时。我们将不会修改最终规则，并坚持认为需要提供完整的条款供国家上市文件存储系统检查。

2. 起草关于汇总的澄清说明

（1）对反馈的总结

在报告 21/21 中，我们表示 LR10 中对重大交易的汇总要求可能不明确。我们认为，已经获得股东同意并随后完成的交易无需在 LR 10.2.10R（1）下进一步汇总。此外，我们阐明了任何使用第2类交易汇总的交易仍将受到 LR10.4 通知要求的约束。

有人提请我们注意我们对汇总规则提出的更改可能无法完全有效，并且可以进一步简化。这些更改涉及 T3 交易（交易在 T+3 基础上完成）的汇总，当被视为第2类交易时，以及我们为汇总目的而对债务清理作出的更改。

一位受访者表示，根据拟议的新 LR 10.2.10A 规则，T3 必须被视为第2类交易，因此必须公布 T3 的细节。他们质疑这些信息对规模较小的 T3 投资者的有效性——例如，其中每个百分比为 0.25% 或更少（因此在 LR 11 的规定中，这将被视为一笔"小交易"）。他们建议当 T3 是"最小值"（例如，每个百分比为 0.25% 或更低），它应该计入汇总目的，但交易的细节不必公布。

他们还指出，出于汇总目的，在债务清理结束前，不应该完成第 1 类交易（如前所述）。受访者认为，如果股东批准了第 1 类交易，即使该交易实际上没有完成也足够了。

这符合 LR 11.1.11R（1）中汇总规则，即"如果上市公司与同一关联方（及其任何关联公司）在 12 个月内进行交易或安排，并且交易或安排未获股东批准，则必须汇总，包括属于 LR 11.1.10 R 的交易或安排，或 LR 11 附件 1.1R（1）项下小型关联交易。"

（2）我们对于反馈的回应

在考虑了反馈后，我们没有接受关于汇总规则更改的反馈。

通过允许更改 T3 交易，我们会制造一个公司通过将交易划分为更小乃至最小的交易来进行汇总规则套利，从而绕过汇总规则的风险。这不是我们的政策意图，因此不会做出改变。

此外，我们的汇总规则以已完成的交易为前提，因此这些更改将对我们当前的规则产生重大影响。我们也有规则（LR 10.5.2）要求在发生重大变化（更改超过交易价值的 10%）的情况下进行第二次投票。

英国国家安全和投资法案

高俊鹏　朱怡丽　译

本法旨在就收购某些类型的经营实体和资产而产生的国家安全风险作出规定；并用于相关目的。[2021 年 4 月 29 日]

本文系对 2021 年国家安全和投资者法案的全文翻译，囿于篇幅所限，故对法案中涉及的部分程序性内容予以删减处理。

第一篇　为国家安全召见

第一章　召见权

1. 为国家安全目的而签发的召见通知

（1）在对以下情况持合理怀疑时，内阁大臣有权签发召见通知：

（a）与被收购实体或被收购资产相关的触发事件已经发生，并且该事件已经或可能引起国家安全风险，或

（b）正在进行或计划进行的交易如果生效，将导致与被收购实体或被收购资产相关的触发事件发生，并且该事件已经或可能引起国家安全风险。

（2）就本法而言，在考虑触发事件是否已经发生，或正在进行或计划进行的交易的生效是否会导致触发事件发生时，不考虑本法第 13 条第（1）款（无效的须申报收购）的规定。

（3）本条第（1）款所指的通知在本法中称为召见通知。

（4）如果内阁大臣决定签发召见通知，该通知必须向以下人员交付：

（a）收购方，

（b）与触发事件相关的实体，和

（c）内阁大臣认为有必要通知的其他人员。

（5）召见通知必须包含对与之相关的触发事件的描述并且列明通知接收方的姓名。

（6）若未依照本法第 3 条的规定发布声明（且未撤回），内阁大臣不得签发召见通知。

（7）内阁大臣在签发召见通知前，必须参考本条第（6）款所涉之声明。

（8）声明中所述事项皆不影响内阁大臣签发召见通知的权力。

2. 关于召见通知的进一步规定

（1）针对某个触发事件，内阁大臣仅能签发一份召见通知。

（2）除本条第（3）款、第（4）款的规定外，依据本法第 1 条第（1）款（a）项签发的召见通知：

（a）内阁大臣获悉触发事件之日起 6 个月期限届满后，不得再签发召见通知，并且，

（b）自触发事件发生之日起 5 年期限届满后，内阁大臣不得再签发召见通知。

（3）本条第（2）款（b）项不适用于本法第 13 条第（1）款规定的触发事件。

（4）针对 2020 年 11 月 12 日至生效日前一日期间发生的触发事件，根据本法第 1 条第（1）款（a）项的规定签发的召见通知：

（a）若内阁大臣在生效日前获悉触发事件，自生效日起 6 个月期限届满后，不得再签发召见通知，

（b）若内阁大臣在生效日当天或之后获悉触发事件：

（i）自内阁大臣获悉触发事件之日起 6 个月期间届满后，不得再签发召见通知，并且

（ii）自生效之日起 5 年期限届满后，内阁大臣不得再签发召见通知。

（5）本条中的“生效日”，指本条生效的日期。

（6）本条受本法第 22 条的约束（参见本法第 62 条）。

3. 关于行使召见权的规定

（1）如符合本法第 4 条第（1）款的规定，为行使召见权，内阁大臣可以发布声明。

（2）该声明由内阁大臣发布，列明内阁大臣将如何行使召见权。

（3）该声明将特别包括：

（a）内阁大臣所认为的，触发事件更有可能引发国家安全风险的经济部门之细节，

（b）内阁大臣将行使召见权，签发召见通知的触发事件、被收购实体和被收购资产，以及

（c）内阁大臣在决定是否行使召见权时的详细考虑因素。

（4）内阁大臣必须至少每 5 年审查一次根据本条所发布的声明。

（5）依据本条发布的声明可以被后续声明修改或替换，本条和第 4 条适用于任何修正或替换的声明，并且上述适用与对原始声明的适用相同。

（6）依据本条发布的声明，不得影响内阁大臣对须申报收购作出规定的权力。

4. 协商和议会程序

（1）就本法第 3 条而言，发布声明之前内阁大臣必须：

（a）以内阁大臣认为适当的方式，就声明草案进行协商，

（b）结合协商结果，对草案作出内阁大臣认为所必须之修改，并且

（c）向议会提交声明。

（2）任一议院可以在 40 日期限届满前决定不批准该声明。

（3）如任一议院根据本条第（2）款的规定，决定不批准声明，内阁大臣必须撤回该声明。

（4）依据本条第（2）款作出的任何决议，均不影响在公布声明和撤回声明之间发布的召见通知的效力，且不影响新声明的发布。

（5）“40 日期限”，是指向议会提交声明之日（如未在同一日向两议院提交声明，则以声明提交日期中较晚的一日为准）起的 40 日期间。

（6）在计算 40 日期限时，议会解散、延期或两院休会超过 4 日的任何期间，不计算在内。

（7）在本条生效前，本条第（1）款（a）项及（b）项的要求可以通过协商实现。

第二章　解释

5. “触发事件”和“收购方”的含义

（1）在本法中，“触发事件”发生在：

（a）依据本法第 8 条，一方取得了被收购实体的控制权，或

（b）依据本法第 9 条，一方取得了被收购资产的控制权。

（2）在本法中，“收购方”是指取得第（1）款所述控制权的主体（或触发事件尚未实际发生，将要取得控制权的主体）。

6. 须申报收购

（1）内阁大臣可为本条之目的实现制定条例（“须申报收购条例”）。

（2）当一方依据第 8 条第（2）款、第（5）款、第（6）款中的一种或多种情形，取得对特定收购实体的控制权时，构成须申报收购的情形。

（3）依据本条第（2）款的规定，若无法满足本法第 14 条第（1）款下发出强制性通知的要求，则不构成须申报收购的情形。

（4）对特定被收购实体的说明必须包括，该实体在英国进行具有特定说明的活动的条款（无论该实体是否也进行其他活动）。

（5）须申报收购条例可以：

（a）针对是否构成须申报收购，对本条进行修改，

（b）通过述明本条第（2）款中收购方的特点，对豁免情形作出规定，

（c）对本法的其他条款作出相应的修改。

（6）依据本条第（5）款（a）项的规定，须申报收购的条例可对在特定描述中，被收购资产控制权的取得属于须申报收购的情形作出特别规定。

（7）本条第（6）款下的特定描述，如其包含规定任何此类资产用于与在英国进行的具有特定描述的活动（无论该资产是否也用于其他活动），仅可包括本法第 7 条第（6）款中的被收购资产。

（8）本条中的"特定"指在须申报收购的条例中所特定的情形。

7. 被收购实体和资产

（1）就本法而言，本条定义了"被收购实体"和"被收购资产"。

（2）"被收购实体"［受本条第（3）款约束］是指任何非个人的实体，无论是否为法人，包括公司、有限责任合伙企业、任何其他法人团体、合伙企业、非法人组织和信托。

（3）依据英国以外的国家或地区的法律成立或登记的实体，仅在以下情况属于"被收购实体"：

（a）在英国境内开展活动，或

（b）向英国境内的人提供商品或服务。

（4）"被收购资产"［受本条第（6）款约束］限于以下类型的资产：

（a）土地，

（b）有形（或在苏格兰，物质性的）动产，

（c）具有工业、商业或其他经济价值的创意、信息或技术。

（5）本条第四款第（c）项中的资产示例包括：

（a）商业秘密，

（b）数据库，

（c）源代码，

（d）算法，

（e）公式，

（f）设计，

（g）方案、图纸及说明书，

（h）软件。

（6）位于英国境外或领海以外的土地、动产或本条第（4）款第（c）项中的任何资产，仅在以下情况属于"被收购资产"：

（a）在英国境内开展活动，或

（b）向英国境内的人提供商品或服务。

8. 实体控制

（1）就本法而言，如当事人取得了实体或与实体相关的权利或利益，并因此出现了本条所述的一种或多种情形，就认为当事人取得了对被收购实体的控制权。

（2）第一种情形为，当事人在实体中持有股份的百分比增长：

（a）从25%或更少增长至超过25%，

（b）从50%或更少增加至超过50%，

（c）从75%或更少增加至超过75%。

（3）本条第（2）款中的持有股份百分比指：

（a）对于有股本的实体，指持有该实体已发行股本中的、股本票面价值（合计）的比例，

（b）对于没有股本的实体，指持有该实体的资本或利润分配的比例，

（c）对于有限责任合伙企业，指在合伙清算时对剩余资产享有的分配比例。

（4）就本条第（3）款第（c）项而言，如没有明确规定在清算时任何剩余资产的分配比例，则视为该合伙企业的每个合伙人对上述资产享有平等的分配权。

（5）第二种情形为，当事人在实体中持有表决权的百分比增长：

（a）从25%或更少增长至超过25%，

（b）从50%或更少增加至超过50%，

（c）从75%或更少增加至超过75%。

（6）第三种情形为，当事人收购实体表决权（无论是单独收购还是与当事人持有的其他表决权一并收购），并能够确保或阻止有关管理该实体事务的任何级别决议的通过。

（7）在本条第（5）款、第（6）款中，实体的表决权指：

（a）对于有股本的实体，指根据持股情况，赋予股东在该实体的股东大会上所有或基本所有事务表决的权利，

（b）对于没有股本的实体，指赋予成员在该实体的决议大会上所有或基本所有事务表决的权利，并且若该实体未设立通过表决决定事务的决议大会，则指与该实体有关的，具有同等效力的其他权利。

（8）第四种情形为，［受本条第（9）款约束］无论是单独收购还是与当事人持有的其他利益或权利一并收购，当事人能够实质性地影响实体的决策。

（9）本条第（9）款不包括当事人已经持有任何利益和权利，使其能够实质性影响实体决策的情形。

9. 资产控制

（1）就本法而言，如当事人取得了资产或与资产相关的权利或利益，就认为当事人取得了对被收购实体的控制权，并有权：

（a）支配该资产，或比收购前更大限度地支配该资产。

（b）指示或控制资产的支配方式，或比收购前更大限度地指示或控制资产的支配方式。

本款受本法第 11 条的约束。

（2）在本条中，对资产的支配，包括对资产的利用、改造、操控、处分或销毁。

10. 持有和取得利益和权利：补充

（1）附表 1 规定了在本法中，当事人被视为持有利益或权利的特殊情形。

（2）在本法中，当事人在下列情形中被视为取得利益或权利（当事人在本法外不会被如此视为）：

（a）依据附表 1，该利益或权利被视为当事人所持有，

（b）依据附表 1，该权益或利益已视为被当事人持有，但因某些与该权益或利益有关的事件发生，如当事人尚未被视为已经持有该利益或权利，该利益或权利视为被当事人收购［包括根据本款第（a）项的规定］。

11. 有关资产控制的例外情形

（1）在本法中，如当事人并非完全或主要出于个人贸易、商业或手工业之外的需要而进行收购，则当事人不会被视为取得收购资产的控制权。

（2）本条第（2）款不适用于以下资产：

（a）土地，或

（b）符合下列任何一项规定的（根据其不定期的效力）

（i）《2006 年放射源出口管制令》（S. L 2006/1846）附表，

（ii）《2008 年出口管制令》（SI. 2008/3231）第 4A 条、附表二或附表三，

（iii）2009 年 5 月 5 日《欧盟理事会条例第 428/2009 号》附件一或附件四，

（iv）2012 年 3 月 14 日《欧洲议会和欧盟理事会第 258/2012 号条例》附件一，

（v）2019 年 1 月 1 日《欧洲议会和欧盟理事会第 2019/125 号条例》附件二或附件三。

（3）内阁大臣可根据相关规定：

（a）修订本条第（2）款，以增加、改变或删除任何资产或资产描述，

（b）针对在本法中不被视为取得收购资产控制权的情形，进行情形的规定或描述。

12. 触发事件：补充

（1）如触发事件发生期间超过 1 日，或不确定发生超过 1 日的事件的发生时间，就本法而言，该触发事件被视为在该期间的最后一日发生。

（2）本条第（3）款和第（4）款适用于当事人通过签订协议或安排，根据协议或安排（暂时性地或永久地）未来将导致触发事件的发生的情形。

（3）就本法而言，协议或安排的签订不等同于，协议或安排一经实现必然会导致触发事件的发生。

（4）上述安排是否正在进行或筹划中（在签订协议、安排之时或之后），取决于所有情形，包括当事人实践中实施会导致触发事件发生的事件的可能性。

第三章　须申报收购的审批

13. 须申报收购的审批

（1）未经内阁大臣审批的须申报收购无效。

（2）内阁大臣可以通过以下方式审批须申报申购：

（a）依据本法第 14 条第（8）款第（a）项第（ii）目发出通知，

（b）如符合本条第（3）款的情形，依据本法第 26 条作出最终命令，

（c）依据本法第 26 条，发出最终通知。

（3）如已对须申报收购作出最终指示，但未按最终指示完成收购的，收购无效。

第四章　程序

须申报收购的程序

14. 强制性通知程序

（1）受本条第（2）款约束，发生本法第 6 条第（2）款规定的情形的，当事人在根据须申报收购取得控制权之前，必须向内阁大臣发出通知。

（2）如内阁大臣已就拟议的须申报收购签发了召见通知，且该通知没有被撤回，则不适用本条第（1）款的规定。

（3）本条第（1）款下的通知为本法项下的强制性通知。

（4）内阁大臣可以依据相关规定，规范强制性通知的形式和内容。

（5）在收到强制性通知后，内阁大臣应在实际可行的情况下，尽快决定拒绝或接受该通知。

（6）内阁大臣可以基于以下一个或多个原因，拒绝该强制性通知：

（a）强制性通知不符合本条的要求，

（b）强制性通知不符合其他规范的要求，

（c）强制性通知包含的信息，不足以支撑内阁大臣作出是否就拟议的须申报收购发出召见通知的决定。

（7）如强制性通知被拒绝，内阁大臣应在实际可行的情况下，尽快向发出通知的当事人提供书面理由。

（8）如强制性通知被接受，内阁大臣必须：

（a）在实际可行的情况下，尽快通知各相关人员，并且

（b）在审查期结束前：

（i）就拟议的须申报收购发出召见通知，或

（ii）通知各相关人员，不得依据本法对拟议的须申报收购采取进一步行动。

（9）“审查期”，为通知［依据本条第（8）款第（a）项］送达发出强制性通知的当事人之日起 30 个工作日。

（10）本条中的“相关人员”指发出强制性通知的当事人，以及内阁大臣认为有必要通知的其他人员。

15. 未经申请考虑追溯性确认的条件

（1）本条和本法第 16 条适用于因未经内阁大臣审批而无效的须申报收购［参见本法第 13 条第（1）款］。

（2）自内阁大臣获悉须申报收购之日起 6 个月内，内阁大臣必须：

（a）就该收购发出召见通知，或

（b）向每个相关人员发出有关该收购的确认通知，各相关人员不得依据本法对拟议的须申报收购采取进一步行动。

（3）依据本条、本法第 16 条、第 17 条作出的确认通知一经发出，与其相关的须申报申购将被视为在经过了内阁大臣的审批后完成（并且相应地，收购有效）。

（4）本条中的“相关人员”指：

（a）被要求向内阁大臣就收购作出强制性通知的人［参见本法第 14 条第（1）款］，及

（b）内阁大臣认为有必要通知的其他人员。

16. 须申报收购的追溯性确认申请

（1）任何因本条的适用导致须申报收购无效［参见本法第 15 条第（1）款］而受到重大影响的人，可以向内阁大臣就该申购申请确认通知。

（2）依据本条第（1）款提出的申请，在本法中称为确认申请。

（3）内阁大臣可以依据相关规定，规范申请的形式和内容。

（4）受本条第（8）款的约束，在实际可行的情况下，内阁大臣在收到确认申请后必须尽快决定拒绝或接受该申请。

（5）内阁大臣可以基于下列一个或多个理由，拒绝该申请：

（a）申请不符合本条的要求，

（b）申请不符合其他规范的要求，

（c）申请包含的信息，不足以支撑内阁大臣作出是否就拟议的须申报收购发出召见通知的决定。

（6）如申请被拒绝，内阁大臣应在实际可行的情况下，尽快向提出申请的当事人提供书面理由。

（7）如申请被接受，内阁大臣必须：

（a）在实际可行的情况下，尽快通知各相关人员，并且

（b）在审查期结束前：

（i）就该收购发出召见通知，或

（ii）向各相关人员发出有关收购的确认通知，其不得依据本法就该收购采取进一步行动。

（8）如内阁大臣认为自先前有关收购的确认申请提出以来，情况并未发生重大变化，则内阁大臣无须考虑与收购有关的确认申请。

（9）在本条中：

"相关人员"，指发出确认申请的当事人，以及内阁大臣认为有必要通知的其他人员。

"审查期"，为通知［依据本条第（7）款第（a）项］送达作出确认申请的当事人之日起30个工作日。

17. 召见后对须申报收购的追溯性确认

（1）本条适用于内阁大臣依据下列条款签发召见通知时：

（a）本法第15条第（2）款第（a）项，

（b）本法第16条第（7）款第（b）项第（ii）目。

（因此相应地，有关召见通知的触发事件，是或包括于上述条款适用下的须申报收购）

（2）如内阁大臣就召见通知发出最终通知，则其必须同时就该收购发出确认通知。

（3）本条项下的确认通知必须向下列人员发出：

（a）收到最终通知的每个人，

（b）依据本法第16条，就收购提出申请的人（如有），及

（c）内阁大臣认为有必要的其他人。

（4）如内阁大臣就召见通知作出最终命令，则适用本条第（5）款的规定。

（5）在最终命令作出后完成了须申报申购，那么根据该命令完成的收购，将被视为在经过了内阁大臣的审批后完成（并且相应地，收购有效）。

触发事件的自愿性通知

18. 自愿性通知程序

（1）本条不适用于下列情况：

（a）会导致须申报收购的安排，

（b）是或包括须申报收购的触发性事件。

（2）出卖人、收购人或被收购的相关实体可以向内阁大臣发出通知，说明：

（a）有关被收购实体或被收购资产的触发事件已经发生，

（b）正在进行或筹划中的安排，一经实施，将导致与被收购实体、被收购资产相关的触发事件发生。

（3）本条第（2）款项下的通知，在本法中被称为自愿性通知。

（4）内阁大臣可以依据相关规定，规范自愿性通知的形式和内容。

（5）在收到自愿性通知后，内阁大臣应在实际可行的情况下，尽快决定拒绝或接受该通知。

（6）内阁大臣可以基于下列一个或多个原因，拒绝该自愿性通知：

（a）自愿性通知不符合本条的要求，

（b）自愿性通知不符合其他规范的要求，

（c）自愿性通知包含的信息，不足以支撑内阁大臣作出是否就拟议的须申报收购发出召见通知的决定。

（d）受本法第 2 条第（2）款或第（4）款中大的时间期限约束，就内阁大臣签发召见通知不具有合理期待。

（7）如自愿性通知被拒绝，内阁大臣应在实际可行的情况下，尽快向各相关当事人提供书面理由。

（8）如自愿性通知被接受，内阁大臣必须：

（a）在实际可行的情况下，尽快通知各相关人员，并且

（b）在审查期结束前：

（i）就触发事件发出召见通知，或

（ii）通知各相关人员，不得依据本法对触发事件采取进一步行动。

（9）“审查期”，为通知［依据本条第（8）款第（a）项］送达发出自愿性通知的当事人之日起 30 个工作日，但该期限不影响本法第 2 条第（2）款和第（4）款中期限的计算。

（10）在本条中：

“相关人员”，指发出自愿性通知的当事人，以及内阁大臣认为有必要通知的其他人员。

“出卖人”，就触发事件而言，指已经出让对被收购实体或被收购资产控制权（或就尚未发生的触发事件而言，将出让控制权）的人。

信息等

19. 要求信息的权力

（1）内阁大臣可向某人发出通知（受本法第 21 条约束），要求该人提供与内阁大臣行使本法项下之职能相关的任何信息，包括：

（a）通知中指定、述明或属于通知中指定或述明的信息类别，并且

（b）信息属于某人所有或权力范围之内。

（2）除非要求提供的信息属于内阁大臣行使本法项下的职能所必须，内阁大臣不得依据本条要求提供信息。

（3）本条第（1）款规定的通知，为本法中的信息通知。

（4）信息通知可以：

（a）指定提供信息的方式，

（b）为下列事项列明时限：

（i）提供信息，

（ii）通知内阁大臣，该信息不属于该人所有或权力范围之内。

（c）要求该人提供其所有或权力范围之内的、能够使内阁大臣获悉通知中信息的所有信息。

（5）信息通知必须：

（a）表明发出通知的目的，以及

（b）列明若不遵守该通知，可能导致的后果。

（6）在法院的民事诉讼中属于非强制性提供的信息，亦不能以本条为依据，要求该人提供。

（7）本条项下的信息提供，包括提供以可读形式以外的其他方式记录的、可读可理解的复印件。

（8）依据本条获得信息的人可以复制相关信息。

20. 证人出庭

21. 信息通知和出庭通知：英国境外的人

22. 虚假或误导性信息

（1）本条适用于下列向内阁大臣提供虚假或误导性信息的情形：

（a）在强制性通知中，

（b）在确认申请中，

（c）在自愿性通知中，

（d）在对信息通知或出庭通知的回复中。

（2）如内阁大臣依据本法作出的决定系受到虚假或误导性信息的重大影响，内阁大臣可以重新进行考虑，并有权确认、更改或撤销该决定。

（3）如内阁大臣依据本条对规定作出更改或撤销，内阁大臣必须向其认为有必要的人发出相关通知。

（4）如被撤销的决定属于：

（a）发出召见通知的决定，

（b）作出或撤销最终命令的决定，或

（c）发出最终通知的决定。

内阁大臣可以进一步发出召见通知，并且该通知不受本法第 2 条第（1）款的约束。

（5）如依据本条，撤销决定，则相关案件不受本法第 2 条第（2）款、第（4）款项下的时间限制的约束，但在自内阁大臣知悉虚假或误导性信息之日起 6 个月期限届满后，内阁大臣不得签发召见通知（或进一步召见通知）。

第二篇　补救措施

评估期

23. “评估期”的含义

（1）本条定义了与召见通知相关的“评估期”。

（2）评估期自内阁大臣向收购方签发召见通知之日起计算。

（3）在本条中：

（a）“初始期”是指自内阁大臣向收购方签发召见通知之日起［本条第（2）款］的 30 个工作日，

（b）“额外期”是指自初始期结束后的第一个工作日起的 45 个工作日，

（c）“自愿期”指自额外期（或之前的自愿期）结束后的第一个工作日起，至内阁大臣和收购方书面同意的工作日。

（4）评估期的结束以初始期的计算为准，除非在初始期结束前，内阁大臣向每个收到召见通知的人发出了附加期通知［见本条第（8）款］。

（5）如内阁大臣发出了附加期通知，那么评估期的结束以附加期的计算为准，除非在附加期结束前，内阁大臣和收购方达成了有关自愿期的约定。

（6）如内阁大臣和收购方同意了自愿期，那么评估期的结束以自愿期的计算为准，或双方进一步就自愿期的结束达成同意。

（7）内阁大臣必须向每个收到召集通知的人，发出任何有关自愿期或进一步的自愿期通知。

（8）“额外期限通知”指内阁大臣在下列情况，可以发出的通知：

（a）有理由相信：

（i）触发事件已经发生，或正在进行或筹划的安排，一旦付诸实施，将导致触发事件的发生，

（ii）触发事件的发生对国家安全造成了风险，或一旦实施将会引起国家安全风险，并且

（b）合理认为需要额外的时间以进一步评估该触发事件。

（9）只有发生下列情形的，内阁大臣才可以同意自愿期或进一步的自愿期：

（a）在权衡各种可能性后，确信：

（i）触发事件已经发生，或正在进行或筹划的安排，一旦付诸实施，将导致触发事件的发生，并且

（ii）触发事件的发生对国家安全造成了风险，或一旦实施将会引起国家安全风险，并且

（b）合理认为需要额外时间来考虑是否作出最终命令或最终命令的内容。

24. 信息通知和出庭通知的效力

临时和最终命令

25. 临时命令

（1）如内阁大臣合理地认为该命令对于防止或扭转先发制人的行动或减轻其影响是有必要且恰当的，那么内阁大臣可以在与召见通知相关的评估期内发布命令。

（2）本条第（1）款中“先发制人的行动”，指可能影响内阁大臣依据本法行使与召见通知相关职能的行动。

（3）本条第（1）款中的命令，即本法中的“临时命令”。

（4）一项临时命令可以包括：

（a）要求某人或某类人做或不做特定事情，

（b）任命某人根据命令中规定或述明的条款和授权范围来进行或监督活动的开展，

（c）要求某人或某类人不得披露临时命令的具体内容，除非是在该命令允许的范围内，

（d）相应的、补充的或附带的规定。

（5）由临时命令制定的或依据临时命令制定的条例的效力可延伸至某人在英国境外或领海以外的行为，但该人必须是：

（a）英国国民，

（b）经常居住在英国的个人，

（c）依据英国任何地方之法律成立或组建的实体，

（d）在英国从事商业活动的实体。

（6）一项临时命令的生效时间为该命令或依据该命令确定的时间。

（7）具有下列情形之一的（以最早的时间点为准），临时命令失效：

（a）与召见通知相关的最终通知的发出或最终命令的生效，

（b）由该命令或依据该命令确定的时间点，

（c）临时命令被撤销。

26. 最终命令和最终通知

（1）内阁大臣必须在与召见通知相关的评估期结束前：

（a）作出最终命令，或

（b）向每个收到召见通知的人发出最终通知。

（2）在本条中：

（a）“最终命令”是指，依据本法不采取与召见通知相关的进一步行动的通知，

（b）“最终命令”是指，本条第（3）款项下的命令。

（3）在评估期内，内阁大臣可以在下列情况作出最终命令：

（a）在权衡各种可能性后，确信

（i）触发事件已经发生，或正在进行或筹划的安排，一旦付诸实施，将导致触发事件的

发生，并且

（ii）触发事件的发生对国家安全造成了风险，或一旦实施将会引起国家安全风险，并且

（b）合理地认为，该命令的内容对于预防、补救或减轻该风险是有必要且恰当的。

（4）在作出最终命令前，内阁大臣必须考虑其他人向其提交的所有陈述。

（5）一项最终命令可以包括：

（a）要求某人或某类人做或不做特定事情，

（b）任命某人根据命令中规定或述明的条款和授权范围来进行或监督活动的开展，

（c）要求某人或某类人不得披露临时命令的具体内容，除非是在该命令允许的范围内，

（d）相应的、补充的或附带的规定。

（6）由最终命令制定的或依据最终命令制定的条例的效力可延伸至某人在英国境外或领海以外的行为，但该人必须是：

（a）英国国民，

（b）经常居住在英国的个人，

（c）依据英国任何地方之法律成立或组建的实体，

（d）在英国从事商业活动的实体。

（7）一项最终命令的生效时间为该命令或依据该命令确定的时间。

（8）一项最终命令在该命令或依据该命令确定的时间停止生效，除非其在上述时间点之前被撤销。

27. 命令的审查、变更和撤销

（1）本条适用于临时命令和最终命令。

（2）内阁大臣必须对每个命令进行审查，并有权改变或撤销命令。

（3）如命令的义务方请求内阁大臣改变或撤销该命令，内阁大臣必须在收到请求后，在可行范围内尽快考虑该请求。

（4）但是，内阁大臣可以无须考虑与最终命令相关的上述请求，如内阁大臣认为情形自下列时间点之日起没有发生实质性改变：

（a）自该命令作出或最终更改之日起，或

（b）如上述请求系曾就该命令提出过请求的人再次提出，则自上一次请求提出之日起。

28. 命令：补充

（1）本条适用于临时命令和最终命令。

（2）内阁大臣作出或变更命令后，应在可行范围内尽快将命令或变更后的命令告知：

（a）每个被要求遵守命令的人，

（b）每个收到召见通知的人，以及

（c）内阁大臣认为有必要的其他人。

（3）在变更命令后，内阁大臣必须在可行范围内，尽快向任何之前被要求遵守该命令但不再需要遵守命令的人发出通知。

（4）除本条第（5）款的情形外，每个命令（包括变更后的命令）或与命令相关的说明材料必须：

（a）述明命令或变更后的命令的生效时间或生效时间的确定方式，

（b）指定需要遵守该命令的人或对该类人进行描述，

（c）描述触发事件和相关实体或资产，

（d）说明作出或变更命令的理由，

（e）阐明不遵守该命令可能导致的后果，

（f）提供下列信息：

（i）向内阁大臣申请变更或撤销命令的途径和方式，以及

（ii）司法审查的程序或向苏格兰的最高民事法院提出监督管辖权的申请。

（5）内阁大臣可以从本条第（2）款送达给任何人的命令副本或从该命令所附的任何说明材料中，排除其认为具有下列不适宜披露情形的内容：

（a）可能损害任何人的商业利益，

（b）与国家安全利益相冲突。

（6）在撤销命令后，内阁大臣必须在可行范围内，尽快向本条第（2）款中提到的人发出通知，说明该命令已被撤销。

29. 发出最终命令的通知

财政援助

30. 财政援助

（1）因最终命令的作出，经财政部同意，内阁大臣可以向某一实体或就某一实体提供财政援助。

（2）“财政援助”是指提供贷款、担保或赔偿，或任何其他类型的财政援助（实际或可能发生的）。

（3）如在任何相关期间，依据本条给予的财政援助金额总计或超过 1 亿英镑，内阁大臣必须在可行范围内，尽快向下议院提交一份有关金额的报告。

（4）如依据本条第（3）款提交报告后的相关期间内，又依据本条提供了任何进一步的金额，内阁大臣必须在可行范围内，尽快向下议院提交关于该金额的报告。

（5）“相关期间”指：

（a）自本条生效之日起至次年 3 月 31 日止的期间，以及

（b）以后的每 12 个月期间。

英国竞争和市场管理局（CMA）的职能

31. 与《2002 年企业法》第 3 篇项下的竞争和市场管理局职能的互动

（1）本条适用于与触发事件相关的最终命令生效或最终通知发出的任何时候，该触发事件涉及或将涉及两个或两个以上，依据《2002 年企业法》（2002 年法案）不再是独立企业的企业。

（2）如内阁大臣合理地认为为了防止、补救或减轻国家安全风险，内阁大臣可以指示竞争和市场管理局（CMA）依据 2002 年法案第 3 篇就触发事件采取或不采取任何行动，只要该指示是必要和适当的。

（3）在依据本条发出指示之前，内阁大臣必须咨询竞争和市场管理局和内阁大臣认为合适的其他人员。

（4）内阁大臣必须以其认为合理的方式公布依据本条发出的指示。

（5）无论竞争和市场管理局的其他职责承担，其遵守依据本条的指示导致的职责适用本条的规定。

第三篇　强制执行和上诉

犯罪行为

32. 未经批准完成须申报收购的犯罪行为

（1）如某项收购属于本法第 6 条第（2）款项下须申报收购的范围，如该人没有合理理由，在未经内阁大臣批准的前提下，以本法第 13 条第（2）款所述方式完成了须申报收购并取得了控制权，属于犯罪行为。

（2）本条第（1）款适用于内阁大臣已经就须申报收购发出了召见通知或确认通知的情形。

（3）本条项下的过错成立与否不受本法第 13 条第（1）款的效力影响。

33. 没有遵守命令的犯罪行为

（1）如某人没有合理理由，不遵守其依据或凭借临时命令或最终命令而受到的要求，其行为犯罪。

（2）如某人被认定为违反了本条项下的规定，法院可判决要求其在命令所指明的期限内，遵守其依据或凭借临时命令或最终命令而受到的要求。

34. 犯罪行为：信息和证人出庭

（1）任何人在下列情况中的行为皆构成犯罪：

（a）某人没有合理理由，不遵守信息通知或出庭通知的要求，或

（b）某人因故意或过失更改、隐瞒或销毁，或者导致或允许更改、隐瞒或销毁信息通知

要求该人提供的任何信息。

（2）某人故意阻挠或拖延制作根据信息通知提供的信息的副本的行为，属于犯罪行为。

（3）某人的行为构成犯罪，如：

（a）该人向内阁大臣提供任何信息（包括根据出庭通知提供证据），该信息与内阁大臣行使本法项下的职能有关，

（b）该信息具有实质性的虚假或误导性，并且

（c）提供信息的人明知，或放任信息实质性的虚假或误导性。

（4）某人的行为构成犯罪，如：

（a）该人向其他人（除内阁大臣以外的）提供信息，

（b）提供信息的人知悉该信息将被用于，向内阁大臣提供与内阁大臣行使本法项下的职能有关的信息，

（c）该信息具有实质性的虚假或误导性，并且

（d）提供信息的人明知，或放任信息实质性的虚假或误导性。

（5）如某人被认定具有本条第（1）款或第（2）款项下的犯罪行为，法院可作出判决，要求该人在命令指明的期限内：

（a）遵守信息通知中的要求，

（b）遵守出庭通知中的要求，或

（c）允许制作信息的副本。

（6）本条第（1）款项下的销毁信息，包括对以可读形式以外的方式记录信息的方式的毁坏。

35. 与共享信息有关的犯罪行为

（1）任何人违反本法第 54 条或第 55 条第（1）款的规定，使用或披露信息的行为属于犯罪行为。

（2）被指控违反本条规定的人，可通过证明下列内容进行抗辩：

（a）该使用或披露是合法的，或

（b）该信息已合法地向公众公开。

36. 法人团体等的犯罪行为

（1）如果团体实施了本法规定的犯罪行为，那么

（a）行为在团体的一名主管的授意或者纵容下实施，或者

（b）由于该主管的疏忽，主管和该团体均构成犯罪，可能被起诉并受到相应的惩罚。

（2）在本条中：

“团体”系指法人、合伙企业或者合伙企业以外的非法人组织。而“团体的主管”：

（a）就法人而言，是指董事、管理委员会成员、首席执行官、经理、秘书或者其他类似

人员，或者任何以这类身份行事的人员，

（b）就合伙企业而言，是指合伙人或者以合伙人身份行事的人员，

（c）就合伙企业以外的非法人组织而言，是指管理或者控制该组织的人员，或者以该身份行事的人员。

（3）在第（2）款中“董事”包括：

（a）就法人而言，担任董事职位的人员（不管该职位如何命名），

（b）该法人的董事习惯按照其指示或者指令（不属于以专业身份提供建议）行事的人员，以及在该法人中拥有股份或者股权的人员，或者与该法人有关的股份或者股权（无论是单独还是与其持有的其他股份或者股权合计），使其能够对该法人的政策产生重大影响的人员。

（4）如果法人的事务是由其成员管理的，则就成员与其管理职能有关的行为和过失而言，第（1）款适用于该成员，此时将该成员视为该团体的董事。

（5）内阁大臣可以根据条例规定，在适用于依据英国以外的国家或者地区的法律成立或者登记的法人或者非法人组织时，修改本条规定。

起诉和处罚

37. 起诉

38. 针对合伙企业等的诉讼

（1）可对本法规定的犯罪行为提起诉讼：

（a）如果犯罪行为被指控是由合伙企业实施的，则以该合伙企业的商号提起诉讼，

（b）如果犯罪行为被指控是由合伙企业以外的非法人组织实施的，则以该组织的名称提起诉讼。

（2）参照法人，与送达文件有关的法院规则对这类诉讼同样适用。

（3）参照法人，就这类诉讼而言，下列规定同样适用：

（a）《1925 年刑事司法法》第 33 条以及《1980 年裁判法院法》附表 3，

（b）《1945 年刑事司法法（北爱尔兰）》第 18 条［c. 15（N. I.）］以及《1981 年裁判法院法（北爱尔兰）》附表 4［S. I. 1981/1675（N. I. 26）］。

（4）对被定罪的合伙企业所处以的罚款，应当从合伙企业的资产中支付。

（5）对被定罪的合伙企业以外的非法人组织所处以的罚款，应当从非法人组织的资产中支付。

39. 犯罪行为：处罚

（1）违反本法第 32 条（在未经批准的情况下完成应当通知的收购）或者第 33 条（未遵守临时命令或者最终命令）规定的可处以：

（a）在英格兰和威尔士，经简易程序定罪，可处以不超过 12 个月的监禁或者罚款（或

者两者并罚），

（b）在苏格兰，经简易程序定罪，可处以不超过 12 个月的监禁，或者不超过法定最高限额的罚款（或者两者并罚），

（c）在北爱尔兰，经简易程序定罪，可处以不超过 6 个月的监禁，或者不超过法定最高限额的罚款（或者两者并罚），

（d）经公诉程序定罪，可处以不超过 5 年的监禁，或者不超过法定最高限额的罚款（或者两者并罚）。

（2）违反本法第 34 条（与提供信息和证人出庭有关的犯罪行为）或者第 35 条（与信息披露有关的犯罪行为）规定的可处以：

（a）在英格兰和威尔士，经简易程序定罪，可处以不超过 12 个月的监禁，或者罚款（或者两者并罚），

（b）在苏格兰，经简易程序定罪，可处以不超过 12 个月的监禁，或者不超过法定最高限额的罚款（或者两者并罚），

（c）在北爱尔兰，经简易程序定罪，可处以不超过 6 个月的监禁，或者不超过法定最高限额的罚款（或者两者并罚），

（d）经公诉程序定罪，可处以不超过 2 年的监禁，或者不超过法定最高限额的罚款（或者两者并罚）。

（3）在《2020 年量刑法》附表 22 第 24 条第（2）款生效之前业已发生的犯罪行为，本条第（1）款第（a）项以及第（2）款第（a）项中规定的 12 个月应当理解为 6 个月。

民事制裁

40. 征收罚款的权力

（1）在符合本法第 43 条第（1）款规定的情况下，当事人具有下列犯罪行为的，内阁大臣在排除合理怀疑，确信犯罪成立的情况下可以发出征收罚款的通知：

（a）第 32 条（在未经批准的情况下完成须申报收购），

（b）第 33 条（未遵守临时命令或者最终命令），或者

（c）第 34 条（与提供信息和证人出庭有关的犯罪行为）（包括根据第 36 条规定可对其提起诉讼的情况）。

（2）本条规定的通知在本法中称为处罚通知。

（3）“罚款”在本法中是指要求向内阁大臣支付由其确定金额的罚款。

（4）对于本法第 33 条或者 34 条第（1）款第（a）项规定的犯罪行为，罚款可以是：

（a）固定的金额（“定额罚款”），

（b）参照日费率计算的金额（“日费率罚款”），或者

（c）定额罚款和日费率罚款的组合。

（5）对于本法第 32 条规定的犯罪行为或者第 34 条规定的其他犯罪行为，只能征收定额罚款。

（6）罚款的数额是内阁大臣认为适当的数额，但不得超过本法第 41 条规定的最高限额。

（7）在根据本条规定确定罚款时，内阁大臣必须特别考虑到：

（a）犯罪行为的严重性，

（b）防止被处罚者和其他人实施该犯罪行为的必要性，

（c）改正与该犯罪行为相关的错误的必要性和可能性，

（d）被处罚者为改正与该犯罪行为相关的错误而采取的措施，

（e）被处罚者支付罚款的能力。

（8）处罚通知必须包括下列信息：（略）

（9）对于日费率罚款而言：

（a）罚款金额开始累积的第一日是发出罚款通知之日的次日。

（b）除非内阁大臣确定一个更早的日期，否则日费率将在下列时间停止累计：

（i）与犯罪行为有关的须遵守的规定履行完成之日，

（ii）须遵守的规定不再适用之日。

（10）根据本条征收的罚款将从下列款项中支付：

（a）如果是对合伙企业征收，则从该合伙企业的资产中支付，而

（b）如果是对非法人组织征收，则从该非法人组织的资产中支付。

41. 罚款最高限额

（1）下列是对本法第 32 条或者第 33 条规定的犯罪行为可判处定额罚款的最高限额：

（a）如果犯罪行为是由企业实施的，则为该企业（包括在英国境内外，以及该企业拥有或者控制的企业）总营业额的 5% 或者 1000 万英镑，以较高者为准，

（b）如果犯罪行为不是由企业实施的，则为 1000 万英镑。

（2）下列是对本法第 33 条规定的犯罪行为可判处日费率罚款的最高限额：

（a）如果犯罪行为是由企业实施的，则为该企业（包括在英国境内和境外，以及该企业拥有或者控制的企业）总营业额的 0.1% 或者 20 万英镑，以较高者为准，

（b）如果犯罪行为不是由企业实施的，则为 20 万英镑。

（3）本法第 34 条第（1）款第（a）项规定的犯罪行为可判处定额罚款的最高限额是 3 万英镑。

（4）本法第 34 条第（1）款第（a）项规定的犯罪行为可判处日费率罚款的最高限额是 1.5 万英镑。

（5）本法第 34 条第（1）款第（b）项规定的犯罪行为可判处定额罚款的最高限额是 3 万英镑。

（6）本法第 34 条第（2）款规定的犯罪行为可判处定额罚款的最高限额是 3 万英镑。

（7）本法第 34 条第（3）款或者第（4）款规定的犯罪行为可判处定额罚款的最高限额是 3 万英镑。

（8）内阁大臣可以根据条例规定：

（a）就本条而言，就条例中所规定的某种类型的当事人是或者不是一个企业作出规定，

（b）就本条而言，就企业何时被视为受另一个企业所控制作出规定，

（c）就本条而言，就一个企业在英国境内和境外的营业额作出规定，

（d）修改第（1）款或者第（2）款当时规定的百分比，

（e）修改第（1）至第（7）款中的任何一款，用其他金额替代当时规定的金额。

（9）根据条例还可以对下列事项进行特别规定：

（a）根据第（8）款第（c）项的规定，包括关于哪些金额将被视为或者不被视为企业营业额的规定，或者关于企业营业额的确定日期的规定，

（b）规定内阁大臣可以决定条例中规定的事项［包括第（a）项中提及的事项］。

42. 罚款的审查、变更和撤销

（1）内阁大臣必须对处罚通知所征收的罚款内容进行审查，并且可以在其认为适当时变更或者撤销处罚通知。

（2）如果根据本条规定撤销处罚，内阁大臣必须在实际可行的情况下尽快向受到处罚的当事人发出通知。

（3）如果根据本条规定变更处罚或者支付罚款的期限，内阁大臣必须在实际可行的情况下尽快向受到处罚的当事人发出通知。该通知应当包括下列内容：

（a）说明变更情况以及变更的原因，

（b）包括有关上诉权利和不支付罚款的后果的信息。

（4）本法将依据第（3）款发出的通知称为处罚变更通知。

43. 罚款：刑事诉讼与定罪

（1）下列情况不得向当事人发出处罚通知：

（a）已对犯罪行为提起刑事诉讼，但尚未结束，或者

（b）当事人已经因该犯罪行为被定罪。

（2）如果当事人已经根据处罚通知书支付或者被要求支付罚款，则不得就该处罚通知书所涉及的犯罪行为对当事人提起刑事诉讼。

44. 追收罚款

（1）第（2）款至第（8）款适用于下列情况：处罚通知书所征收的全部或者部分罚款在规定支付的时间内并未支付。

（2）未支付的罚款余额将根据《1838 年判决法》第 17 条所确定的利率计算利息。

（3）如果内阁大臣认为合适，可以要求当事人立即支付尚未支付的罚款。

（4）内阁大臣可以在下列情况追收未支付的罚款和利息：

（a）在可以提起上诉期间，当事人没有根据本法第50条提起与该罚款有关的上诉，或者

（b）上诉已被终止或者撤销。

45. 罚款：成本回收

（1）内阁大臣可以向当事人发出通知，要求其向内阁大臣支付因根据本法第40条对其征收罚款而产生的费用。

（2）根据第（1）款发出的通知在本法中称为成本回收通知。

（3）第（1）款中提及的“成本”特别包括：

（a）调查成本，

（b）行政成本，

（c）获取专家意见（包括法律意见）的成本。

（4）成本回收通知必须指明要支付的金额，并包括下列信息：（略）

（5）凡根据本条规定须向内阁大臣支付款项的当事人可以要求内阁大臣提供该款项的详细条目。

（6）根据本条规定征收的费用应从下列方面支付：

（a）对合伙企业征收，则为合伙资产，而

（b）对非法人组织征收，则为非法人组织的资产。

46. 成本回收通知的审查、变更和撤销

47. 成本回收通知的执行

民事诉讼程序

48. 通过民事诉讼程序强制执行

（1）当事人有义务遵守根据或者依据信息通知、出庭通知、临时命令或者最终命令规定的要求，内阁大臣可以通过民事诉讼程序要求其强制执行，或者根据《1988年法庭法》第45条要求其具体履行法定义务，或者任何其他适当的救济或者补救措施。

（2）无论当事人是否在英国境内，第（1）款均适用。

司法审查和提起上诉

49. 对某些决定进行司法审查的程序

（1）本条适用于对相关决定进行司法审查的要求。

（2）“相关决定”是指：

（a）根据或者依据下列条款作出的决定或者行为，但不包括与内阁大臣第3篇的职能直接有关的决定或者行为：

（i）第19条，

（ii）第20条，

（iii）第21条，

（iv）第54条第（1）款以及第（2）款第（a）项，

（v）第54条第（6）款至第（8）款，只要决定或者行为与第54条第（2）款第（a）项规定的信息披露有关，

（vi）第55条第（1）款和第（3）款，只要决定或者行为与第54条第（2）款第（a）项规定的信息披露有关，

（vii）第56条，

（viii）第57条，但与第54条第（2）款第（b）项至第（f）项或者第（3）款规定的信息披露有关的决定或者行为除外。

（b）根据或者依据本法第54条第（9）款规定的决定或者行为，只要决定或者行为属于本条第（a）项（iv）目或者（v）目范围内，

（c）根据或者依据下列条款作出的决定或者行为：

（i）本法第一篇中并未在本条第（a）项提及的规定，

（ii）本法第二篇，

（iii）第53条，或者（iv）第62条，而“行为”包括不作为。

（3）“第3篇的职能”是指根据或者依据本法本篇规定的职能。

（4）除非法院认为存在特殊情况，否则本条所适用的审查程序必须在权利主张请求提交后的28日内完成，期限从提出权利主张的事由首次出现之日起开始计算。

50. 针对罚款的上诉

（1）收到处罚通知或者变更通知的当事人可以向法院提出上诉。

（2）根据本条规定，自通知送达之日的次日起的28日届满，当事人不得提起上诉。

（3）在针对处罚通知的上诉中，法院可以：

（a）确认或者撤销征收罚款的决定，

（b）确认或者减少罚款的数额，

（c）确认或者变更支付全部或者部分罚款的期限。

（4）在针对变更通知的上诉中，法院可以确认、变更或者撤销变更通知，但是不得增加罚款的数额。

（5）在本条中，“法院”是指：

（a）英格兰和威尔士的高等法院，

（b）苏格兰的最高民事法庭，和

（c）北爱尔兰的高等法院。

（6）根据本条规定提起上诉，除非法院另有命令，否则在上诉被裁定或者撤回之前，当事人无须支付罚款。

51. 针对费用的上诉

（1）收到成本回收通知或者费用变更通知的当事人可以向法院提出上诉。

（2）根据本条规定，自通知送达之日的次日起的28日届满，当事人不得提起上诉。

（3）在针对费用回收通知的上诉中，法院可以：

（a）确认或者撤销征收费用的决定，

（b）确认或者减少费用的数额，

（c）确认或者变更支付费用的期限。

（4）在针对费用变更通知的上诉中，法院可以确认、变更或者撤销变更通知，但是不得增加费用的数额。

（5）在本条中，“法院”是指：

（a）英格兰和威尔士的高等法院，

（b）苏格兰的最高民事法庭，和

（c）北爱尔兰的高等法院。

（6）根据本条规定提起上诉，除非法院另有命令，否则在上诉被裁定或者撤回之前，当事人无须支付费用。

属地适用

52. 域外适用和审判犯罪的管辖权

（1）本法第32条、第33条、第34条和第35条适用于：

（a）无论犯罪行为是在英国境内还是在其他地方实施，

（b）如果犯罪行为由自然人实施，无论实施犯罪行为的自然人的国籍为何，

（c）如果犯罪行为不是由自然人实施，无论法人或者非法人组织是否根据英国以外的国家或者地区的法律成立或者登记。

（2）如果本篇规定的犯罪行为是在英国境外实施：

（a）可以在英国以外的地方进行诉讼，并且

（b）就所有附带目的而言，犯罪行为可以被视为在这些地方实施。

（3）第（2）款适用于苏格兰时，针对犯罪行为人的这类诉讼程序可以在下列地点进行：

（a）在犯罪行为人被逮捕或者被拘留的治安法庭管辖区内，或者

（b）在总检察长所决定的治安法庭管辖区内。

（4）第（3）款的“治安法庭管辖区”应当根据《1995年苏格兰刑事诉讼法》的规定理解［参见《1995年苏格兰刑事诉讼法》第307条第（1）款］。

第四篇　其他

行政管理要求

53. 送达程序等

信息门户

54. 信息披露

（1）公共机构可以向内阁大臣披露信息，以便利内阁大臣行使本法规定的职能。

（2）内阁大臣依据下列目的，可以向本土或者海外的公共机构披露根据本法接收到的信息：

（a）为了便利内阁大臣行使本法规定的职能，

（b）为了预防或者侦查犯罪，

（c）为了刑事调查的目的，

（d）为了刑事诉讼的目的，

（e）为了本法规定的民事诉讼的目的，或者

（f）为了保护国家安全的目的。

（3）内阁大臣也可以向海外公共机构披露这类信息，以便利海外公共机构行使相应职能。

（4）根据第（2）款或者第（3）款接收到信息的当事人不得：

（a）将信息用于披露目的以外的其他目的，或者

（b）非经内阁大臣的同意（同意可以是概括的或者具体的）进一步披露信息。

（5）第（4）款不适用于本法第55条所适用的信息（从英国税务海关总署接收到的信息）。

（6）在决定是否根据本条规定披露信息时，内阁大臣必须考虑披露信息是否会不合理地损害相关人员的商业利益。

（7）在决定是否根据本条规定向海外公共机构披露信息时，内阁大臣必须特别考虑下列因素：

（a）披露信息对象所在国家或者地区的法律是否规定了与英国一致的在刑事诉讼中免于自证其罪的保护措施，以及

（b）要求披露的事项是否足够严重，足以证明有理由进行披露。

（8）除本法第57条规定的情况以外，根据本条规定披露的信息不得违反：

（a）披露信息者所承担的保密义务，或者

（b）对信息披露的其他限制（无论是否强制）。

（9）在本条中："海外公共机构"是指在英国以外的国家或者地区，在内阁大臣看来行使具有公共性质职能的机构，并且

（a）与本法规定的内阁大臣的职能相对应，或者

（b）与第（2）款第（b）项至第（f）项中提及的目的有关，而"公共机构"的含义与《1998 年人权法》第 6 条规定的含义相同。

55. 披露英国税务海关总署（HMRC）掌握的信息

（1）接收到英国税务海关总署（或者为英国税务海关总署工作的人）根据本法第 54 条披露的信息的当事人不得：

（a）将信息用于本法第 54 条第（1）款提及的目的以外的其他目的，

（b）非经英国税务海关总署的同意（同意可以是概括的或者具体的）进一步披露信息。

（2）如果当事人披露信息违反第（1）款第（b）项的规定，涉及身份有关的信息：

（a）在披露的信息中被明确指出，或者

（b）可以从中推断出，则《2005 年税收与海关专员法》第 19 条（不当披露的犯罪行为）适用于这种披露，视同违反《2005 年税收与海关专员法》第 20 条第（9）款规定的信息披露（因此，本法第 35 条不适用于这种披露）。

（3）除本法第 57 条规定的情况以外，根据本条规定披露的信息不得违反：

（a）披露信息者所承担的保密义务，或者

（b）对信息披露的其他限制（无论是否强制）。

竞争与市场管理局（CMA）提供的信息

56. 竞争与市场管理局提供信息和协助的义务

竞争和市场管理局必须向内阁大臣提供下列信息：

（a）内阁大臣为了行使根据本法规定的职能，通过指示合理要求掌握的信息，

（b）内阁大臣为了行使根据本法规定的职能，通过指示合理要求的在竞争与市场管理局权力范围内的其他协助。

数据保护

57. 数据保护

（1）本条适用于根据本法第 1 篇至第 4 篇的条例规定或者授予的披露或者使用信息的义务或者权力。

（2）本条项下要求或者授权披露或者使用信息的义务或者权力，在下列情况下并不适用：

（a）违反了数据保护立法（但在确定披露或者使用信息是否会违反数据保护立法时，应当对这种义务或者权力予以考虑），或者

（b）为《2016 年调查权力法》第 1 篇至第 7 篇或者第 9 篇第 1 章的内容所禁止。

（3）在本节中，“数据保护立法”的含义与《2018 年数据保护法》规定的含义相同［参见《2018 年数据保护法》第 3 条］。

轻微修订等

58. 轻微以及相应的修订以及撤销

《2002 年企业法》规定的信息披露

59. 海外信息披露

诽谤

60. 诽谤

就与诽谤有关的法律而言，内阁大臣或者竞争和市场管理局就行使本法项下的职能而发出的通知或者指令，或者作出的决定、报告或者命令，享有绝对的特权。

年度报告

61. 年度报告

第五篇　最终条款

62. 与 2002 年法案相关的过渡性和保留条款

63. 本法规定的条例

64. 财务条款

65. 解释

66. 简称、生效以及适用范围

附表 1　关于本法第 10 条

触发事件：持有的股份或者股权

共同利益

1. 如果两个或者两个以上的人共同持有一项股份或者股权，他们中的每个人都被视为持有股份或者股权。

合营安排

2. （1）如果一个人持有的利益或者权利与另一个人持有的利益或者权利是二者共同安排的标的，则他们每个人都被视为持有他们双方的共同利益或者权利。

（2）“合营安排”是指股份或者股权持有人之间的安排，他们将由在安排中预先确定的方式共同行使各自的股份或者各自的股权所赋予的全部或者大部分权利。

间接持股

3.（1）一个人间接持有的股份或者股权被视为由其持有。

（2）如果一个人持有一个经营实体的多数股权，并且这个实体具有下列情况，则这个人被视为“间接”持有股份或者股权：

（a）经营实体持有股份或者股权，或者

（b）它是经营实体链条的一部分：

（i）每一个实体（除最后一个以外）都在紧随其后的经营实体中持有多数股权，并且

（ii）最后一个实体持有这些股份或者股权。

（3）为此，如具有下列情况，则认为 A 在 B 公司中持有“多数股权”：

（a）A 持有 B 公司的多数表决权，

（b）A 是 B 公司的成员，有权任命或者罢免 B 公司董事会的多数成员，

（c）A 是 B 公司的成员，根据与其他股东或者成员的协议，从而单独控制 B 公司的多数股权，或者

（d）A 有权行使或者实际行使对 B 公司的支配性影响力或者控制。

（4）在本款适用于任命或者罢免董事会多数成员的权利时，在下列情况中，经营实体将被视为有任命董事的权利：

（a）一个人被任命为董事，必然是由于其被任命为这个经营实体的董事，或者

（b）董事职位由这个经营实体本身担任。

（5）在本条中：

（a）提及任命或者罢免经营实体的董事会多数成员的权利，是指任命或者罢免在董事会会议上就所有事项或者基本上所有事项持有多数表决权的董事的权利。

（b）如果经营实体没有董事会，则提及董事会应当理解为这个实体的同等管理机构，

（c）提及“投票权”应当根据本法第 8 条第（7）款的规定理解。

名义持有人持有的股份

4. 一个人作为另一个人的名义持有人所持有的股份将被视为由本人持有（而不是由名义持有人持有）。

视为由实际控制人拥有的权利

5.（1）一个人控制一项权利，这个权利将被视为由其持有（而不是由实际持有这项权利的人持有，除非其也能控制这项权利）。

（2）如果一个人根据与其他人之间的协议安排“控制”一项权利，这项权利仅可以在下列情况下行使：

（a）由其本人行使，

（b）按照本人的指示或者指令，或者

（c）经本人准许或者赞同。

仅在特定情况可以行使的权利等

6.（1）一个人仅在特定情况才可以行使的权利，也将被视为仅由其持有：

（a）当特定情况发生，只要这些情况继续存在，就会获得这项权利，

（b）当这些情况是在其控制范围以内时。

（2）但在经营实体处于相关破产程序中时，破产管理人或者债权人可以行使的权利，即使在经营实体处于这些程序中，也不得被视为由管理人或者债权人持有。

（3）“相关破产程序”是指：

（a）《1986 年破产法》中规定的破产管理，

（b）《1989 年破产令（北爱尔兰）》［S. 1. 1989/2405（N. 1. 19）］中规定的破产管理，或者

（c）根据另一个国家或者地区的破产法提起的诉讼，在此期间，经营实体的资产和事务受到第三方或者债权人的控制或者监督。

（4）通常情况下可以行使但是暂时不能行使的权利，并不因此被视为未被本人持有。

以担保方式持有的股份所附带的权利

7. 一个人通过提供担保的方式持有的股份所附带的权利，将被视为由其持有：

（a）除了为保值或者变现的目的行使权利以外，这些权利仅根据其指示行使，而

（b）如果持有的股份与发放贷款有关，作为正常商业活动的一部分，除了为保值或者变现的目的行使权利以外，这些权利只能为其利益而行使。

关联人

8. 两个或者两个以上相互关联的人（根据附表第 9 条或者第 10 条规定的含义理解），各自被视为持有他们两人或者所有人的合并股份或者股权。

9.（1）如果两个或者两个以上的企业是集团企业，那么它们之间就有关联。

（2）在第（1）款中，“企业”和“集团企业”的含义与《2006 年英国公司法》中的规定相同（参见《2006 年英国公司法》第 1161 条）。

10.（1）在下列情况中，自然人 A 与另一个自然人 B 有关联：

（a）A 是 B 的配偶、同性伴侣或者同居者，

（b）A 是 B 的亲属，

（c）A 是 B 的亲属的配偶、同性伴侣或者同居者，或者

（d）A 是 B 的配偶、同性伴侣或者同居者的亲属。

（2）就第（1）款而言：

（a）两个人如果以已婚夫妇或者同性伴侣的名义共同生活，那么他们就是同居者。

（b）提及配偶、同性伴侣或者同居者，包括前任配偶、同性伴侣或者同居者，而且

（c）“亲属”是指兄弟、姐妹、叔叔、婶婶、侄子、侄女、直系祖先或者后裔（继子

女，或者被一个人合法或者以其他方式收养为其子女的人，将被视为亲属或者与其亲生子女有同等关系的人）。

共同目的

11.（1）两个或者两个以上的人，如果对一项资产或者经营实体有共同的目的，则各自将被视为持有他们两人或者所有人的共同股份或者股权。

（2）对一个经营实体有共同目的的情况包括（但不限于）这些人协调他们对这个经营实体的活动、业务、治理或者战略的影响。

（3）在资产方面有共同目的的情况包括（但不限于）这些人协调他们对资产使用方式的影响，本法第 9 条第（2）款适用于本款。

安排

12.（1）在本附表中，“安排”包括：

（a）计划、协议或者谅解，无论其在法律上是否可以执行，以及

（b）各种公约、习俗或者惯例。

（2）但是，除非有相当程度的稳定性，否则就不能算作一种安排（不管是根据其性质或者条款，其存在的时间或者其他方面）。

理论综述

2021 年中国公司法理论研究综述

张艾佳

2021 年，我国公司法理论研究不断深入，取得了丰硕的学术成果，其中代表性著作如下：

教材类著作：李建伟：《公司法学》（第五版），中国人民大学出版社；甘培忠、周淳、周游：《企业与公司法学》（第十版），北京大学出版社；［美］理查德·O. 弗里尔：《美国公司法》（第七版），法律出版社，崔焕鹏、施汉博译。

理论类著作：梁上上：《公司正义：以公司股东的权责配置为视角展开》，法律出版社；武胤、高丽君：《解构公司实际控制人股权杠杆控制》，法律出版社；刘运宏：《独立董事制度的理论与实践》，中国人民大学出版社；陈瑞华：《企业合规基本理论》（第二版），法律出版社；陈瑞华、李玉华：《企业合规与社会治理》，法律出版社；徐明：《公司法诸问题研究》，中国金融出版社；［英］约翰·米克尔思韦特、阿德里安·伍尔德里奇：《公司简史》，北京大学出版社，朱元庆译；赵德勇：《异议股东回购请求权法律问题研究》，知识产权出版社；［德］托比亚斯·莱特尔：《德国公司法案例研习》（第四版），中国法制出版社，陈汪杰、沈小军译；等等。

实务类著作：人民法院规范指引选编组：《公司法律规范指引》，人民法院出版社；《最高人民法院发布的典型案例汇编（2009—2021）民事·商事卷》，人民法院出版社；最高人民法院民事审判第二庭：《商事审判指导》（总第 53 辑），法律出版社；上海市律师协会民事业务研究委员会：《全国法院民商事审判工作会议纪要新规则评述与实践》，法律出版社；韩德强：《公司股东权利行使与责任案件裁判规则（一）》，法律出版社；李建伟：《公司诉讼类型化专题 24 讲（一）》，法律出版社；李洪灯等：《公司诉讼法律实务全解》，法律出版社；彭涛：《股权纠纷商事诉讼实战指南》，法律出版社；孙彬彬：《股东纠纷案件司法观点集成》，法律出版社；朱海蛟、黄超：《公司法规范适用与裁判指引》，法律出版社；邵兴全：《股权、控制权与公司治理》，北京大学出版社；郭春红：《公司法律师实务》，北京大学出版社；刘相文、王德昌等：《中国企业全面合规体系建设实务指南》，中国人民大学出版社；梁玉茹：《公司法律服务全流程手册》，中国法制出版社；等等。

此外，学者们也在公司法学领域发表了大量的学术论文。下文将以2021年法学核心期刊为基础，对2021年公司法研究中的热点问题作简要综述。

一、公司法基本理论

（一）公司组织形态

1. 公司组织形态分类及立法模式

我国现有公司组织形态的“二分法”具有鲜明的时代烙印，较为封闭的公司组织形态限制了公司制度功能发挥，同质化的法律制度设计也难以满足实践需要。

有学者认为，公司在组织形态上可以分为公众公司、非公众公司、一般有限责任公司、特殊有限责任公司四类，并对有限责任公司组织形态进一步扩容。而在组织规范上，可以综合运用“准用”“但书”等立法技术，辅以个别规范的差别处理。[1]有学者则建议立法者取消股份有限公司与有限责任公司的二分法，采取统一的“公司”概念，仅在涉及特殊类型公司时标注特殊公司。[2]

有学者主张坚持现行两类公司统一于一部法典的基本模式的同时，在公司设立、存续到消灭等的同一事项中以封闭性的中小公司为定位建立基础规范，对具有公开性的大公司设立例外规定。同时，以股份转让是否受限和股份是否公开发行为核心要素，在公司治理、股东之间关系等方面对封闭公司确立章程自治的原则，对公开公司则以法律的强制来保护公众投资者的利益。[3]有学者则基于公司类型的社会经济效用，主张以封闭股份公司为模板建构基准性公司类型，建立差序规制格局——以股份的自由转让为公开性的判断标尺，通过赋权性规则允许封闭股份公司简化适用，引致有限公司参照适用，在封闭股份公司的基础上规定公开股份公司的规则以及进一步的上市公司特别规则。此外，为了填补组织类型间隙，立法上应增加合同公司类型。[4]然而也有学者基于整体主义立场和功能主义视角，认为应采取分离

〔1〕 赵忠奎、周友苏：《整合与扩容：公司组织形态变革的本土路径》，载《社会科学研究》2021年第1期。
〔2〕 刘俊海：《新〈公司法〉的设计理念与框架建议》，载《法学杂志》2021年第2期。
〔3〕 钱玉林：《我国〈公司法〉体系的重构——一种解释论的观点》，载《政治与法律》2021年第2期。
〔4〕 刘斌：《公司类型的差序规制与重构要素》，载《当代法学》2021年第2期。

式立法，并以资本市场流动性作为区分公司类型的主要指标，针对不同性质和需求的公司，确立差异化的功能定位和制度设计，实现立法体系再造和基础制度的更新。[1]

2. 公司类型转换

长期以来，公司法轻视组织变更，合并分立及类型变更的法律条文简略，公司法上的组织类型转换形式单一、转换领域有限。有学者认为，非营利组织甚至非法人企业与公司间均存在转换可能，应为不同类型公司或组织的转换提供自由空间，并对公司类型转换采“直接变更”的一步法模式，不应采“注销+新设”的两步法模式。这不仅是基于对组织变动效率的追求，还涉及对债权人是否需要豁免清算及注销程序，以及对股东权益如何换算承继的考量。[2]

（二）商事责任

我国现行公司法用连带责任替代连带之债，连带责任与无限责任、补充责任混同使用。基于此，有学者提出重构商事责任。首先，应区分商事连带责任与无限责任、商事有限连带与无限连带责任的界限，修正现行法中的混用。具体而言，基于契约行为产生的公司设立过程中的债务清偿、公司经营中的出资填补、公司解散、破产以及强制执行后不能清偿时对公司债权人的责任，应根据主体作区分，发起人在成为股东前的连带责任为无限连带，股东承担的连带责任应为有限连带。其次，公司设立过程中、合并、分立后的连带责任应修订为承担连带债务并享有连带债权。再次，对于滥用公司法人人格引起的股东连带责任、抽逃出资行为引起的其他股东或高管对公司债务的连带责任，以及清算义务人怠于履行清算义务造成公司财产损失时对公司债务的连带责任等，立法者应在充分调研并评价适用效果的基础上评判是否继续适用。最后，应精细化区分连带清偿责任与补充清偿责任。[3]

关于商事责任的归责原则，有学者认为，公司科层结构的内部表现不同于民事主体之间的平等地位与意思自由，公司法应确立身份归责原则，明确其与过错归责原则之间的关系，身份归责原则应成为第一顺位原则，过错归责原则为补充，过错成为裁决具体身份责任的酌定情节。同时，应完善对公司法主体的职权、义务以及违反职权或义务责任的规定，增加限制权利或剥夺身份资格的责任承担方式。[4]

（三）法人人格否认制度

对于“资本显著不足”型法人人格否认，有学者认为应当区分非自愿之债和自愿之债的情形：“资本显著不足”是前者揭开公司面纱的重要因素甚至唯一要素，而原则上只能作为后者的辅助性因素，但在股东欺诈、劳动之债、公司资本不满足监管要求、一人公司无法证

---

〔1〕 冯果：《整体主义视角下公司法的理念调适与体系重塑》，载《中国法学》2021年第2期。
〔2〕 蒋大兴：《论公司/组织法上的类型转换》，载《法学评论》2021年第3期。
〔3〕 王莹莹：《我国〈公司法〉修订中商事连带责任的重构》，载《政治与法律》2021年第3期。
〔4〕 梁开银：《论公司法上的身份归责原则》，载《法制与社会发展》2021年第4期。

明公司与股东财产独立等例外情况下，也可准用前者的揭开规则。“资本”指的是注册资本，包括实缴和待缴资本；“资本显著不足”的判断时点，包括公司设立之初，增加、减少注册资本之后，以及股东对公司经营范围、经营模式、经营方针进行重大变动之后。法院可以采用对比测试法、汉德公式法等判断。[1]

有学者经实证研究发现，关联公司法人人格否认在审判实践中支持比率高，但援用裁判依据混乱，造成这一现象的实体法不足在于：《公司法》第 20 条规定抽象性高，法院裁判尺度把握不一，有滥用倾向，且横向法人人格否认的裁判依据缺位。此外，最高人民法院 15 号指导案例裁判要旨表述有所欠缺，也导致各级法院参照适用出现偏差。未来修订公司法应为横向法人人格否认确立直接的规范依据，以结束对正向法人人格否认规范的参照适用。同时应严格适用条件，强调法人人格否认的例外性，适用情形的立法技术宜采概括加开放式列举方式，赋予法官必要的自由裁量权。[2]

对于反向法人人格否认，有学者认为其立法与解释要着重衡平股东债权人、公司及其利益相关者间的利益冲突。据此，无过错股东与公司债权人承担反向否认的第一道风险之后，应赋予其向责任股东追偿的权利。我国现行公司法尚无反向法人人格否认的规范，宜在《公司法》第 20 条引入新条款以统一正向、横向、反向法人人格否认的法律适用，实现立体完整的法人格否认制度构建。[3]

（四）人合性

有学者认为，人合性作为组织契约所关注的要素，本质上不涉及社会公共利益、第三人利益及交易弱者权益保护，故在调整方式上无须法律强制介入或干预，尊重组织成员基于商业逻辑对人合性进行的契约设计才是理性选择。该学者建议通过立法或司法路径弱化甚至删除投资份额对外转让的刚性限制，适当容忍有限公司股东人数超限问题，在坚持多数决的前提下容忍引入股东会一致决、股份公司限制股份转让等公司章程条款之效力。[4]

有学者基于实证分析探究有限责任公司人合性的司法尺度。虽然《公司法》及相关司法解释均未明述“人合性”，但在股权转让、公司司法解散、股东资格确认等纠纷中，有限责任公司人合性承载着说理依据、裁判法源和案件事实等功能。人合性的司法适用呈现出以尊重公司自治为由而回避对人合性的实质审查等过度包容的“司法形式主义”倾向。有限责任公司本质上是资合性公司，人合性并非其核心价值属性。裁判者应致力于透析人合性的法理逻辑，从目的正当性、目的与手段之间的关联性两个层面对其作实质性审

〔1〕朱慈蕴、梁泽宇：《“资本显著不足”的适用与研判：理论、实证与规则》，载《法学评论》2021 年第 3 期。

〔2〕李建伟：《关联公司法人人格否认的实证研究》，载《法商研究》2021 年第 6 期。

〔3〕岳万兵：《反向否认公司人格：价值、功用与制度构建》，载《国家检察官学院学报》2021 年第 6 期。

〔4〕曹兴权、卢迎：《企业人合性的法律因应：被动尊重而非主动强化》，载《重庆大学学报（社会科学版）》2021 年（第 27 卷）第 6 期。

查判断。[1]

（五）公司设立、解散制度

为落实《公司法》第 5 条第 1 款之“合法、正当营业”这一宣示性条款的应有约束功能，有学者建议构建公司设立无效宣告制度——完善公司设立登记撤销制度，引入公司设立无效宣告制度，通过补充现行《公司法》第 213 条的规定，以民事救济和利益补偿的私法进路，达到有效遏制公司违法不当营业之目的，确保公司设立登记具有足够的公信力。[2]

实践中，很多公司解散后不启动清算程序，或清算程序启动后不能正常清算，还有很多公司登记后长期处于不报年报、不经营状态。故有学者提出以下公司清算制度完善建议：首先，明确自愿清算程序中清算义务人及其责任；其次，扩大可以申请法院强制清算的主体，并赋予人民法院监督权，做好公司清算与破产清算的衔接；最后，赋予行政机关强制注销的权力，明确强制注销的法律后果和责任。[3]有学者亦支持登记机关依职权实施清算、注销行为，以合理解决公司退出僵局。同时，其提出公司退出法律制度的三维路径：通过强制注销、简易注销等机制实现公司退出，引入休眠制度以建立容错机制，加强行政机关与司法机关的配合，形成法庭内外公司退出机制的有效衔接。[4]

（六）《公司法》理念完善及与邻近部门法的立法协同

有学者认为我国《公司法》过度倚重实体性规范，本次修法应从聚焦实体转向注重程序。以股东（大）会制度为例：增强程序的开放性，放宽决策事项；完善召集和议事程序以保证程序的过程性和交涉性，如允许股东对审议事项提前发表观点和提出质疑；设置制衡机制防止程序参与者滥用权利；关注程序效率；配套相应的法律责任。实现程序转向的《公司法》既可以保障当事方权利，又可以限制权利的恣意，实现强制与自治间的反思性动态平衡。[5]

有学者强调尊重和保障公司自治权：鼓励公司在理性自治基础上进行章程个性化设计，承认章程详略文本的二元化惯例；建议公司法应以私法规范为主，明确私法规范中的强制性规范均为效力性规范，倡导性规范与强制性规范难以定夺时，应优选倡导性规范，倡导性规范中应增设但书条款；呼吁允许公司自选治理架构，自定治理机构规模；股东人合性和公司闭锁性主要取决于公司和股东的自治。同时，要引导公司理性自律，预防公司自治失灵或异

---

〔1〕 吴飞飞：《有限责任公司人合性的裁判解释——基于 220 份裁判文书的实证分析》，载《环球法律评论》2021 年第 6 期。

〔2〕 肖海军：《论〈公司法〉第 5 条第 1 款的实施——以〈公司法〉修改为视角》，载《北方法学》2021 年第 3 期。

〔3〕 林一英：《公司清算制度的修改——以经营异常公司的退出为视角》，载《法律适用》2021 年第 7 期。

〔4〕 张钦昱：《公司市场退出法律制度的嬗变逻辑与进化路径》，载《政治与法律》2021 年第 2 期。

〔5〕 冀浩川：《〈公司法〉程序转向论——以股东（大）会制度完善为例》，载《法制与社会发展》2021 年第 2 期。

化现象。[1]

有学者重视中国文化于公司法的影响。首先，熟人交易模式下，公司法应从关注物的信用与合同信用转向人格信用，重视股东信用要素的公示。其次，儒家传统所宣扬的集权文化、等级制等暗示着适合我国的有效率的公司治理是“精英决定制”而非“集体会议、决议制”，应取消强制设立董事会的规定；虑及面子文化的影响，还可考虑减缩或取消董事会的决策权，回归民主讨论之地。再次，法人格否认泛化可能激发股东无限责任危机，虑及家族企业传统，关系企业内部相互支持符合交易理性，应缓和集团内部法人格否认之运用。最后，公司法还应简化强制性规范的效力识别规则，以“违反即无效/不生效”取代“违反可能无效/生效”的裁判理路，这更符合我国民众简化规则的心理需求。[2]

有学者认为，《公司法》作为特别法，不能将被《民法典》提取公因式的公司法条款一概删除，而应具体条款具体对待，或删除或补充完善。[3]有学者进一步主张商事特别法优先适用，应超越商事交易裁判中的“普通民法逻辑”，并提出以下改进规则：一是调整公司对外担保规则，债权人不能以其不知法律及章程规定为由主张其为善意相对人，同时不应忽视章程对外担保数额限制规则的法效力；二是调整隐名持股协议的法效力规则，在组织法上贯彻严格的外观主义原则，矫正外观主义仅在交易法中适用的片面见解。[4]要尊重《公司法》的特别法地位，切实扭转司法实践中的“轻公司法化”现象。修改《公司法》和解释《民法典》应着眼于消除规范冲突，预防制度真空，铸造制度合力。[5]

有学者则认为民商合一的编纂体例难以契合商业发展的现实需求。《民法典》在主体制度上，未区分民商主体，造成概念不清和法律适用混乱；在权利制度上未能关注到民商事权利在前提、价值观念、性质、程序、保护力度等方面的不同，导致制度缺失、理念冲突、规则逆向适用等；在行为制度上忽视商行为本质特征，未针对其特殊性作出合理制度安排；在财产制度上各编不同程度忽视了传统和现代商事财产权特殊性；责任制度上，大量的商事法律责任规则没有能够在“民事责任”一章乃至整个法典中体现。因此，为了弥补《民法典》在商事制度供给方面的缺失，应考虑编纂“商法通则”和“商法典”。[6]

鉴于《公司法》调整国有公司时自身规则的缺陷及外部制度的冲击，有学者认为应把《公司法》定位为公司型企业的普通法，将有关国有公司的特殊制度予以剥离，以维护公司法的私法理念；同时，以“分层分类”的思想构建“国有公司法”，明确“政府—国有资本运营公司—国家出资企业”的三层管理构架，针对商事类与公共类国有公司分别设计不同的

---

[1] 刘俊海：《基于公司理性自治的公司法规范重塑》，载《法学评论》2021 年第 5 期。
[2] 蒋大兴：《公司法改革的文化拘束》，载《中国法学》2021 年第 2 期。
[3] 郭富青：《论公司法与邻近法律部门的立法协同》，载《法律科学（西北政法大学学报）》2021 年第 6 期。
[4] 蒋大兴：《超越商事交易裁判中的“普通民法逻辑”》，载《国家检察官学院学报》2021 年第 2 期。
[5] 刘俊海：《论公司法与民法典的良性互动关系》，载《法学论坛》2021 年第 2 期。
[6] 范健：《中国〈民法典〉颁行后的民商关系思考》，载《政法论坛》2021 年第 2 期。

公司治理机制，将该法塑造为调整国有公司的特别法，使国有公司治理中的特殊规则得以系统化彰显。[1]

二、公司资本制度

（一）公司资本制度改革

有学者认为，我国公司法资本制度改革集中在放松资本管制、鼓励投资创设公司等方面，而忽视对公司利益（资产）向股东流动的配套规则构建，导致资本制度体系不协调。对此，一方面，应重新审视全面认缴制，限制认缴期限，完善加速到期制度与出资规则，同时引入无面额股制度，以实现保护债权人与构筑公司独立人格的双重功能。[2]另一方面，在规制公司利益流向股东的行为时，可以在资本维持体系中适当借鉴偿债能力测试规则。由衡平测试、资产负债表测试及资本充足测试构成的偿债能力测试规则，颠覆了资本维持原则对公司资本、资产与负债之间关系的处理，立足于董事的受信义务，摆脱了对财会指标的过度依赖。在我国资本维持原则主导的资本制度中，先在回购、减资等较小范围引入折衷的偿债能力测试，建立相对灵活的利益（资产）流出制度，有助于提升公司资本制度功能、公司治理水平及债权人保护实效。[3]

有学者认为我国抽逃出资规则含义和适用标准模糊，这一规则困境实则根源于我国公司分配制度的结构性缺陷，其主张分配制度的系统性改造，建立一种实际偿付能力检测法和资本维持规范优势互补的结合模式：以资本维持规范为基础框架，为公司分配事项提供明确且不会对资本运作形成过重负担的规则；以实际偿付能力检测法为兜底机制，要求董事履行审慎评估义务，约束资本维持规范难以筛除的不当行为。在结合模式的分配制度框架内，抽逃出资规则不宜作为裁判规则适用，各种行为应依据其原本指向的利润分配、股份回购或减资规则处理，并接受实际偿付能力标准的检测。[4]

有学者则主张以清偿能力模式为核心重构公司资本流出一端的法律规则，并混合加入资本盈余标准作为过渡机制。其认为公司法对公司资产的规制重心在于其清偿能力，而非维持僵化的资本数额和资产状态。与资本维持模式的规范疏漏、执行不良等实质缺陷相比，清偿能力模式系资本规制的制度演进方向。就规制强度而言，立法者可以纳入盈余标准或者比例标准等方式予以技术上的调整；但最终仍应变革为清偿能力模式。与之相适应，应赋权董事

---

〔1〕 胡改蓉：《〈公司法〉修订中国有公司制度的剥离与重塑》，载《法学评论》2021年第4期。
〔2〕 朱慈蕴：《中国公司资本制度体系化再造之思考》，载《法律科学（西北政法大学学报）》2021年第3期。
〔3〕 朱慈蕴、皮正德：《公司资本制度的后端改革与偿债能力测试的借鉴》，载《法学研究》2021年第1期。
〔4〕 王军：《抽逃出资规则及公司分配制度的系统性改造》，载《法学研究》2021年第5期。

会并强化董事责任，并引入欺诈性资本交易的撤销规则，以兼顾债权人利益保护。[1]

有学者亦支持通过引入清偿能力测试标准来解决公司资金使用灵活性与债权人保护之间的张力。在出资制度方面的改革着力点是为股份公司引入授权资本发行规则，兼以确立董事会发行权的制约机制以平衡股东与公司间的利益冲突，以适应性的认缴制来协调股东与债权人的利益冲突。[2]有学者认为授权资本制是更能体现信义关系并符合效率价值的资本制度。通过考察英美完全授权资本制和日本折中授权资本制，结合我国公司资本制历史沿革与当下市场环境可知，我国已具备实行授权资本制的制度土壤。基于委托代理理论，可通过具有规范性质的监管策略规制双方行为，同时以治理策略加强委托人对受托人的控制能力，控制可能增加的代理成本，逐步放宽公司资本制度，实现各方利益均衡与市场健康有序发展。[3]

有学者基于比较法视角针对出资制度提出建议，认为我国公司法在出资形式、股票面额、发行权限等要素上仍规制强度过甚，有碍公司筹资效率提升。基于公司出资形成的组织契约属性，应肯定各项契约要素的自治基础，并维持规制的谦抑性。出资形式上，由公司自治判断，仅由法律强制规制对价以保障真实、充足出资；出资期限上，建立以董事会为中心的催缴出资机制，并全面肯认非破产出资加速到期制度；在无面额股制度下，股票发行价格原则上由公司根据市场行情和自身经营状况综合决定；资本发行权限方面，引入授权资本制。[4]

（二）认缴制下股东出资期限利益

对于《全国法院民商事审判工作会议纪要》规定的公司恶意延长股东出资期限情形下出资加速到期，有学者认为应包括公司恶意的认定标准、债权人的适格条件、适用的股东范围以及应遵循的程序要件。认定公司恶意应综合考量决议时间、延长期限、所涉金额等因素。公司延长股东出资期限应通过股东（大）会决议，履行债权人保护程序，并办理登记和公示手续。无担保的债权人到期未获清偿时，有权通过诉讼程序请求延期出资的股东在尚未出资范围内承担补充清偿责任，在决议中表示同意的股东应承担连带责任。[5]

（三）资本维持原则下对赌协议之履行

有学者支持《全国法院民商事审判工作会议纪要》关于投资方与目标公司对赌协议有效而履行不能的立场，并进一步认为现金补偿、股权回购等金钱债务的履行因违反资本维持原则受阻，构成法律上一时不能，是传统民法教义“金钱债务无履行不能”之例外。该一时不

---

〔1〕 刘斌：《认真对待公司清偿能力模式》，载《法律科学（西北政法大学学报）》2021年第4期。

〔2〕 李建伟：《授权资本发行制与认缴制的融合——公司资本制度的变革及公司法修订选择》，载《现代法学》2021年第6期。

〔3〕 白牧蓉、张嘉鑫：《〈公司法〉修订中的资本制度路径思辨——以委托代理理论构建我国授权资本制》，载《财经法学》2021年第4期。

〔4〕 岳冰：《论我国资本形成制度的规制坐标与自治重构》，载《法学杂志》2021年第5期。

〔5〕 冯辉：《加速出资的法律构造——以公司恶意延长股东出资期限为视角》，载《现代法学》2021年第6期。

能应类推适用《民法典》第580条，产生法定宽限期，且相应迟延违约责任并不会被免除。而减资程序应区分为债权人保护程序和股东会减资决议，两者均无关乎履行不能——前者可强制执行，以之阻碍投资方的股权回购请求权，正当性存疑；后者涉及越权代表，且与股权回购决议为等价关系，其欠缺将导致股权回购约定效力待定。现金补偿约定之有效，亦以相应利润分配决议为必要。〔1〕

有学者深入分析对赌协议下股份回购义务可履行性，认为此股份回购义务是以支付回购款为内容的金钱给付之债，可履行性的实质是回购资金来源问题，应在遵守债权人保护这一底线约束下最大限度地确认可履行性：若目标公司履行回购义务不违反债权人保护的强制性规范，则不构成法律上的履行不能。在未减资的情况下，标的股份转让所得、可分配利润、公积金等其他资金来源均可用于支付回购款。完成减资程序不是公司履行股份回购义务的必要条件；程序规则上，目标公司应承担履行不能的举证责任，并结合其财务状况判断可履行性及具体程度，将部分履行、分期履行及延期履行作为可能的裁判选项。〔2〕

三、股东与股权制度

（一）股东资格及股权持有和变动

1. 股权代持

有学者认为，股东资格取得的基础应为股东与股东、股东与公司之间的合意，确定股东资格的形式标准为完成股东名册的记载及修改程序并进行登记，由此产生对抗第三人的效力。隐名出资可依信托制度分析，显名股东为公司股东，隐名出资人与显名股东之间合同效力不能及于公司，隐名出资人显名途径应当遵循《公司法》规定的股权对外转让程序。显名股东处分股权为有权处分，无涉善意取得。〔3〕

另有学者基于最高法裁判进行实证分析，股权代持中隐名股东的身份认定因仅涉及隐名股东与名义股东间的契约关系，只需确认双方是否形成代持股权之合意、存在真实有效的股权代持关系，不应拘泥于出资义务的承诺或履行等其他标准。隐名股东的显名化问题因涉及隐名股东与其他股东以及与公司间的关系，还应考察股东显名是否影响公司的人合性，若未侵损则可显名，反之则不宜显名，显名路径不应局限于其他股东过半数同意这一形式标准。〔4〕

---

〔1〕 贺剑：《对赌协议何以履行不能？——一个公司法与民法的交叉研究》，载《法学家》2021年第1期。
〔2〕 张保华：《对赌协议下股份回购义务可履行性的判定》，载《环球法律评论》2021年第1期。
〔3〕 杨姝玲：《隐名出资人法律地位之辨》，载《河北法学》2021年第8期。
〔4〕 王毓莹：《隐名股东的身份认定及其显名路径——基于最高人民法院76份裁判文书的实证分析》，载《国家检察官学院学报》2021年第2期。

有学者认为，股权代持性质的委托说、合伙说、信托说在不同股权代持类型中分别存在解释力：公司知情型股权代持为显名代理，公司不知情型股权代持为隐名代理，只有职工持股会之类的股权代持可以理解为信托。在分类规范的基础上，股权代持协议有效的法律后果是名义股东为股东，享有股东权利并承担股东义务，隐名股东对名义股东可以主张股权所对应的财产权益；股权代持协议无效的法律后果是名义股东继续持有股权，但就股本金和获益适当补偿隐名股东。〔1〕

2. 股权共有

在涉及夫妻一方股东之情形下，司法实践存在婚姻家庭继承法优于公司法之倾向，股权利益结构中被继承股东之配偶的财产利益与股东资格确认问题被捆绑式处理。有学者认为，这难免危及公司人合性，应坚持股权利益的可分离性：股权共有及继承的客体是股权的财产利益，而享有股权的人身利益仍需经过公司意思形成程序。进而股东配偶原则上取得股东资格的基础关系是继承而非共有；至于在遗产分割时其先获得之“分出的一半财产”指的是股权的财产利益，取得该利益的基础关系是共有而非继承，故其所对应的股权之处理应适用股权对外转让规则。〔2〕

3. 股权转让

（1）股权转让合同

学界与司法实践中已就股权转让合同效力与股权变动效果二分的法律适用逻辑取得诸多共识。股权转让合同承担着债权合意和物权合意的双重意思表示功能，应区分为合同效力和合同履行两个不同的问题。股权变动行为是履行股权转让合同义务的行为，与股权转让合同约定的给付义务同处于股权转让合同法律关系之中。股权转让合同的效力受《民法典》的调整；股权转让合同的履行受《民法典》和《公司法》特别规定的共同调整。《公司法》修订时应处理好与《民法典》的协调，实现维护公司人合性与股权转让自由之间的平衡。〔3〕

《最高人民法院关于适用〈中华人民共和国公司法〉若干问题的规定（四）》实施后，侵犯优先购买权的股权转让合同有效成为主导性裁判倾向。然而有学者主张此类合同应效力待定。首先，股权受让人的主要合同预期是尽快继受股权或在发现目标公司合作氛围不睦时可单方撤销合同，而非获得违约赔偿，因此合同有效状态下的违约责任实则偏离其主要合同预期。其次，股权转让合同能否实际履行取决于其他股东是否行使优先购买权，有效说并不能真正达到鼓励交易的效果。效力待定状态下，受让人催告权有利于尽快结束股权关系不稳定状态，具有效率优势。最后，受让人撤销权形成了人合性的双边效应，具有衡平优势。股东对外转让股权也是在替其他股东寻找新的合作对象，具有广义上的代理属性，故侵犯优先

〔1〕 刘迎霜：《股权代持协议的性质与法律效力》，载《法学家》2021年第3期。

〔2〕 周游：《股权利益分离视角下夫妻股权共有与继承问题省思》，载《法学》2021年第1期。

〔3〕 钱玉林：《股权转让行为的属性及其规范》，载《中国法学》2021年第1期。

购买权的股权转合同效力之判定可类推适用无权代理规则。[1]

此外，该学者认为，指导案例67号将人合性、公司经营治理稳定性等组织法政策考量因素直接纳入股权转让合同解除条件，在股权转让合同解除问题上形成了合同法与公司法双重裁判法源的共管局面，打破了股权转让合同、对赌协议等公司合同效力认定问题上公司法与合同法各管一端的平衡状态。基于法律体系一致性要求，应将公司法从股权转让合同解除条件中剥离出来，适用于合同解除后的股权回转审查环节；将公司法的组织法政策考量因素缩小为有限责任公司人合性，以在有限责任公司股权转出、回转规则上保持逻辑自洽性。[2]

（2）股权变动模式

我国公司法并未明确规定股权变动模式，有学者认为我国股权变动模式应采登记形式主义，即以工商登记作为股权变动的生效要件。同时，在立法上应承认股权工商登记对股东名册的吸收、统一或取代，实现股权工商登记对股东名册功能的法律替代。此外，应进一步推进工商登记电子化改革，简化和便捷股权工商登记的手续和流程，允许包括公司、股东和债权人在内的社会公众通过电子化商事登记平台，随时查询股权工商登记信息。[3]

有学者则强调股权变动中的公司意思，提出公司认可生效模式。其认为，既有股权变动模式忽略了股权的社员权本质、股权变动的组织法背景、公司章程限制股权转让条款的执行机制三个维度的考量，因此需确立公司意思对股权变动的介入机制。转让合同生效仅产生债的效力，转让人负有请求公司认可受让人为股东的义务，请求一经认可受让人即为股东。同时，为避免公司滥用认可权损害股权转让自由原则，公司认可应遵循“原则认可、例外否认”，由董事会（执行董事）履职，董事会如违反信义义务侵害股东转让自由的，适用违信责任予以匡正。[4]

亦有学者持相同观点。其基于股权查封与变更登记冲突的案例讨论，明确股权变动的阶段性，三阶段分别产生转让、受让股东间的相对效力，公司对股东资格的确认效力，登记机关登记形成的对抗效力，三重叠加构成受让股东最终法律地位的完善。[5]

（3）转让股东反悔权

有学者从立法目的和利益衡量的角度肯定转让股东反悔权。其认为转让股东的反悔权与股东优先购买权维护有限公司人合性的立法目的没有冲突，不仅维护了转让股东的意思自治，还可以弥补优先购买权的“同等条件”只能覆盖实质条件、忽视特殊关系等非实质

---

〔1〕 吴飞飞：《侵犯优先购买权的股权转让合同“有效说”之反思》，载《法律科学（西北政法大学学报）》2021年第1期。

〔2〕 吴飞飞：《论股权转让合同解除规则的体系不一致缺陷与治愈——指导案例67号组织法裁判规则反思》，载《政治与法律》2021年第7期。

〔3〕 赵旭东、邹学庚：《股权变动模式的比较研究与中国方案》，载《法律适用》2021年第7期。

〔4〕 李建伟：《公司认可生效主义股权变动模式——以股权变动中的公司意思为中心》，载《法律科学（西北政法大学学报）》2021年第3期。

〔5〕 陈克：《论股权冻结与变更登记冲突诸问题》，载《法律适用》2021年第6期。

条件的漏洞。《公司法》修改中应采纳转让股东反悔权，并对其行使设定一定的期间和条件限制。[1]

有学者基于股东优先购买权的性质反向否定转让股东反悔权。其认为这将股东优先购买权视为请求权，使股东在股权转让合同的订立上无任何优先性可言，丧失了股东优先购买权维护公司人合性的制度价值。股东优先购买权为形成权兼具理论与实践正当性，主张优先购买权的股东只需按照"同等条件"行权即可，其受到侵害会产生相应的请求权。赋予转让股东反悔权，在法理上与公司人合性相矛盾，在体系上与股东优先购买权的性质相冲突，在实践中会变相鼓励转让股东的不诚信行为。[2]

4. 股东除名机制

有限责任公司股东除名根据功能目的不同可分为股权激励型、资本管制型和"清除异己"型。前两种类型的资合性特点显著，第三种类型人合性特点更突出。有学者认为，《公司法》修订应在公司决议成立即有效原则的基础上例外规定股东除名决议效力确认之诉，赋予法院对除名决议效力的实质判断权，并以列举加兜底条款的方式规定除名事由。前两种类型股东除名应适用资本多数决，清除异己型应适用人头多数决，均采 2/3 以上通过的绝对多数决方式。[3]

（二）双层股权结构

有学者认为，双层股权结构可以从公司内、外部治理以及救济机制等方面具体实施：内部治理包含设计合理的双层股权结构、限制超级表决权的行使、建立系统完备的公司治理规章制度等；外部治理可通过重塑注册制改革背景下的发行信息披露规则实现；救济机制可围绕异议股东股份评估权建立。[4]

有学者认为，虽然上市规则要求特别表决权股东担任董事，但我国股东会中心主义赋予了股东相对广泛的权利，仅通过董事信义义务难以完全约束特别表决权持有人的行为。一方面，其双重身份可能致使董事会独立性丧失；另一方面，其享有的多数表决权缺乏相应的资本对价，可能加剧控制股东与其他股东之间的矛盾。构建特别表决权股东信义义务，使其对公司和其他股东负有忠实、勤勉义务，有助于实现其双重身份之下的权责统一。[5]

---

〔1〕 赵旭东、衣小慧：《股东优先购买权中转让股东"反悔权"的证成与构建》，载《国家检察官学院学报》2021 年第 2 期。

〔2〕 赵磊：《股东优先购买权的性质与效力——兼评〈公司法司法解释四〉第 20 条》，载《法学家》2021 年第 1 期。

〔3〕 吴芳：《有限责任公司股东除名规则之检讨与完善》，载《现代法学》2021 年第 2 期。

〔4〕 李燕、李理：《公司治理之下的双层股权结构：正当性基础与本土化实施路径》，载《河北法学》2021 年第 4 期。

〔5〕 张赫曦：《特别表决权股东信义义务构建》，载《中国政法大学学报》2021 年第 3 期。

然而，有学者认为通过限制治权以解决双层股权代理问题，实则背离了制度设计初衷而主张落日条款机制。通过对实行不同落日条款的公司分开测试进行经验研究，发现定期落日条款对初创时期的高科技企业有积极作用，然而该类企业并非都会选择定期落日条款。针对公司此种不理性选择，立法者应强制所有初创高科技公司采用定期落日条款，以激发管理者在合理期限内最大限度发挥科技企业资产效能的潜力。同时，将 6 年作为最长的落日年限符合该类公司的价值产生规律。[1]

（三）股东表决权

有学者认为，《公司法》第 42 条规定的表决权确定了同股同权的理念，性质上属于半强制性规范；而该条但书条款本质在于以同股不同权约定实现公司自治。在公司章程未规定以认缴或实际出资作为表决权基础的情况下，应以认缴出资为基础，不按出资比例行使表决权需经过全体股东同意，排除或限制其他股东的表决权需经被限制表决权股东的同意。具体而言，公司章程可以约定优先股的发行、以股东人数确定表决权；为避免公司僵局，公司章程可以对公司僵局时差异化表决进行特别约定；股东质押权超过既定比例、表决权拘束协议需经该股东授权代表董事或股东的同意。[2]

司法实践中上海市第二中级人民法院将表决权排除类推适用于除名决议，引发学者反思。有学者驳论了实践中部分判例的否定性立场，认为表决权排除以保障公司决议公正为目的，其类推适用具备正当性基础。在类推适用范围上，现有学说的标准过于僵硬，需采用动态体系论的思想，以决议公正为基础性评价，以特别关系、内外部、直接性与权益得失、公司及利害关系者风险、公司类型为评价要素，以关联担保或关联交易为原则性示例，构建动态的类推适用体系。[3]

（四）利润分配请求权

有学者认为，基于《民法典》第 206 条市场主体的发展权，《最高人民法院关于适用〈中华人民共和国公司法〉若干问题的规定（四）》第 15 条规定的强制分配须以公司留存超出持续经营发展所需的自由现金为前提。主体上，所有股东原则上均需实缴，且不能绝对排除上市公司股东，但应对其提出强制分配之诉作一定限制，《公司法》第 151 条可资参考。强制分配事由上，不分配、不公平分配、象征性分配均应包含在“不分配利润”内。为避免持续依赖强制分配，股东须穷尽内部救济，且法院应优先司法调解。就分配的利润，强制分配裁判具有变更股权法律关系为债权债务关系的效力，系形成之诉与给付之诉的合并。利润分配作为团体事项在公司内需统一、确定，应将裁判的既判力主观范围扩张至其他股东，以

---

〔1〕 翁小川、胡晶晶：《上市公司双层股权的法定落日条款研究》，载《南大法学》2021 年第 5 期。

〔2〕 许中缘：《论〈公司法〉第 42 条但书条款的规范解释》，载《现代法学》2021 年第 2 期。

〔3〕 安晋城：《股东表决权排除的类推适用——兼评宋某祥诉万禹公司除名决议效力案》，载《法学杂志》2021 年第 7 期。

便其申请强制执行。[1]

有学者基于实证研究提出以下规范完善建议：抽象股利分配请求权受单独侵害时，适用抽象股利分配之诉救济；行为要件可尝试类型化的典型情形，如过高薪酬侵蚀可分利润、变相分配利润、转移利润等；如裁决支持原告诉请，分配比例以实缴出资比例为准，分配方式可先行设定最低限额的利润分配金额和建议的分配幅度，同时要求公司限期召开股东会做出利润分配的决议，如限期内公司不能形成有效决议或决议分配金额低于判决设定限额，原告可申请按照判决设定幅度的最高额执行，股利款的逾期利息不应支持。[2]

（五）股东查阅权

有学者认为，股东会计账簿查阅请求权系共益权，并据此提出重构方案：行权范围上，股东行使会计账簿查阅请求权应出于公司利益（不排斥包含个人利益）；"正当目的"判断标准上，立法者应采取反向列举立法模式，司法者应采用形式判断标准；查阅范围上，不限于"会计账簿"，但应仅限于与查阅目的直接相关的全部财务会计文件；司法救济上，放松股东提起诉讼的前置程序，赋予法官一定自由裁量空间。[3]

有学者认为，"无不正当目的"是对行权股东主观目的层面的实体要求，与股东地位、利益相关的查阅目的即为"正当目的"。但仅仅依托诉前阶段的股东具体说明目的与诉讼阶段的公司证明不正当目的，还不足以实现"不正当目的"的立法意旨，执行阶段的股东查阅方式与阅后的信息使用范围、方式限制，也是不可或缺的环节。[4]

有学者主张股东对公司所控股公司的查阅权。其认为法人格否认理论的扩大解释和股东查阅权穿越法理支撑了这一权利的正当性，公司法修改中应纳入股东在一定条件下对公司所控股公司的查阅权，并明确行权条件，如控股公司的事业收入绝大多数源于所控股公司、所控股公司已丧失独立法人人格、二者间存在串通欺诈行为等。在加强权利保障的同时，也应限定行权的法定事由，明确查阅的目的正当性、查阅对象的范围、查阅的时间和场所，完善查阅权受阻的救济程序等，以规制滥权行为。[5]

（六）股东派生诉讼

有学者认为我国现行股东派生诉讼制度倾向于保护股东诉权。公司拒绝股东的起诉请求

---

〔1〕张红、裴显鹏：《公司利润强制分配之具体分配方案——兼谈〈公司法〉相关制度的修订》，载《河北法学》2021年第12期；张红、裴显鹏：《公司利润强制分配》，载《西北大学学报（哲学社会科学版）》2021年（第51卷）第1期。

〔2〕李建伟：《法院如何支持股东的抽象股利分配请求——来自197份商事裁决书的类型化分析》，载《中外法学》2021年第2期。

〔3〕朱大明：《论股东会计账簿查阅权的监督功能——以查阅权的共益性为中心》，载《北方法学》2021年第1期。

〔4〕李建伟：《股东查阅会计账簿的"不正当目的"抗辩研究——〈公司法〉第33条第2款的法教义学分析》，载《当代法学》2021年第1期。

〔5〕董新义：《股东对公司所控股公司的知情权》，载《财经法学》2021年第3期。

后没有机会向法院阐明不起诉理由，作为无独三进入庭审后，亦无法行使诉讼当事人的权利请求终止诉讼。美国股东派生诉讼中的庭前司法审查程序及标准具有借鉴意义。公司可在此程序中以诉讼违反公司最佳利益原则为由行使抗辩权，法院对原告股东资格、前置程序要件、公司利益受损的事实和违反公司利益的重大事由等事项进行形式和实质审查后，决定是否进入股东派生诉讼的庭审程序。[1]

四、公司治理制度

（一）公司治理模式

有学者认为，现行公司治理的法律设计与现实运行严重脱节，对控股股东或大股东的法律规制近乎空白，公司治理的问责与追责机制畸形，并提出以下建议：一是明确公司组织机构规范的强制性与任意性，强化其应有的任意性；二是确立公司治理中控股股东的主体地位，正面引导其发挥积极作用，并合理规制其行使控制权；三是重构公司监督制度，取消监事会，或作为任意性机构由公司自主选择作为过渡性措施；四是调整归责原则和机制，实现公司治理的合理问责与精准追责。[2]

中外公司法学理对股东会中心主义和董事会中心主义的界定有终极目标论、代理关系论、最终决定权和权力独立标准、剩余权力归属标准等多种主张。我国学界通说认为我国公司治理模式采股东会中心主义。有学者认为从我国公司法文本看，股东会与董事会各有其专属权力，且不得互相转授，这一模式应属职权法定主义。[3]

有学者认同现行股东会中心主义模式。其认为，公司以追求股东价值最大化为主要目的，股东剩余索取权的实现离不开公司终极控制权，股东中心主义的法理基础也正源于公司营利性、股权资本、剩余索取权和人民主权思想。立法者应维持现行股东会中心主义模式，并在《公司法》专章规定股权保护，坚持和完善股东会作为公司权力机构的制度设计，同时导入闭锁型公司的司法强制分红制度及公众公司的法定强制分红和审计制度，以预防公司自治失灵或异化。裁判者应确立股东中心主义裁判理念，健全股东友好型救济体系。[4]

有学者则支持董事会中心主义模式，并提出“常态 +”的坐标理论：公司权力归属董事会是公司治理的常态，应围绕董事的职权、义务、责任、免责与商事判断规则等详细立法；利用“例外”“参照适用”等立法技术规范股东会职权，以此全面构建公司权力规则

〔1〕 胡晓静：《论股东派生诉讼中的公司抗辩权》，载《现代法学》2021 年第 5 期；胡晓静：《美国股东派生诉讼中对公司抗辩的司法审查标准》，载《中外法学》2021 年第 4 期。

〔2〕 赵旭东：《中国公司治理制度的困境与出路》，载《现代法学》2021 年第 2 期。

〔3〕 梁上上：《公司权力的归属》，载《政法论坛》2021 年（第 39 卷）第 5 期。

〔4〕 刘俊海：《股东中心主义的再认识》，载《政法论坛》2021 年（第 39 卷）第 5 期。

体系。〔1〕

另有学者主张两种模式的兼容。有学者基于我国股东会中心主义治理格局在国企改制背景下的历史成因，认为这一模式减少了转轨时期的公司治理成本，并确保国家行使国有企业控制权，有其存在的合理性和必然性。但同时，其也认为未来股东会中心主义不宜适用于所有公司：封闭公司宜继续保留这一治理结构，国有上市公司可以部分借鉴董事会中心主义的管理技术来优化公司治理，非国有上市公司则应建立契合现代化大型企业管理需求的董事会中心主义治理模式。〔2〕有学者认为应以多元化为主线，制定单行的"有限责任公司法""股份有限公司法"并分别确定公司治理模式。对股份有限公司而言，董事会中心主义模式更为契合，同时也应以权责相称为旨，完善董事信义义务体系并补缺董事问责机制。而对于有限责任公司，则应当允许通过个性化的章程设置实现公司治理规则的多元化发展。〔3〕

有学者认为我国现行公司法组织机构模式具有强制性过度而自治性不足、体系性规整而类型化不足等问题，应涵盖所有权与管理权一体的成员管理模式和两权高度分离的受托管理模式、单层和双层管理模式、基准型、强化型和简化型的公司组织机构设置。上市公司治理需要完备的组织机构，应同时设置董事会专门委员会和监事会；公开股份有限公司可以选择单层或双层管理模式；封闭股份有限公司可在选择制的基础上进一步简化机构设置。有限责任公司除委任管理模式之外，还应兼容成员管理模式。〔4〕

也有学者提倡公司治理模式更高的自治程度。其认为不同公司治理模式各有长短，没有尽善尽美的最佳治理模式。故公司法修订时应当避免对公司治理模式作出"二选一"或"多选一"的排他性选择，而应在肯定和设计多种治理模式的基础上，赋予治理模式规范以法律的任意性，允许公司根据自身需求和不同情况自主选择。〔5〕

（二）法定代表人

1. 法定代表人制度

有学者认为，我国现行公司法上通过法定代表人进行的代表表意机制不但背离了公司表意作为私法行为的自治逻辑，在公司治理层面或将造成董事地位异化，同时加剧公司权利的内部集中，削弱了公司治理机制的预期效用。公司法修订应着力于缓和现行公司表意机制的法定性并回归公司自治，从法定代表人制度走向意定代表人制度；明确代表人的法定义务，作为私法规制基础；设置妥当的事后救济渠道，以实现公司代表人损害公司利益时救济；平

〔1〕 梁上上：《公司权力的归属》，载《政法论坛》2021年（第39卷）第5期。

〔2〕 刘凯湘、刘晶：《我国股东会中心主义的历史成因——以国有企业改制为线索》，载《法学论坛》2021年第6期。

〔3〕 甘培忠、马丽艳：《董事会中心主义治理模式在我国公司法中的重塑》，载《财经法学》2021年第5期。

〔4〕 刘斌：《公司机构设置的组织法逻辑与改革路径》，载《法律适用》2021年第7期。

〔5〕 赵旭东：《股东会中心主义抑或董事会中心主义？——公司治理模式的界定、评判与选择》，载《法学评论》2021年第3期。

衡交易相对人利益，明确代表人的决议生效和登记对抗效力。〔1〕

有学者认为，我国公司法上的经理才是公司主要的业务执行机关，公司日常管理需求凸显经理机构设置的必要性，因而关于经理机关设置及其职权的法律规范应具有一定强制性。同时鉴于经理与法定代表人并无二致，应改革我国法定代表人制度，在坚持其法定性的同时对其唯一性作适度突破，即采取双法定代表人制度、确认经理为公司法定代表人。〔2〕

2. 法定代表人越权行为

有学者认为，法定代表权性质上类似于法定代理权，越权行为效力的判断和责任承担可适用代理法规则。代理授权无因性原则和禁止代理权滥用原则是判断法定代表人越权行为效力的法理基础，也是对《民法典》第61条第2款和第3款进行限缩解释的理论依据。基于代理授权无因性理论，超越法定代表权自身限制的越权行为构成无权代表，其效力因超越法定或意定限制而有所不同；逾越法定代表人业务执行权限制或超出法人经营范围的代表行为原则上有效，除非构成禁止代理权滥用。〔3〕

（三）控股股东及实际控制人

司法实践侧面反映了我国封闭型公司中股东权益遭受损害主要来自控制股东的滥权行为。有学者认为，现行《公司法》第20条对股东滥权行为规制不足，一则缺乏事前引导性的具体行为规范，二则直接采用事后禁止性规定以致责任构成要件认定困难。公司法修订更应从体系层面予以考量，根据封闭型和开放型公司控制股东在实践中不同的行为表现设置内容不同的信义义务，并通过股东代表诉讼完善责任制度。〔4〕

有学者通过溯源信义义务之缘起与信义关系之扩张发展，认为控股股东信义义务的传统内涵已被“公平交易义务”取代。同时，其基于功能主义立场，认为我国现有规范资源存在疏漏，美国关于交易公平性判断的程序性规则有助于克服法律行为评价系统的局限性，是最具借鉴价值的部分。〔5〕

另有学者认为，可以以股东受信义务和法定压迫救济制度共同发展的方式来加强股东保护：构建股东受信义务体系，防止股东滥用权利压迫其他股东；明文规定受压迫股东的救济制度，直接描述出压迫形成的条件。〔6〕

对于实际控制人的法律责任，有学者主张构建以董事责任为主的追责体系。其认为目前

---

〔1〕 刘斌：《公司治理视域下公司表意机制之检讨》，载《中国政法大学学报》2021年第2期。

〔2〕 赵旭东：《再思公司经理的法律定位与制度设计》，载《法律科学（西北政法大学学报）》2021年第3期。

〔3〕 迟颖：《法定代表人越权行为的效力与责任承担——〈民法典〉第61条第2、3款解释论》，载《清华法学》2021年第4期。

〔4〕 杨姗：《封闭型公司股东权益保护的立法完善——以“股东直接诉讼”为切入点》，载《现代法学》2021年第3期。

〔5〕 靳羽：《美国控制股东信义义务：本原厘定与移植回应》，载《比较法研究》2021年第1期。

〔6〕 翁小川：《受压迫股东的救济路径研究：股东受信义务与法定压迫救济制度》，载《比较法研究》2021年第4期。

证券监管采取的“追首恶”方式错误地援用了控股股东信义义务理论；当实际控制人以控制公司的方式损害公司利益时，承担的是事实董事的角色，非控股股东可以通过股东派生诉讼追究实控人违反董事信义义务的责任。应在厘清股东信义义务的公司法边界的基础上转换证券法上实控人法律责任的理论基础，构建以董事责任为主的追责体系。[1]

然而有学者认为，我国公司法上的实际控制人是与控股股东相对应的概念，而非如英美公司法上表现的“影子董事”“事实董事”，故不宜直接对其类推适用董事责任规则。其主张将公司人格否认规则扩张适用至实控人规制中。公司人格否认否认公司独立责任能力的本质是对实控人适用人格否认规则的法理基础。在案件裁判中，应借助目的论扩张方法填补《公司法》第 20 条的立法漏洞，将实控人纳入公司人格否认规则的适用对象之中；同时应秉持谦抑立场，唯有在侵权损害赔偿、债权人代位权及撤销权路径无法满足债权人保护之需求时方可谨慎用之。[2]

（四）董事

1. 董事范畴

有学者认为，我国公司法对董事范畴的形式主义界定路径存在明显短板，无法涵盖存在选任瑕疵的董事、失格董事、逾期董事和实际控制人。相较之下，实质主义的董事范畴能够全面覆盖各类董事，夯实董事在公司治理中的核心地位。《公司法》修改应建构包括事实董事和影子董事在内的实质董事范畴，对事实董事的界定应建立在我国董事职权的本土规范基础之上，排除不属于履行董事职权的行为。对影子董事的认定则应重在认定行为人操纵董事的行为，并放弃对董事会的控制要件。符合前述构成条件的实质董事，与形式董事负担同等法律责任。[3]

有学者基于公司内部治理与外部监督之区分，认为独立董事不应被赋予公司内部董事之职责。应改变独立董事的全能型内部董事模式，构建独立的外部监督机制。独立董事应以监督和限制上市公司控制权私人利益的外部机制体现其制度价值，既与监事会分清职责，也与公司内部董事在职能上划清界限，反映出“弱董事性”和“强独立性”。独立董事以符合董事任职条件的状态列席股东大会和董事会，使其具备一定的董事性质，但并不履行董事的一般职能；独立董事既不过度介入公司的正常生产经营，又以独立第三方监督机制介入公司治理活动以监督控制权私人利益。[4]

2. 董事义务

有学者认为，我国需明确董事义务体系中注意义务的独立地位，并阐明注意、勤勉及能

---

〔1〕 郑彧：《上市公司实际控制人法律责任的反思与构建》，载《法学研究》2021 年第 2 期；郑彧：《论实际控制人的法律责任：公法的路径依赖与私法的理念再生》，载《财经法学》2021 年第 3 期。

〔2〕 虞政平、王朝辉、吴飞飞：《论公司人格否认规则对实际控制人的适用》，载《法律适用》2021 年第 2 期。

〔3〕 刘斌：《重塑董事范畴：从形式主义迈向实质主义》，载《比较法研究》2021 年第 5 期。

〔4〕 曾洋：《重构上市公司独董制度》，载《清华法学》2021 年第 4 期。

力等方面的具体要求。董事注意义务标准的建立应采行为标准和司法判定标准一致的立法模式，同时建立以被告举证为核心的法定商业判断规则，以没有违反信息充分和不存在恶意等为要件，辅以明晰的管理者信赖保护体系。[1]有学者基于司法实证观察，从法律移植的法内适应与法外适应双重视角审视，建议公司法引入商业判断规则，采纳司法程序性审查路径，而非美国模式的推定式排除审查路径，合理分配举证责任，并经由司法解释和指导性案例方式将该规则成文化，完善董事受信义务，推动公司治理与营商环境优化。[2]

有学者系统分析了忠实义务。忠实义务总体上指向利益冲突。从利益角度观察，忠实义务只规制下列行为：董事不得利用职权为自己谋取私利；不得利用职位为他人谋取利益；不得利用职权使得公司失去利益。忠实义务与民法中禁止自己代理和双方代理的规则之间关系密切，但在制度功能和义务要素上仍有重大差别，不能混为一谈。[3]

有学者认为现行勤勉义务和忠实义务不能完全涵盖董事对公司和股东造成损害的不当行为，提出借鉴美国特拉华州公司法中的"善意"规则，将董事善意规则确定为董事信义义务制度的内涵，甚至可以将善意义务定位为独立的董事义务，董事应遵循诚实信用原则，善意地履行职责。[4]

有学者则主张纳入合规义务。合规义务有与董事信义义务统合或分离两条路径进入董事义务。该学者认为，合规义务和信义义务在履行逻辑上难以兼容，中国语境下使用囊括了合规义务的信义义务对董事进行问责亦有明显缺陷，合规义务应独立于信义义务，这有助于发挥合规义务的回应性特质和守法内化功能。《公司法》修订应确立董事合规义务相对于信义义务的独立性，并为合规义务进入董事义务体系进行多层次、体系化的制度设计。[5]

有学者主张构建董事监督义务。长期实践塑造出了"监督义务"以追究董事责任，然而规范基础的漏洞及其内涵与适用条件的模糊，不利于促进上市公司的规范治理。《公司法》修订中应明确勤勉义务下的监督义务：首先，董事负有督促公司建立健全内部控制体制、信息收集与报告机制之义务；其次，董事有义务在发现公司重大异常时采取主动调查等行动。鉴于独立董事及其他董事参与公司治理时间、程度与法定职责不同，在其监督义务履行评价中应与执行董事有所区别。[6]

有学者提出董事横向义务以区分董事集体责任和个人责任。现行公司法下董事仅对公司而非股东（或其他主体）负有信义义务，董事彼此之间不负有信义义务，董事横向义务的引

---

〔1〕 翁小川：《董事注意义务标准之厘定》，载《财经法学》2021年第6期；翁小川：《商业判断司法谦抑规则研究》，载《政法论丛》2021年第4期。

〔2〕 傅穹、陈洪磊：《商业判断规则司法实证观察》，载《国家检察官学院学报》2021年第2期。

〔3〕 叶林：《董事忠实义务及其扩张》，载《政治与法律》2021年第2期。

〔4〕 王建文：《论董事"善意"规则的演进及其对我国的借鉴意义》，载《比较法研究》2021年第1期。

〔5〕 汪青松、宋朗：《合规义务进入董事义务体系的公司法路径》，载《北方法学》2021年第4期。

〔6〕 吕成龙：《上市公司董事监督义务的制度构建》，载《环球法律评论》2021年第2期。

入能够有效解决现行董事责任的不合理规定。借鉴董事纵向义务，董事横向义务也包括忠实义务和注意义务。忠实义务主要针对利益冲突，要求董事之间在讨论议案时或表决议案前，应披露直接或间接（潜在）利益冲突。注意义务则要求董事勤勉负责，尽力获取一切可以合理获取的信息，以便提供给其他董事充分讨论。[1]

有学者针对公司收购场合，提出构建董事社会义务的独立体系，规定目标公司董事的信息披露义务、对职工的经济保障义务、对债权人的信义义务、反垄断审查的提交义务。目标公司董事社会义务的履行有赖于权利救济机制的完善，公司法应赋予利益相关者对董事的直接诉权，建立责任判断标准，以惩治董事的恣意行为。[2]

（五）公司决议制度

公司决议依通说属于法律行为，然而援用法律行为效力判断规则的既有评价模式存在适用困难。有学者提出与决议内在结构相契合的分阶段效力评价，即第一阶段考察意思表示的各项品质，主要涉及行为能力、虚伪表示、欺诈胁迫等类型，不考虑合法性和妥当性问题，第二阶段考察团体法层面的法律行为效力，主要是合法性和妥当性控制以及程序瑕疵的评价，不考虑意思瑕疵。[3]

（六）公司担保制度

《公司法》第 16 条对公司及法定代表人具有强制效力，也拘束与公司产生交易的任何第三人。公司法定代表人违反该条构成越权担保行为，相对人善意时该代表行为有效，所订立的合同也对法人发生效力。[4]相对人非为善意的，未经公司追认，担保合同对公司不发生效力，类推适用《民法典》第 171 条第 4 款的规定，由法定代表人和相对人基于各自过错承担相应的赔偿责任（性质上属于缔约过失责任）。[5]相对人的善恶意取决于其是否对法定代表人的代表权限善尽审查义务，审查对象并不仅限于公司决议，还须结合公司章程及其他文件判断公司决议是否适格，审查标准以《全国法院民商事审判工作会议纪要》的“合理审查”标准为宜，具体个案中法官对相对人审查内容、限度的衡量须兼顾公司利益与相对人利益保护。

有学者认为诸如债务加入、第三方差额补足、到期回购等增信措施亦在《公司法》第 16 条涵摄范围内。《全国法院民商事审判工作会议纪要》明确了公司加入他人债务准用对外担保的规则，但其他增信措施的处理规则仍存疑问。该学者认为，性质上，增信措施与保证既有关联，也有差别，宜将其定性为非典型保证；法律效果上，公司对外提供的可能产生财

---

〔1〕 林少伟：《董事横向义务之可能与构造》，载《现代法学》2021 年第 3 期。

〔2〕 郑佳宁：《目标公司董事社会义务实现机制的构建》，载《法商研究》2021 年第 4 期。

〔3〕 王滢：《公司决议行为的双阶构造及其效力评价模式》，载《当代法学》2021 年第 5 期。

〔4〕 甘培忠、马丽：《公司对外担保制度的规范逻辑解析——从〈公司法〉第 16 条属性认识展开》，载《法律适用》2021 年第 3 期。

〔5〕 高圣平：《再论公司法定代表人越权担保的法律效力》，载《现代法学》2021 年第 6 期。

产责任后果的增信措施与对外担保别无二致。《公司法》第16条旨在规范公司对外担保的程序，增信措施借由非典型担保可被该条所涵摄。[1]

针对一人公司为股东提供担保，有学者认为此时股东不必遵守该条的规定回避决议，该条也不构成关联担保合同无效的基础；此外，一人公司为股东担保时若未书面记载该决定，担保合同的效力不受影响；即使公司章程规定禁止公司为股东债务提供担保，股东在关联担保合同上签字亦可视作修改章程。一人公司为股东担保具有无可替代的融资价值，且功能上并不等同于股东以股权作为债权的一般担保，现行法也未限制一人公司的关联担保能力，因此一人公司为股东担保的效力应予肯定。至于公司债权人的利益，可通过法人人格否认制度予以保护。[2]

（七）公司合规制度

有学者认为，由于公司合规兼具有法律、道德、政策的多重要求，因此需借助公司法、证券法、刑法等综合协同调整。应基于法律功能区分的要求，充分体现惩罚和激励相结合的理念。在公司法中应把合规制度建设作为公司内部治理的重要措施，并对合规的标准、合规的审查程序、合规官的选任条件及其主要职权作出明确要求；在证券法中应强化信息披露、股份减持和公司收购与反收购中的合规义务要求；在刑法中应引入暂缓起诉协议制度，并丰富对公司违反合规要求的刑事处罚类型。[3]

（八）关联交易

有学者认为，公司法应以“关联交易”统一“自我交易”“关联关系”等称谓，并适度补充关联人的范围；关联交易作为一种典型的利益冲突交易属于公司法上忠实义务的规制范畴，应将其统合在忠实义务制度内予以系统规范；完善的关联交易制度规则应包括关联交易的信息披露、事前程序审查和事后司法救济。可将司法解释的相关规定提升到公司法中，实现与股东派生诉讼的衔接；同时，法律也需在忠实义务框架内甄别整合其他利益冲突交易形态和相关侵权情形。[4]

有学者认为世行关联交易规制范式具有逻辑缺陷，借鉴世行范式的中国关联交易规制亦存在问题，民商事立法忽视公司集团、关联交易规制沿袭一般交易行为的调整逻辑、规制范围有限与功能不彰等。基于上市公司关联交易的复合特性等客观基础，该学者提出重构思路：基础规则方面，建立有关公司集团的制度规范，采用关联关系加关联利益的复合标准规制关联结构；规制功能方面，重构董事高管的信义义务并建立免责安全港，完善集团情境下

---

〔1〕 刘保玉、梁远高：《“增信措施”的担保定性及公司对外担保规则的适用》，载《法学论坛》2021年第2期。

〔2〕 范佳慧：《论一人公司关联担保的效力》，载《法学论坛》2021年第2期。

〔3〕 赵万一、王鹏：《论我国公司合规行为综合协同调整的法律实现路径》，载《河北法学》2021年第7期。

〔4〕 施天涛：《公司法应该如何规训关联交易?》，载《法律适用》2021年第4期。

的利益相关者保护机制；法律机制方面，各种机制协同互动的多措并举，明确事前批准和事中披露的法律效果；实施保障方面，私人执法与公共执法并重。[1]

有学者提出将“股东间对赌 + 公司担保”型担保交易纳入利益冲突交易规范体系之内。董事作为被担保人享有担保利益而与公司形成事实上的利益冲突，此时担保交易已具备利益冲突交易属性。故而，《公司法》修订中应扩大董事忠实义务内涵，将董事忠实义务的违法性判断延伸至实质公平；以实质标准识别利益冲突交易，整合担保规则、关联交易规则及自我交易规则之间的规范重叠；责任标准上，扩大董事注意义务从“违规决策”至“决策失误”，为引入董事经营判断原则提供空间，并以此限制司法对董事决策的事后审查。[2]

对于董事自我交易，有学者认为，股份公司董事不得实施自我交易，应由监事会代理，因此《公司法》第148条第1款第4项的规定仅可适用于有限责任公司。该项的立法目的在于防范利益冲突的抽象风险，其适用不以利益冲突的实际存在为前提。公司通过章程授权或股东会以事先批准或事后追认的方式同意的董事自我交易即为有效，不宜采纳英美法上的实质公平审查制度。董事违反法律规定实施的自我交易属于无权代理行为，效力待定，公司可予以追认。[3]

（九）公司章程中的反收购条款

有学者认为，我国现阶段采强制性规范规制反收购条款容易造成规制不足或过度的问题。反收购条款对股东利益的影响具有两面性，对其的规制需要兼顾遏制投机性修订与保持章程适应力的二元目标。法院与监管者应认识到基于“标准”策略的司法审查、监督审查对作为“规则”策略的强制性规范的替代关系，并考虑多元规制主体，综合运用强制性规范与多种规制工具构建针对反收购条款的规制体系。[4]

---

〔1〕 汪青松：《关联交易规制的世行范式评析与中国范式重构》，载《法学研究》2021年第1期。
〔2〕 南玉梅：《利益冲突交易的规则重构》，载《中国政法大学学报》2021年第5期。
〔3〕 迟颖：《有限责任公司董事自我交易制度建构与司法适用》，载《法学家》2021年第3期。
〔4〕 曾思：《反收购条款的强制性规范规制——以海利生物案为中心》，载《北方法学》2021年第2期。

2021年中国证券法理论研究综述

何　心　焦柏晗

2021年，“五洋债”“康美药业”等典型证券市场虚假陈述案件进一步将证券法研究推上高潮。在这一年里，证券法理论研究在稳步推进的同时也有了许多新的成果，其中代表性著作包括：

教材类：顾功耘：《证券法学》，高等教育出版社；李东方：《证券法学》（第四版），中国政法大学出版社；郑彧：《证券法要义》，北京大学出版社；等等。

理论类：王建文：《证券法研究》，中国人民大学出版社；郭锋：《证券法律评论》（2021年卷），中国法制出版社；孙春蕾：《中国证券一百年（1840—1949）——近代中国证券思想证券市场和证券法律研究》，法律出版社；伍坚：《证券错误交易处理机制研究》，上海人民出版社；张嘉祺：《中国证券监管者非理性行为模式的探索性研究》，对外经济贸易大学出版社；樊健：《我国证券市场虚假陈述民事责任理论与实践的新发展》，法律出版社；等等。

实务类：最高人民法院民事审判第二庭：《最高人民法院证券纠纷代表人诉讼司法解释理解与适用》，人民法院出版社；唐新波：《证券纠纷裁判精要》，知识产权出版社；等等。

除此之外，证券法学界涌现了诸多高质量的学术论文，在证券发行与交易制度、证券市场违法行为及规制、投资者保护、证券市场监管和金融科技等方面进行了开拓性的研究。

一、债券市场与债券发行制度

（一）债券市场

债券市场的流动性相较于股票市场较弱。实践中，往往通过债市分层的创新来提升市场流动性。债券二级市场多引入做市商机制，将市场分为交易商市场和投资者零售市场。有学者认为，就我国债券市场的分层而言，应围绕双层架构、做市商保障及后台统合三个维度进行系统性推进。首先，应在布局上搭建交易商市场与投资者市场区隔化的双层架构；其次，推动债券市场做市商制度的系统性、实质性落实；最后，应加强登记托管结算机构的联通与交易报告库的统合，提高债市分层的交易效率。〔1〕

（二）债券发行

非公开发行债券在进入交易环节后，有时会因转售而出现“公众持有”的现象，甚至达到与公开发行相同或相似的效果。我国立法上虽未采用公司债券转售及限制的表述，但已经形成了一套特殊的规则体系。有学者认为我国对转让作出了静态限制，体现了限制转让的原则，但仍有可改进之处：一是明确规定非公开发行的具体类型，澄清其与公开发行的关系，避免因非公开发行概念不清而引发实务风险，为发行公司提供可预期的融资环境；二是兼顾其他协议转让市场的实际情况，创设符合限制转售需求的规则，填补转售规则的空白；三是针对投资者转售的目的和效果，区分变现型转售和分销型转售，设置适合分销型转售的限制和申报或注册规则。〔2〕

二、证券市场违法行为及规制

（一）场外配资

场外配资一直游离于金融监管之外。在司法实践中，法官对场外配资合同效力的判定观点各异。当前主流的裁判观点认为，场外配资合同无效。为解决堵而抑之处理方式所导致的责任分配不公等问题，实务中提出了将合同效力与合同效果分离的处理方式。但人为地将合同效力与合同效果切割开来，会消除合同效力作为合同基础因素的作用，颠覆合同履行的法理基础，造成合同法规范体系的内在冲突，故一概认定场外配资合同无效的做法值得反思。有学者认为，场外配资产生的风险主要源自账户借用和过高杠杆等，但场外配资中账户借用

〔1〕 冯果、张阳：《不能忽视的债券市场分层：基于破解市场流动性困局的思考》，载《华东政法大学学报》2021 年第 2 期。

〔2〕 叶林：《公司债券非公开发行的规范模式》，载《法学研究》2021 年第 3 期。

是为了实现债权安全，融配资双方动机亦属于正当，而且并不直接损害公益。高杠杆、银行资金等进入问题，可通过监管制度、行政处罚等进行规范，应避免直接认定合同无效带来的合同当事人间的权利失衡。[1]

（二）内幕交易

1. 类型重构

中国证监会的内幕交易执法案例引发了不少争议：如内幕交易是否成立，以及属于哪种内幕交易类型。对行为定性和类型判定的不同认识，会影响行为构成要件和相关人员责任的认定。有学者以反欺诈论为基础，对内幕交易类型进行了重构。（见表 1）

表 1　利用重大非公开信息从事交易的分类

<table>
<tr><th colspan="3">信息获取方式</th><th>信息来源是否违法</th><th>示例</th><th>交易者违法类型</th></tr>
<tr><td rowspan="4">自行获取信息（单人型）</td><td rowspan="2">依身份应然获取</td><td>依职务获取</td><td rowspan="4">不违法（若有来源方）</td><td>公司高管</td><td rowspan="2">合法获取型</td></tr>
<tr><td>因共同生活获取</td><td>听见身为高管的配偶在通话</td></tr>
<tr><td colspan="2">依非法手段获取</td><td>计算机黑客</td><td>非法获取型</td></tr>
<tr><td colspan="2">非依职务偶然获取</td><td>路人目击公司重大事件发生</td><td>不违法</td></tr>
<tr><td>继受获取信息（多人型）</td><td colspan="2">被泄露而获取</td><td>违法</td><td>公司高管故意向配偶告知</td><td>泄露型</td></tr>
</table>

资料来源：缪因知：《反欺诈论下的内幕交易类型重构：原理反思与实证检验》，载《法学家》2021 年第 1 期。

学者认为，目前的执法实践不足在于：合法获取型的边界不清晰，亦未纳入知情人共同生活的家属；“过失泄露”概念的提出混淆了非法获取型和泄露型的边界。为应对内幕交易类型多样、易混淆的问题，该学者建议可将异常交易作为单人型案件切入点，但应注意合法和非法获取型的区别，而泄露型交易则应从泄密人的违法性开始推导。[2]

2. 处罚裁量

证监会内幕交易的监管实践仍存在亟待完善之处。有学者审视我国证监会裁量的特征机理后发现如下问题：证监会内部存在较多行政控制环节限制了裁量空间、行政处罚委员会是否发挥其功能存有模糊性和不确定性、处罚听证程序中各方可否充分交换意见存疑。相较之下，SEC 行政法官独立且稳定、SEC 审裁程序中辩论与质证程序相对完备，其相关制度有颇多可借鉴之处。在目前证券法治语境下，由于证监会是内幕交易违法调查与行政处罚的核心

〔1〕 董绍坤：《场外配资合同效力认定的反思与重构》，载《华东政法大学学报》2021 年第 1 期。
〔2〕 缪因知：《反欺诈论下的内幕交易类型重构：原理反思与实证检验》，载《法学家》2021 年第 1 期。

主体，这对其执法的独立性、公正性和有效性确实提出了更高的要求。有学者认为，应当有选择性地参考 SEC 前述经验教训，证监会可从改善行政处罚委员会的组织机制、优化内幕交易的行政处罚程序、合理使用行政罚款的裁量空间和优化违法所得的计算方法四个方面着手不断优化裁量治理。[1]

（三）证券虚假陈述

1. 民事赔偿前置程序争议

近年来，最高人民法院不断尝试放松证券民事诉讼前置程序，最终实现了证券虚假陈述案件诉讼中前置程序的直接废除。有学者认为前置程序取消也会产生一系列的新情况和新问题，主要有：虚假陈述行为的“重大性”如何确定，这将直接影响投资者的损失是否具有可赔偿性；欺诈赔偿的诉讼时效期间何时起算，这将决定投资者迟至哪一时点之前起诉方能避免被告提出的时效抗辩；要件事实的举证事项如何完成，这将决定投资者实质上能否通过证券欺诈诉讼获得赔偿；欺诈赔偿民事诉讼与监管机构的行政调查如何协调，这将最终影响证券行政监管效能的发挥。[2]

还有学者认为，民事赔偿前置程序的取消会存在以下问题：首先，诉讼时效的起算无法再以前述行政处罚决定之日或刑事判决生效之日为节点，只能依据民法中关于诉讼时效期间应从权利人知道或者应当知道权利被侵害时起计算。对此，在实践中应淡化揭露主体的权威性，强化揭露信息的广泛传播性，弱化执法机关的影响力，强调公告内容的实质性披露。其次，前置程序取消后，法院需要对相关虚假信息是否具备重大性作出判断，这就需要进一步明确重大性的认定标准和实践操作流程。由于“价格敏感标准”的量化标准更加客观，因此，在缺乏“有关机关出具行政处罚或者生效刑事裁判文书”的情形下，人民法院应优先通过“可能对股市交易价格产生较大影响”作为标准对重大性加以判定，同时也可以结合“投资决策敏感标准”加以考量。再次，前置程序一旦取消，投资者只能通过自身的力量和违法行为人在诉讼中互相博弈，投资者个体举证能力差，证据采集手段落后，因而，有必要适当降低投资者的初步举证责任、合理分担证明重大性和消极事实的举证责任。最后，在民事诉讼与行政执法的协同方面，应坚持民事责任与行政责任相互独立的司法理念，也要建立法院与行政机关之间必要的沟通协调机制。[3]

2. 监事的责任

从实践角度看，关于勤勉义务履行标准的司法裁判主要涉及董事或独立董事，鲜有涉及监事，并且裁判路径一般是形式上的合规义务性审查，而几乎不涉及实质性审查。对监事勤

〔1〕 吕成龙：《中国证监会内幕交易处罚的裁量之治》，载《法学评论》2021 年第 5 期。

〔2〕 丁宇翔：《证券虚假陈述前置程序取消的辐散效应及其处理》，载《财经法学》2021 年第 5 期。

〔3〕 陈洁：《证券民事赔偿诉讼取消前置程序的司法应对——以虚假陈述民事赔偿为视角》，载《证券市场导报》2021 年第 5 期。

勉尽责的考察涉及对“合理人”标准、“合理信赖”专家意见、“合理调查”等概念的理解。侵权法客观过失的标准人即“合理人”，合理人的知识只能是当时其所在的共同体内众所周知的知识。至于对专家意见的信赖问题，我国证监会以往的执法实践表明董监高不能完全信赖专家的报告，不能以专家的报告未发现为由为自己开脱。有学者认为，证券执法司法机构应允许发行人的监事合理信赖专家意见；合理信赖是以合理调查为前提的，不作任何调查和复核，是不能信赖任何专家意见的；合理调查的标准，显然不能以专家的标准进行要求。监事不持有或仅持有很少数量的股权，其对公司的熟悉和控制程度高于兼职董事，因此调查义务次于“负有直接责任的主管人员”，高于不持有或仅持有很少数量股权的“兼职董事”。[1]

就监事民事责任的责任形态而言，司法实践中，法院对于《证券法》第 85 条董监高责任形态的立场主要有三种：连带赔偿责任、补充赔偿责任以及按份责任。有学者认为在对外民事责任形态上，应当对监事连带责任采取限制解释，即限定为监事与董高存在共同过错的情形，但在信息披露中，监事和董高之间存在明显的职责分工，难以形成有主观联系的共同过失。因此，监事连带责任情形主要产生在监事与董高之间存在共同故意的情形。此时，监事与董事、高管之间应当承担按份责任，只对自己重大过失行为导致的损害进行赔偿，无须承担全部外部风险。这既符合权责一致的理念，于监事承受能力而言也更为合理公平。[2]

3. 中介机构的法律责任

《证券法》在规定中介机构的赔偿责任时，明确适用过错推定的归责原则，因此，有学者认为中介机构的主观过错是其承担民事责任的前提基础，根据中介机构的主观过错状态区分其承担连带责任的范围，是在侵权责任法架构下，协调不同立法冲突的理性选择。因此，中介机构故意出具虚假验证文件时，应与委托人承担全部连带责任，过失出具虚假验证文件时，应就其负有责任部分承担连带责任。[3]

IPO 注册制下，中介机构只负有核查、监督信息披露义务人履行信息披露义务或对有关情况发表包含主观判断的专业意见的义务，故其通常不是信息披露义务人，仅保荐人和承销商的“直接责任人员”适用过错推定的连带责任。因此，有学者认为应当严格区分发行人与中介机构的虚假陈述民事责任，强化对发行人控股股东、实际控制人等“首恶”的民事追责，中介机构仅在专业和客观履职条件允许的范围内勤勉尽责。[4]另有学者认为，中介机构勤勉尽责的底线是对发行人提供的信息保持必要怀疑，对专业业务事项积极行动、合理调查，对非专业业务事项则可消极信赖专业人士的工作，除非有相反证据提示存在虚假陈述的

---

〔1〕 邢会强：《证券市场虚假陈述中的勤勉尽责标准与抗辩》，载《清华法学》2021 年第 5 期。

〔2〕 曹兴权、洪喜琪：《证券虚假陈述中监事民事责任研究——兼论〈证券法〉第 85 条的适用》，载《北方法学》2021 年第 5 期。

〔3〕 陈洁：《证券虚假陈述中审验机构连带责任的厘清与修正》，载《中国法学》2021 年第 6 期。

〔4〕 周卫青：《IPO 注册制下发行人与中介机构虚假陈述民事责任研究》，载《证券市场导报》2021 年第 4 期。

重大风险。[1] 在宏观的裁判思路上，中介机构的法律责任以侵权责任构成要件中的因果关系和主观过错为两条主线。有学者认为应当依据中介机构在导致投资者损失中的原因力大小和过错程度，合理确定其在证券发行虚假陈述中的赔偿责任。[2] 如就证券律师而言，目前法律与社会公众对证券律师的期望越来越高，证券律师需要调查的事项范围即法律事项的范围日益扩张，法律事项与财务事项的边界越来越模糊，尽职调查的深度要求也在扩张。但是，从系统的角度看，整个证券律师系统其实越来越难以承受法律提出的如此高的要求。有学者认为，应当区分法律事项与会计事项，限缩证券律师调查的事项范围，建议司法解释进一步明细证券律师注意义务的标准，降低证券律师调查的深度要求。[3]

（四）重大违法强制退市

核准制时期重大违法强制退市制度的困境，主要表现为退市时间冗长、适用率较低，而这种现实困境在注册制转型背景下更加突出。有学者认为，表面上，重大违法强制退市时间冗长、适用率低的原因在于证监会和人民法院的调查和决定缓慢。究其本质，我国重大违法强制退市制度困境的核心矛盾在于，作为自律机构的交易所在认定“重大违法”上存在逻辑障碍，交易所作为自律监管机构无权判断是否违法。交易所更加擅长判断公司是否违反了自律管理规定，而违反交易所自律规定很难说是“重大违法行为”。因此，该学者认为宜将“重大违法退市”修改为“损害证券市场声誉退市”。此外，一方面，证监会更能作出符合公共利益的退市规则与决定；另一方面，证监会作为有权机关，是明确重大违法等危害公共利益退市范围的适格主体，能够更及时作出退市决定。因此，证监会应保留部分强制退市的决策权。最后，为了避免实质存在重大违法行为，因不同退市情形程序效率不同而以其他情形退市，最终规避重新上市限制性条件的问题，应当遵循实质大于形式原则修改重新上市规则，发挥惩戒性价值，修改现行根据退市情形不同、适用不同重新上市规则的制度安排。[4]

（五）证券犯罪

《刑法修正案（十一）》以全面依法治国基本方略为统领，贯彻源头治理、系统治理和综合治理的方针，对金融犯罪相关规定修改存在加强与前置法的衔接、注重源头治理、重视罚金刑的适用、贯彻宽严相济刑事政策和体现保障民营经济发展的立法考量的特点。[5]

1. 从业禁止制度

司法实践中，刑事从业禁止制度极少适用于证券犯罪。有学者认为这种情况的出现归根

---

〔1〕 周淳：《证券发行虚假陈述：中介机构过错责任认定与反思》，载《证券市场导报》2021年第7期。

〔2〕 丁宇翔：《证券发行中介机构虚假陈述的责任分析——以因果关系和过错为视角》，载《环球法律评论》2021年第6期。

〔3〕 邢会强：《证券律师注意义务之边界》，载《商业经济与管理》2021年第9期。

〔4〕 张艳：《主动退市规制的德国经验与启示》，载《南大法学》2021年第4期。

〔5〕 卢建平：《完善金融刑法强化金融安全——〈刑法修正案（十一）〉金融犯罪相关规定评述》，载《中国法律评论》2021年第1期。

结底存在两方面原因：一是《证券法》专门规定了证券市场禁入措施，使得即使案件最终进入司法机关，相关的行政监管措施通常已经完成；二是理论界和实务界对《刑法》第37条第3款“其他法律、行政法规对其从事相关职业另有禁止或者限制性规定的，从其规定”的理解存在较大争议，导致司法机关面临法律适用的难题。关于对《刑法》第37条第3款“从其规定”的理解，有学者认为该条款并不是人民法院适用刑事从业禁止的例外性规定，将其理解为提示性规定更加合理。首先，刑事从业禁止制度作为一项新增设的制度，具有独立的价值和优势，应当得到积极适用；其次，若将该条第3款视为“但书”性规定，则破坏了刑法条文的逻辑性和自身规律；最后，刑事从业禁止与证券市场禁入等行政性从业限制措施相比，既有联系又有区别，从维护法律体系的统一性出发，应具体分析两种制度的特点和要件，加以科学应用，这也是将第3款理解成提示性规定的应有之义。[1]

2. 欺诈发行证券罪

司法机关在适用欺诈发行证券罪时存在诸多障碍，对于本罪的争论主要集中在保护法益和股东、实际控制人界定的问题。就欺诈发行证券罪的保护法益而言，有学者认为本罪保护的社会法益是投资者对证券审查机关的信赖。该法益可以还原为个人法益，亦即广大投资者的财产利益。如果没有侵害广大投资者财产利益的危险性，则不构成侵害社会法益的犯罪，即欺诈发行证券罪。此外，本罪间接保护的法益是广大投资者的财产利益，这是指不特定人或多数人的财产利益。特定少数人的财产利益由侵犯财产罪予以保护。[2]就股东、实际控制人界定的问题而言，不应以是否持有股份作为认定控股股东和实际控制人的判断依据。有学者赞同以上观点，认为要采用实质认定的方式判定刑法中控股股东和实际控制人，因为实践中一般可以通过持股比例等书证查证行为人是否属于控股股东。[3]

三、投资者保护

（一）投资者之内涵

1. 金融消费者与投资者

对于“金融消费者”，外国立法例主要分为两种，一是将金融消费者限定为以生活消费为目的之自然人，如英国、美国和欧盟；二是将其界定为接受金融服务的自然人和法人，如日本、韩国。有学者认为其共同点在于，相关金融消费者概念均系一般消费者立法中消费者

---

〔1〕 黄伯青、李杰文：《在证券犯罪中合理适用刑事从业禁止制度之提倡——以宁某内幕交易案为切入点》，载《法律适用》2021年第5期。

〔2〕 柏浪涛：《欺诈发行证券罪的教义学分析》，载《中国刑事法杂志》2021年第4期。

〔3〕 商浩文：《论欺诈发行证券罪的规范构造——以〈刑法修正案（十一）〉为视角》，载《中国政法大学学报》2021年第5期。

概念的延伸，并各有其金融监管体制基础。

在处理金融消费者与投资者的关系这一问题上，域外立法模式主要有以下四种。第一种，金融消费者和投资者少有交集，前者限于自然人，而后者包括自然人和法人。除此之外，在分业模式下，前者主要指接受银行产品或服务的主体，后者主要指证券投资者。第二种，金融消费者与投资者高度交叉，在主体范围上也与第一种一致，但是没有分业模式的影响将其区分，故二者在绝大多数情况下可以同等使用。第三种，金融消费者是投资者的上位概念，二者均包括自然人和法人。第四种，金融消费者与投资者几乎无交集，各自都包括自然人和法人。学者建议我国应参考日韩模式，将金融消费者的内涵定义的宽泛些，包括接受金融商品或服务的自然人、法人和非法人组织。也就是说，将投资者作为金融消费者当中的一类特殊群体，用具体条件加以区分，这一具体条件是“以获取收益为目的，并自行承担风险”。在此基础上，再将投资者区分为一般投资者与专业投资者，前者与金融消费者享受同等的保护，而对专业投资者则仅提供有限的保护。如此划分的原因在于，随着金融市场的发展，兼具生活消费与投资获利双重功能的金融产品不断涌现，自然导致了“消费者”与“投资者”之间界限的模糊，从投资者保护的角度出发，只有专业投资者应当被明确区分。[1]

2. 机构投资者

机构投资者被认为是推动公司治理和资本市场发展的重要力量，这二者的进步也在一定程度上关系到投资者保护的环境与水平。随着机构投资者持股规模的增长，借其力量改善我国资本市场环境的愿望越发强烈。

有学者通过实证研究发现机构投资者参与公司治理存在两个现象：（1）机构投资者持股比例、类型不同带来公司治理的效果不同。公募基金在 A 股上市公司持股比例与遏制大股东掏空上市公司的治理效果成正比；合格境外投资者持股比例的多寡，对于缓解上市公司的掏空治理问题并无显著关系；在 2017 ~ 2019 年，私募基金持股比例的提升伴随着更为严重的上市公司掏空问题。（2）交易规制措施日益严密带来了负外部性，制约甚至降低了机构投资者的治理效能。对此，其建议，应当在机构投资者中辨别出“不以获得公司控制权为目的”的机构投资者，对其在减持和权益披露等规则中适度豁免，以此降低机构投资者积极行动的成本，为其参与公司治理创造更多的机会和条件。[2]

另有学者将机构投资者与差异化股权制度相联系，并表达了对机构投资者参与上市公司治理效能降低的担忧。一方面，机构投资者的股东意识在逐渐觉醒；另一方面，差异化表决结构增加了公司的代理成本，使公司难以作出最优决策，并且影响了控制权市场的作用，进而阻碍了机构投资者股东权利的实现。[3]

---

〔1〕 任自力：《金融消费者与消费者、投资者的关系界分》，载《中国政法大学学报》2021 年第 6 期。
〔2〕 龚浩川、习超：《戴着镣铐跳舞的机构投资者》，载《清华法学》2021 年第 5 期。
〔3〕 张赫曦：《机构投资者与我国差异化股权制度的协调发展》，载《华东政法大学学报》2021 年第 2 期。

（二）投资者适当性义务

关于投资者适当性义务，有学者通过实证考察发现如下现象：（1）相关案件数量不多，但增长明显；（2）投资者常有过错，赔偿率低于境外水平；（3）匹配义务类案件最多，风险揭示义务类案件赔偿率最高；（4）相关案件多发于银行非保本理财产品和投资顾问业务；（5）原告多为中小投资者和老年人，有些法院明确以投资者是“高龄老人”为由加重了金融机构的责任。[1]

1. 理论基础

美国的金融机构适当性义务之理论基础有以下几种：一是代理理论，认为代理人义务中包括适当性义务，但其缺点在于，代理义务并不要求代理人对产品有认知，与适当性义务略有出入；二是特殊情况理论，是对代理理论的矫正，认为只有在金融机构的行为显示出已经被投资者信赖时，其才承担信义义务；三是信义义务理论，其强调了受益人对受托人的信赖，要求受托人为受益人的最大利益而做出行为，但其高估了证券经纪自营商在利益面前的自我约束能力；四是招牌理论，认为券商挂出招牌即意味着作出了与投资者公平交易的承诺，但其仅是在监管角度理解适当性义务。

有学者指出，可以将适当性义务的理论基础本土化，认为诚实信用原则之内涵与适当性义务重合，且我国金融市场中的基础性法律规范均已将诚实信用原则作为金融活动的根本原则，故我国更加适合以诚实信用原则为理论基础，构建金融机构适当性义务规则。[2]

2. 评级制度

实践中，现有评级制度主要暴露出了两点缺陷，一是标准化问卷僵化且形式化，二是目前的级别划分无法应对风险的多面性。前者导致金融机构只能了解到投资者的客观风险承受能力，如财产状况等，而无法全面了解投资者的主观风险偏好等，后者导致金融机构难以全面、准确地评估产品风险。对此，有学者建议精细化完善现有评级制度，由金融产品研发者承担对金融产品的初始评级责任，销售者在销售金融产品时进行再次评级，且评级结果不能低于初始结果，同时使研发者和销售者就评级结果向投资者承担连带责任。[3]另有学者建议寻找替代制度，信息披露制度相较于目前存在较大弊端的风险等级划分及匹配的做法更为奏效，完全可以作为一种暂时的替代性方案，因此努力的重心应放在提升信息披露制度的合理性与完备性等方面。[4]

---

〔1〕 黄辉：《金融机构的投资者适当性义务：实证研究与完善建议》，载《法学评论》2021年第2期。

〔2〕 任自力、刘佳：《论金融机构适当性义务的理论基础与规则完善》，载《中南大学学报（社会科学版）》2021年第5期。

〔3〕 任自力、刘佳：《论金融机构适当性义务的理论基础与规则完善》，载《中南大学学报（社会科学版）》2021年（第27卷）第5期。

〔4〕 李海龙：《资本市场投资者适当性规则的美国经验与中国探索》，载《环球法律评论》2021年第3期。

3. 免责机制

当金融机构因违反适当性义务而承担责任时，我国目前的处理方式较为粗糙，往往在保护投资者的同时，使金融机构承担过于严苛的法律责任，因此，应当探究如何科学合理地划分金融机构的责任范围，平衡投资者与金融机构之间的利益。有学者认为，众多观点的共同之处在于，将投资者对金融机构的信赖作为核心要素，故此可以将信赖利益作为金融机构承担责任的构成要件之一。判断信赖利益是否存在，主要应当考虑两点，一是“信赖”是否合理，具体而言，需要判断投资者是否善意无过失，并且符合“理性人”的标准。二是投资者是否基于信赖实施投资决策。由此可以得出金融机构免责的情形，即投资者违反信息提供义务、投资者具有专业性以及投资者资源风险错配。〔1〕

4. 监管模式

从规范视角审视我国目前的投资者适当性义务模式，其性质属于“规则监管”，通过制定标准化的清单、流程等方式，尽可能地减少了监管过程中来自主观因素的影响。“规则监管”需要监管机关作出足够详细的成文规定，做到统一适用。但遗憾的是，市场中仍有大量的金融机构及其工作人员通过各种对策在形式上满足规则要求，但实质上绕开投资者适当性义务的规制。有学者建议，我国可以建立“原则监管”的模式，将监管从依赖于详细、具体的规则转向更多地依赖于一种更高级、更宽泛的规则或原则来设定监管对象开展业务的标准。在“原则监管”的模式下，监管者可以明确向市场主体传达目标和价值观，提升监管者与监管对象之间的互信程度，并且使监管者可以在事后评价监管对象的行为，而非只能依据事前规则。如此一来，通过“前瞻式”的目标监管和“介入式”的过程监管，真正实现证券行业自身发展和金融消费者合法权益保护的双重监管目标，形成作为“定性”工具的原则监管与作为“定量”工具的规则监管相互补充、相互配合的并行监管机制。〔2〕

（三）智能投顾业务中的投资者保护

随着金融科技的发展，职能投顾业务日益多见。有学者研究认为，由于智能投顾业务中责任主体不明、投资顾问能力的判断标准缺失、智能投顾信息披露标准供给不足、投资者适当性义务形式化严重等问题，已经让风险分配在智能投顾领域中失守。因此，建议从如下几方面进行制度完善：引入风险控制路径，约束运营者，明确义务主体和责任主体；提供具体明确的披露标准、涉及的算法逻辑和人工介入程度等；对非合格投资者设置投资限额；完善智能投顾平台准入与审查，以此保护投资者权益，同时促进智能投顾业务发展。〔3〕

〔1〕 胡改蓉、钱程：《投资者适当性管理制度中金融机构的免责机制——以“信赖利益”判断为核心》，载《证券市场导报》2021 年第 10 期。

〔2〕 郑彧：《新证券法下“投资者适当性义务”的实现路径——从“规则监管”到“原则监管”的转变》，载《证券市场导报》2021 年第 3 期。

〔3〕 侯东德、周莉欣：《风险理论视角下智能投顾投资者的保护路径》，载《华东政法大学学报》2021 年第 4 期。

（四）退市中的投资者保护

1. 主动退市

目前在主动退市规则中，我国采取对投资者赋权的模式，即主动退市决议需要经过股东大会才能生效，不同意退市的投资者可以要求公司回购股份。由此可以看出，现行法将主动退市规制视为纯粹的公司法问题，具体而言，其将主动退市等同于公司的结构性措施，并将投资者等同于类别股东，试图通过公司法中的类别决议与异议股东保护制度实现主动退市规制。这一模式的初衷在于防止大股东滥用权利，但遗憾的是其带来了“投资者控制”问题。对此，有学者认为，不妨转变理念，采用投资者补偿型的模式，通过经济补偿缓解投资者与大股东之间的矛盾。具体而言，可以学习德国构建强制收购要约制度，其核心在于两点，一是要约不得附条件，二是收购价格以交易所挂牌价格为原则，以股票实际价格为例外。除此之外，为了配合强制收购要约制度，要取消由证监会在退市意见中续造的类别决议。〔1〕

2. 强制退市

强制退市可以分为两种，即经营类退市和违法类退市，前者原因在于商业风险，故应当使用“买者自负”的原则，无须对投资者进行补偿。后者是因违法行为而起，如欺诈发行、虚假陈述等，故相关责任人当然要对投资者承担责任。因其背后的违法行为，对违法类强制退市的讨论自然在投资者保护的范围内。目前的规则追求效率有余而保护投资者不足，虽然为投资者提供了“整理期”和“转板交易”等途径挽回一定损失，但实际上，因为“整理期”的股票几乎无人问津，场外市场上的潜在买家不足，所以二者在客观上很难起到保护投资者的作用。有学者建议，应建立以非诉程序为主、诉讼程序为辅，常规高效的投资者损害赔偿救济体系，其内容主要包括以下几点：一是先行赔付制度，在发行人的行为存在重大违法时，先于行政处罚、司法裁判作出结果之前对投资者予以赔付；二是欺诈发行责令回购制度，在先行赔付制度未启动或赔付不充分时责令发行人回购股票；三是代表人诉讼制度，在前两种手段都失灵时，给予投资者通过诉讼寻求救济的途径。〔2〕

（五）证券市场纠纷解决机制

1. 证券代表诉讼

我国在建立投服中心之后，股东代表诉讼制度并未如预期般活跃，其原因主要在于，投服中心也很难摆脱有限诉讼资源和较高诉讼难度的困境。除此之外，投服中心在该项制度中的作用也遭到了质疑，一是考虑到投服中心面对的上述困境，投服中心股东代表诉讼并无能力取代普通股东代表诉讼，二是考虑到普通股东可能产生的依赖心理，投服中心股东代表诉

---

〔1〕 张艳：《主动退市规制的德国经验与启示》，载《南大法学》2021年第4期。

〔2〕 张艳：《注册制下科创板退市法律规制模式转型——以投资者保护为核心》，载《上海财经大学学报》2021年第3期。

讼并不能激励普通股东代表诉讼。对此，有学者建议，有必要厘清投服中心的监管角色，将其落实的股东代表诉讼，定位为补充性、示范性的公益性股东代表诉讼。与此配套的，要通过适用律师薪酬激励、放宽诉讼对象标准、优化证据收集途径、创新持股行权方式等途径缓解投服中心所面临的问题。[1]

就我国的证券特别代表人诉讼制度而言，有学者将其与美国的集团诉讼进行了比较，并认为，尽管“明示退出、默示加入”的规则借鉴了美国的集团诉讼规则，但两国在制度构造上的差异也是明显的，尤其是美国的集团诉讼由律师主导，中国的集团诉讼则由投资者保护机构主导，实践中，主要是证监会授权的投服中心作为特别代表人。集团诉讼是为了解决“市场失灵”和“政府失灵”两个问题，但投服中心是否能解决以上问题尚存怀疑。[2]

2. 仲裁

仲裁作为重要的替代性纠纷解决机制，应当在证券市场中发挥积极作用。比如，在美国，面对诉讼数量剧增的问题，其一方面提高私人诉讼标准，另一方面通过仲裁化解纠纷。美国金融业监管局设立了专门机构承接证券纠纷的仲裁与调解业务，这一机构的特点是：第一，仲裁裁决通常只包含事实认定，并不对裁决作出解释和说明；第二，无须考虑先例，不要求公开裁决书；第三，裁决被法院撤销的可能性微乎其微；第四，仲裁员在作出裁决时并不严格遵照法律之规定。但是仲裁不适用集团诉讼，所以只有个人纠纷可以借此解决。我国可以借鉴相关经验，通过仲裁手段提高证券市场纠纷的解决效率。[3]

（六）社会化保护

在证券市场发展的过程中，投资者逐渐处于弱势，所以在制度上往往对其进行倾斜性保护，这也是证券监管的核心目标。但在我国的实践中，行政的强力监管虽强调保护但却往往被监管的“维稳”、“调控”、“不理性”或“寻租”等的优先性所吸收。对此，有学者建议证券投资者保护应当走向社会化，主要路线包括：第一，通过保护机构的独立性化解对监管机构是否能够维护公众利益的质疑；第二，通过社会化参与执行机制，化解行政监管机构的垄断主导；第三，通过治理主体的“私法行权”，剥离投服中心的监管元素，更多的体现私主体特性；第四，通过治理主体的专业化“权能”，提升其威慑力；第五，通过提高投资者保护的主体自觉，促进市场成熟发展；第六，通过示范性诉讼的激励性约束，强化司法保障成果。[4]

---

〔1〕 苏杭、方乐：《投资者保护机构股东代表诉讼机制研究》，载《金融监管研究》2021 年第 6 期。

〔2〕 蔡伟、黄韬、冷静、缪因知：《新〈证券法〉投资者保护机制实施的“中国问题”》，载《地方立法研究》2021 年第 4 期。

〔3〕 李海龙：《资本市场投资者适当性规则的美国经验与中国探索》，载《环球法律评论》2021 年第 3 期。

〔4〕 石超：《证券投资者保护的社会化》，载《重庆大学学报（社会科学版）》2021 年第 1 期。

四、证券市场监管制度

（一）地方执法

证监会中央机关的单一执法模式自2015年《中国证监会派出机构监管职责规定》施行后就被改变，证监会在各地的派出机构有权对证券违法案件进行行政处罚，且力度有所加大。后续至今，这一体制在实践中显现出诸多问题。由于地方保护主义、执法经验缺乏和人力资源不均等原因，出现了执法数量与类型不均、违法行为性质认定不一、行政处罚裁量幅度不同等现象。对此，有学者建议，首先应当重置证监会地方派出机构体系，根据经济区划和资本市场发展程度，重新规划证监会派出机构，或者单独整合派出机构中的稽查部门，减少监管机构重复建设及解决执法力量较为分散的问题。其次，应优化执法部门的监管资源配置，不断提高证券执法的专业度和精细度。最后，应当规范各地执法风格和裁量标准，避免运动式执法、及时总结经验、促进专业培训和异地交流、加强机构间协调机制。[1]

（二）金融司法与监管协同

有学者认为，我国金融司法并未完全认可监管规则，二者之间的关系不稳定，法院态度摇摆，双方之间关系的变化也往往取决于司法权，其对监管规则的选择性适用，更多是基于司法公共性政策等因素的考量和权衡。为了构建金融司法与金融监管的协同机制，首先，应当确立司法尊重金融监管规则的基本原则；其次，要强化法院与金融监管部门的沟通和协调机制；再次，可以制定标准合同条款，通过合同监管实施金融治理；最后，需要加强在责任追究方面的协同。[2]

（三）流动性监管

有学者总结我国金融市场流动性监管的历史发展后认为，首先，我国流动性监管法律制度是一个后发国家所经历的制度模仿与创新的过程。其次，在互联网时代，流动性风险会在瞬间引发一国乃至全球系统性风险，维护金融安全、守住不发生系统性风险底线，是我国流动性监管法律制度的价值与目标。再次，我国流动性监管法律制度创新、演进经历了先银行业、再非银行业的先后过程。最后，将流动性监管置于和资本监管同样重要的位置，是我国流动性监管法律制度创新与演进中所经历的监管理念与态度之重大转变。此外，我国金融市场流动性监管法律制度还存在以下问题，一是法律规范的层次较低、政策依据过多、法律依据不足；二是其不能适应当下金融市场深度融合的现实。对此，首先，应当将流动性监管原

---

〔1〕 吕成龙：《证监会地方执法的绩效实证与机制改革》，载《行政法学研究》2021年第4期。
〔2〕 鲁篱：《论金融司法与金融监管协同治理机制》，载《中国法学》2021年第2期。

则、核心指标等由权力机关予以立法确认，甚至针对流动性监管单独立法。其次，出台统一的金融监管法，而并非分业监管，以此来实现综合经营改革。[1]

（四）跨国监管

1. 证券法域外适用

我国《证券法》第2条第4款规定了域外适用制度，但其自身的原则性较强，且并没有具体的配套制度，使得该法条在实践中可能遇到适用困难，因此需要从法律解释的角度使其具备可操作性。有学者认为，我国《证券法》对域外证券违法活动扰乱我国境内市场秩序，损害境内投资者权益的行为，仅规定了“依照本法有关规定处理并追究责任”，并没有对“如何处理”“如何追究法律责任”作出安排，这使我国证券法域外适用法律后果的实现必然会遇到障碍。[2]另有学者认为，我国还存在证券监管机关执法权限不足、跨境执法经验匮乏、司法保障机制不完善、跨境证券监管合作机制尚未有效搭建、管辖冲突问题凸显等问题亟待解决等问题。对于上述问题，学者呼吁在完善《证券法》域外适用实施细则与司法解释的同时，赋予证监会强制传唤权和一定条件下的诉权，以加强其执法能力；赋予法院域外适用主导权和实施规则的制定权与解释权，以提升其证券法域外适用中的主体地位；并加强证券监管合作，参考WTO设置争端解决机制，强化阻断性立法。[3]

2. 软法治理

在金融科技的推动下，数字金融发展迅速，并且因其跨国性较强，所以对金融监管提出了较高要求。观察传统的双边监管方式，其效果并不理想，在一定程度上造成了资源错配，而且容易带来强势国家的单方面控制，表现为“长臂管辖”等现象。针对以上问题，有学者提出，可以用软法治理应对目前全球数字金融监管的问题。这样的软法治理，多由国际组织主导，并由其制定标准，推动国家层面的磋商与合作。首先，在推动协商达成跨国监管的共识方面，软法具有丰富的治理工具，能够提升监管的穿透力，同时促成多方共享信息。其次，在标准共享和参与激励方面，软法可以灵活地设置和调整目标，为制定较高监管标准提供缓冲空间。考虑到软法与硬法的衔接问题，要通过义务性硬法改善软法治理下的成员投机，以程序性硬法软化软法治理下的数字金融公平，以强执行性硬法阻断软法治理下的跨国数字垄断。这样一来，软法可以与硬法优势互补，硬法建立可靠的基础框架，软法负责推动监管标准的制定。[4]

---

[1] 刘丹冰、许青伟：《我国金融市场流动性监管法律制度的创新与演进——从“守住不发生系统性风险底线”说起》，载《西北大学学报（哲学社会科学版）》2021年第4期。

[2] 郭金良：《我国〈证券法〉域外适用规则的解释论》，载《现代法学》2021年第5期。

[3] 王洋：《我国证券法域外适用性改革研究》，载《金融监管研究》2021年第6期。

[4] 王兰：《全球数字金融监管异化的软法治理归正》，载《现代法学》2021年第3期。

2021年中国破产法理论研究综述

林　怡

2021年，中国破产法在理论和实务方面的研究继续趋于深入和完善。学者们出版和发表了大量学术类、实务类著作，助力市场经济焕发活力，其中代表性著作如下：

理论研究类著作有：李曙光、刘延岭：《破产法评论（第3卷）——个人破产与违约债》，法律出版社；张善斌、陈晓星：《民法典时代破产制度的革新》，武汉大学出版社；陈夏红：《破产企业职工权益保护——模式、情景与程序》，法律出版社；陈夏红：《破产法札记》，法律出版社；王静：《实质合并破产法律制度构造研究》，法律出版社；徐阳光、范志勇、徐战成：《破产法与税法的理念融合及制度衔接》，法律出版社；张钦昱：《破产法新视阈：破产法与相关部门法的共生与融合》，法律出版社；王欣新、郑志斌：《破产法论坛（第二十辑）》（上下册），法律出版社；刘宁：《破产法研究》（2020年卷），上海三联书店；何旺翔：《破产重整制度改革研究》，中国政法大学出版社；［英］伊恩·拉姆齐：《21世纪个人破产法：美国和欧洲比较研究》，刘静译，法律出版社。

实务类著作主要包括：江丁库：《个人破产法律实务》，法律出版社；朱全胜：《破产管理人工作手册（一）——破产清算》，法律出版社；陈夏红：《房企破产清算与重整18招》，法律出版社；陈夏红：《企业破产法注释》，北京大学出版社；高美丽：《破产诉讼案件裁判规则与管理人实务》，中国法制出版社；深圳市中级人民法院：《深圳破产审判年刊（2020）》，人民法院出版社；行江：《中国破产刑事法立法及实务研究》，安徽大学出版社；王欣新：《破产王道——破产法司法文件解读》，法律出版社；刘开坛：《破产法实务指南》，法律出版社；谢晓静：《企业预重整——法律实务与操作指引》，法律出版社；孔宪根、谢仁海、张海勇：《破产管理人理论认知与实务策略》（全 2 册），江苏大学出版社；孙海龙、司伟、邬砚：《破产法律报告》，人民法院出版社；左娅菲娜、常硕：《中国企业兼并重组、解散清算、破产重整全书》，中国政法大学出版社；韩长印：《破产疑难案例研习报告》（2020 年卷），中国政法大学出版社；曹守晔：《破产纠纷案件裁判规则（一）——破产债权效力与破产财产》，法律出版社。

此外，在学术论文方面，学者主要关注了破产中的府院联动机制、破产预重整制度与重整制度、破产管理人相关规则，以及关联企业破产、金融机构破产、特殊企业破产、个人破产、跨境破产等相关制度的完善。

一、破产法基本理论

（一）明确“营业”的破产法意义

我国《企业破产法》多次使用“营业”概念，但无一般条款界定其含义，影响了规则的适用。根据商法一般理论，“营业”既指营业活动，也指营业结构，两相互动，使其整体价值通常高于各项元素价值的加总。这一特点在破产程序中表现为，营业的继续经营价值往往高于清算价值，整体变卖价值往往高于分拆变卖价值，因而清算过程中的营业整体转让和以营业为拯救对象的转让型重整日益受到破产理论和实务界的重视。

在我国没有商法典、商法通则或关于“营业”的专门法律对何为“营业”作出界定的情况下，破产法是完成此项工作的最合适的场所。鉴于清算和重整程序中的营业的转让有别于一般转让的背景和目的，应当适用一些特殊的规则；设立关于营业转让的一般规则虽然不适宜由破产法代劳，但一旦通过某种方式就营业的转让建立起一般制度，破产法就应当给予回应，在一般制度的基础上，为发生在破产清算或重整程序中的营业转让作出特别安排。[1]

（二）破产中的府院联动机制

为突破我国破产府院联动机制固有的单向性思维定式与历史局限性，针对破产府院联动机制的双向互动性运行方式，应当在明晰破产司法与行政各自主要职能的基础上，以妥当的能动司法来完善。虽然破产管理人分担了法院诸多事务性工作，但破产法院仍然主导着破产程序的整体流程，更多地发挥着指导和监督的职能，破产法院引导着破产案件的方向与进展，故破产司法权内含行政管理因素。建议在我国设置破产服务局，分担破产法官的行政性职能，并协调相关行政机关处理破产衍生社会问题，以在破产法治领域形成司法与行政机关分立、权责清晰的应然的权力原始格局。如此可避免我国破产法官在破产案件中发生过度逾

〔1〕 马哲：《“营业”的破产法意义——兼论对我国〈企业破产法〉的完善建议》，载《中国政法大学学报》2021 年第 4 期。

越司法权的能动司法行为。应将破产程序中的能动司法严格限定在狭义的司法权运行下的法律方法论意义中，进一步明晰破产司法与行政的权界，夯实我国现代法治的根基。〔1〕

（三）破产中立原则下我国反破产歧视机制的构建

首先，确立破产中立原则。《企业破产法》及未来出台的个人破产立法不仅不能出现歧视破产者的规定，还应在资质授予、劳动就业、国家援助方面规定对破产者公平保护的条款。其次，编织反破产歧视的内部安全网。不仅应淡化破产者标签，还需增设反破产歧视措施。可增设行政机关、市场主体反破产歧视措施并过滤破产歧视条款，违背破产中立原则又缺乏合理理由的歧视条款，应从《企业破产法》中去除。最后，筑牢反破产歧视的外部防火墙。对私有部门发生的破产歧视行为，可通过赋予受歧视者诉权的方式实施救济。对行政部门实施的具体破产歧视行为，受歧视者可通过提起行政复议或行政诉讼等机制予以纠正。反对破产歧视，还需要社会信用体系协同并进，建立信用修复机制的同时，保护破产信息，对恶意破产者实施信用惩戒。〔2〕

（四）破产制度的优化

针对世界银行《营商环境报告》评价指标中有关破产法律框架和其他涉及破产法的问题，即破产程序的申请权、破产程序启动后新信贷的优先权、重整程序中的表决权、债权人在破产程序中的权利等问题，有学者提出：要明确保障债权人对清算程序转为重整程序的后续申请权；明确《最高人民法院关于适用〈中华人民共和国企业破产法〉若干问题的规定（三）》（以下简称《破产法司法解释（三）》）中破产申请受理后的新贷款可以参照共益债务优先于普通破产债权的清偿顺位；《企业破产法》第 83 条建立的利益不受影响的债权人类别不参加重整计划表决的原则，是《破产法司法解释（三）》相关规定的制定依据；通过分析《企业破产法》和《破产法司法解释（三）》对管理人、债权人会议和债权人委员会三者之间对债务人财产处分权利的划分，应明确管理人的财产处分行为不得与债权人会议通过的财产管理方案和变价方案相冲突，保障每个债权人通过债权人会议和债权人委员会对债务人财产的处分权。该学者同时强调指出《破产法司法解释（三）》保障单个债权人知情权规定的重要意义。在破产结果问题上，应突出在重整程序和清算程序中以企业营业整体出售方式对营运价值的保留。〔3〕

另有学者认为，我国《企业破产法》的有效覆盖范围仅限于部分法人型企业，与市场经济健康运行对破产法律制度的需求不匹配。因此，我国《企业破产法》的改革应该站在市场经济运行的高度，构建覆盖所有市场主体的现代破产法。从市场经济运行的角度，可以把市

---

〔1〕 范志勇：《从单向走向互动的破产府院联动机制——以我国法院的破产能动司法为中心》，载《中国政法大学学报》2021 年第 1 期。

〔2〕 张钦昱：《破产歧视与反歧视》，载《法学杂志》2021 年第 6 期。

〔3〕 王欣新：《营商环境破产评价指标的内容解读与立法完善》，载《法治研究》2021 年第 3 期。

场主体的债务划分成营业债务、金融债务和消费债务三个类别，每一类别债务的危机救助遵循不同的制度逻辑。有效率的破产法应该根据不同类别债务的特点，以及不同法律组织形式的市场主体在资产结构、债务结构、控制权结构上的特质，为不同的市场主体提供可供选择的债务危机救助制度。在以上基本理念的基础上，破产法还应该在具体规则设计上，把握好强制性规则与备用性规则的合理配置，确保破产法为市场主体提供充分的制度菜单，让市场主体有权利在法律框架下选择适合自己的制度菜单，即制定市场主体友好型破产法。〔1〕

二、破产重整相关问题

（一）预重整的法律规则

我国虽然通过司法性文件引入了“预重整”概念，但尚未出台统一且具体的规则，而是采取由地方法院自行探索实践并制定地方规则的做法。

预重整制度作为一项新类型的困境企业拯救机制，是基于市场主体意思自治但又导向庭内正式重整程序的庭外重组谈判程序，其规范构建应当重点关注结果规制和程序规制两个层面。预重整的结果规制主要是规范预重整方案，在重整程序获得批准进而产生强制效力的过程；预重整的程序规制应着眼于规范预重整程序的整个流程设计。还需要注意发挥中介机构的辅助作用，但不宜采取指定管理人或临时管理人的做法，以避免法院和政府过度介入损害预重整意思自治本质属性。〔2〕在破产法修订中设置预重整法律制度需要考虑和解决的问题包括：预重整作为法庭外重组与法庭内重整“衔接桥梁”的法律地位、规则和关系基础，以及“衔接路径”的具体制度设计，包括申请预重整的逻辑选择、预重整的立法现状，预重整的申请主体、适用范围、程序启动、债权人委员会、临时管理人、信息披露、预重整方案批准等。〔3〕

（二）重整制度的具体规则

1. 重整计划出资人权益调整机制之完善

正视上市公司股份在多维度下的价值背离现象，确定适合的出资人权益调整对象，形成可接受的、公平的出资人权益调整方案，是最终促进重整计划得以顺利通过、随即得以执行的关键。企业破产法建立的重整程序并未对重整计划的内容作出过多限制，原因在于重整制度为债权人、债务人、出资人等提供法定的谈判制度框架，而为完善出资人权益调整制度，应当从完善重整中的信息披露制度、推动出资人和债权人之间的互动对话、完善破产法与其

〔1〕 王佐发：《“市场主体友好型”破产法：理论反思与制度建构——兼论中国破产法的修改》，载《中国政法大学学报》2021 年第 4 期。

〔2〕 徐阳光：《困境企业预重整的法律规制研究》，载《法商研究》2021 年第 3 期。

〔3〕 张艳丽、陈俊清：《预重整：法庭外重组与法庭内重整的衔接》，载《河北法学》2021 年第 2 期。

他民商事法律民事诉讼程序的衔接入手，为当事人间的谈判协商提供更多的事实依据与政策空间，从而调动出资人参与企业重整的积极性，提升各方对出资人权益调整制度乃至破产重整制度的接受度和信心。〔1〕

2. 企业破产重整信息披露

我国《企业破产法》目前对于信息披露的规定散见于各章，尚未实现体系化，对于破产重整阶段信息披露的时间和内容更是没有明确的规定。需结合我国实际情况按照破产重整程序推进的逻辑完善信息披露制度，规范信息披露的时间节点。有学者建议于重整程序启动前披露经营信息并召开听证会，表决前预先披露重整计划草案与披露说明，重整计划执行阶段定期披露执行进展，在以上三个阶段对信息披露的时间节点与内容进行规范与细化。除了完善破产法上的信息披露规定，还应当强化人民法院在重整中的监督管理职能。〔2〕

3. 重整程序中债务人自行管理的权限与监督

当前我国《企业破产法》规定了破产重整期间的债务人自行管理和管理人管理，但未对债务人自行管理模式下自行管理债务人的权限和管理人的监管职责进行规定，应在债务人自行管理制度中平衡债务人“自行管理”和管理人“监管”，建立以管理人信息披露义务为核心的灵活监督机制。管理人对债务人自行管理的监督职权应当包括调查权、检查权、债权审查权、重大处分异议权、法律程序监督权、债权人会议参与权、不当行为纠正权、债务人自行管理终结建议权、程序转换建议权、重整协议建议权、报告义务、文件公开义务。同时法院可以依据个案情况要求管理人负责债权人会议和债权人委员会的召集和召开、参加法律程序、审核重大处分、对管理和财务提出意见、代行部分管理与处分权等。为了保障债务人自行管理的空间，不应对其进行过分的公章、安保限制。自行管理债务人的行为受商业判断规则保护。若债务人存在不当行为，应当要求其纠正以至于申请终结其自行管理。在履行上述职责时，管理人应当依据诚实信用行事且采取合理注意，由此对信赖其报告和意见产生的损失不承担责任。〔3〕

4. 重整中的债权处理规则

（1）企业破产重整中的优先原则

债权人与债务人企业的出资人之间、不同受偿顺位的债权人之间应根据一定的优先原则分享重整利益，是重整计划强制批准时应予实质审查的重要条件。绝对优先原则在明确重整参与各方的预期、激励各方进行有效谈判并为法院强裁划定权利保护底线方面具有重要的制度价值。相对优先原则虽然回应了对绝对优先原则下企业估值成本过高等质疑，但优先标准

〔1〕 陈景善、李魏：《上市公司破产重整中出资人权益调整机制之完善》，载《上海政法学院学报（法治论丛）》2021年第4期。

〔2〕 陈荟、康彩霞：《论企业破产重整信息披露时间节点的规范与细化》，载《法学论坛》2021年第2期。

〔3〕 包丁裕睿：《论重整程序中自行管理债务人的权限与监督》，载《中国政法大学学报》2021年第4期。

的模糊导致其对利益相关方谈判协商激励不足，强裁时优先级权利被牺牲的可能性大大提高，因而无法替代绝对优先原则的地位。我国企业破产重整的制度与实践也表明，在《企业破产法》修订时应明确确立绝对优先原则。〔1〕

（2）重整程序中未申报债权的清偿规则

当前，《企业破产法》确定的未申报债权补充受偿规则，客观上会使所有未申报的债权人获得与申报债权同等地位的受偿，损害了重整债务人和重整投资者的利益。私人权利应让渡于重整程序挽救债务人程序功能，未申报债权需要尊重重整计划的既判力及其权利义务内容。理论上，仅在债权人因正当理由未申报债权时，方可再次向债务人主张权利，但应按照重整计划约定的清偿比例和条件受偿，同时也应承担因重整计划的特别约定而未获清偿的风险。重整程序中，债权人申报债权虽可产生时效中断的后果，但未申报债权无法适用时效中断规则予以保护，至多可适用诉讼时效中止规则，在未申报债权的客观原因消除或重整计划执行完毕后（以较晚者为计算点）的6个内，得向重整债务人请求补充受偿。〔2〕

（3）计划终止后债权清偿的效力

由于重整计划的自治性内涵及破产重整程序的复杂性，重整计划终止后债权清偿结果的多样性并非“仍然有效”的字面所能涵摄和解决。未来可以考虑对《企业破产法》第93条进行完善，在坚持“仍然有效”的原则之下，对担保债权和普通债权进行区分，并综合考虑破产重整程序转为破产清算程序后担保物的变现价值与评估价值不一致、“仍然有效”对其他主体可能造成的影响等内容，合理设定担保债权人和普通债权人因执行重整计划所受的清偿往前与往后的效力。就各方主体因债权清偿仍然有效形成的损害或不当收益，破产法目前并无相应的救济规定，未来可以根据破产程序的独特性在破产法中进行相应的特殊规定。而对于共通性内容，宜将破产法置于整个法律体系中进行系统性安排，借鉴和引用其他部门法的规定，协调破产法的独特性内容与一般性要素，构建破产法适用过程中与其他部门法“和而不同”的和谐局面。〔3〕

5. 破产重整制度的效率优化

破产重整制度的效率优化应当参照“简政放权”的制度理念，核心是通过不断完善的权益保障，运用市场化机制调动债务人、债权人、投资人等主体参与重整程序的积极性，打消参与重整程序的顾虑。具体而言，应当从重整前、中、后三个阶段同时发力、深化改革：对具有重整价值的企业，受理前通过预重整、庭外重组的方式凝聚共识，形成具有可行性的重整方案，同时通过改革消除金融机构债权人对受理重整的顾虑，加快重整受理进度。债务人

〔1〕 司伟：《“绝对”与“相对”之辩：论我国企业破产重整中优先原则的选择》，载《中国法律评论》2021年第6期。

〔2〕 韩长印、张旭东：《重整程序中未申报债权的清偿规则研究》，载《法律适用》2021年第9期。

〔3〕 韩荣：《重整计划终止后债权清偿的效力分析——以〈企业破产法〉第93条的修改为视角》，载《中国政法大学学报》2021年第4期。

自行管理制度则可以驱动债务人尽早申请破产重整。重整案件受理后，妥善和及时处理担保物，通过债权人委员会等的完善保障债权人程序权利，同时明确新融资主体的共益债务地位，有效保障预重整阶段的重整投资人。重整后，畅通优化债权人处置偿债资源的渠道和能力，允许各类型债权人持有更多类型的偿债资源，进而有效提升债权的回收比率、降低回收周期等。而从全局上，通过完善在破产事务上公权力之间的配置模式，促进破产管理人在全国范围的流动执业，避免地方管理人名册设置不当壁垒。〔1〕

6. 中小企业重整规则的完善

传统重整制度大多更适合大型企业，中小企业因其破产财产有限、股权架构简单、可交易性差，往往难以应对旷日持久的程序消耗。我国未来立法还应当回应中小企业所有权与经营权相统一和企业权属缺乏流动性的法律特性，克服绝对顺位规则下的"重整清算化"倾向以避免将原出资人替代出局，回归"债务人企业继续营运"这一根本命题。通过留存债权人对重整企业的权益来换取原出资人在一定期限内对重整企业的"买入期权"，形成中小企业破产财产的"膨胀主义"，进而引入预期可支配收入标准及相对顺位规则，来重塑中小企业重整计划的强裁标准和计划执行期间各主体之间的权利义务结构，或可成为重构中小企业重整的一种思路。〔2〕

三、破产管理人选任及相关权利行使

（一）债权人选任管理人的可能性

针对债权人能否选任或任命管理人这一议题，有学者认为，可从如下几方面进行规则建构：（1）破产清算程序中，由法院选任临时管理人，第一次债权人会议拥有对法院选任的管理人进行决定的权利；（2）预重整程序中，可由主要债权人推荐或与债务人的董事、监事等高级管理人员联合推荐管理人，法院进行形式审查予以任命；（3）破产重整程序中，应以债务人及其董事高管、债权人事前协商推荐制作为管理人选任的方法，之后由债权人会议保留最终的批准、任命权利，其中由预重整转重整的，一般应由预重整管理人继续担任重整管理人；（4）破产和解程序中管理人的选任方法可借鉴重整程序中的模式；（5）决议程序上，债权人会议批准、任命管理人的，应采一般决议规则；债权人委员会代行该权利的，采多数决表决即可。〔3〕

（二）待履行合同的选择权

《企业破产法》第 18 条是双方未履行双务合同的一般规定，通过将选择权赋予管理人，

---

〔1〕 池伟宏：《困境企业拯救的破产重整路径效率优化》，载《中国政法大学学报》2021 年第 4 期。
〔2〕 韩长印：《中小企业重整的法理阐释与制度重构》，载《中国法律评论》2022 年第 6 期。
〔3〕 张旭东：《债权人选任管理人与中国破产法的演进》，载《中国政法大学学报》2021 年第 4 期。

以实现维护全体债权人利益的目的。有学者认为管理人的这一选择权应根据合同性质而受到一定限制：因一方当事人的破产而发生动摇的委托合同、为防范金融市场系统性风险而需要在一方当事人破产时终止交易的金融衍生品合同，由于合同成立的基础在破产程序开始后无法存续，因而不适用第 18 条的一般规定，管理人继续履行合同的选择应受限制；出租人破产情形中的不动产租赁合同、用人单位破产情形中的劳动合同、知识产权人破产情形中的知识产权许可合同、出卖人破产情形中的不动产买卖合同，由于合同相对人在合同关系上的地位及权利依照非破产法规则受到极强的保护，因而相关合同不服从于管理人的管理处分权，也不适用第 18 条的一般规定，管理人解除合同的选择应受限制。破产法在以一般规定来调整大多数类型的合同关系的同时，还必须通过适时地修法加入特别规定，以调整特殊性质或新近出现的合同类型。〔1〕例如，在数据交易合同的情形，管理人的解除权应受限制。〔2〕

目前在审判实践中，已经发展出填补《企业破产法》第 18 条之逻辑缺漏的审判思路。对待履行合同的选择规则可大致总结为以下三点：第一，从合同主从义务的界分出发，对于待履行合同的识别是破产中合同撤销权的行使前提。第二，功能主义为合同的选择提供了价值趋向的引导作用，破产管理人在选择是否继续履行合同时，应着重考虑合同履行对破产财产和整体破产债权人的影响。第三，待履行合同选择时，必然涉及对债务人企业自身的利益、债权人可分配的财产性利益和待履行合同相对方的利益等三方因素的衡量，不应以债权人利益最大化为前提，过分损害相对方的合同预期。〔3〕

四、特殊主体破产

（一）关联企业破产

《企业破产法》因制定时间较早，集团性企业破产案件存在大量立法空白，导致目前实践中出现的大量关联企业破产案件难以寻求妥善的制度保障，也不能在实际操作中找到可靠的规范指引。对此，需进行制度完善。首先，立法层面需明确关联企业的含义及适用范围，确定指引性规则，留下立法空白给法院做个案判断。其次，立法应确定实质合并破产的综合适用标准。关联企业间人格高度混同是核心判断条件，是适用该规则的必要条件。规定辅助性的适用判断标准，赋予个案自由裁量权空间。此外，还需明确规定排除该规则适用的情形。最后，立法应完善债权人利益保护机制。一方面，按照关联企业的具体情况合理安排债权人委员会的构成。另一方面，增加债权人救济途径，包括实质合并破产程序启动时以及过

〔1〕 刘颖：《论破产法中合同规则体系的完善——以管理人的选择权应受限制的合同为对象》，载《中国法律评论》2021 年第 6 期。

〔2〕 余佳楠：《企业破产中的数据取回》，载《法律科学》2021 年第 5 期。

〔3〕 余延满、年亚：《破产法上待履行合同的选择规则》，载《广东社会科学》2021 年第 6 期。

程中。[1]

此外，针对企业集团破产程序的选择，有学者认为，《全国破产法院审判工作会议纪要》要求企业集团破产的审理工作要审慎选择实质合并，但并未给出兼顾债权人公平保护和破产效率的替代性解决方案，实践中存在程序选择的困局。企业集团破产有4种可替代性程序，分别是实质合并、程序合并、程序集中与程序协调。对于清算程序中的排斥性破产企业集团，最优选择是程序协调，但不应排除集团成员自愿发起的程序集中；对于重整程序中的相容性破产企业集团，最优选择是程序集中，在程序集中无法实现时，法院应进行程序协调；如果进入破产程序的企业集团是掠夺性集团，最适合的程序则是实质合并。[2]

（二）金融机构破产

修订《企业破产法》应当考虑其与金融法的衔接，是否应增设专章规定金融机构破产存在不同看法，有学者主张有必要增设“金融机构破产”专章，[3]也有不同观点认为金融机构破产专章在未来或许必要、可行，但目前时机还不成熟。当前亟须完善《企业破产法》第134条、第113条的规定，以建立金融法和《企业破产法》在金融机构风险处置、破产清偿顺位上的协同性。针对第134条，可以通过“明确列举+概括”的方式，适当扩大列举适用对象；适当扩张破产原因；确立关于“债务人、债权人、行政清算组、接管组以及国务院金融监督管理机构”等申请金融机构破产的主体种类及其程序类型的规定；设立金融监管机构同意其他主体申请金融机构破产的同意权前置的规定，金融机构特殊风险处置措施种类、适用条件和破产保护效力的规定，以及金融机构破产引致适用部门金融法规范的规定。而为了协调《企业破产法》第113条规定的清偿顺位与金融法相关规定的不一致，可以在该条款中增设一条引致性条款：“其他法律对金融机构破产财产清偿顺序另有规定的，依照其规定。”此外，在修订《企业破产法》时应增设终止净额结算条款，以便利金融衍生品市场的健康稳定发展。[4]

（三）特殊企业破产

“三无企业”“僵尸企业”退出难是具有中国特色的市场出清问题，其一般特征是非市场化因素导致破产程序“空转”，消耗司法资源。为化解破产难，出现了简易注销、强制注销、代位注销、承诺制注销等试点做法，本质上只是改变了注销与清算的先后顺序，对启动清算有一定积极作用，但无益于排除清算难的障碍，而且在法理基础与运行实效上都存在问题。

---

〔1〕 肖彬：《实质合并破产规则的立法构建》，载《山东社会科学》2021年第4期。

〔2〕 赵天书：《企业集团破产程序的选择方案——从价值分歧到利益结构》，载《中国政法大学学报》2021年第4期。

〔3〕 贺雪喆、陈斌彬：《金融机构破产对现行〈企业破产法〉适用的挑战及因应》，载《南方金融》2021年第1期。

〔4〕 王斐民：《金融机构破产综合立法的体系研究》，载《中国政法大学学报》2021年第4期。

特殊企业破产难的成因与行政因素紧密相关，公权力介入特殊企业的市场出清可以视为府院联动机制的深化，有助于提升规则的适配度和效率性。我国应当适度分流非市场化的企业退出，单独成立破产事务局，承担推进、统筹无清算价值之特殊企业出清的职责，确立无须经过清算即可直接注销企业的特别清理程序，规定特别清理引发的衍生问题由破产事务局协调处置，债务由专门设立的破产共益基金公司以债务加入的方式予以承担，建构当事人意思的推定程序与不当适用特别清理程序的撤销机制。[1]

五、个人破产制度

（一）个人破产制度立法模式

客观而言，将个人破产与企业破产合并立法，以及制定一部单独的个人破产法，各有可取之处，但现阶段我国应采合并立法为宜。个人破产制度与企业破产制度的核心目的一致，合并立法不仅有利于立法衔接，避免个人破产与企业破产共性规则之间的立法冲突，同时还避免了立法重复。借助破产法的一般规则，合并立法能够处理复杂的个人破产案件，有利于介乎个人与法人之间的民事主体的破产处置。个人破产与企业破产制度规则大量重合，合并立法可以减少当事人、管理人以及法官的找法成本，便于法律实施。就域外而言，既有合并立法模式，也有单独立法模式，并无定式。但总体而言，在破产法治发达国家和地区，多数采取的是合并立法模式，可为我国立法模式的选择提供一定参考，且该模式也符合我国立法传统。在合并立法具体模式方面，从合并立法模式国家的主流做法，章节条款之间的逻辑关系，以及便于法官、当事人找法角度出发，宜将个人破产专属规则融入破产法各章节之中，不必单独设置个人破产专章。[2]

（二）个人破产制度的具体规则

1. 个人破产程序的适用主体范围

个人破产制度在我国现有企业破产制度的基础上，将主体扩至“个人”。对于“个人”的理解存在两种观点，一是指商自然人；二是指自然人。有学者认为，我国应采取一般主体模式。从个人破产制度的立法初衷上来看，个人破产制度的设立主要是为了规范除法人之外的主体的破产程序，达到将我国全部民事主体都能够纳入破产制度中的目的，以合理调整债务人、债权人及相关利益人的关系，促进社会诚信的建立，促进债务人的顺利退出市场与重生。深圳市在立法模式上也采取了较为宽泛的理解。《深圳经济特区个人破产条例》中第2条规定了个人破产程序适用主体，将在深圳市居住并参加深圳社保连续满三年的自然人纳入

---

[1] 季奎明：《第三类破产：“不算而销”的特别清理程序》，载《政法论丛》2021年第6期。
[2] 江苏省高级人民法院课题组：《我国个人破产制度立法模式的选择》，载《中国应用法学》2021年第5期。

个人破产制度中。[1]

2. 个人破产程序的准入条件

首先，在单轨制的程序模式下，债务人享有程序申请权，因程序的启动只是创造债权人团体与债务人之间共同对话的空间，所以既然允许债务人申请启动程序与债权人团体进行对话，亦应允许债权人启动程序。其次，关于破产原因的问题，应将“支付不能”以及“濒临支付不能”作为一般破产原因，将“资不抵债”作为遗产破产原因，将“停止支付”作为推定破产原因。最后，重整程序可分为普通程序与简易程序，我国未来个人破产法中无须规定普通程序的债务最高限额，但在简易程序中，可设立债务最高限额。[2]有学者亦主张对于债务数额低于一定标准的个人债务人，以单一的债务调整程序取代现有重整、和解、清算的三个程序。个人债务人可以在债务调整计划中提出对无担保债权、住房抵押债权、其他财产担保债权的分别清偿方案。清偿方案满足法律设定的最低还款额以及其他批准条件时，无须债权人决议，由法院径行裁定通过。同时，法律应设置债权人异议程序、严格的免责条件与免责撤销制度保护债权人权益。[3]

3. 个人破产制度的程序模式

经实证调查后发现，对于个人破产制度程序模式的选择问题，目前仍然存在较大争议。[4]有学者认为，我国个人破产程序应采用以重整程序为前置程序的单轨制模式（限制选择模式），而不宜采用双轨制模式（自由选择模式）。[5]即遵循限制选择模式，谨慎适用清算程序。对于民事破产主体，允许其在符合收入测评标准的前提条件下进行破产清算。而对于商事破产主体，优先适用重整程序更符合债权债务人利益平衡保护原则，对其直接申请适用清算程序有必要进行限制。此外，不宜将和解程序规定在法庭内个人破产程序中，而应将其作为个人破产前程序，当事人只有在申请个人破产前履行了和解程序，才可以启动个人破产程序。[6]

4. 个人破产程序中的管理人设置

官方管理人是在破产程序参与主体自身利益与社会公共利益出现矛盾的情况下应运而生的，将破产程序的控制权从债权人转移到了官方机构的监管之下。一般而言，官方破产管理人具有“双重角色”：一方面，作为行政机关的职能部门，他们是法定的公职人员；在具体处理破产案件，作为破产管理人时，他们被看作受雇于该机构的公职管理人。另一方面，要

---

[1] 江国华、陈佳青：《中国个人破产立法之取向与趋向——兼议〈深圳经济特区个人破产条例〉之价值》，载《深圳社会科学》2021年第4期。

[2] 胡守鑫：《比较与抉择：个人破产程序构建之本土化思辨》，载《甘肃政法大学学报》2021年第6期。

[3] 贺丹：《个人破产程序设计：一个新思路》，载《法律适用》2021年第9期。

[4] 汤维建、胡守鑫：《个人破产制度构建中的理论分歧、共识与反思——基于571份调查问卷的实证研究》，载《中国应用法学》2021年第5期。

[5] 胡守鑫：《比较与抉择：个人破产程序构建之本土化思辨》，载《甘肃政法大学学报》2021年第6期。

[6] 颜卉：《我国个人破产程序设置的模式选择》，载《甘肃社会科学》2021年第2期。

处理好官方管理人与市场管理人（包括机构管理人和个人管理人）的关系，通过法律或者司法解释进行规定，同时还需要明确机构的经费和具体工作人员的报酬。[1]

（三）个人破产制度的配套规则

个人破产制度应当遵循自愿原则、诚实信用原则、审慎从严原则、公开透明原则，建立个人信用登记制度、评估制度、风险预警、风险管理、风险转嫁、信用恢复等完整的个人信用制度，并根据国情逐步建立个人财产登记制度。在实体上、程序上建立相关的把关制度，防止不诚信之人滥用个人破产制度损害他人利益、破坏司法公信力和社会诚信体系。没有惩戒就没有公平，要建立严格规范的失权和复权制度。失权制度的程序设计当以破产个人的破产程序终结后，对其相关权利和资格的限制开始实行，由法院颁布相关破产名单，并建立一个破产人员失权信息流通系统。复权制度则应采取许可主义，债务人责任因债务偿还或期限届满而解除，债务人可以向法院申请恢复其受限制的权利，再由法院审核并公布复权人员名单。[2]

另有学者从机构管理的角度提出配套规则构建建议，通过设置相对独立、专业的破产事务管理机构来保证个人破产制度的高效公正实施。囿于现行机构设置和编制控制的规定，设置在现有机构下可能是更现实的选择，而发改委是较好的选择。在制度实施和个案处理过程中，需要坚持个人破产程序由法院主导的立场。[3]管理机构主要负责管理人管理与监督工作，并管理与监督个案中宏观管理职责的事项；人民法院主要负责为个案指定管理人以及对管理人勤勉尽责履职情况进行监督。

此外，还有学者建议以立法形式建立全国性的破产信息登记与公开制度。首先，以人民法院司法公开和政府信息公开为依托，对办理个人破产过程中人民法院、破产管理机构、当事人、协助单位等交互产生的数据进行归集和记录。其次，建立科学的信息公开目录，由政府信息公开工作机构按照目录对前述数据进行加工和提取，转化为个人破产信息进行公开。最后，合理区分办理破产过程中涉及的自然人个人信息和隐私的界限，属于个人信息的内容，以公开为原则，采取“无条件开放”的公开模式；属于个人隐私的内容，除维护公共利益必须外，一般不公开，需要公开的，采取“受限开放”的公开模式。[4]

（四）遗产破产制度

为澄清社会大众对遗产破产制度存在的价值误解、定位混淆与认知偏差，需要对域内外涉及遗产债务清偿的制度进行梳理和借鉴。基于我国现有法律体系规定，对遗产破产和遗产

---

〔1〕 杜若薇：《个人破产程序中的管理人设置》，载《中国政法大学学报》2021年第4期。

〔2〕 沈芳君：《个人债务集中清理司法探索与个人破产立法设想——以浙江省为主要视角》，载《法治研究》2021年第6期。

〔3〕 徐阳光、武诗敏：《个人破产立法的理论逻辑与现实进路》，载《中国人民大学学报》2021年第5期。

〔4〕 白田甜：《个人破产立法中的争议与抉择——以〈深圳经济特区个人破产条例〉为例》，载《中国人民大学学报》2021年第5期。

管理人制度的衔接应适用界定理论基点。而遗产破产制度在我国破产法律制度的体现安排上，最好是以个人破产制度的特殊程序呈现在法律文本中，对于其在破产原因、程序启动、申请主体、债权清偿顺位等方面的特殊性，需要在个人破产体系中进行专门构建。[1]

（五）个人破产免责制度

个人破产制度的核心构造之一是免责，即通过余债豁免，让“诚实但不幸”的债务人获得新生。有学者认为，我国应基于多元免责理论，并考虑传统文化观念和现实国情影响，在个人破产立法上选择许可免责的法律路径，弱化“债权人同意”要素，并辅之以“清偿比例”要件，以便在保护债务人和打击逃废债行为之间取得平衡。免责范围的界定是个人破产免责规范构建的核心，其中不予免责的债务类型应主要包括税收债务、罚款和其他制裁、婚姻家庭债务。[2]

此外，有学者认为可以引入“第二重有限责任”的个人破产免责作为我国未来营商环境改善的重要制度基础，缓释企业经营者因诚实营商所承担的经营失败风险，避免其在为公司信贷融资承担个人连带保证的情况下因为诚实的经营失败而陷于终身“债务牢笼”。企业经营者保证属于一种重要的信贷融资增信安排，其制度初衷在于缓释中小企业财务信息不对称问题并约束内部人的投机主义行为，但实践中，在银行等信贷债权人占据话语权的背景下，往往易出现企业经营者保证安排的滥用，由此所引发财务风险过度转嫁问题。因而，在个人保证安排的制度成本显著超过其效益并导致利益失衡之时，就有必要通过引入作为“第二重有限责任”的个人破产免责，来平衡此等风险分配，并促使银行做出负责任的信贷决策。为此，未来我国在个人破产免责规则设计上应秉持“宽严相济”立场，避免提升民营企业信贷融资壁垒的同时，帮助企业经营者缓冲商业下行风险，从而改善我国的营商环境。[3]

（六）个人与企业合并破产

个人与企业合并破产作为个人破产制度建立后的一种衔接机制，是对单一主体破产程序的例外和补充。个人与企业合并破产程序的适用需要以个人与企业承担真正连带责任为前提，其实质标准条文可分两款表述，即“人民法院在审理破产案件时，应当尊重个人和企业的独立性，以对个人和企业的破产原因进行单独判断并适用单个破产程序为基本原则”，“当个人与企业均不能完全清偿连带债务，且存在以下规定情形时，可适用合并破产程序：在公司破产案件中，股东与公司人格高度混同，严重损害债权人公平清偿；在合伙企业与个人独资企业破产案件中，个人财产与企业财产高度混同，严重损害债权人公平清偿”。[4]

---

〔1〕 蒋慧、翟静波：《遗产破产制度的理念澄清及其破产法展开》，载《社会科学家》2021年第10期。

〔2〕 徐阳光：《个人破产免责的理论基础与规范构建》，载《中国法学》2021年第4期。

〔3〕 蔡嘉炜：《破产法视野下的企业经营者保证：经济解释与立法进路》，载《中国政法大学学报》2021年第4期。

〔4〕 赵吟：《连带责任视角下个人与企业合并破产的准入规范》，载《法学》2021年第8期。

六、跨境破产制度

（一）亚太经济一体化背景下跨境破产的区域合作

《区域全面经济伙伴关系协定》的签署进一步推动亚太地区投资与贸易的自由化，跨境破产案件将逐渐增多，鉴于各国跨境破产国内立法发展不平衡的状况，形成区域合作多边机制是破解难题的有效路径。亚太自贸区跨境破产区域合作注重与国际规则对接的同时，应兼顾成员方法律传统与司法制度的特点，在区域内构建以承认与协助主要破产程序为中心的司法协助制度，厘清与界定外国破产程序和破产判决概念，明确主要破产程序的效力与管辖权确定标准，统一承认与协助外国破产程序的审查规则与程序规则，保证区域内跨境破产司法协助的确定性与可预见性。认同平行破产程序在现阶段解决跨境破产争议的合理性，在区域内推进形成主从程序协调机制。建立法院间交流与合作机制，促进跨境破产案件在区域内的高效审理。

作为亚太自贸区重要成员方，中国跨境破产国内立法与司法实践的丰富和积累将有力推动区域合作多边机制形成的进程。《企业破产法》第5条规定了承认与执行外国破产判决和裁定的条件，为涉及亚太自贸区跨境破产争议解决提供了法律依据，但上述立法存在缺乏体系化、条文简单且未充分考虑跨境破产司法协助特殊性等问题，影响了立法功能的实现，也不利于推动司法的发展。我国有必要完善跨境破产国内立法与司法，为区域多边机制的形成提供中国经验与方案。[1]

（二）我国跨境破产制度的规范与完善

我国跨境破产立法的进一步完善，有必要从明确立法目标、构建体系化法律框架、修改补充具体规则三个层面展开。在各国破产法冲突难以弥合的情况下，促进跨境破产司法合作，合理保护各方当事人权益，公平有效处理跨境破产案件是跨境破产法的主要目标。我国跨境破产立法应当以促进不同国家和地区之间的司法合作为基本指导原则，注意协调跨境破产司法合作与本国债权人利益保护的平衡，对内外债权人平等保护，实现破产财产价值的最大化。在跨境破产法律框架搭建上，示范法提供的制度框架具有借鉴意义，我国当前跨境破产立法重心应置于跨境破产司法合作法律制度的构建，包括外国破产代表的准入、承认外国破产程序与相关判决的条件与程序、救济措施以及平行破产的协调与合作等内容。在规则完善层面，对外国破产程序与外国破产判决予以区分和界定，增补司法协助程序规范，建立跨境破产间接管辖权制度，从程序公正与公平参与破产程序权益角度提高债权人利益保护规则

---

〔1〕 张玲：《亚太经济一体化背景下跨境破产的区域合作》，载《政法论坛》2021年第1期。

的透明度，明确承认外国破产程序的救济措施，提高立法的确定性与可操作性。考虑到我国区际司法合作的特殊性，对涉港澳台的跨境破产案件，可通过签订专门的跨境破产司法合作安排予以解决。[1]

开展跨境破产司法合作的基础是审查并认可破产程序启动法院的管辖权。鉴于债务人利益分布的广泛性、破产程序的集体性，建议专门引入“主要利益中心”作为管辖权审查标准。此外，不同法域基于不同的管辖依据或连接点可对同一债务人分别启动破产程序并平行进行。除日本拒绝就同一债务人存在多个破产程序外，绝大多数法域在跨境破产合作中不排斥甚至主动启动多个破产程序。对域外破产程序的承认并不意味着放弃对同一债务人的破产管辖；本法域程序的进行也不妨碍对域外破产程序的承认；对某法域破产程序的承认，并不影响再承认其他法域的破产程序。[2]针对跨境破产程序的域外效力，应当顺应国际立法趋势，接受主、辅跨境破产平行程序的存在。我国跨境破产管辖权可以区分破产清算与挽救程序而采取不同的管辖权规则。我国跨境破产承认与执行的对象适宜扩张为外国破产程序，以与外国债权人救济体系相衔接；全面实施推定互惠原则，明确被申请地法院的证明责任；采取类型化与结果导向的思维，对公共政策例外原则进行限制；利益保障条款范围扩展至债务人、各方债权人以及相关利害关系人。[3]

有学者提出，在《企业破产法》相关规定修改之前，可通过制定司法解释为正确理解与适用《企业破产法》第5条提供裁判指引；通过建立跨境破产案件备案制度统一跨境破产司法协助的裁判标准；并通过利用智慧法院成果探索破产程序信息交流与法院间合作的途径，以加强与区域内其他法院在跨境破产领域的司法合作。[4]

七、其他问题

破产程序中的股权代持纠纷。市场经济活动中，公司股权代持现象屡见不鲜，股权代持成为金融监管、市场监管不容忽视的问题，成为公司治理结构和投融资市场中的重要一环。

破产程序中也常常遇到股权代持引发的问题，最突出的就是实际出资人能否行使取回权。对于实际出资人的投资款和投资权益能否取回的问题，有学者认为总体思路是应保护实际出资人的产权利益，但在鼓励和保护实际出资人产权的同时，也应遵循保护善意相对人利

---

〔1〕 张玲：《我国跨境破产法立法的完善：目标、框架与规则》，载《中央民族大学学报（哲学社会科学版）》2021年第1期。

〔2〕 刘琨：《跨境破产协助中的管辖权问题》，载《法律适用》2021年第12期。

〔3〕 范志勇、徐阳光：《我国跨境破产制度的规范评析与完善路径——以跨境破产平行模式为中心》，载《福建师范大学学报》2021年第2期。

〔4〕 张玲：《亚太经济一体化背景下跨境破产的区域合作》，载《政法论坛》2021年第1期。

益的原则。对涉及外部债权人关系时，既要注重财产实质归属和投资保护，也要考察相对人善意与否，准确把握外观主义的适用边界。在名义股东破产的情况下，实际出资人可以选择取回投资权益，或在代持协议有效的前提下主张显名，亦可在相关管理职能部门（如银保监部门）认可的前提下主张确认股东身份。此外，当公司破产后股东被追究出资瑕疵责任时，涉及外部关系的由名义股东承担责任，承担责任后可以依据真实的代持关系对实际出资人进行追偿。[1]

〔1〕 胡鹰、陈颖：《执行异议和破产程序中涉股权代持纠纷裁判规则初探——结合〈民法典〉新规定》，载《法律适用》2021 年第 4 期。

案件聚焦

2021年中国资本市场最具影响力案件评析（下）

数据跨境流动　安全与利益如何平衡?

——“滴滴赴美上市案”的法律分析

朱　倩

【案情介绍】

（一）低调赴美上市

2021年6月11日，中国最大网约车公司滴滴出行公布向美国证监会递交的赴美上市文件。拟以股票代码“DIDI”在美国纳斯达克上市，高盛、摩根士丹利、摩根大通、华兴资本担任承销商。[1]

2021年6月30日，滴滴正式在纽交所挂牌上市，股票代码为“DIDI”，发行价为14美元/股。以发行价计算，滴滴IPO的估值超过670亿美元。而据知情人士透露，滴滴完全稀释后的估值可能超过700亿美元。[2]

（二）网络安全审查启动[3]

2021年7月2日，网络安全审查办公室按照《网络安全审查办法》，对“滴滴出行”实施网络安全审查，审查期间“滴滴出行”停止新用户注册。当日，滴滴回应将积极配合网络安全审查，全面梳理和排查网络安全风险。

---

〔1〕《滴滴启动赴美上市！估值或超千亿美元！司机贡献6000亿收入！豪华阵容董事会曝光!》，载https：//news. stcn. com/sd/202106/t20210611_3329493. html，最后访问日期：2022年2月25日。

〔2〕《滴滴正式挂牌上市！大受资本青睐，获10倍超额认购，估值超4300亿元》，载https：//company. stcn. com/gsdt/202107/t20210701_3395102. html，最后访问日期：2022年2月25日。

〔3〕参见《滴滴启动纽交所退市！时间线全梳理》，载https：//www. bjnews. com. cn/detail/163850185314972. html，最后访问日期：2022年2月26日。

7月4日，网信办表示，经检测核实，“滴滴企业版”等25款App存在严重违法违规收集使用个人信息问题。“滴滴出行”App被下架。当日，滴滴回应坚决落实国家有关部门的相关要求下架整改。7月9日，“滴滴企业版”App被下架处理。

7月16日，按照网络安全审查工作安排，国家网信办等七部门进驻滴滴出行，开展网络安全审查。

8月，滴滴出行又被交通部门约谈，要求整改问题，若整改不到位将被暂停网约车服务，并再次下架App处理。

9月8日，天津六部门联合约谈滴滴出行等8家网约车平台，并提出具体要求。

（三）宣布从美退市〔1〕

12月2日，据美国证监会网站消息，美国证监会宣布了一项新法律的最终计划。该法律要求外国公司提供审计底稿供美国检查。美国证监会主席Gary Gensler在公告中称：“如果你想在美国发行公开证券，审计账本的公司必须接受上市公司会计监督委员会的检查。”

12月3日，滴滴出行发布消息称，经认真研究，公司即日起启动在纽交所退市的工作，并启动在我国香港特别行政区上市的准备工作。此时，距离滴滴赴美上市仅过去约5个月时间。

（四）计划赴港上市

12月3日，滴滴宣布董事会授权公司启动在香港主板上市的准备工作。

12月21日，据媒体消息，滴滴或选择以介绍形式来港上市，将不会向公众投资者发售新股，上市流程相对简单，最快明年一季度末登陆港股市场。〔2〕

（五）低调在美上市

2022年6月30日，在经历系列风波之后，滴滴终于在纽约证券交易所低调成功上市，股票代码为“DIDI”。滴滴上市后市值超过4400亿，至此，滴滴开启下一段征程。〔3〕

【法律分析】

（一）安全与隐私——滴滴退市原因探究

从上市到退市，滴滴的赴美上市之旅不足六个月就匆匆落下帷幕，与其他企业的上市之

〔1〕参见《滴滴启动纽交所退市！时间线全梳理》，载 https：//www. bjnews. com. cn/detail/163850185314972. html，最后访问日期：2022年2月26日。

〔2〕《传滴滴以介绍形式来港上市！最快明年3月登陆港股，是否值得期待?》，载 https：//xw. qq. com/amphtml/20211221A06U2C00，最后访问日期：2022年2月26日。

〔3〕参见《滴滴，已经上市了》，投资界，https：//news. pedaily. cn/202107/473810. shtml，2022年11月6日访问。

前的宣传造势不同，滴滴的上市进程启动极其低调，结束极其匆忙。滴滴与众不同的上市之路也带来了系列问题，其退市的原因究竟何在？为何在众多赴美上市企业中，国家对其审查尤为严格？

原因之一在于国家安全，对此首先应当回到对滴滴企业的性质以及运作模式的分析之下。根据滴滴官网的表述，滴滴的业务范畴主要包括出行服务、国际业务、金融服务、云计算业务，其中出行服务为滴滴的基础业务，金融以及云计算服务都是以出行业务为基础开展。而正因为出行业务的开展，决定了滴滴与其他普通企业相比存在特殊之处。显然，出行业务的开展基于对出行地点的明确掌握，这就要求滴滴必须对国家地理位置信息的掌握非常全面和精细。2017 年 10 月，滴滴旗下的滴图（北京）科技有限公司向国家测绘地理信息局提交了甲级测绘资质申请，当年 12 月滴滴正式获得甲级测绘资质。2020 年 8 月，滴滴正式上线自研地图业务“滴滴地图”，同时依靠每日出行业务的开展，滴滴地图的描绘逐渐细致完善。

通过对地图的描绘，滴滴掌握了我国领土内地理位置的海量信息，其中不乏政府机构、军事设施等敏感位置信息，这对国家安全具有至关重要的影响。2015 年 7 月，由新华社新媒体中心联合滴滴媒体研究院，基于实时生成的移动出行大数据结合气温和新闻数据叠加，就对高温天气中国家各部委的加班情况进行了细致而明确的画像。[1]显然，国家部委对国家安全具有重要意义，早在七年之前，滴滴的技术与数据就足以支撑其对国家重要政府机构的细致分析，更何况在七年间滴滴的数据不断升级，数据不断完善。如今滴滴究竟掌握了多少涉及国家安全的信息，难以想象。滴滴在启动赴美上市之后，关于滴滴将国内地理信息向美国“出卖”以换取上市机会的传言始终不绝于耳，这也是国家安全、自然资源部随之入驻滴滴进行审查的原因所在。滴滴是否向美国打包出售中国的地理位置信息并未有明确证实，但是无论如何，在其掌握海量事关国家基本安全信息的情况下，未经审查即赴国外上市，这其中必然蕴含极大风险，一旦被非法利用，后果不堪设想。

原因之二在于对公民隐私数据的保护。根据国泰君安证券在《滴滴出行深度报告：格局无忧，深耕基建，出海多元》中的表述，截至 2021 年 3 月 31 日的 12 个月里，滴滴在中国拥有 3.77 亿年活跃用户和 1300 万年活跃司机。2021 年第一季度，滴滴中国拥有 1.56 亿月活用户，中国出行业务日均交易量为 2500 万次。由此可见，滴滴在中国公民的出行中发挥着重要作用，存在大量个人客户群体。而据目前可查，滴滴出行 App 获取的用户个人信息包括了姓名、手机号码、职业、公司、车牌号、面部识别特征、行程信息、支付记录、银行卡号等超过一百多条个人信息。[2]在滴滴获取的个人信息中，不乏涉及个人隐私与安全的信息数

---

〔1〕 参见《大数据揭秘：高温天部委加班大比拼》，载 http://www.xinhuanet.com/politics/2015-07/18/c_1115967447.htm，最后访问日期：2022 年 2 月 27 日。

〔2〕 参见《“滴滴出行 APP”竟然会获取 120 项用户个人信息数据?》，载 https://zhuanlan.zhihu.com/p/388047524，最后访问日期：2022 年 2 月 27 日。

据，这些信息一旦泄露可能对个人的人身与财产安全产生极大侵害。在国家互联网信息办公室发布的公告中也指出，正是由于查实“滴滴出行”App 存在严重违法违规收集使用个人信息的问题，才根据《网络安全法》相关规定，对“滴滴出行”App 进行下架处理，以切实保障广大用户个人信息安全。因此，滴滴目前掌握的数据信息对于公民的人身与财产安全具有极为重要的影响，出于对公民权利的负责，涉及个人信息应当被严格采取保密措施。而此次滴滴在美仓促上市，对于中国公民信息应当如何保护并未给出明确解释，未免有将公民隐私与安全置之不顾之嫌。

出于以上两个原因，显然滴滴与普通企业有着极大区别，其掌握的信息数据事关国家与公民安全，滴滴基于这些信息获利，也应当受到相应约束。根据《国家安全法》[1]与《网络安全法》，[2]国家建立国家安全审查和监管的制度和机制，对于可能涉及国家安全的数据提出审查要求，并在《网络安全审查办法》中作出了具体规定。而滴滴直接赴美上市显然已经违反了上述法律规定，故而国家相关部门有权依法依规对其进行安全审查。同时，在调查尚未结束、滴滴是否有在美国上市资格尚未确定之前，出于对国家安全以及公民权利的维护，其退市的做法合法合情。

（二）数据监管——差异化选择导致的法律冲突

此次，滴滴宣告退市，导致相关板块股价大跌，这无论对于企业还是投资者都是极大的损失。而事件背后，可以看到目前中国对于企业数据安全审查愈加严格的趋势，中概股在数据审查方面面临的法律风险不得不引起重视。各国法律之间的冲突本质在于国家主权与利益之间的冲突，出于对国家安全与利益的考量，美国与中国在数据监管方面都制定了多部法律，适用了较为严格的监管规则，这也就导致了赴美上市的中概股不得不面临法律冲突所带来的风险。

从《国家安全法》到《网络安全法》再到《网络安全审查办法》，中国近些年来对于数据安全方面的认知不断加深，并且通过完善立法、积极落实等方式多管齐下，以维护中国的数据安全，维护国家主权与人民利益。2021 年 12 月，证监会再次公布《国务院关于境内企业境外发行证券和上市的管理规定（草案征求意见稿）》，其中第 16 条规定，境内企业境外发行上市的，应当严格遵守国家法律法规和有关规定，建立健全保密制度，采取必要措施落实保密责任，不得泄露国家秘密，不得损害国家安全和公共利益。境内企业境外发行上市涉及向境外提供个人信息和重要数据的，应当符合国家法律法规和有关规定。该条规定再次明确了中国在维护数据安全方面的审查要求，同时将主体明确定位于在“境外上市的境内企

[1] 《国家安全法》第 59 条规定：国家建立国家安全审查和监管的制度和机制，对影响或者可能影响国家安全的外商投资、特定物项和关键技术、网络信息技术产品和服务、涉及国家安全事项的建设项目，以及其他重大事项和活动，进行国家安全审查，有效预防和化解国家安全风险。

[2] 《网络安全法》第 35 条规定：关键信息基础设施的运营者采购网络产品和服务，可能影响国家安全的，应当通过国家网信部门会同国务院有关部门组织的国家安全审查。

业”，一旦该意见稿通过审查正式出台，对于中概股而言，在数据安全方面的要求无疑再次加强。

相对于国内在数据审查方面的限制不断加强，美国出于对本国利益的维护，对数据披露不断提高要求。2002 年美国《萨宾斯 - 奥克利》法案要求，上市公司在审计报告中需要提供“内部控制”的内容，通常包括网络活动、数据库活动、系统登入活动、账号活动、用户活动以及信息接入的参数和条件等。[1]同时，美国法律在数据监管手段上也采用了十分严格的标准，其通过《清澄境外数据的合法使用法案》赋予美国政府调取美国企业在境外存储的数据信息的执法权，就执法跨境调取数据采用“数据控制者标准”[2]。

企业在赴美上市过程中，信息数据的披露会对金融安全以及国家安全产生重要影响。然而，美国基于自身利益考量提出的较高披露要求与激进监管手段无疑对他国主权与数据安全产生了极大挑战，由此加剧了在数据监管方面的法律冲突。此时赴美上市企业面临着是否为了寻求上市满足美国的监管规定而忽视国内监管要求的抉择。但不容置疑的是，尊重市场经济与商业自由并不意味着对数据安全的放弃，美国目前关于在美上市企业的监管要求已经超出了商业交易所需的合理披露范畴，存在对中国数据信息安全产生威胁的风险，法律冲突带来了安全与发展之间的选择冲突。

对于中国企业而言，在寻求赴美上市的过程中，就数据监管而言其面临着国内与国外的双重要求，此种态势之下，上市之路所面临的法律风险随之提升。如果企业过于追求在美成功上市的目标，根据目前的立法趋势，很大可能会触及国内法律防线，在国内陷入法律争议，如此次的滴滴事件；而根据国内法律，与企业数据相关的审查流程执行完毕可能需要耗费大量时间与精力，对于追求商业利益的企业而言可能产生一定负累，同时也难以满足目前美国对于数据审查的要求。各国在数据监管措施的选择上，不可避免地存在差异化现象，而此种差异化导致的法律冲突为中概股的上市之路增添了阻碍。[3]如何在此种冲突之下，实现中美双方的合规要求，探寻出一条平稳的中概股上市之路，就成为目前需要关注的问题。

（三）双重合规——中概股上市何去何从

那么，面对数据监管方面“双重合规”的要求，中概股企业在寻求上市的过程中又该何去何从呢？

首先，对于中概股企业主体而言，应当认识到数据安全对于企业发展具有极为重要的价值。现阶段，全球已经进入数字经济时代，数据是在这个时代中是重要和基础的生产资料，

---

〔1〕 参见《赴美 IPO 企业需警惕！美国哪些法律会危害我国数据安全》，载 https：//baijiahao. baidu. com/s? id =1704629356602885503&wfr =spider&for =pc，最后访问日期：2022 年 6 月 30 日。

〔2〕 参见姜立文、姜欢：《数据安全对跨国证券监管的法律挑战与对策》，载《南方金融》2021 年第 11 期。

〔3〕 参见姜立文、姜欢：《数据安全对跨国证券监管的法律挑战与对策》，载《南方金融》2021 年第 11 期。

它是企业提质、增效、降本、减存的依据，是人工智能、大数据分析、云计算和虚拟现实的基础。[1]互联网的发展对于经济发展模式产生了极为重要的影响，企业竞争从传统的人力、物质资料的竞争逐渐转向了数据的竞争。数据的重要价值决定了一个企业的核心竞争力，掌握数据越多的企业可以在市场经济中获得更大的竞争优势。因此，出于企业自身发展的考虑，企业应当采取措施维护自身数据安全。尤其是对于跨境上市的企业而言，在上市过程中必然涉及大量数据的披露，一旦出现重要数据泄露等情况，非但无法通过上市实现企业更好发展，反而可能会动摇企业根本。

其次，企业必须认识到，数据安全绝非只与企业发展相关，其更加影响国家主权与安全。虽然数据的价值在于流动，全球化的背景要求数据的跨境流动以实现经济的发展，但是企业应当始终秉持“数据主权”意识，认识到现阶段中数据主权也是国家主权的一部分，坚守数据安全也就相当于在维护国家主权安全。所谓数据主权，是指一个国家对本国数据享有的最高排他权利，即独立自主占有、处理和管理本国数据并排除他国和其他组织干预的国家最高权力。[2]而国家要对本国数据保持控制力离不开企业的支持，尤其是商业数据、企业客户数据等由企业收集控制的数据。对此，企业尤其是中概股企业应当积极遵守本国数据监管方面的法律规定，自觉接受主管部门的数据监管，在存在重要数据跨境流动的情形时，主动遵守报备、审查等规定，让国家主管部门始终可以保持对本国数据的绝对掌控力。

最后，维护数据安全对于企业而言也是社会责任的体现与要求。虽然目前学界对于企业社会责任的内涵并没有统一的定义，但是其中可以达成共识的是，企业不能将营利作为自己的唯一目标，在从事商业交易的过程中，应当兼顾其他主体的利益，并尽力通过公益等方式回馈社会。以滴滴为例，为了保证其日常经营活动的顺利进行，其不可避免地需要收集用户个人信息，如电话号码、行程路线等，其中不乏隐私性信息。个人信息的泄露对公民个人的日常生活会带来影响。例如，骚扰电话、信息等极大影响了公民个人的生活安宁，而如果公民信息被不法分子所利用，甚至会对公民的人身以及财产安全带来极大威胁。因此，作为收集与存储主体企业，为了保障公民的生活安宁以及人身财产安全，其有义务对所收集的信息采取措施，保证数据信息安全，在通过收集信息达到营利目的的同时兼顾公民权益，这是企业社会责任对其所提出的要求。

因此，综上三点，无论是出于数据主权、安全还是社会责任方面的考虑，企业都应当将维护数据安全作为企业立身的基本底线，满足数据安全合规要求。对于中概股企业而言，其应当在上市之前按照国家法律规定向主管部门提前报备，并按照要求提交材料，接

---

〔1〕 参见邵占鹏：《工业互联网作用下的结构与权力变迁——数据作为重要生产资料的视角》，载《社会学评论》2021年第5期。

〔2〕 齐爱民、祝高峰：《论国家数据主权制度的确立与完善》，载《苏州大学学报（哲学社会科学版）》2016年第1期。

受审查。在国内主管部门审查完毕之前，出于数据安全方面的考量，中概股企业不应当擅自启动上市程序，而应当等待审查结束并符合要求。在接受审查后，主管部门出于维护数据安全方面的考量所提出的整改要求抑或是暂停上市进程的决定，企业应当遵守主管机关提出的要求。

同时，中概股企业本质在于跨境上市，这就意味着其在满足国内合规性要求的同时，还要遵循国外的法律规定。企业寻求跨境上市的目的在于追求更大的利益，在维护本国数据安全的同时，还应当兼顾企业的发展需求。因此，在中概股企业寻求上市的过程中，为了保证上市进程的顺利推进，其应当全面了解东道国关于数据监管的法律规定，并按照东道国要求提供审查资料等。国内监管机构不应当以维护数据主权安全为由，对企业进行过度审查，阻碍其正当的上市需求。对于需要国内外双方协作之处，国内主管机构应当以法律为依据，尽可能提供便捷协助，以帮助中概股企业顺利通过东道国的数据审查，满足合规要求。

但是，正如前文所述，因为利益的不同，差异化选择导致国家间在数据监管规定方面存在冲突。例如，美国在数据监管方面所推行的“长臂管辖原则”，其在实现维护本国数据安全目标的同时，可能对他国的数据主权安全产生威胁。面对此种情况，对于中概股企业而言，虽然遵守东道国法律是中概股企业实现“海外合规”的要求，但是此要求不应当凌驾于本国数据安全之上，本国数据主权安全是中概股企业始终应当遵守的基本底线。

综上，中概股上市目标的实现离不开国内外的数据合规要求，其应当同时遵守双方的法律规定，实现“双重合规”。但是，对于中概股企业而言，需要始终坚守数据主权安全底线，将维护国家数据安全作为根本要求。这就要求其在实现国内合规目标时自觉主动配合；在满足国外数据合规要求时，对于其合理规定自觉遵守，尊重他国数据安全利益，但对于其中可能危及本国数据安全的要求坚定拒绝，要始终将本国数据安全利益置于经济利益之上。数据安全是“双重合规”的核心要义，此次滴滴的主动退市正是这一要求的具体表现。

【案外反思】

随着对于数据价值认知的不断增强，国家通过立法、执法等多种手段的完善维护国内数据安全。但是，国内数据安全监管引起重视的时间不长，仍然处于起步阶段，此次滴滴在并未达到国内数据安全审查标准的前提下即在美国上市，更加体现出目前国内在数据安全监管方面存在的不足。

首先，在立法层面，目前虽然有多部法律对于数据监管进行规制，但仍然存在漏洞与制度僵化并存的不足。例如，在对数据安全进行保护时，并未对数据类型进行具体区分，而是适用统一标准加以限制。对于企业主体而言，对于普通数据与重要数据适用同一审查标准所带来的过度限制会使其负担加重，并不符合数据安全与企业发展并重的基本理念。同时，对于重要数据而言，其不适用更高标准的审查与限制要求，可能导致其不能获得足够程度的保护，维护数据安全的目标也难以实现。对此，有学者提出建立数据“分级分类管理制度”，通过完善法律建立可操作的数据安全等级评估框架。[1]通过分级制度的建立，可以根据数据性质适用不同的审查控制标准，监管更加具体灵活，可以在满足数据安全监管的同时不限制企业发展。另外，对于进出境数据的管理，可以考虑利用“负面清单”模式，确定哪些行业的哪些材料仍有必要禁止出境，在清单以外不涉密的文件可以根据监管检查的需要自由交换。[2]“负面清单”的建立可以使数据监管更加明晰，对于主管部门而言更加具有可操作性，同时也为企业提供了明确指引，使其行为更加具有预期性。

其次，在执法层面，目前对于数据安全监管的主管部门并不具体，以此次滴滴事件为例，其就接受了网信办、公安部、国家安全部等7部门的联合审查。从各部门职责来看，在维护数据安全方面，网信办、公安部、国安部都有责任与义务，这也是7部门可以联合审查的原因所在。但是，滴滴遭遇联合审查只是个案，在日常工作中，部门责任之间的交叉会导致权力真空的出现，对于数据安全审查有可能出现“无人问津”的局面。因此，为了保证法律可以得到具体落实，首先应当对数据安全审查明确统一主管部门，在特殊情形之下，该部门可以要求其他部门配合工作。此外，数据审查与传统管理不同，其高度依赖对数据的全面收集与掌控，因此，传统监管手段并不能很好满足对数据监管的需求。目前，腾讯金融科技在现有网络安全理论的基础上，构建了有别于传统模式的信息安全管理系统，采用诸如密钥管理平台、统一权限管理平台或审计平台去统筹设置规则及标准，做到集中管控。[3]此种集中管控思路以及管控平台的升级或许可以为执法部门提供思路，在升级管理手段与设备的同时，可以通过注重企业平台建设进行源头管控。

最后，跨境数据的监管离不开国际合作。例如，美国《外国公司问责法案》的出台直指中国企业，势必会对中国企业在美国的上市产生一定影响。对此，应当加强中美双方之间的磋商交流，构建双方合作渠道机制，争取在维护双方数据安全利益的基础之上，为企业经营与交流提供最大便捷。此外，近年来世界各国和主要地区在制定自身的数据跨境流动规则后，都进一步针对执行机制开展规划，如美国执法采用了“长臂管辖标准”，对此也需要建立和完善数据跨境流动的国际执法合作机制，[4]在执法层面维护我国数据安全。在全球化时代，国际交流往来不断增多，中国应当积极参与国际规则的制定，为维护中国数据

---

〔1〕参见朱雪忠、代志在：《总体国家安全观视域下〈数据安全法〉的价值与体系定位》，载《电子政务》2020年第8期。

〔2〕姜立文、杨克慧：《中概股跨国监管的法律冲突与协调》，载《南方金融》2020年第11期。

〔3〕参见湛伟标：《强化金融数据安全制度与技术保障》，载《中国金融》2021年第15期。

〔4〕参见陈兵、徐文：《数据跨境流动的治理体系建构》，载《中国特色社会主义研究》2021年第4期。

安全与权益发声，只有在国际平台中掌握话语权，才能够在国际交往中更好维护自身权益。

此次滴滴退市风波使数据安全引发关注，尤其对于跨境流动数据而言，其关系着双方的主权与安全。显然，中国对于数据安全重要性的认知不断加强，但是在立法、执法以及国际合作等方面仍然存在诸多亟待完善之处，未来之路仍然漫长，相信随着各方的重视，中国数据安全定可以得到很好维护。

【后续发展】

在经过“退市风波”以及审查整改之后，滴滴已于2022年6月30日成功在美国上市。此次滴滴上市颇为安静，没有新闻发布会，没有敲钟仪式，一切都在安静中进行。

相信此前的上市突然叫停，以及后续的多部门联合审查给滴滴留下了深深的“阴影”，也从中得到了足够的教训。至此，也希望其他企业能够从此次滴滴的“退市风波”中吸取经验，在追逐利益的同时，注重对国家安全、公民利益的维护，自觉承担企业责任，共同维护市场秩序与社会稳定。

严而有度的“看门人”责任

——“中安科虚假陈述案”的法律分析

汪琼欣

“中安科案”系我国证券虚假陈述责任纠纷领域第一起以“比例连带责任”确定中介机构赔偿责任的生效判决。在无意思联络的数人侵权模式下，二审法院在区分虚假陈述事项的基础上，根据行为性质、过错程度及原因力调整中介机构的责任范围，可谓对证券虚假陈述责任判定的有益探索。

【案情介绍】[1]

（一）借壳上市

被告中安科股份有限公司（以下简称中安科公司）系在上海证券交易所上市的公司。2014 年，中安科公司实施重大资产重组，通过向深圳市中恒汇志投资有限公司（以下简称中恒汇志公司）以非公开发行股份的方式购买了中恒汇志公司持有的被告中安消技术有限公司（以下简称中安消技术公司）的 100% 股权。被告瑞华会计师事务所（以下简称瑞华事务所）、招商证券股份有限公司（以下简称招商证券）、广东华商律师事务所（以下简称华商律师事务所）分别出具本次重组的《盈利预测审核报告》、《财务顾问报告》及《法律意见书》。

2014 年 6 月 11 日，中安科公司公告了包括资产评估报告和审计报告在内的重

〔1〕 以下事实与分析基于：上海市高级人民法院（2020）沪民终 666 号判决书，本文仅是基于上述资料进行的学术分析与探讨，特此说明。

大资产重组文件。

2014 年 12 月 27 日，中安科公司公告其重大资产重组获得证监会核准。

（二）证监会处罚

2016 年 12 月 24 日，中安科公司发布公告称，收到中国证监会调查通知书。公告发布后，中安科公司复盘后股价一路跌落。

2019 年 5 月 31 日，证监会认定中安科公司存在证券虚假陈述行为并发布《行政处罚决定书》与《市场禁入决定书》，行政处罚对象包括中安科公司、中安消技术公司、中恒汇志公司及相关责任人员等。

证监会在处罚决定书中认定：

1. 2013 年 11 月，中安消技术公司与黔西南州政府就“班班通”项目签订总额 4.5 亿元的《战略合作框架协议》，并据此出具了该项目的《业绩预测情况说明》与《盈利预测报告》。但 2014 年项目招标时，中安消技术公司并未中标，《框架协议》实际已难以继续履行，《盈利预测报告》却未及时重新编制，导致资产评估值严重虚增。

2. 2013 年年底，中安消技术公司与包头市石拐区政府就“智慧石拐”项目签订《一期项目合同书》。当年 12 月底，“智慧石拐”项目尚未招标，中安消技术公司既已确认该项目收入，导致当年度营业收入虚增 5000 万元。

3. 2013 年，中安消技术公司对 4 个 BT 项目累计确认 7155 万元营业收入与长期应收款，经测算后发现 2013 年应收对价的公允价值应当为扣除利息费用后的余额，其与合同金额百分比差的累积影响数为 515 万元，即 2013 年虚增营业收入 515 万元。

（三）一审判决：中介机构承担连带责任

原告李某、周某向上海金融法院起诉称，在中安科公司虚假陈述行为实施日（2014 年 6 月 11 日，资产评估报告和审计报告公告日）至揭露日（2016 年 12 月 24 日，收到中国证监会调查通知书公告日）期间买入中安科股票，后由于中安科公司虚假陈述行为被揭露致股价大跌而产生巨额经济损失，请求判令中安科公司、中安消技术公司、招商证券公司、瑞华事务所、华商律师事务所连带赔偿各项经济损失。[1]

2020 年 11 月 6 日，上海金融法院作出一审判决：中安科公司向周某支付投资差额损失 155 538.88 元，佣金和印花税损失 233.31 元；向李某支付投资差额损失 72 189 元，印花税损失 72.19 元。中安消技术公司、招商证券、瑞华事务所对此承担连带责任。

（四）二审改判：中介机构按比例连带

招商证券公司、瑞华事务所不服一审判决，提起上诉。二审法院认为，招商证券和瑞华

〔1〕 2020 年 10 月 30 日，中安科公司发布关于收到《应诉通知书》的公告，截至本公告日，公司收到上海金融法院发来的民事诉讼《应诉通知书》及相关法律文书合计 1031 例，上海金融法院已受理的原告诉公司证券虚假陈述责任纠纷案所涉诉讼请求金额合计为人民币 468 855 240.71 元。

事务所未尽到勤勉尽责义务。针对“班班通”项目，招商证券除了获取《框架协议》与当地有关政策性文件外，无充分证据表明对该重点项目的实际情况予以审慎核查，且知悉真实情况后，仍旧认可之前的数据，未及时采取有效行为。针对“智慧石拐”项目，瑞华事务所向包头市石拐区政府发送的《企业询证函》未得到任何回复与确认，瑞华事务所却记载项目已回函，且无法证明其实施了必要的审计程序。据此，二审法院在二者各自的工作范围和专业领域内，考量其过错程度、造成投资者损失的原因力等因素，改判招商证券对中安科公司的付款义务在 25% 的范围内承担连带责任；瑞华会计师事务所对中安科公司的付款义务在 15% 的范围内承担连带责任。

2021 年 12 月 2 日，瑞华事务所申请再审，再审法院认为，原审法院已对瑞华事务所的过错程度、造成投资者损失原因力等因素进行了综合考量，具有相应的事实和法律依据，并无不当，裁定驳回瑞华事务所的再审申请。

【法律分析】

（一）招商证券公司和瑞华事务所承担证券虚假陈述民事责任是否以受到行政处罚或刑事判决为前提

证券虚假陈述民事诉讼前置程序,[1]是法院初步介入证券市场大规模侵权民事赔偿案件的审慎步骤，目的在于：解决证券市场举证难问题；避免诉讼大规模爆发导致证券市场混乱；降低审判资源压力，缓解“诉累”。[2]据此，法院通常会裁定驳回投资者对未受行政处罚的中介机构的赔偿诉请。而本案中，二审法院一反常态，认为行政处罚决定系法院受理案件的依据，而非确定诉讼被告的依据，故法律并不要求对责任主体均受到行政处罚后才能被列为被告，遂改判未受证监会处罚的招商证券和瑞华事务所承担连带责任。根据二审法院的观点，前置程序是法院受理案件的基础，与诉讼的关系是“对事不对人”，即多数人侵权模式下的证券虚假陈述纠纷，受到行政处罚的主体和诉讼主体并非必须完全一致，只要有一个被告受到行政处罚，相关案件即满足前置程序要求，法院应当受理。[3]

实际上，未被监管部门处罚的中介机构是否要承担连带责任，此前一直存在争议，尤其是立案登记制改革后，司法实践更是对前置程序问题意见反复。2018 年以来，最高人民法院

---

〔1〕《最高人民法院关于审理证券市场因虚假陈述引发的民事赔偿案件的若干规定》第 6 条第 1 款规定：“投资人以自己受到虚假陈述侵害为由，依据有关机关的行政处罚决定或者人民法院的刑事裁判文书，对虚假陈述行为人提起的民事赔偿诉讼，符合民事诉讼法第一百零八条规定的，人民法院应当受理。”该条规定为虚假陈述民事诉讼设置了前置程序，即民事立案以行政处罚或刑事定罪为前提。

〔2〕上海金融法院课题组：《司法服务保障科创板上市、试点注册制相关问题研究》，载《上海法学研究》（集刊）2020 年第 8 卷。

〔3〕《“中安科案”评析：如何重新理解比例连带责任和前置程序?》，载 https：//mp. weixin. qq. com/s/zCwRs1OHsO96CXO7nfq61g，最后访问日期：2022 年 3 月 10 日。

在多个案件中对前置程序问题作出裁定，坚持虚假陈述案件前置程序要求。[1]2020年颁布的《最高人民法院关于证券纠纷代表人诉讼若干问题的规定》第5条又将前置程序的要求放宽到“被告自认材料、证券交易所和国务院批准的其他全国性证券交易场所等给予的纪律处分或者采取的自律管理措施等证明证券侵权事实的初步证据”。而学界认为应当取消前置程序的理由包括：受到行政处罚的虚假陈述行为占比较小，前置程序是对受害人诉权的剥夺；前置程序使民事责任成为行政责任的附属，违背法律责任承担方式的平衡，不利于法院依法独立行使审判权；前置程序使民事诉讼程序滞后，延误投资者诉讼时机。[2]笔者认为，从法理上讲，前置程序设计之初确有合理之处，但改革的最终目标仍旧是取消前置程序，只不过应当循序渐进而非一蹴而就。“中安科案”将行政处罚主体与民事诉讼主体分而论之，便是淡化前置程序的合理过渡。在本案的指引下，应当弱化前置程序的程序属性，强化证据属性，将其逐步替换为原告立案时应提供的初步证据，不限于监管部门的处罚，还可以包括证券自律监管机构的纪律处分、虚假陈述行为人自我更正的公报文件。[3]同时，需要围绕虚假陈述的“重大性”标准设计诉讼制度，作为取消前置程序的铺垫。[4]

（二）招商证券公司和瑞华事务所是否勤勉尽责应如何证明

根据《证券法》第163条的规定，“证券服务机构为证券的发行、上市、交易等证券业务活动制作、出具审计报告及其他鉴证报告、资产评估报告、财务顾问报告、资信评级报告或者法律意见书等文件，应当勤勉尽责，对所依据的文件资料内容的真实性、准确性、完整性进行核查和验证。其制作、出具的文件有虚假记载、误导性陈述或者重大遗漏，给他人造成损失的，应当与委托人承担连带赔偿责任，但是能够证明自己没有过错的除外”。“勤勉尽责”指证券服务机构对所依据的文件资料内容的真实性、准确性、完整性进行核查和验证的义务，包括三个层次的义务要求：第一，中介机构应当遵守执业准则，不得弄虚作假，不得与发行人、上市公司串通谋取不正当利益；第二，应当具备专业能力和业务水准，出具可供投资者参考的专业性意见；第三，对发行人、上市公司提供的报告、资料尽到合理注意，及时发现不合规范的内容并作出警示。理想状态下，各中介机构应当各司其职，各尽其责：会计师事务所对发行人的财务信息进行鉴证评价；律师对发行主体的合规性作出专业判断；承

〔1〕 参见最高人民法院（2018）最高法民申1402号周剑明、广东威华股份有限公司证券虚假陈述责任纠纷再审审查与审判监督民事裁定书；最高人民法院（2018）最高法民申3437号胡文燕、锐奇控股股份有限公司证券虚假陈述责任纠纷再审审查与审判监督民事裁定书；最高人民法院（2018）最高法民申5080号刘欣证券虚假陈述责任纠纷再审审查与审判监督民事裁定书；最高人民法院（2018）最高法民申252号马冰坡、广东威华股份有限公司证券虚假陈述责任纠纷再审审查与审判监督民事裁定书。

〔2〕 孙丽娟：《以虚假陈述为视角论证券欺诈诉讼前置程序》，载《中国律师》2009年第12期。

〔3〕 上海金融法院课题组：《司法服务保障科创板上市、试点注册制相关问题研究》，载《上海法学研究》（集刊）2020年第8卷。

〔4〕 贾纬：《证券市场侵权民事责任之完善》，载《法律适用》2014年第7期。

销商筛选、复核与整合各机构提供的基础信息，制作发行文件，向市场投资者推荐。[1]但我国证券市场的实际状况，却是各中介机构职责高度交叉重叠，发行文件大量相互引用、担保，导致责任分配的困境。本案中，二审法院考量各机构的工作特点与审核成本，在合理范围内界定其注意义务与责任范围，有效区分了不同机构的特别注意义务与一般注意义务。

1. 中介机构是否尽到勤勉尽责义务

（1）招商证券

招商证券作为本案的独立财务顾问，依其职责，应当对重大资产重组中交易定价的公允性、盈利预测的可实现性等事项重点关注。案涉“班班通”项目的框架协议金额达4.5亿元，有3.42亿元计入2014年预测营业收入，占中安消技术公司2014年度预测营业收入26%，已然对中安消技术公司未来收益预测及资产评估产生重大影响，招商证券应当将其作为重点审查对象。并且，该项目属于政府项目，框架协议中明确约定尚未签订具体合同，依法应当进行招投标程序，因此，该项目收入实现具有不确定性。但招商证券并未对该项目实际情况进行跟踪关注，缺少函询、访谈、现场走访等调查手段，以至于2014年6月10日出具《独立财务顾问报告》时，没有发现中安消技术公司未中标的事实。不仅如此，从招商证券出具的核查意见来看，后续已经知悉“班班通”项目真实情况，应当对评估值与交易定价合理性和公允性提出质疑时，招商证券在2014年12月27日出具的《独立财务顾问报告》中，仍旧认可之前的数据，未采取有效行为。由此可知，招商证券不仅没有对中安消技术公司提供的资料尽到合理注意义务，发现不合规内容时，也没有及时采取措施，违反了勤勉尽责义务。

（2）瑞华事务所

财务信息是发行文件的核心，呈现的是发行人的盈利能力、可信度及未来商业前景，是影响投资者决策之关键，因此，会计师事务所是最有可能对证券虚假陈述承担责任的中介。[2]但是，审计学和法学一直对审计报告真实性的判断存在分歧，前者认为遵循正常程序与独立审计准则即可[3]，后者则要求审计报告真实、准确、完整，由此导致虚假陈述认定的逻辑障碍，勤勉尽责义务的判断标准则为此提供了突破路径。本案中，中安消技术公司在不符合收入确认条件的情况下，按完工百分比法确认“智慧石拐”项目收入5000万元，导致2013年度营业收入虚增额占报表母公司营业收入19.4%，已然具有重要性，瑞华事务所应当对该项目审慎关注。但实际审计过程中，瑞华事务所向石拐区人民政府发送的《企业询证函》未显示对方有任何回复与确认，却在《应收账款函证回函结果明细表》记载该项目已

---

〔1〕 周淳：《证券发行虚假陈述：中介机构过错责任认定与反思》，载《证券市场导报》2021年第3期。

〔2〕 刘燕：《关注会计师看门过程中的法律噪音》，载《清华法学》2020年第6期。

〔3〕 刘燕：《验资报告的“虚假”与“真实”：法律界与会计界的对立——兼评最高人民法院法函：［1996］56号》，载《法学研究》1998年第4期。

收到回函并确认金额5000万元。二审法院据此认定瑞华事务所未勤勉尽责。

（3）华商律师事务所

与招商证券、瑞华事务所不同，本案中另一中介机构华商律师事务所并未被法院判处承担连带责任。法院认为，虽然华商律师事务所对案涉重大资产重组做出了定价公允的结论，但该结论以评估机构的对相关资产定价的评估结果确定，华商律师事务所并非专业审计、评估机构，而是作为律所从合法、合规的角度对该定价作出评价，不应要求其对其他专业机构的专家意见的准确性、完整性和真实性负责。实际上，相较于其他中介机构，律师事务所承担的虚假陈述赔偿责任较少。原因在于：其一，律师对发行信息的鉴证职责低于券商与会计师，在发行人中介中处于次要地位；其二，律师出具的法律意见书通常只涉及发行行为合法性与税法有关事项，还包括少数不动产和知识产权归属性问题，但较少牵涉复杂的裁量权行使。〔1〕

2. 一般注意义务与特别注意义务

证券发行中介机构的注意义务分为一般注意义务与特别注意义务，一般注意义务是非基于自身专业知识技能承担的一般谨慎义务，特别注意义务是依据勤勉尽责义务承担的，以自身专业知识技能审慎履职的义务。〔2〕相对应的，违反一般注意义务构成非专家过失，违反特别注意义务则构成专家过失，进而影响证明责任的不同，对非专家意见部分，中介机构需证明已经过合理调查，足以相信没有虚假性、误导性陈述；对专家意见部分，中介机构需证明没有合理理由相信，且确实认为该部分没有实质性虚假、误导的陈述。〔3〕“专家”的特点在于：工作具有较高的专门性；高度重视职业道德、与客户的信赖关系；要求具备一定的资质和业务水准；具有较高的社会地位。〔4〕证券发行中介机构人员，如保荐人、会计师、律师、资产评估师等都有各领域执业资质，属于各行业的专门工作人员，对本专业领域内的事项，其特别注意义务应界定为一名普通执业人员作为善良管理人在处理领域内业务时承担的注意义务。而对于本专业领域外的其他事项，应当是以一位理性人、非专业人士的角度判断其是否尽到善良管理人的注意义务，即一般注意义务。

专家意见与非专家意见的区分源于美国《1933年证券法》，该法第11条将证券虚假陈述被告分为三个层次，进而区分出不同的尽职调查义务，即责任认定的滑尺标准（Sliding scale

〔1〕 美国实践中，律师可采取“未发现”（not found）、“未注意到”（not to attention）等措辞表达意见，也会详细列出其意见的依据。但我国证监会要求律师以“不存在”“未发生”来对发行人的事实状况下绝对化的结论。后者相比前者的错报、漏报风险显著为高，体现了证监会对律师调查范围与调查手段的极高要求。

〔2〕 郭雳、李逸斯：《IPO中各中介机构的职责分配探析——从欣泰电气案议起》，载《证券法苑》（第23卷），法律出版社2017年版，第9页；湘财证券课题组：《IPO注册制下发行人与中介机构虚假陈述民事责任研究》，载《证券市场导报》2021年第4期；赵磊：《信用评级机构注意义务的法理构造》，载《人民法院报》2021年4月29日。

〔3〕 John J. Huber, Thomas C. Sadler, and Joel H. Trotter, *An Underwriter's Due Diligence in the Permitted A Absence of an Export's Consent*, INSIGHTS, Volume 16, Number 8, August 2002.

〔4〕 李挺伟：《注册会计师专家研究民事责任》，载《中国注册会计师》2000年第3期。

of responsibility)：首先，发行人承担严格责任，不能提出抗辩；其次，保荐人自行编写且未引用专家意见的资料，以及专业人士编写的专家意见，应当证明对相应内容进行了合理调查，有充足理由相信该部分内容为真实、完整的；最后，对非专业人士引用的依赖专业人士审查的内容，仅需承担消极举证责任，证明没有合理理由相信，且确实不相信该部分任何内容为不真实或不完整的。在滑尺标准的基础上，美国证券法还规定了“吹哨提示”免责，针对发现虚假陈述后未参与，且采取适当措施提示违约行为的被告。例如，本案中，招商证券发现“班班通”项目存在违规时，若及时采取措施更正数据或警示发行人，即可引用“吹哨提示”规则进行抗辩。根据专家意见与非专家意见的区分原理，勤勉尽责义务的本质实为态度与能力的结合，法院在审查有关虚假陈述事项时，应审查中介机构是否尽到应有的谨慎与注意，具体体现为中介机构是否遵守有关执业准则、行业管理与程序规范，是否充分调动自身专业能力，以尽力的态度履行职责。

综上所述，特别注意义务之“特别”，是特别于角色与职责的专门化，代表着合理、谨慎与注意的具体化，是一位审慎的专业人士在其对应领域内应有的注意。本案中，“班班通”项目的预测收入占中安消技术公司 2014 年度预测营业收入 26%，其未中标、未签订具体合同之基本事实应当得到跟踪关注，招商证券确未采取任何调查手段便出具报告确认该收入。随后，当招商证券知悉该项目真实情况时，仍未采取有效行为，不符合“吹哨提示”的抗辩条件，显然没有尽到应有的审慎注意。而瑞华事务所在未收到石拐区人民政府任何函件的情况下，直接确认占报表母公司营业收入 19.4% 的“智慧石拐”项目的收入，也是对违反勤勉尽责义务的体现，并非一位专业人士应有之行为。

（三）招商证券公司和瑞华事务所的赔偿责任范围应如何确定

证券发行是发行人与各中介机构共同推动的结果，各中介机构相互协作，环环相扣，形成责任网络，保障证券发行，因此，发行人是证券发行的主角与中心，中介机构是配角，证券虚假陈述则大多是因为中介机构在审查虚假行为的有利位置上未能充分发挥效用。从因果关系链条上看，发行人是虚假陈述行为的源头，中介机构发挥辅助作用，所以往往不会判定中介机构与发行人承担同等连带责任，需要单独认定。若中介机构已受到行政处罚，法院可将行政处罚作为判定各中介机构的责任大小，减轻了法院的判决难度，但本案的特殊之处便在于招商证券与瑞华事务所并未受到行政处罚，法院需要依据现有证据自行认定中介机构责任大小。若按照连带责任的常见逻辑，招商证券与瑞华事务所应对外承担同样责任，却会导致责任大小与过错程度不匹配，尤其是发行人本身赔付能力不足的情况下，还会与证券虚假诉讼“追首恶”的制度目标背道而驰，影响整个证券服务市场的生态。[1]本案的特殊之处在

〔1〕《严而有度的“看门人”责任追究》，载 http：//www. zqrb. cn/toufu/gudonglaile/2021 - 06 - 01/A1622551310497. html，最后访问日期：2022 年 3 月 9 日。

于，法院将涉及虚假陈述的项目分为多个侵权事实，各中介机构分别对某个事实负责并承担连带责任，此即"比例连带责任"的裁判思路——当某项虚假陈述事实满足重大性条件时，即可作为相对独立的责任基础进行判断，这样既不违反连带责任的底层逻辑，也不会让中介机构承担与过错不相匹配的责任。

本案中，法院通过综合考量各中介机构的行为性质、过错程度、与投资者损失之间的原因力等因素，认定中介机构应当承担的赔偿责任范围。首先，在行为性质方面，"班班通"项目的虚假陈述认定原因在于收入实现的不确定性，对中安消技术公司的盈利预测与资产评估产生重大影响，关系到交易定价与盈利预测的公允性、可实现性。根据独立财务顾问的职业规范要求，应当是招商证券重点关注的内容。而"智慧石拐"项目则属于收入确认问题，是瑞华事务所的专业范围。其次，在过错程度方面，根据现有证据，无法证明招商证券和瑞华事务所存在故意，其过错程度显然轻于中安消技术公司与中安科公司。最后，在原因力方面，法院通过相关数据的量化，确认了各机构行为对投资者决策以及投资损失的影响程度。招商证券的责任承担依据是"班班通"项目预测收入在中安消技术公司2014年度预测收入的占比指标，瑞华事务所的责任承担比例则依据"智慧石拐"项目虚增的应收占中安消技术公司营收比例与合并报表口径下的营收比例。由此可见，中安科案的二审结果将招商证券与瑞华事务所的连带责任由全部改为部分，其重要原因就在于二审法院对中介机构的行为与损害结果之间因果关系的精细考察。[1]

【案外反思】

证券发行是直接融资的重要形式，发行人可在短时间内筹集巨额资金，因此，作为融资方，发行人往往积极性极强，甚至不惜造假以满足发行条件。为了平衡发行人与投资人之间的信息不对称，降低市场交易成本，券商、会计师事务所、律师事务所等中介机构作为"看门人"，地位举足轻重。但实践中，中介机构具有内部委托与外部监督的双重地位，可能与发行人形成利益捆绑，弱化"看门人"机制的预期效果。因此，需要中介机构与发行人责任连带，防止共谋欺诈，损害投资者利益。但严格追求中介机构责任的前提是妥善认定各中介机构的责任，而不是盲目"连坐"。"中安科案"为比例连带责任的判定提供了有益探索，不仅为证券虚假陈述前置程序的改革作出铺垫，还提供了综合考量过错程度、原因力的责任分配思路，为以后中介机构的规范履职作出指引。

---

〔1〕丁宇翔：《证券发行中介机构虚假陈述的责任分析——以因果关系和过错为视角》，载《环球法律评论》2021年第6期。

市值管理的真伪界分

——“叶飞爆料上市公司市值管理内幕案”的法律分析

于艺玮

【案情介绍】[1]

（一）震惊股市：“污点英雄”爆料“伪市值管理”

中源家居股份有限公司（以下简称中源家居）成立于2001年，2018年2月在上海证券交易所上市，主要从事沙发的研发、设计、生产和销售，公司的实际控制人为曹勇和胡林福。[2]淮北市倚天投资有限公司（以下简称倚天投资）于2010年成立，该公司主要从事私募证券投资、股权投资和创业投资。倚天投资凭借旗下基金的高收益率，一度被誉为为阳光私募行业的“黑马”。尽管2015年叶飞因操纵市场被证监会没收违法所得663.8万元，并处以1991万元罚款，但其仍于2016年4月14日成为倚天投资的第一大股东、实际控制人和总经理，持股比例达99%，认缴出资为人民币990万元。[3]

---

〔1〕 参见张喜亮：《去伪存真：中国股市的市值管理与价值管理》，载《产权导刊》2021年第7期；《“伪市值管理”迎严监管小盘股流动性或承压》，载《股市动态分析》2021年第11期；《证监会拟对5宗操纵证券市场案件作出行政处罚》，载http：//www. csrc. gov. cn/csrc/c100200/c1000511/content. shtml，最后访问日期：2022年3月6日；《叶飞“爆料门”，揭开“市值管理”那些“暗门”》，载https：//finance. sina. com. cn/roll/2021－06－01/doc-ikmyaawc8764119. shtml，最后访问日期：2022年3月6日。

本文以上述网络资源及文献作为写作材料，本文仅以上述资料为基础作学术研究分析。

〔2〕 参见企查查、天眼查、国家企业信用信息公示系统。

〔3〕 参见企查查、天眼查、国家企业信用信息公示系统。

2021 年 5 月 9 日，这位“前科累累”的前私募基金冠军、倚天投资总经理叶飞通过微博平台爆料称，上市公司中源家居（603709. SH）打着“市值管理”的旗号暗中操盘，雇用中间人，以保证金引诱叶飞寻找下家公募基金和券商“接盘”公司股票、锁仓代持。叶飞称其以“中介”身份联络下家进行资金介入，但自己受到了中源家居进行“市值管理”时所找操盘方的欺骗。操盘方推卸责任及赖账行为导致叶飞与其下家并未收到相关费用的尾款，叶飞与其下线资金方遭受了数百万元的损失。而叶飞自诩其为勇于揭露上市公司伪市值管理黑幕的“英雄”，上市公司中源家居一时间成为众矢之的。

（二）去伪存真：最终结局系“自杀式爆料”

1. 叶飞“爆料门”始末

据叶飞爆料，2021 年 3 月 31 日彼时的中源家居拟进行“市值管理”，并委托操盘方在二级市场上进行股票操作。叶飞因多名相关中间人联络而介入此事件，其作为“中间人”帮助中源家居进行虚假“市值管理”并联络了相关公募基金及券商资管的资金进行配合，购买中源家居的股票。参与方约定锁仓[1]，并拟将股票拉升 30% 以上，接盘方则可以赚取保证金，谁料事与愿违。据同花顺数据显示：2021 年 3 月 31 日，中源家居在上一交易日涨停后高开，但随后便快速走低甚至触及跌停，跌幅为 8. 82%，报收 26. 26 元/股；进入 4 月，中源家居股价波动下滑，4 月 1 日、2 日更是连续跌停，跌幅为 23. 61%；直至 5 月，中源家居股价下跌的迹象也并未得到好转。

在约定拉升股价的当日（2021 年 3 月 31 日），股价不升反跌，操盘方还向叶飞的下家——公募基金及券商资管卖出股票。最终股票连连跌停，叶飞本以为其充当“中间人”撮合上家和下家达成交易，但操盘方在接盘方接盘后，直接把所有筹码抛售砸盘。原本上下家共谋一同“割韭菜”，结果下家被上家“割了韭菜”。叶飞称其上家申万宏源拿不到钱，相关中间人离职；下家民生证券、恒泰证券亏损巨大，相关经理离职；天风证券则没有如约“锁仓”。当叶飞回头找中间人讨要说法时，得到的却是“踢皮球”式回应，当初承诺支付给叶飞的保证金更是化为乌有。

叶飞最终于 2021 年 5 月 9 日在“微博爆料”，在股市及股民之中掀起了轩然大波，叶飞还称将陆续爆料 18 家上市公司。叶飞在 2021 年 5 月 13 日的直播中透露，其为第四层中间人，申万宏源证券刘鹏为其上家，操盘方是一名为蒲菲迪的女性。尽管叶飞所言真实性有待进一步调查，但天眼查数据显示，蒲菲迪为莘天使基金管理（深圳）有限公司的法定代表人。

此后，叶飞爆料的伪市值管理名单中还包括隆基机械、维信诺、昊志机电、ST 华钰（华钰矿业）、东方时尚、今创集团、法兰泰克、祥鑫科技、城地香江、＊ST 众应等多家上市公司。数据显示：截至 2021 年 5 月 17 日收盘，东方时尚、今创集团、法兰泰克、隆基机

〔1〕 通过减少市面的流通筹码，庄家拉升股票价格时资金方按约定不卖，减小抛压盘，为庄家后期操作股价减小阻力。最终股价上涨时庄家高位抛出，套住散户获利后，再与资金方分成。

械、祥鑫科技、＊ST众应、ST华钰七股均跌停；昊志机电、城地香江、维信诺等遭叶飞点名的个股也明显下滑，收盘跌幅分别为13.83%、9.09%、5.8%。5月19日，对比“市值管理”事件前（3月30日）的中源家居市值，已从23.04亿元缩水至13.83亿元，市值蒸发了9.21亿元，缩水近4成。

2. 证监会立案调查

该事件立刻引起了证券交易所的关注。2021年5月13日沪深交易所向涉事的几家公司发送了相关监管工作函，要求这几家公司就不当市值管理及与第三方合谋和单独操纵股价、坐庄等情况进行自查。5月14、17日，中源家居和城地香江先后就该传闻发布公告逐条澄清，称公司从未委托操盘方开展“市值管理”，与叶飞及所谓操盘方人士也并不相识。〔1〕ST华钰、东方时尚、法兰泰克、＊ST众应则陆续发布了股票交易异常波动公告，称除已公开披露的事项外，不存在其他未披露的重大事项。法兰泰克和＊ST众应还表示，公司控股股东、实际控制人等在公司股票交易异常波动期间未买卖本公司股票。〔2〕

2021年5月16日，证监会也在其官网火速表态，表示证监会根据交易所核查情况，决定对相关账户涉嫌操纵利通电子、中源家居等股票价格立案调查。〔3〕7月23日，证监会通报“叶飞举报案”进展：史某等操纵中源家居、利通电子股票价格，交易金额达30余亿元，相关行为已达到刑事立案追诉标准，涉嫌构成操纵市场犯罪。〔4〕

2021年9月24日，证监会披露，相关人员涉嫌操纵南岭民爆（002096. SZ）、今创集团（603680. SH）、昊志机电（300503. SZ）股票价格案取得重大进展，已将3起操纵市场案件的主要涉嫌犯罪人员抓捕归案。同日今创集团董事、总经理戈耀红和董事、副总经理、财务总监胡丽敏则因涉嫌证券市场操纵被证监会立案调查；9月26日昊志机电的实控人、总经理汤秀清亦被证监会立案调查。〔5〕

〔1〕 参见《中家居股份有限公司关于媒体报道相关事项的说明公告》，载http：//www.sse.com.cn/disclosure/listedinfo/announcement/c/new/2021-05-14/603709_20210514_1.pdf，最后访问日期：2022年3月6日；《上海城地香江数据科技股份有限公司关于媒体报道相关事项的说明公告》，载http：//www.sse.com.cn/disclosure/listedinfo/announcement/c/new/2021-05-17/603887_20210517_1.pdf，最后访问日期：2022年3月6日。

〔2〕 参见《东方时尚驾驶学校股份有限公司关于股票交易异常波动公告》，载http：//www.sse.com.cn/disclosure/listedinfo/announcement/c/new/2021-05-19/603377_20210519_1.pdf，最后访问日期：2022年3月6日。

〔3〕 参见《证监会依法对相关账户涉嫌操纵中源家居等股票行为立案调查》，载http：//www.csrc.gov.cn/csrc/c100200/cda4cb02cd0b44ba387ccd1fac0cf9b5e/content.shtml，最后访问日期：2022年3月5日。

〔4〕 参见《证监会通报“中源家居”“利通电子”等股票价格操纵案调查进展》，载http：//www.csrc.gov.cn/csrc/c100200/c6956de97914240a6bc4866ce221a02ce/content.shtml，最后访问日期：2022年3月5日。

〔5〕 参见《今创集团股份有限公司关于董事、高级管理人员收到立案告知书的公告》，载http：//www.cninfo.com.cn/new/commonUrl/pageOfSearch?url=disclosure/list/search&lastPage=index，最后访问日期：2022年3月6日；《广州市昊志机电股份有限公司关于控股股东、实际控制人收到中国证券监督管理委员会立案告知书的公告》，载http：//www.cninfo.com.cn/new/disclosure/detail?orgId=9900023867&announcementId=1211195864&announcementTime=2021-09-30%2019：29，最后访问日期：2022年3月6日。

【法律分析】

被戏称为“自杀式爆料”的叶飞举报事件，牵连出操纵团伙与配资中介、市场掮客、股市“黑嘴”等相互勾结的灰黑利益链条，也让市值管理遭受负面评价。而真正意义上的市值管理为何？市值管理的操作形式有哪些？在强监管新常态下，伪市值管理与市值管理之间究竟如何界分？

（一）市值管理的界定及立法规制

1. 市值管理之内涵

市值管理（market value management）是一个极富中国特色的概念，其理论基础源于域外的价值管理（value based management）思想，而国外资本市场中的价值管理理念可溯及20世纪初FISHER[1]的资本价值理论和MODIGLIANI[2]等提出的资本结构定理。随着2005年中国证券市场股权分置改革序幕的拉开以及我国“全流通时代”的到来，市值管理概念在我国由施光耀先生首次提出。2007年中国上市公司市值管理研究中心对市值管理做了精准定义：市值管理即上市公司基于公司市值信号，综合运用多种科学、合规的价值经营方法和手段，以达到公司价值创造最大化、价值实现最优化的战略管理行为。[3]

作为股权分置改革第一股——“三一重工”股改的投资者关系管理顾问的施光耀先生还指明：市值管理要从股东、股价和股本这三个方面进行。尽管在“股价与股本之乘积等于市值”的等式关系中市值与股价息息相关，但市值管理绝不仅仅是简单粗暴地管理市值。上市公司市值管理机制设计的初衷是通过综合运用股权融资、债务融资、结构融资、并购重组、股权激励等一系列资本运作工具，促进公司市值的持续和稳健的增长。总而言之，市值管理是一种多维度治理，需要上市公司明确价值创造、价值经营和价值实现之间是“根本、手段和关键”的关系，同时从运营层面、资本运作层面和对外关系层面等多维度予以展开。[4]

可见，真正意义上的市值管理是长效、价值、规范、综合的管理[5]，绝不是披着“市值管理”之外衣，实施操纵市场、内幕交易等违法短视的行为。

2. 市值管理的立法规制

2005年9月，市值管理在我国首次提出，其首先被列入国有上市公司的考核评价指标。国资委在《关于在上市公司股权分置改革中国有股股权管理有关问题的通知》中明确指出，

---

〔1〕 FISHER I, *The Nature of Capital and Income*, New York: MacMillan, 1906.

〔2〕 MODIGLIANI F, MILLER M H, *The Cost of Capital, Corporation Finance, and the Theory of Investment*, American Economic Review, 1958, 53 (6): 433-443.

〔3〕 施光耀、邵永清:《市值管理时代悄然来临》，载《董事会》2007年第11期。

〔4〕 参见施光耀、刘国芳:《市值管理论》，北京大学出版社2008年版，第11页。

〔5〕 参见蔡奕:《市值管理现象的法律分析与监管对策》，载《证券法律评论》2015年卷。

要将市值纳入国资控股公司的考核体系。随着民营上市公司的数量与日俱增，市值管理开始向民营上市公司辐射。

随着充分利用资本市场工具而发展壮大的上市公司越来越多，市值管理的理念也逐步得到国家政策文件的认可。2014 年 5 月 8 日，国务院发布的《关于进一步促进资本市场健康发展的若干意见》（以下简称新国九条）第 2 条第 6 项提出“发展多层次股票市场，提高上市公司质量，应当鼓励上市公司建立市值管理制度”，由此正式肯定了市值管理的重要地位。

若假借市值管理之名，行操纵市场、内幕交易之实，则可能触及《证券法》第 5 条、第 50 条“禁止内幕交易”，第 44 条“禁止短线交易”，第 54 条“禁止利用未公开信息进行交易”，第 55 条“操纵证券市场”，第 56 条“禁止编造、传播虚假信息或者误导性信息”等条款；相关行为人将受到第 191 条、第 192 条、第 193 条等条文规定的行政处罚。若证券公司及其从业人员参与其中、损害客户利益，根据《证券法》第 57 条，行为人亦会受到相应的行政处罚。更甚者，情节严重的还可能触犯《刑法》构成犯罪。在刑事领域，相关罪名主要集中在《刑法》第 161 条、第 180 条“内幕交易、泄露内幕信息罪”、“利用未公开信息交易罪”，第 181 条“编造并传播证券、期货交易虚假信息罪”，第 182 条“操纵证券、期货市场罪”等。2021 年 7 月，中共中央办公厅、国务院办公厅印发了《关于依法从严打击证券违法活动的意见》，其中第 15 项明确：依法从严从快从重查处欺诈发行、虚假陈述、操纵市场、内幕交易、利用未公开信息交易以及编造、传播虚假信息等重大违法案件。

（二）正本清源：厘清真伪市值管理的边界

随着强监管时代的到来，证监会对伪市值管理采取“零容忍”的态度予以重点打击。正确把握上市公司市值管理的合法性边界变得尤为重要。厘清真伪市值管理的界限，才能遏制资本市场的不规范操作。市值管理与“伪市值管理”的界分主要体现在操作形式、时机选择和前后市场反应三个方面。

1. 真伪市值管理的操作区别

（1）市值管理操作模式

对实践中市值管理的操作模式进行类型化梳理，可以发现常见的操作模式主要包括以下五种。

一是股权激励。在现代公司制所有权和经营权“两权分离”的背景下，上市公司股权激励无疑是调动公司管理层积极性和管理效率的利器。向公司管理层在内的激励对象授予公司股票，使上市公司市值与公司管理层的收益回报呈正相关时，上市公司管理层的管理能力必然会得到最大限度的激发，股东财富的创造和增长、上市公司经营管理成本的控制和降低〔1〕等目

〔1〕 参见施光耀、刘国芳：《股权激励：市值管理新趋势》，载《资本市场》2011 年第 6 期；陆正华、吴奇治：《股权激励对市值管理的影响及其作用机理——以恒瑞医药为例》，载《财会月刊》2019 年第 1 期。

标也会逐一实现。中国证监会发布的《上市公司股权激励管理办法》既是对股权激励的认可，又是对市值管理中价值创造、价值实现的回应。

二是增持或回购。当上市公司的股价低于上市公司内在价值时，便说明该上市公司的市值被低估。此时通过公司大股东增持、上市公司回购的方式，便能向股票市场传递出大股东与管理层看好公司长远发展的信号，这无疑给已持有公司股票的中小股东以及市场中公司的潜在股东打了一剂强心剂。由此可见，大股东增持以及上市公司回购的方式，对于稳定公司股价、改善上市公司的现金流以及实现市场资源的优化配置是大有裨益的。更有上市公司将回购与股权激励结合、双管齐下，创造性地解决了股权激励股票来源的问题。〔1〕

三是并购重组。不同的上市公司处于不同发展阶段，其根据自身发展需求做出横向或纵向的并购重组选择。上市公司做出这一战略选择的底层逻辑，是看到了并购重组与市值管理间有着密不可分的关系。企业通过并购重组或能延长产业链，或能整合上下游产业资源，从而增加产品附加值，以规模效应节约企业经营成本、扩大市场占有率。〔2〕当前述种种反馈在二级市场股票价格上，便能提高投资者对公司的估值水平，达到市值管理的目的。

四是公司改制或提升治理。以国有上市公司为典型，进行混合所有制改革、完善公司治理结构和经营管理制度，从而实现内部治理的转型，并得到市场的认同。从长远来看，良好的公司治理可以影响公司对社会资本的吸纳能力、投资者对公司看好的程度和社会资本在公司内部的积聚程度。〔3〕重点运用投资者关系管理〔4〕提升投资者对公司的满意程度，改善公司的影响力，增强公司的融资能力。由此可见，对公司进行改制或提升公司治理水平是在市场上获得溢价的关键因素。

五是特殊交易。实践中以特殊交易进行市值管理的最常见方式有：剥离不良资产、分拆资产独立上市、优质资产注入、整饬不良关联交易等，以特殊交易事件驱动上市公司市值管理目标的实现。

上市公司进行市值管理的具体操作模式具有开放性，会随着市值管理实践的需要不断创新。不同的操作模式之间并非相互排斥，而是可以多种市值管理方式并举，对于整体性提升公司市值，还会起到“一加一大于二”的效果。

（2）伪市值管理操作形式

正向市值管理能够有效提升上市公司价值，但部分上市公司和投资机构为获得短期利益、挣“快钱”，假借“市值管理”之名行“违法操作”之实。这会混淆人们对市值管理的理解，阻碍资本市场的正常发展。实践中常见的伪市值管理操作包括以下四种。

---

〔1〕 参见蔡奕：《市值管理现象的法律分析与监管对策》，载《证券法律评论》2015 年卷。

〔2〕 刘国芳：《市值管理：股市新生态内核》，载《新理财》2015 年第 1 期。

〔3〕 牛建波：《公司治理溢价研究脉络及进展探析——基于投资者视角的考察》，载《证券市场导报》2008 年第 8 期。

〔4〕 严复海、沈杰：《基于市值的上市公司投资者关系管理》，载《财会通讯》2011 年第 29 期。

一是通过大宗交易减持操盘。该种操作形式通常在短期内操纵开盘股价、迅速抬高股价、最后在高位抛售，从而实现大股东减持套现、全身而退。具体的结构外观有“先拉抬股价后交易”和“先交易后拉抬股价”两种，涉及主体包括上市公司以及“市值管理”中介机构或中间人、中介的下家资金方。操盘者利用规模庞大的资金在二级市场把股价抬拉至约定价格后，吸引跟风盘。再通过大宗交易把股票向接盘的资金方卖出，逐步减持至事先约定的目标减持额度，再由接盘方卖出股票。[1]套现成功后，上市公司、“市值管理”中介方以及接盘资金方从中渔利。这类标榜自己为“市值管理”的操作，本质上是操纵股价的短线交易行为。

二是选择性信息披露操纵。在当前我国投资者水平参差不齐、资本市场成熟度不够的背景下，别有用心的上市公司与第三方机构合谋，精心挑选信息披露的内容、时间和对象。不顾上市公司实际发展情况，散布公司将进行热门行业的并购重组等信息，比如要进军锂电池、比特币、元宇宙等领域，正是利用投资者尤为迷信概念股炒作的心理“请君入瓮”，从而实现高位减持。上市公司假意进行“市值管理”，给投资者营造美丽幻象、拉高投资者对股价的预期、投资者纷纷入局，最终抬高股价、实控人减持套现后，再以“并购重组计划失败”等借口粉饰太平。更有上市公司实控人、大股东，借机进行股权融资，可谓“一箭双雕”。

三是借力私募机构操纵。私募机构介入上市公司“市值管理”的目的常常是企图通过股权在极短时间内迅速升值、以此获利，这与正向市值管理长效性、综合性的价值取向实有相悖。此时，私募机构与上市公司相串通，事先约定如何进行利益分配和股票布局，并把控信息披露的时点和股价走势，便于从中获利。最为常见的方式有：私募机构通过定向增发，持有上市公司大量股票，帮助公司完成并购，股票市值上涨时抛售退场的“私募 + 并购”型；私募机构通过内含借壳或租壳条款的“市值管理”协议，获得上市公司的股权或表决权，实质性控制上市公司进行操作；私募机构在二级市场上低位建仓，短期大量增持，获得上市公司举牌资格进入管理层、决策层，提出议案推动公司股价上涨，卖出股票借机牟利。

四是出于特定目的操纵股价。由于定向增发或并购重组时，上市公司在二级市场上特定时段的市值均价是重要的参考数据，上市公司就有了为维持股价进行“市值管理”的需求。亦有部分上市公司高管为了从市场中置换出资金，冠以“股权激励”的合法目的，利用内幕信息进行操纵，从中获得不正当利益。更有上市公司为了避免可转债持有人行权、回购条件被触发，通过尾市交易的方式购买公司股票维持股价。2013 年国务院办公厅发布《关于进一步加强资本市场中小投资者合法权益保护工作的意见》（国办发〔2013〕110 号），文中提出“完善股份回购制度，引导上市公司承诺在出现股价低于每股净资产等情形时回购股份”。尽管增持、回购虽属公认合法的市值管理措施，但运用不当就会逾越监管的红线。

---

〔1〕 参见杨军平：《经济法视域下我国上市公司市值管理规制研究》，中国政法大学 2020 年硕士学位论文。

若叶飞爆料中源家居伪市值管理的内容属实，则具体操作过程是：先由中介跟上市公司约定出资金额、收益分成等事项，随后资金方买入公司股票锁仓。操盘方拉抬股价价格，在高位时抛售、套住散户，合伙收割散户获利后，再与资金方分成。尽管处于舆论中心的中源家居市值偏小、流动性较差，此类公司通常不在公募、私募等机构的核心股票池中，但若真如叶飞所言，部分公募基金参与了锁仓和接盘等环节，则不排除存在违法交易的可能，甚至上市公司部分股东亦可能参与其中。打着市值管理的旗号操纵市场，这种拉抬股价再交易的做法，正是较典型的“操盘形”伪市值管理操作。

2. 操作时机的选择

上市公司进行正当市值管理时，通常会选择在国家相关政策变化、公司遭遇挑战或赢得机遇时进行。首先，当政策的变动契合企业发展方向时，通常会给企业发展带来政策性利好；当新政策的风向要求企业做出改革时，企业只有不断寻求新的突破点、自行寻找在市场上的生存空间，才能顺利度过平台期，在市场中长盛不衰。其次，当行业内部发展动向改变时，上市公司也会进行市值管理。上市公司欲实现市值最大化，仅仅关注国家政策是远远不够的，各行各业都有自身发展特点、发展动向和发展规律，在各自行业领域中要长期保持竞争优势，就需要企业不断地创新管理模式及生产技术。最后，在上市公司股价要求符合内在价值时进行市值管理。在二级市场中上市公司股价只要是对上市公司内在价值和基本面的真实反映，适当幅度范围内或涨或跌都属于正常现象，并不要求上市公司一味地将股价拉高。倘若公司股价被市场过分高估，上市公司通过市值管理让股价降至符合公司基本面的价格，这也不失为一种成功的市值管理。当上市公司经营业绩不断攀升，但股价却持续下跌或毫无起色、始终无法打破价值被低估的魔咒时，通过大股东增持等正当市值管理计划提升股价确有其必要。

“伪市值管理”的时点选择主要集中在两个时机。一是在限售期解禁前进行市值管理。上市公司部分股票的流通比例或流通期限受到限制的非流通股，当法律法规规定的期限届满，非流通股即可取得流通权、在二级市场上自由地进行交易。上市公司的大股东、控股股东和董监高掌握了公司大量的限售股，在限售期限届满时，限售股持有者就倾向于抛售其持有的股票、从中获利。因此，大股东、控股股东和董监高在限售期解禁前尤为期望股价大涨，其得以在高位卖出、获利更多。倘若股价处于低位时，限售股持有者脱手股票则可能导致其收益减少甚至亏损。在解限售之前，为了谋取不法利益的大股东、控股股东和董监高便存在违法违规操纵股价的动机，企图以市值管理掩盖其非法拉高股价、减持限售股的不法行为。二是在公司经营不善时进行市值管理。当上市公司原有业务已经发展至衰退期，卖壳求生不失为一种选择。在出卖上市公司的壳资源时，为了获得更大的议价空间、卖出更高的价格、谋求更大的利益，上市公司拉抬股价的欲望高涨。经营业绩每况愈下的上市公司只能铤而走险，寄希望于伪市值管理做高股价、高位减持。

3. 市场前后的反应

当上市公司在公司股价被低估时进行正当市值管理，通过大股东增持、股权激励或资产重组等资本运作，股价通常会上升至与公司内在价值相符的价格。即使市值管理后，公司股价没能在短期内实现飞速增长，但也会产生防止股价暴跌的作用。在公司股价被高估时进行市值管理，除了及时公告、向广大投资者进行信息披露、投资风险提示，有必要时还可以采取大股东减持的方式，使上市公司股价在不能支持其内在价值时，得以被引导回落与公司内在价值趋同。从而达到稳定市值、实现价值经营、避免股价大幅度波动的目的，同时减持还可以充实公司的资金、塑造公司股价稳定的正面形象。

上市公司进行“伪市值管理”后，反映到市场上的主要表现为公司市值与内在价值极大不符以及公司股价短期内大幅波动。尽管伪市值管理将股价迅速抬高，但公司经营业绩根本无法支撑脱离公司基本面的市场估值，甚至还会出现公司内在价值不增反降、与股价背道而驰的情况。短期性、激进性、泡沫化的操纵行为一结束，公司股价就会迅速跌落，大起大落现象的背后是被收割的散户、获利颇丰的违法行为人以及失序的证券市场。

如果叶飞爆料上市公司中源家居伪市值管理查证属实，无论是公司大股东或实际控制人为了一己之私，抑或是公司经营管理出现问题妄图以市值管理的名义、避开监管牟取不法利益，都会给资本市场公平秩序造成严重破坏。若此次上市公司、操盘方、接盘方在内的一众利益关联方计谋得逞，这无疑会造成公司股价被迅速拉抬、利益关联方伺机低买高卖，导致股价短期内巨幅波动，最终让无辜的投资者为违法行为埋单。

【案外反思】

对于市值管理之所以存在部分负面评价，究其原因在于上市公司和机构投资者等主体对市值管理的内涵认识不清、对资本市场法律法规缺乏敬畏之心、漠视中小投资者权益。市场各方应当正确把握上市公司市值管理的合法性边界。尽管叶飞报料后，相关上市公司纷纷发布公告表示：公司控股股东、实际控制人等在公司股票交易异常波动期间未买卖本公司股票；除已公开披露的事项外，不存在其他未披露的重大事项。但涉事公司是否存在市值管理行为，该行为是否合法仍需进一步调查。

当然，对于市值管理亦不能因噎废食，只要不将其泛化为拉升股价，而是着眼于提升公司业绩表现和核心竞争力，那么就存在合理的适用空间。

《差额补足协议》效力之辩

——“李某辉、袁某华合同纠纷案”的法律分析

郭庆伟

【案情介绍】[1]

2021 年 6 月 21 日，最高人民法院作出驳回李某辉的再审申请的裁定，标志着“李某辉、袁某华合同纠纷案”审理程序的结束。该案审理涉及德清县人民法院、湖州市中级人民法院、浙江省高级人民法院以及最高人民法院，诉讼由基层法院一路打到最高人民法院，从 2018 年 12 月 6 日德清县人民法院作出移送审理的裁定，到最高人民法院作出最终裁定，时间跨度约两年半。

（一）双方当事人签订差额补足协议

2017 年 3 月 29 日，李某辉、董某升作为甲方与作为乙方的袁某华签订《差额补足协议》一份，协议约定：1. 乙方或乙方指定的第三方（指定第三方的另行补充协议约定）参与认购广东东方精工科技股份有限公司（以下简称东方精工）2017 年非公开发行股票认购，出资劣后本金为 8000 万元，对应优先级金额为 16 000万元，认购股份金额为 23 200 万元；2. 甲方同意对乙方或乙方指定主体认购股份全部出售时收回的本金及收益按乙方认购金额计算不足年化 10% 部分进行

〔1〕 以下事实与分析基于：浙江省德清县人民法院（2018）浙 0521 民初 5275 号民事裁定书、浙江省湖州市中级人民法院（2019）浙 05 民初 1 号民事判决书、浙江省高级人民法院（2020）浙民终 525 号民事判决书、中华人民共和国最高人民法院（2021）最高法民申 2922 号民事裁定书。本文仅是基于上述资料进行的学术分析与探讨，特此说明。

补足。第 1. 2. 3 条约定：双方确认，如乙方或乙方指定第三方在股票解禁期间或解除锁定后 8 个月内未能实现上述综合收益或造成乙方持有股票亏损的，甲方同意以人民币壹亿元为限为乙方承担担保责任。第 2. 2 条约定：股票解除锁定后如乙方在股价低于年化收益 10% 以下减持，则需获得甲方同意，甲方不同意的，按约定进行补仓。

（二）袁某华通过层层嵌套方式认购目标公司股份

2017 年 3 月 29 日，袁某华作为委托人与受托人云南国际信托有限公司（以下简称云南信托）签订《云信新安 3 号集合资金信托计划资金信托合同》（以下简称新安信托合同）一份。该合同约定：此信托资金用于受让云南信托设立的“云信富春 3 号单一资金信托”（以下简称富春信托）的信托受益权，该单一信托的信托财产运用方式为：将信托资金用于认购长信基金管理有限责任公司（以下简称长信基金公司）发起设立的“长信基金—浦发银行—聚富 21 号资产管理计划”（以下简称聚富资管计划），该资产管理计划资金用于认购东方精工于深圳交易所非公开定向发行的股票（002611 东方精工）。袁某华在新安信托合同签署页签字确认其作为委托人加入的信托资金为一般级信托资金 1 亿元。同日，袁某华向云南国际信托有限公司转汇 10 000 万元。

袁某华并未直接认购东方精工非公开定向发行的股票而是与云南信托签订合同加入了“新安信托”，但“新安信托”又通过层层嵌套的方式最终将资金用于认购东方精工股票，具体法律关系如图 1 所示：

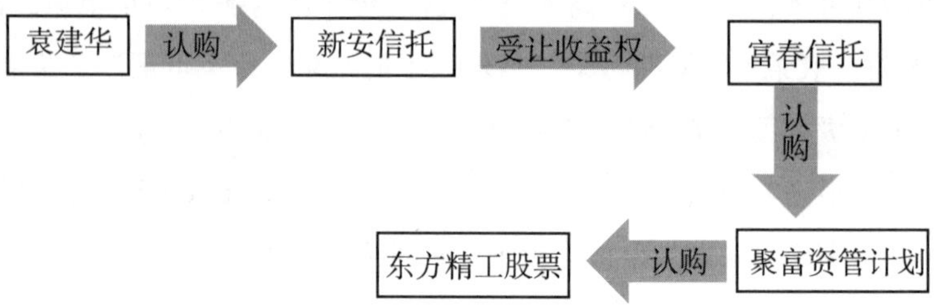

图 1　具体法律关系示意

（三）投资收益未达预期，袁某华发起诉讼

2018 年 9 月 4 日，袁某华实际认购的东方精工股票被部分出售后，收益未达预期，袁某华向浙江省德清县人民法院提起诉讼，要求李某辉、董某升履行差额补足义务，德清县人民法院以合同标的过大为由，裁定将案件移送至湖州市中级人民法院审理。2019 年 1 月 2 日湖州市中级人民法院立案受理，案件审理过程中，袁某华将股票全部减持完毕并变更赔偿数额。

一审法院认为，本案《差额补足协议》不属于保证合同，该协议应视为双方当事人之间合意形成的、两被告自愿承担袁某华投资损失及投资收益补足赔偿责任的无名合同，其本质系董某升、李某辉自愿对袁某华可能产生的投资收益不足部分及损失的承担。袁某华虽然并非以个人身份直接认购目标公司股票，但委托第三方进行认购并不会造成风险的扩大或减少，因此两被告应共同向袁某华支付壹亿元。

随后，李某辉不服一审判决，提起上诉。二审法院同样认为《差额补足协议》并非保证合同，而是双方自愿设立以东方精工股票的涨跌为条件的投资对赌关系，且该关系没有破坏证券市场稳定和增加证券市场风险，因而，双方的约定不属无效保底条款情形，亦不违反法律、法规的禁止性规定，应为有效。

此后，李某辉向最高人民法院提起再审。2021 年 6 月 21 日，最高人民法院作出再审裁定，认为《差额补足协议》中的“担保责任”系李某辉、董某升一方的主要合同义务，并非合同法或者担保法所规定的具有从属性质的担保责任，李某辉主张的因不存在主债权债务关系而应认定该担保责任为无效的申请理由不能成立，驳回李某辉的再审申请。

【法律分析】

本案的争议焦点涉及《差额补足协议》性质的认定问题。《差额补足协议》属于增信措施的一种，在实践中被广泛运用，对于《差额补足协议》的性质及效力在理论界和实务界均存在多种观点，本案中二审法院和再审法院对于一审判决的认可表明了我国司法机关对于此类案件的态度。在理论界，有学者认为，差额补足是在投资人无法实现基础合同投资预期的情况下，由融资人或其相关第三方按照协议或承诺，向投资人支付基础合同未实现投资预期的差额部分，以保障投资人实现其投资预期的一种信用增进措施。[1]也有学者指出差额补足与流动性支持、安慰函或承诺函等增信措施相同，其内容不能明显构成典型担保（如保证、质押、抵押）或非典型担保（如所有权保留、让与担保、融资租赁、保理）的意思表示，再加上当事人运用差额补足的目的复杂，导致对其进行意思表示的解释和定性存在不同的观点。[2]

（一）差额补足协议的性质

对于差额补足协议的性质，实践中存在将其认定为保证合同、独立合同、债务加入等多种判决观点，最高人民法院在“华融国际信托有限责任公司、凯迪生态环境科技股份有限公司金融借款合同纠纷案”指出：差额补足协议并非我国法律规定的有名合同，其性质的判断，应根据合同主要内容，尤其是对差额补足责任的界定予以综合分析认定。[3]2019 年 11 月最高人民法院发布的《全国法院民商事审判工作会议纪要》（以下简称《九民纪要》）第

〔1〕 夏文浩：《差额补足信息披露的探讨》，载《当代会计》2019 年第 6 期。

〔2〕 参见朱晓喆：《增信措施担保化的反思与重构——基于我国司法裁判的实证研究》，载《现代法学》2022 年第 2 期。

〔3〕 中华人民共和国最高人民法院（2019）最高法民终 560 号民事判决书。

66 条规定，当事人订立的具有担保功能的合同，不存在法定无效情形的，应当认定有效。虽然合同约定的权利义务关系不属于物权法规定的典型担保类型，但是其担保功能应予肯定。2021 年 1 月 1 日起施行的《最高人民法院关于适用〈中华人民共和国民法典〉有关担保制度的解释》（以下简称《担保制度解释》）第 36 条也规定差额补足应当根据当事人的意思表示将其认定为保证合同、债务加入，且该条第三款规定，第三人向债权人提供的承诺文件不符合保证合同、债务加入构成要件的，不影响债权人依据承诺文件请求第三人履行约定的义务或者承担相应的民事责任。[1] 因此，对于差额补足协议的性质认定，不能一概而论，而应当结合当事人的具体约定作出判断。

我国《民法典》第 681 条规定："保证合同是为保障债权的实现，保证人和债权人约定，当债务人不履行到期债务或者发生当事人约定的情形时，保证人履行债务或者承担责任的合同。" 对于符合保证合同构成要件的差额补足协议，我国法院也会将其认定为保证合同从而适用关于保证合同的相关法律规定。保证合同属于从合同，以主债权债务合同的存在为前提，我国《民法典》第 682 条第 1 款和《担保制度解释》第 2 条都规定了保证的从属性，因此判断差额补足协议的性质需要先分析其与相关合同之间的关系。[2] 在本案中原被告之间的差额补足协议和袁某华与云南信托之间的信托合同并不存在主从关系，差额补足协议的成立与生效并不以该信托合同的存在为前提，而且该差额补足协议也并未提及为某信托合同提供担保，因此本案中的差额补足协议不属于担保合同。

至于《担保制度解释》第 36 条第 2 款规定的，差额补足协议符合债务加入构成要件的应认定为债务加入，本案同样不适用。对于债务加入，我国《民法典》第 552 条规定，"第三人与债务人约定加入债务并通知债权人，或者第三人向债权人表示愿意加入债务，债权人未在合理期限内明确拒绝的，债权人可以请求第三人在其愿意承担的债务范围内和债务人承担连带债务"。债务加入要求第三人有加入债务的意思表示，并且需要债权人的同意，并且第三人履行债务并不以债务人届期未履行为前提。由于本案中首先不存在基础债权债务关系，因而也就不存在第三人要求加入债务的前提，因而，本案中的差额补足协议也不属于债务加入。

---

〔1〕《最高人民法院关于适用〈中华人民共和国民法典〉有关担保制度的解释》第 36 条规定：第三人向债权人提供差额补足、流动性支持等类似承诺文件作为增信措施，具有提供担保的意思表示，债权人请求第三人承担保证责任的，人民法院应当依照保证的有关规定处理。第三人向债权人提供的承诺文件，具有加入债务或者与债务人共同承担债务等意思表示的，人民法院应当认定为民法典第五百五十二条规定的债务加入。前两款中第三人提供的承诺文件难以确定是保证还是债务加入的，人民法院应当将其认定为保证。第三人向债权人提供的承诺文件不符合前三款规定的情形，债权人请求第三人承担保证责任或者连带责任的，人民法院不予支持，但是不影响其依据承诺文件请求第三人履行约定的义务或者承担相应的民事责任。

〔2〕 李皓同样认为，在资管产品中差额补足协议中，认定差额补足协议的法律性质首先需要分析其与资管投资合同之间的关系，其次是在此基础上分析差额补足协议中的法律关系内容。参见李皓：《论资管产品中差额补足协议的效力认定——基于 108 份相关司法判决的分析》，载《金融法苑》2020 年第 4 期。

此时，《担保制度解释》第36条第4款对本案的裁判给予了制度支持。其规定，“第三人向债权人提供的承诺文件不符合前三款规定的情形，债权人请求第三人承担保证责任或者连带责任的，人民法院不予支持，但是不影响其依据承诺文件请求第三人履行约定的义务或者承担相应的民事责任”。本款是将差额补足协议认定为独立合同的法律依据，债务加入和保证都以主债权债务关系存在为前提，不同点在于保证具有从属性、债务加入具有独立性，而独立合同不以主债权债务关系存在为前提。本案中，一审法院就认为，本案的《差额补足协议》不属于保证合同，该协议应视为双方当事人之间合意形成的、两被告自愿承担袁某华投资损失及投资收益补足赔偿责任的无名合同，其本质系董某升、李某辉自愿对袁某华可能产生的投资收益不足部分及损失的承担。

本案两被告认为原、被告之间是保证合同关系，因不存在相应的债权人，故原告要求两被告承担担保责任不能成立。此种观点存在明显的错误，本案不存在主债权债务关系，只能说明本案的《差额补足协议》不属于保证合同，并不能排除本案《差额补足协议》仍符合其他类型合同成立与生效要件的可能，而且只要该协议符合合同的一般成立与生效要件，双方当事人即应履行约定的合同义务。

（二）差额补足协议的效力认定

尽管本案中的差额补足协议被认定为独立的无名合同，但仍需遵循一般的合同效力规则。《民法典》第143条规定民事法律行为不得违反法律、行政法规的强制性规定，不违背公序良俗，第153条则规定违反效力性强制规定和公序良俗的民事法律行为无效。差额补足协议常用于各种资产管理、信托计划、股权投资等金融交易活动，判断差额补足协议的效力往往涉及相关的金融监管规定，如果违反了属于效力性强制规范的金融监管规定也可能被认定为无效，此外，如果差额补足协议可能产生金融风险、危害社会公共利益时，也可能被法院以违反公序良俗为由认定为无效。

在本案中，被告就认为该差额补足协议具有赌博性质，违反一般社会公序良俗，但一审法院认为赌博行为对财富的分配机制是随机的，不会以主体的行为付出而改变财富分配的数量和方向。而本案两被告之所以愿意签订案涉协议，是基于两被告对原告参与认购的东方精工股票从商业角度做出了价值判断，两被告运用经济学工具和技能对股票价值预期进行了评估，目的是追求投资利益，实质是一种具有商事交易秩序价值的对赌行为，并非被告主张的赌博行为。

另外，被告主张本案的《差额补足协议》存在多种违反金融监管法规的情形，主要包括：（1）原告袁某华并非东方精工2017年非公开发行股票合格投资者，该投资行为违反了证监会关于非公开发行的规定。（2）本案中的《差额补足协议》实质是主张证券投资的保留收益，违反投资风险自负原则和证券业监管法规。（3）原告以层层嵌套的方式最终投资东方精工2017年非公开发行股票，系以信托形式掩盖的非法场外配资合同。被告认为，本案的《差额补足协议》存在的以上任一种违法情形均会导致协议无效。

对于被告的多种主张，法院认为：（1）被告李某辉提交的《审核报告》已明确中信建投证券股份有限公司审核确认了上述投资东方精工非公开发行股票等相关事宜，投资金额为 30 000 万元且为单一资金信托，不涉及其他投资人权益，该产品依法已完成登记和备案程序。《审核报告》由中信建投证券股份有限公司报证监会核准。故该东方精工非公开发行股票发行过程和认购主体、对象等均未违反法律规定。（2）本案的《差额补足协议》仅为袁某华、李某辉、董某升三人之间共同投资的内部约定，并未涉及其他人的权利义务，亦未损害其他投资人合法权益，实质是投资双方对投资利益、投资风险共同承担的合作投资模式，属于当事人的意思自治范畴。《差额补足协议》的主体亦非金融机构，投资模式也没有破坏证券市场稳定和增加证券市场风险，故双方的约定不属无效保底条款情形。（3）东方精工定向增发操作模式、流程已经证监会登记和备案程序，并非金融机构接受投资者委托，对受托的投资财产进行投资管理的金融服务。因此，案涉认购交易涉及融资、买卖证券环节等并不具备配资方向用资人出借证券账户、缴纳保证金、用资人自行决定股票投资方向等场外配资业务的法律特征，无论从投资主体、投资方式、协议实质内容及监管审核程序等均不符合未经金融监督管理部门批准的非法场外配资行为的构成要件。最终法院判决本案的《差额补足协议》合法有效，被告应履行合同义务。这一裁判具有合理性。

（三）原告是否存在违约行为

本案中原告并非以个人身份直接认购目标公司股票，在投资未达预期时对股票进行减持，被告据此主张原告存在以下违约行为：（1）原告在可以自然人身份认购的情况下，通过信托、资产管理计划层层嵌套的模式认购行为，不仅不符合差额补足协议约定，也增加了风险、扩大了损失，降低了交易灵活性和方便性，造成的损失应由原告承担。（2）根据合同约定，原告减持的前提是需要甲方同意，原告未经甲方同意即进行减持，应当对其行为承担全部的民事法律责任。

但在本案中，由于双方合同明确约定原告可以委托第三方认购，且认购对象已经明确为东方精工股票，故由袁某华自行认购或委托第三方进行认购并不会造成风险的扩大或减少；而且，根据法院查明的事实，原告在减持前向董某升进行了通知，原告数次发函的通知行为及董某升的回函行为可视为双方对董某升未按通知支付增强信用资金时的违约责任进行了明确，董某升亦自认其在回函后资金并未筹集到位，也未与袁某华就股票平仓事宜进行商量。可见，原告的行为并未违反合同约定，其在合同履行中不存在过错。

【余论】

差额补足协议并非法律术语，我国立法也并未针对差额补足协议作出专门性的规定，在实践中差额补足协议存在多种运用场景和灵活的运用方式，对于差额补足协议性质的认定应当结合具体案情进行分析，虽然本案各级法院均认为案涉差额补足协议属于独立的无名合同，但差额补足协议还可能被认定为属于保证合同或者债务加入，具体如何判断应结合当事人的意思表示以及法律对于保证合同、债务加入构成要件的规定进行综合判断。无论差额补足协议被认定为何种性质，都应适用《民法典》对于民事法律行为、合同行为的一般性规定，当其违反效力性强制规范和公序良俗时都会导致合同无效。当差额补足协议被认定合法有效时，负有补足义务的一方应依法承担补足责任。

董事忠实义务的“纵向延伸”

——“李某、华佗在线公司损害公司利益纠纷案”的法律分析

刘萍萍

【案情介绍】[1]

最高人民法院在李某、深圳市华佗在线网络有限公司（以下简称华佗在线公司）损害公司利益责任纠纷一案中，确认了公司法关于董事对公司所负的忠实义务应不限于董事所任职的公司自身，还应包括公司的全资子公司、控股公司等，如此方能保障公司及其他股东的合法权益，真正实现公司法设置忠实义务、竞业禁止义务的立法本意。该案对明晰董事忠实义务的范围，构建违反董事忠实义务损害公司利益的裁判标准具有启示意义。

（一）基本案情[2]

深圳市美谷佳科技有限公司（以下简称美谷佳公司）设立于2008年11月21日，2015年4月28日前，李某担任美谷佳公司法定代表人、董事长、总经理职务，一审法庭辩论终结前李某持有美谷佳公司14.5%的股权。2013年6月3日，美谷佳公司投资设立深圳市华佗在线网络有限公司，美谷佳公司作为隐名股东持有华佗在线公司100%股权，2015年6月17日，华佗在线公司股东变更为美谷佳

〔1〕 本文中的案情整理参考如下材料：深圳市华佗在线网络有限公司、深圳市美谷佳科技有限公司损害公司利益责任纠纷二审民事判决书［（2019）粤民终1027号］，本文仅是基于上述资料进行的学术分析与探讨，不涉及任何与本案相关的争议解决问题，特此说明。

〔2〕 美谷佳公司、华佗在线公司、友德医公司、李某之间的持股关系为广东省高级人民法院在二审中认定的事实。

公司，持股100%。深圳友德医科技有限公司（以下简称友德医公司）设立于2014年8月7日，2014年11月11日，友德医公司的股东变更为李晓婧和周祖斌，持股比例分别为85%和15%，2016年1月10日，友德医公司相关股东出具《承诺书》及《股权代持协议书》表明，李晓婧、周祖斌分别代李某持有友德医公司72.25%和12.75%的股权，故李某共计实际持有友德医公司85%的股权，系该公司的大股东和实际控制人。2014年1月10日，华佗在线公司和广东省第二人民医院（以下简称省二医）签订《合作框架协议》，约定双方合作共建广东省医学影像阅片中心平台、检验分析中心平台和互联网医院、应急无线医疗项目。庭审期间，李某和省二医提交了省二医盖章的落款日期为2014年9月23日的《通知函》和美谷佳公司盖章的落款日期为2014年9月25日的《通知函回复》，《通知函》载明省二医终止框架协议的意见，《通知函回复》载明"同意省二医通知函中提出的终止合作意见"，故而，于2014年9月25日，省二医与美谷佳公司双方协商同意终止所有合作项目。2014年11月20日，友德医公司与省二医签订《友德医网络医院合作协议》，约定双方视对方为广东省内唯一的合作方，双方共同合作组建"友德医"网络医院，并对用户提供网上诊疗、双向转诊等医疗服务（见图1）。

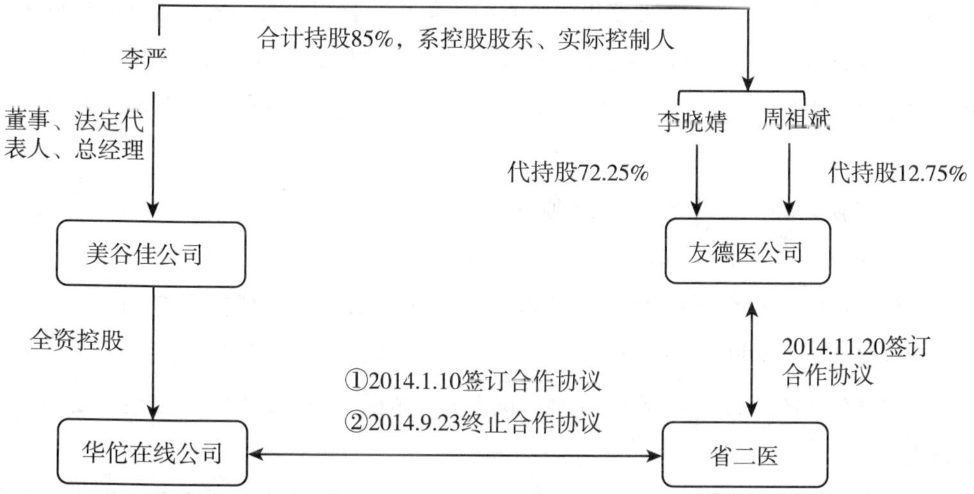

图1　持股情况

华佗在线公司、美谷佳公司认为李某在担任美谷佳公司法定代表人、董事长、总经理及技术团队主要负责人期间，另行实际控制与华佗在线公司具有同类业务的友德医公司，将华佗在线公司与省二医合作创建的网络医院等项目据为友德医公司所有，谋取本属于华佗在线公司的商业机会，其行为损害了华佗在线公司的利益进而损害了美谷佳公司的利益，须向华佗在线公司赔偿，因此向法院起诉，请求判令李某因其侵权行为赔偿华佗在线公司1.2亿元，省二医对李某的上述债务承担连带赔偿责任。

李某辩称，华佗在线公司和美谷佳公司具有独立的商事主体地位，《公司法》[1]第 148 条第 1 款第 5 项[2]对同业禁止索赔之诉的民事责任主体作出严格限定，仅限于公司董事和高管。尽管华佗在线公司认为本案争议的商业机会属其所有，但李某并非该公司的董事或高管，对该公司不负忠实义务，不可能成为篡夺其商业机会的民事责任主体。

（二）法院裁判

1. 一审法院判决

针对本案，深圳市中级人民法院认为，本案系损害公司利益责任纠纷。（1）关于李某是否对华佗在线公司负有忠实义务问题。法院认为，华佗在线公司系美谷佳公司全资子公司，李某如有不当谋取华佗在线公司商业机会、损害其利益等行为，也必然对美谷佳公司的利益造成损害，从而间接认定李某对华佗在线公司负有忠实义务。（2）关于李某是否存在违反忠实义务、竞业禁止义务的行为。法院认为，李某将华佗在线公司与省二医合作创建的网络医院等项目据为其实控的友德医公司所有，谋取本属于华佗在线公司的商业机会，违反了对华佗在线公司的忠实义务、竞业禁止义务。（3）关于李某应就华佗在线公司的损失承担的赔偿责任问题。法院认为，华佗在线公司在本案中的损失难以确定，一审法院参照《公司法》第 148 条第 2 款的规定，将李某因此获得的收入归华佗在线公司所有，酌定李某向华佗在线公司支付赔偿金 2916 万元。（4）关于省二医是否须承担连带责任的问题。一审法院认为，现有证据不足以证明省二医与李某存在共同故意，故对省二医应当承担连带责任的主张不予支持。

2. 二审法院判决：驳回上诉、维持原判

华佗在线公司、美谷佳公司、李某不服一审法院判决提出上诉。华佗在线公司、美谷佳提出上诉请求：（1）改判李某赔偿华佗在线公司 1.2 亿元；（2）改判省二医对李某的债务承担连带赔偿责任。李某提出上述请求：（1）对华佗在线公司不负有忠实义务；（2）美谷佳公司与友德医公司的产品完全不同，不属于同种业务范围；（3）认为一审法院酌定的天价赔偿金显失公平。

广东省高级人民法院作出二审判决。（1）关于李某是否对华佗在线公司负有忠实义务问题。法院认为，母子公司的利益具有一致性，李某对母公司所负忠实义务和竞业禁止义务应自然延伸至子公司。（2）关于李某是否违反其对美谷佳公司和华佗在线公司所负忠实义务和竞业禁止义务的问题。法院认为，根据相关协议可以确定华佗在线公司已经获得了相关商业机会，而后友德医公司确实获得了原本属于华佗在线公司的商业机会，李某这种非法获取了本属华佗在线公司的商业机会，确实损害了华佗在线公司及其母公司美谷佳公司的利益。

---

〔1〕 笔者所称的《公司法》系指 2018 年修正后的《公司法》。

〔2〕《公司法》第 148 条第 1 款第 5 项规定：未经股东会或者股东大会同意，利用职务便利为自己或者他人谋取属于公司的商业机会，自营或者为他人经营与所任职公司同类的业务。

（3）关于李某对华佗在线公司的赔偿责任问题。二审法院从李某的个人收入和美谷佳公司及其股东的实际损失两个角度，综合认定李某的赔偿责任，认为一审法院酌令李某向华佗在线公司赔偿2916万元合理。（4）关于省二医是否须承担连带责任的问题。二审法院认为省二医不需要承担连带责任，相关理由与一审法院一致。

3. 最高人民法院再审判决：驳回再审申请

李某不服二审判决，向最高人民法院提出再审申请：（1）认为自己对华佗在线公司不负有忠实义务；（2）相关赔偿金额的确定仅适用赔偿规则，而不能适用归入权规则。

最高人民法院作出再审判决。（1）关于李某是否对华佗在线公司负有忠实义务和竞业禁止义务的问题。最高人民法院认为，公司法关于董事对公司所负的忠实义务、竞业禁止义务应不限于董事所任职的公司自身，还应包括公司的全资子公司、控股公司等，如此才能真正实现公司法设置忠实义务、竞业禁止义务的立法本意。（2）关于李某是否实施了损害华佗在线公司利益的行为。最高人民法院再审认为，李某未经美谷佳公司股东会同意，非法获取了本属华佗在线公司的商业机会，损害了华佗在线公司及其母公司美谷佳公司的利益。（3）关于李某对华佗在线公司的赔偿责任问题，最高人民法院认为原判决并无不当。

（三）争议问题

根据《公司法》第147条、第148条、第149条的规定，董监高对所任职的公司负有忠实义务，但是该忠实义务是否延伸至所任职公司的子公司、控股公司，相关法律法规未作明确规定。故而，本案的焦点为：（1）李某作为美谷佳公司的董事，是否对美谷佳公司全资控股的华佗在线公司亦负有忠实义务？（2）倘若李某对华佗在线负有忠实义务，那李某的行为是否违反了对华佗在线的忠实义务，谋取了属于华佗在线公司的商业机会进而损害了华佗在线公司的利益？（3）倘若认定李某违反了对华佗在线的忠实义务，相应的赔偿责任范围又如何确定？

【法律分析】

（一）董事忠实义务的范围考察：扩张至子公司的合理性探究

1. 现行法下董事忠实义务范围厘定

我国《公司法》以原则性与列举性的方式，对董事忠实义务内容做出了规制，以公司归入权制度确立了相应的救济程序，其中第147条概括性地规定了董监高对公司负有忠实义务，第148条通过不完全列举的方式列明了董事不得实施的行为，并规定了公司救济程序。就董事忠实义务范围而言，《公司法》第147条规定，“董事、监事、高级管理人员应当遵守法律、行政法规和公司章程，对公司负有忠实义务和勤勉义务”，由此可知，董事对其所任职的公司负有忠实义务，其董事义务是否及于子公司、控股公司，法律法规尚未作出明确规定。

因此，本案李某是否对美谷佳全资控股的子公司负有忠实义务无法从法律上找到直接指引，如果严格依据法律规定，按照文义解释，忠实义务仅在李某与美谷佳公司之间产生，李某的行为并未直接触犯《公司法》第 148 条之规定，而其谋取的利益表面上也非属于其任职公司所有，因而也无法完全运用《公司法》第 147 条、第 148 条的内容进行判断。

2. 董事忠实义务及于子公司的合理性分析

尽管受现行法文义解释的限制，但本案中一审、二审以及再审法院都认定董事忠实义务应当延及子公司，笔者将通过分析董事忠实义务的本质、立法目的，对董事忠实义务的范围进行合理分析，以突破《公司法》中关于董事忠实义务的“公司”限制。

虽然我国公司法没有明确规定董事忠实义务的内涵，但从忠实义务的立法目的、实践中的相关案例出发，还是可以形成较为统一的观点，即董事忠实义务的本质就在于避免董事与公司发生利益冲突，作为《公司法》中的一个常见且复杂的行为范式，董事忠实义务以其独特的调整作用，将整个公司的利益与董事个人的利益进行了调和，使董事在履行忠实义务的条件下为公司的平稳发展提供了指引。从利益角度来看，董事在公司内部行使自由裁量权、在外部处理与公司相对人的关系时，其既是公司机关或其成员，也是自身利益追求者，他们未必只追求公司或股东利益，当其追求私利超过必要限度或以牺牲公司利益为代价时，公司法必须基于忠实义务的法理予以回应，即董事不得因自己的身份受益，不得收受不当利益、不得与公司非法竞争、不得从事自我交易、不得泄露公司秘密和不得利用公司资产、信息和商业机会等。在总体上，忠实义务指向的是利益冲突，公司法以禁止违反忠实义务为原则，并创设二层应对机制：一是规定董事承担最高程度的忠实义务；二是规定董事的行为禁止规则。〔1〕

为应对复杂的经济形式，母子公司不断涌现、关联公司现象日益普遍，母子公司、关联公司主体之间特殊的组织状态，也使其具有较强的经济优势。然而，母子公司、关联公司这种组织形式也会引发一系列法律问题，例如，涉及小股东的利益保护，公司利益的识别以及董事忠实义务判断等。尤其是，在经营管理中，母子公司之间存在控制与被控制性，母公司通过控股权控制、支配子公司，其业务范围也存在着一定的交叉重叠之处，因而母子公司的利益具有较强的一致性，尤其是在全资子公司或控股公司情形下，母子公司的利益一致性更为明显。

倘若严格按照文义解释，限缩董事忠实义务的范围，认为董事忠实义务无法延及子公司、控股公司，董事相关行为将无法受到规制。首先，就所任职的母公司而言，董事夺取的并非其所任职公司的商业机会，也没有直接与所任职公司进行非正当竞争，更没有泄露所任职公司的商业秘密等，因此，母公司无法直接要求董事赔偿；其次，就子公司、控股公司而

〔1〕 叶林：《董事忠实义务及其扩张》，载《政治与法律》2021 年第 2 期。

言，由于董事未在这些公司任职，其对子公司、控股公司不负忠实义务，因此受损害的子公司、控股公司也无法要求其赔偿。可见，在母子公司、关联公司的语境下，如果严格按照文义进行解释，公司法设定董事忠实义务的目的很可能会落空。因此，将母公司董事的忠实义务延至全资子公司、控股公司具有其合理性，如此方能保障公司及其他股东的合法权益。本案中一审、二审以及再审法院的裁判思路值得肯定。

（二）董事违反忠实义务的认定

1. 现行法下董事违反忠实义务的检视

董事忠实义务的本质就在于避免董事与公司发生利益冲突，但是，董事的忠实义务并不意味着其必须完全排除利益冲突交易的存在，而是要求这种利益冲突交易对公司而言必须是公正的。[1]我国《公司法》对董事从事与公司存在利益冲突的行为没有采取绝对禁止的态度，只是加上了各种条件和限制，一言以蔽之，禁止不公平的利益冲突行为才是董事忠实义务的宗旨。而判断董事与公司之间的交易是否公平，是否存在损害公司利益的情形，需从程序公平和实质公平两个方面进行审查。程序公平的审查，是指该项交易必须要符合公司法所规定的程序要求，例如《公司法》第148条所规定的“经董事会同意”“股东会或股东大会同意”的程序要求，即从程序上来限制非公平的交易。实质公平的审查，是指对该交易的公平性做出实体性判断，即使该交易符合相关程序要求，只要实体上认为其不符合公平原则，实质性地损害了公司利益，那么相关董事也就违反了对公司的忠实义务。

2. 李某是否违反了董事忠实义务

本案中，省二医与华佗在线公司订立了合作协议，并取得了阶段性的成果，由此可见华佗在线公司已经获得了和省二医合作网络医院项目的商业机会，在省二医终止与华佗在线公司合作之后，李某实际控制的友德医公司获得了与省二医合作的商业机会，李某的此种行为是否违反了董事忠实义务？其行为系违反了竞业禁止义务还是禁止篡夺公司机会义务，抑或是二者的竞合？

就是否违反忠实义务问题，需要从程序和实质两个层面进行分析。就程序层面而言，我国《公司法》第148条规定，应当经“经股东会、股东大会同意”。就本案而言，应当经美谷佳公司的股东会同意，还是应当经过华佗在线公司的股东会同意，抑或是应当同时经过两个公司股东会的同意，相关法规尚未作出明确规定。笔者认为，就股东会同意程序而言，应当经过利益直接相关的公司之股东会同意。其缘由如下：首先，由利益直接相关的公司作出同意或者不同意的股东会决议，能够更好地维护其合法权益；其次，倘若由两个公司的董事会进行决议，程序过于烦琐，而且子公司的股东通常也是母公司的股东，如此还会有重复决议

---

〔1〕 李军：《背信损害上市公司利益罪中“违背对公司忠实义务”的认定》，载《政治与法律》2016年第7期。

之嫌。本案中“省二医向华佗在线公司发出终止协议的《通知函》，美谷佳作出通知终止协议的回函”的真实性尚未得到确认，即使其是真实的，也不符合程序要求。其一，美谷佳公司代表华佗在线公司出具上述回函并不当然具有法律效力；其二，李某作为友德医实控人，在友德医公司与省二医签订合作协议从事与华佗在线公司同类业务的情况下，应当向华佗在线公司披露，由华佗在线公司召开股东会作出同意决定，而本案认定的事实中尚未有相关证据证明华佗在线公司作出同意决定。就实质层面而言，尽管李某称华佗在线自愿同意终止与省二医的合作协议，但是在利益冲突之中，由于李某直接或间接地控制着合同双方的意志，形成了一个“虚假”的合意，从而损害了华佗在线公司的利益，这也是合同外部性的一种表现。由此可知，一审和二审法院均没有局限于《通知函》及复函所表明的华佗在线公司自愿同意终止与省二医的合作协议的形式标准，而是结合公司利益受损的实质标准来判断李某的行为是否实际损害了华佗在线公司的利益。因此，李某的行为违反了董事忠实义务。

在确定李某行为违反了董事忠实义务之后，需要分析其违反了竞业禁止义务还是禁止篡夺公司机会义务，抑或是二者的竞合？

（1）禁止篡夺公司机会与竞业禁止之辨析

董事竞业禁止义务与禁止篡夺公司机会义务都是董事忠实义务的内容，其目的都是保护公司利益，但竞业禁止义务与禁止篡夺公司机会义务在适用范围、法律效果以及相关适用方法等方面均有不同，不可相互替代，且各自具有独立存在的价值。竞业禁止的目的通常是防止董事设立竞争性的商事主体，与公司从事直接的、长期的竞争，而“禁止篡夺公司机会原则”是为了防范董事侵夺任何属于公司的预期利益，从事损害某项商业机会的商事交易，而不管董事是否意欲同公司进行竞争，利用共识机会的范围比竞争业务的范围更广。就竞业禁止而言，主要是考察相关主体是否存在同行竞争关系；而违反公司机会规则的认定则更为复杂，应当采取两步走审理思维，将对公司商业机会的认定与对侵犯公司商业机会行为的认定区分开来，首先，应当从被告的职务身份和公司经营活动范围两个方面进行考量，准确认定诉讼所涉商业机会是否应当归属于公司；其次，再在确认公司商业机会的基础上，根据案件的具体情况来认定被告是否构成对公司商业机会的侵犯。[1]

然而，竞业禁止规则和公司机会规则都是公司董事和相关人员忠实义务的具体化，二者之间也有很多相似的地方，在适用主体范围方面也有着很多重合之处，在司法实践中竞业禁止规则和公司机会规则容易出现竞合的情况。例如，在 2016 年的“北京宏耐地板有限公司诉王玲等公司利益责任纠纷案”中，王玲作为宏耐地板公司的高级管理人员，从事和所任职公司经营业务重叠的行业，利用职务便利谋取公司的商业机会来获取私利，同时违背了竞业禁止规则和公司机会规则；[2] 在“贵港金朝阳城市管网建设管理公司、龙某损害公司利益责任纠纷

〔1〕 沈贵明：《公司商业机会的司法认定》，载《法学》2019 年第 6 期。

〔2〕 参见中国裁判文书网案号（2016）京 0105 民初 50273 号。

案”中，龙某在担任公司高管任期内设立同业竞争公司并利用职位信息获取商业机会。[1]

综合而言，竞业禁止规则和公司机会规则之间存在重合之处，但是二者系不同种类的义务，在司法实践的大量案件中，董事、监事、高级管理人员以非法方式和手段侵占公司商业机会的行为，可能同时违反禁止篡夺商业机会和竞业禁止的义务。

（2）李某行为之认定

本案中一审、二审以及再审法院都认为李某实施了“谋取属于华佗在线公司商业机会”的行为，属于违反了禁止篡夺公司商业机会义务的范畴，但各法院在判决时，都又认定李某的行为违反了忠实义务、竞业禁止义务，存在将禁止篡夺公司商业机会和竞业禁止不加区分、混用的情形。笔者认为，李某的行为既违反了禁止篡夺公司商业机会的义务又违反了竞业禁止义务，二者存在竞合。首先，李某作为美谷佳公司法定代表人、董事长、总经理，在其任职期间，利用职务便利，未经华佗在线公司股东会同意，另行操控友德医公司将华佗在线公司与省二医合作的网络医院项目交由友德医公司经营，非法获取了本属华佗在线公司的商业机会，损害了华佗在线公司及其母公司美谷佳公司的利益。其次，华佗在线公司与省二医签订合作协议所确定的项目内容与友德医公司与省二医签订的合作协议所确立的项目内容相近，违反了竞业禁止的义务，损害了华佗在线公司的利益。

（三）董事违反忠实义务之责任分析

1. 现行法下董事违反忠实义务之责任

我国《公司法》第148条第2款对董事违反忠实义务的责任作出了规范，“董事、高级管理人员违反前款规定所得的收入应当归公司所有”，即我们俗称的“归入权规则”；第149条规定了董事损害赔偿责任，“董事、监事、高级管理人员执行公司职务时违反法律、行政法规或者公司章程的规定，给公司造成损失的，应当承担赔偿责任”。董事违反忠实义务，很有可能致使公司利益受损，而自身受益。对此，我国《公司法》在第148条第2款和第149条分别规定了董事违反忠实义务的不同法律后果，既可将董事违法收益归入公司，又可对董事科以一定的赔偿责任，此时就出现了这两种责任竞合的问题。然而，对于二者是否应当区分、如何进行区分以及如何在不同情形下进行妥当适用，立法却语焉不详。基于此，归入权救济和损害赔偿作为两种不同的救济措施，二者能否累加适用、如何累加适用都是值得深入讨论的问题。

2. 归入权与损害赔偿请求权适用之辨析

作为救济性制度的归入权和损害赔偿有相似之处，但二者之间也存在较大区别：损害赔偿是以公司所遭受损失为基础，而归入救济恰恰相反，是以董事的违法所得为基础，作为恢复原状的两种方式，损害赔偿站在公司的角度，目的是使公司的损失得以恢复，而归入权救

---

〔1〕 参见中国裁判文书网案号（2018）桂08民终646号。

济则是站在董事的立场，旨在使董事的不当利益返还公司，因此伴随着一定的惩罚功能。[1]

各国（地区）公司法基本都规定了董事忠实义务的具体类型和违反后的相关责任，因此各国（地区）公司法都面临着公司归入权与损害赔偿的适用难题，是合并适用还是选择适用？若是选择适用，是自由选择还是优先选择？采用择一适用的有瑞士，将归入权与损害赔偿权同时赋予了公司，由公司择一行使；日本采取单一模式，归入权制度代替了损害赔偿请求权，公司只能主张归入权；采取重叠模式的国家（地区），公司可以重叠行使两种权利，即公司行使归入权之后，如果尚有损害，可继续行使损害赔偿权。我国司法实践中对这两种不同的救济措施如何适用存在不同的判决，在“烟台绮丽集团有限公司与刘某损害公司利益赔偿纠纷案”中，[2]法院采取累加适用的观点，认为归入权、损害赔偿请求权在实际行使时有交叉的可能，但重复计算部分仅能主张其中某项权利，不能重复主张重叠部分的损失。在“沈阳奥吉娜药业有限公司与王某损害公司利益责任纠纷”中，[3]法院采取择一适用观点，认为在违反忠实义务导致公司存在实际损失的情形下，公司能够基于侵权制度要求损害赔偿，也可以依据忠实义务违反的具体情形，主张归入权之诉，二者之间存在竞合关系，公司可以择一选择。

笔者认为，归入权与损害赔偿请求权确实是两种不同性质的救济权，两者在立法目的、适用范围和证明责任上存在差异，有必要做出区分。但是，二者的救济范围确有交叉重叠，两者本身并不排斥，权益受损公司可以同时主张。原因在于：其一，归入权和损害赔偿请求权系两种不同性质的权利，前者针对董事违反忠实义务获得了利益，后者的范围更广泛；其二，二者的立法目的不一样，前者在于惩戒获取不当利益的董事，后者在于使利益受损的公司恢复原状；其三，重叠适用的方式可以对公司利益起到强有力的保护作用。

3. 董事违反忠实义务之赔偿责任范围之确定

（1）归入权范围分析

本案一审法院将增资款和股权转让款都作为归入权的范围，以此为基础，综合考虑友德医公司运营成本、网络医院项目的发展前景等因素，酌定李某须向华佗在线公司支付赔偿金2916万元；二审法院在确定归入权的范围时认为，不能将增资款和股权转让款作为李某的个人收入，但结合美谷佳公司现任股东的实际损失，认为一审法院所确定的赔偿额合理；再审法院认为华佗在线公司的实际损失、李某的获益难以确认，但同样认为一审法院所确定的赔偿额合理。虽然各级法院最终认定的数额相同，但是对归入权范围的认定还是存在不同看法。

根据我国《公司法》第148条的规定，归入责任概括性地适用于董事和高管违反忠实义

---

〔1〕 赵峰：《公司法视野下归入救济与损害赔偿之区分》，载《金融与法律》2019年第6辑。

〔2〕 参见中国裁判文书网案号（2012）芝商初字第286号。

〔3〕 参见中国裁判文书网案号（2017）辽0102民初2794号。

务的全部情形，包括滥用公司财产、收受佣金和贿赂、自我交易、与公司竞争等。董事或高管与公司从事竞争行为，包括篡夺公司机会或与公司经营同类业务，归入范围计算尤为复杂，却未有相关规范对归入权范围作出明确指引。董事从事竞争行为期间所获得的薪酬、股权分红、股权转让款等内容是否应列为归入权的范围，司法实践也出现了同案不同判的现象。裁判不一致的根源在于无法确定与公司竞争时董事所得与公司所失的本质，继而无法理解归入权之正当性。[1]归入权的正当性在于促进受托人履行不冲突义务以及绝不能因不履行忠实义务而获得利益。[2]目前在司法实践中确定归入权的范围仍存在很多问题，包括利益的获得与董事违反义务的行为是否应具有因果关系，归入范围设定为“毛收入”还是“净收入”，是否应当顾及义务违反人自身的努力、进取以及技能的回报等。笔者认为，从归入权的立法目的出发，基于利益归入的保护、预防以及避免获得不当利益的功能，该规则的适用需要受到法律上因果关系以及近因的限制，同时在特殊情况之下应顾及务违反人自身的努力、进取以及技能的回报等因素。

（2）赔偿责任范围之确定

归入权的行使以董事不正当行为所得为基础，它不以该行为造成公司损失为前提，不存在使违反义务人承担不利后果的问题，[3]损害赔偿是以公司损失为基础，其范围不受董事所得的限制，这也就呼应了归入权和损害请求权的行使采重叠模式，以切实保障公司合法权益。在司法实践中很少有案例对损害赔偿数额的确定进行具体列明，本案中一审法院在确定赔偿数额时首先考虑了华佗在线公司的实际损失，在公司实际损失难以确定的情况下再以董事违法所得为基础结合其他因素确定损害赔偿范围；二审和再审法院则先考虑董事违法所得，在董事违法所得和公司实际损失都难以确定的情况下，综合考虑各项因素认同了一审法院所认定的赔偿数额。

笔者认为不能直接判断哪种参照标准更为优异，在立法未进行更优化的规定之前，给予适当的司法裁量空间或许能取得更恰当的效果。总体来说，我国司法领域在确定损害赔偿数额时，可以首先依案件情况判断公司所遭受的损失是否能根据现有证据予以确定，若能，则可直接确定相关损害赔偿数额；若不能，法院可以双方充分举证为裁判基础，其中，是以“公司在拥有并应用该商业机会后可能获取的收益”为参照还是以“董事因实施竞业禁止行为进行市场交易所获得的收益”为参照，可以先将决定权交由当事人双方协商解决，若未能达成合意，则由法院结合案件事实以及两种不同参照标准所对应的具体数额差别进行衡量，从而作出合理判决。

---

〔1〕 周淳：《公司归入权的体系定位与规范构造》，载《财经法学》2021年第3期。
〔2〕 杨艳：《公司法上的利益归入：功能界定与计算标准》，载《浙江工商大学学报》2015年第6期。
〔3〕 王保树、崔勤之：《中国公司法原理》，社会科学文献出版社2006年版，第207页。

【案外反思】

我国《公司法》第 147 条概括性地提出了董事、监事和高级管理人员负有对公司的忠实义务，并在第 148 条采取列举的立法方式进一步详尽了违背对公司忠实义务的行为类型，但是对利益冲突、董事忠实义务的内涵和外延缺乏明确界定，导致了对利益冲突的规定陷入分散、具体的情形。[1]随着经济和公司治理的发展，董事的忠实义务也被赋予了不同于传统公司法的内涵，现行法下的董事忠实义务不能完全涵盖董事对公司和股东造成损害的不当行为，有关董事忠实义务的规定难以应对现实中纷繁复杂的纠纷，法官在判案时难以找到明确的操作指引。为应对实践中纷繁复杂的董事责任纠纷、损害公司利益纠纷，亟待《公司法》明晰董事忠实义务的内涵、对董事忠实义务的外延进行扩张。

我国近期启动的《公司法》修改工作，已将公司治理规则与公司资本制度列为两大核心课题，而董事义务是公司治理规则的讨论热点。董事忠实义务作为公司治理中的重要问题，在消除董事与公司之间的利益冲突中发挥了重要作用，对其进行制度完善具有重要意义，尤其是可以为董事履职、司法判案提供更为明确的指引。

〔1〕 邓峰：《普通公司法》，中国人民大学出版社 2009 年版，第 465 页。

“三重一大”前置程序的效力思辨

——“金泥公司决议效力确认纠纷案”的法律分析

何玙岚

【案情介绍】

（一）案件事实[1]

2011年4月12日，金昌水泥（集团）有限责任公司（以下简称金泥公司）的股东由八一农场、永昌县计划经济局、金川区乡镇企业管理局变更为八一农场和金昌市国资委，该公司的注册资金为6943.4万元。八一农场和金昌市国资委的出资额分别为4126.54万元、2816.86万元，出资比例分别为59.43%、40.57%。

2014年10月22日，金泥公司董事长石怀仁主持召开股东会，公司股东八一农场的代表石怀仁、股东金昌市国资委的代表董某某参加会议，并在会议记录上签名。经参会股东一致同意后，股东会作出如下决议：按照国家国有企业改革的有关规定，金泥公司使用的国有划拨土地依照基准价重新评估，依照重新评估的土地价值进行增资，金泥公司的注册资本由6943.4万元变更为10 997.4万元，股东的出资额作相应变动。其中：金昌市国资委以实物出资6870.86万元，出资比例为62.48%；八一农场的出资额为4126.54万元，出资比例为37.52%。金泥公司增资包括两部分，一部分为金泥公司组建时金昌市国资委所出资两宗土地增值

[1] 资料来源：最高人民法院（2021）最高法民申3524号；甘肃省高级人民法案（2020）甘民终576号。

的 187.74 万元（工商档案已公示），另一部分为金泥公司组建后陆续划拨给金泥公司价值 3866.32 万元的六宗国有土地。八一农场和金昌市国资委在金泥公司股东会决议上签字盖章。经金昌市人民政府批准，金昌市国土资源局同意将金泥公司无偿使用的面积 484 081.91 平方米的国有划拨土地使用权进行评估作价，以评估土地资产 4054 万元作为股本金注入金泥公司，所形成的股份由金昌市国资委持有。

2014 年 11 月 21 日，金泥公司依照股东会决议内容办理了工商登记变更手续。

决议做出后，甘肃省国营八一农场向甘肃省金昌市中级人民法院提起诉讼，请求人民法院确认金泥公司股东会于 2014 年 10 月 22 日作出的股东会决议无效，并确认八一农场享有本次决议增资中 59.43% 的持股比例的股权。2020 年 6 月 24 日，甘肃省国营八一农场名称变更为甘肃农垦金昌农场有限公司。

（二）法院判决

金昌市中级人民法院一审判决认为决议内容系股东的真实意思表示，不违反法律、行政法规强制性规定。因此，八一农场主张股东会决议内容无效的理由不能成立。八一农场没有向金泥公司新增出资的事实，因此，八一农场要求确认其享有股东金昌市国资委新增出资中 59.43% 的持股比例的请求无事实根据和法律依据。

八一农场不服一审判决，依法向甘肃省高级人民法院提起上诉。八一农场认为金泥公司决议违反了国家《关于进一步推进国有企业贯彻落实“三重一大”决策制度的意见》中“三重一大”的相关强制性规定。甘肃省高级人民法院在 2021 年 6 月 15 日做出二审判决，认为 2014 年 10 月 22 日金泥公司股东会决议的表决程序和决议内容均符合公司法和公司章程的规定。甘肃省高级人民法院认为金泥公司增资包括两部分，一部分为金泥公司组建时金昌市国资委所出资两宗土地增值的 187.74 万元，另一部分为金泥公司组建后陆续划拨给金泥公司价值 3866.32 万元的六宗国有土地。其中金泥公司组建时金昌市国资委出资的两宗土地已在 2000 年的存入工商档案的验资报告中被公示为注册资本，土地使用权归属于金泥公司。关于金泥公司组建后陆续划拨给金泥公司有偿使用的六宗国有土地，金昌市人民政府批复将其使用权评估作价后作为对金泥公司增资，金昌市国资委作为代表金昌市人民政府行使国有资产监督管理机构，有权将该土地使用权作为对金泥公司的增资，金昌市国资委应依法享有相应的股东权益。最终，二审判决撤销一审判决，确认涉案决议中金昌市国资委增资 187.74 万元的内容无效（金泥公司组建时金昌市国资委出资的两宗土地的增资），其他内容有效。

八一农场不服甘肃省高级人民法院二审判决，向最高人民法院申请再审。

最高人民法院认为，根据《民法总则》第 156 条关于“民事法律行为部分无效，不影响其他部分效力的，其他部分仍然有效”之规定，原审判决认定涉案决议部分无效、部分有效并无不当。针对八一农场主张的，该决议违反了国家《关于进一步推进国有企业贯彻落实“三重一大”决策制度的意见》中“三重一大”的相关强制性规定的问题，最高人民法院认为，"三重一大"决策制度是党中央、国务院规范国有企业决策管理的制度，不能得出金泥公司股东会决议效力的结果。因此，裁定驳回甘肃农垦金昌农场有限公司的再审申请。

【法律分析】

本案案情梳理较为简单，集中围绕在做出增加注册资本的股东会决议的程序和内容是否违反法律、行政法规展开。其中，值得关注的争议焦点有以下两点：第一，一项股东会决议是否可以运用民事法律行为规则判决决议部分有效、部分无效？第二，国企重大事项变更的决议未听取党委意见，决议是否有效？

（一）股东会决议部分无效的法律分析

我国《公司法》第 28 条规定，股东应当按期足额缴纳公司章程中规定的各自所认缴的出资额。股东以货币出资的，应当将货币出资足额存入有限责任公司在银行开设的账户；以非货币财产出资的，应当依法办理其财产权的转移手续。金昌市国资委认缴 6870. 86 万元的出资额，但股东会增资决议中涉及的两宗土地实际为公司财产，其增资 187. 74 万元应当归于金泥公司而非金昌市国资委，因此金昌市国资委并未按期足额缴纳其认缴的出资额，违反了《公司法》第 28 条的规定。我国《公司法》第 22 条第 1 款规定，公司股东会或者股东大会、董事会的决议内容违反法律、行政法规的无效。因此金泥公司的股东会决议因违反《公司法》第 28 条而无效。

甘肃省高级人民法院二审判决和最高人民法院再审裁定中均援引《民法典》第 156 条"民事法律行为部分无效，不影响其他部分效力的，其他部分仍然有效"作为判决股东会决议部分无效的依据，认为决议内容的部分违法并不导致整个决议无效，仅仅是所有权归属于公司的两宗土地的决议内容无效，决议其余内容仍然合法有效。

虽然学界仍有否认决议的法律行为属性的理论主张〔1〕，但《民法典》第 134 条第 2 款规定，法人、非法人组织依照法律或者章程规定的议事方式和表决程序作出决议的，该决议行为成立。由此明确决议的法律行为属性，成为决议研究的实证法起点。〔2〕从表面体系构造上审查，"部分无效"的规则似乎对具有法律行为属性的"公司决议"当然适用的。但通过类案对比和强制性规范的立法目的分析，可以得出对涉案决议的效力判定不适用"部分无效"规则的结论，该股东会决议应因违法而全部无效。

最高人民法院在 2010 年 11 月 8 日对"绵阳市红日实业有限公司、蒋洋诉绵阳高新区科

---

〔1〕 陈醇、王保树等学者对决议采意思形成说；叶林等学者采商行为说；陆俊伟、张新宝等学者采非法律行为说。

〔2〕 李建伟：《决议的法律行为属性论争与证成——民法典第 134 条第 2 款的法教义学分析》，载《政法论坛》2022 年第 2 期。

创实业有限公司股东会决议效力及公司增资纠纷二审案”[1]的判决中，就论证了公司决议部分有效的前提是“实质可分”，且对决议无效部分的支持不应当影响生效部分的决议效力。最高人民法院在该判决书中指出，“该股东会将吸纳陈木高为新股东列为一项议题，但该议题中实际包含增资 800 万元和由陈木高认缴新增出资两方面的内容，其中由陈木高认缴新增出资的决议内容部分无效不影响增资决议的效力，科创公司认为上述两方面的内容不可分割缺乏依据，本院不予支持”。由此可见，当决议实质上可以被拆分为相对独立的两部分时，其效力判断互不影响。而回归本案，涉案决议和前述案件决议内容虽然都有关增资，但两者有根本的区别。绵阳红日公司案件的决议虽然在形式上只表决了一项议题，但议题本身是由增资 800 万元和新股东认缴新增出资两部分构成，内容上显然可以进行分割。而本案的股东会决议在内容形式和实质上都不能被拆分成相对独立的两部分，因此不能分别进行效力判断。

涉案决议在形式上只有一项决议内容，即“对金泥公司使用的国有划拨土地依照基准价重新评估，依照重新评估的土地价值进行增资”。在股东会召开环节，八一农场和金昌市国资委并未将参与评估的 8 宗土地分为“金泥公司组建时金昌市国资委所出资的两宗土地”和“金泥公司组建后陆续划拨给金泥公司的六宗土地”分别投票产生决议，而是对“金泥公司使用的国有划拨土地”的增资事项作为一个整体进行表决，决议后金泥公司也是依照股东会决议内容办理了工商登记变更手续，金泥公司资本整体增加 4054 万元。

而从违法决议无效的规范目的出发，也可以得出涉案决议实质不可分的结论。实现消除决议违法性和维护公司关系安定性之间的平衡，是决议无效制度的基本目的。[2]其中违反公司本质的决议往往破坏公司安定性。《公司法》第 28 条是对股东按期足额缴纳出资的规定。对公司而言，股东出资是公司成立、存续的物质基础，是公司资本形成的最重要、最基本的途径。对公司债权人而言，股东出资是公司对其债权人承担责任的信用基础。作为公司资本制度构建的基础，股东按期足额缴纳出资是公司完善独立人格的存在的基础。因此，《公司法》第 28 条是关于公司本质的立法规范；违反股东出资义务的公司决议是与公司本质相背离的决议，应当被认定为无效。涉案决议虽然可以在事实层面将增资土地分为“组建时出资的”和“组建后划拨的”两部分，可是决议效力的判断应当首先作为一个整体进行评价；当瑕疵决议的部分无效不影响强制性规范的规范目的的实现，才可以分别判断其效力。对“股东按期足额认缴”的规定意在保障公司的独立财产和独立人格。法院将决议内容依据主观判断人为地划分为两部分，认为因违法无效的决议效力不应当及于整个决议，实际上忽略了《公司法》第 28 条的立法目的。涉案违法决议在实质上不能被区分为部分无效和部分有效。

由于我国公司法规范供给不足，法官在裁判股东会决议效力时，容易走向民事一般法的

---

〔1〕 资料来源：最高人民法院（2010）最高法民提字 48 号。

〔2〕 叶林：《股东会决议无效的公司法解释》，载《法学研究》2022 年第 3 期。

解释路径。适用法律行为规则的缺陷，在于将决议行为等同于法律行为乃至于合同行为，忽视了决议中股东自主意思与公司意思形成的关系，以及股东会决议效力来自于公司法规定的实质，偏离了决议行为和无效法律行为的本意，容易人为增加股东会决议无效的案件数量。[1]因此，对股东会效力的认定应当尽量采用公司法规范或对其进行解释，不应当轻易使用民事一般法律规范。

（二）国企重大事项变更决议未听取党委意见的效力分析

八一农场在上诉中着重强调了股东会决议因违反“三重一大”而无效。所谓“三重一大”，是指中共中央办公厅、国务院办公厅于2010年印发的《关于进一步推进国有企业贯彻落实“三重一大”决策制度的意见》。《关于进一步推进国有企业贯彻落实“三重一大”决策制度的意见》要求，关于国有企业中凡属重大决策、重要人事任免、重大项目安排和大额度资金运作事项必须由领导班子集体作出决定。其中，重大决策是指按照《公司法》《企业国有资产法》等有关法律法规和党内法规规定的应当由股东大会（股东会）、董事会、未设董事会的经理班子、职工代表大会和党委（党组）决定的事项，主要包括企业贯彻执行党和国家的路线方针政策、法律法规和上级重要决定的重大措施，企业发展战略、破产、改制、兼并重组、利益调配等方面的重大决策。本案股东会通过的增资决议即属重点决策的范畴。《关于进一步推进国有企业贯彻落实“三重一大”决策制度的意见》规定，“三重一大”事项决策的基本程序是，“三重一大”事项提交会议集体决策前应认真调查研究，经过必要的研究论证程序，充分吸收各方面意见；党委（党组）、董事会、未设董事会的经理班子应以会议的形式，对职责权限内的“三重一大”事项作出集体决策；董事会、未设董事会的经理班子研究“三重一大”事项时，应事先与党委（党组）沟通，听取党委（党组）的意见；决策作出后，企业应及时向履行国有资产出资人职责的机构报告有关决策情况。

八一农场认为，金泥公司和金昌市国资委作为国有企业和国资监管部门，在涉及金泥公司增加注册资本等重大事项的决策过程中，均未按照国家“三重一大”的政策规定，未向履行国有资产出资人职责的甘肃省农垦集团公司和负有监管责任的甘肃省国有资产监督管理委员会报告相关决策情况，亦未就相关事宜与党委（党组）沟通，听取党委（党组）的意见，该增资决议的内容及程序均严重违反该行政法规的强制性规定。

对此，笔者认为，《关于进一步推进国有企业贯彻落实“三重一大”决策制度的意见》作为两厅联合发布的党内法规和规范性文件，以国有和国有控股企业为规制对象，当前《公司法》和《企业国有资产法》等法律和国务院出台的其他行政法规尚未将“三重一大”或者党的“前置研究”程序纳入立法范围，因此，对《关于进一步推进国有企业贯彻落实“三重一大”决策制度的意见》的违反并不当然产生决议无效的法律后果。就法理而言，国

〔1〕 叶林：《股东会决议无效的公司法解释》，载《法学研究》2022年第3期。

家法律高于党内法规，党必须在宪法和法律的范围内活动，党内法规的制定也必须恪守“宪法为上、党章为本”的原则，其具体规范不得逾越国家宪法和法律法规的规定；党内法规严于国家法律，而“严于”并非就意味着党内法规的规范与法律法规的规定相抵触或突破了法律法规的规定，而是党内法规在符合法律法规规定的前提下，对党组织和党员的行为要求标准更高、尺度更紧。[1] 国有企业特别是关系国家安全和国民经济命脉的国有重要骨干企业又是特殊的经济组织，担负着重要的政治责任和社会责任，在国民经济中发挥着骨干作用和支柱作用。因此，有必要为国有企业的重大决策竖立更严格的规范。党组织内嵌到国有企业治理是新时代中国特色现代国有企业制度的重要形式。[2]“三重一大”就是党中央对国有和国有控股企业提出的更高标准的要求[3]，即将党组织研究讨论作为重大决策问题的前置程序，加强党委在重大决策等事项中的领导作用，促进国有企业领导人员廉洁从业，规范决策行为，提高决策水平，防范决策风险，保证国有企业健康发展。

但回到《公司法》第 22 条作为商法中的强制性规范，是法定的、不允许当事人之间通过协议变通的，违反《公司法》强制性规范的行为无效，此乃认定行为效力的一般原则。法律行为的无效彰显的是国家对公共秩序的维持和对公共利益、公序良俗的保护。[4] 在商法视阈下，市场秩序的安全稳定需要商事主体的自由价值让步。现行法下，这种对自由的限制只能被高位阶法律和行政法规所赋予。公司法从一般商法原则出发，原则上维护公司决议结果的稳定性，在例外情况即违反事先设定的法律法规时，决议的效力才能被完全否定。因此，对公司决议无效的判断应当持谨慎态度，国有企业的决议效力判断依然需要遵循现行法下公司决议效力判断的一般规则。

【案外反思】

2017 年，国务院出台的《国务院办公厅关于进一步完善国有企业法人治理结构的指导意见》强调，要把加强党的领导和完善公司治理统一起来，明确国有企业党组织在法人治理结构中的法定地位，发挥国有企业党组织的领导核心和政治核心作用。

2021 年 12 月 24 日，全国人大常委会公布了《公司法（修订草案）》（以下简称《修订草案》）。《修订草案》新增第六章国家出资公司的特别规定，并明确了党对国有企业的领导

[1] 秦前红、苏绍龙：《党内法规与国家法律衔接和协调的基准与路径——兼论备案审查衔接联动机制》，载《法律科学》2016 年第 5 期。

[2] 祝捷、李若维：《党组织内嵌到国有企业治理的规范维度——以〈中国共产党国有企业基层组织工作条例（试行）〉为中心》，载《决策与信息》2020 年第 4 期。

[3]《关于进一步推进国有企业贯彻落实“三重一大”决策制度的意见》第 23 条规定：本意见适用于国有和国有控股企业（含国有和国有控股金融机构）。

[4] 贺少锋：《违反公司法强制性规范行为的效力》，载《法律适用》2009 年第 6 期。

作用。草案第 145 条规定，国家出资公司中中国共产党的组织，按照中国共产党章程的规定发挥领导作用，研究讨论公司重大经营管理事项，支持股东会、董事会、监事会、高级管理人员依法行使职权。根据《修订草案》的最新规定，党对国有企业的领导主要体现在党委参与重大事项讨论和支持法人治理机构行使职权。这恰好和《意见》中党委参与集体决策的形式相对应。[1]或许，在《修订草案》通过后，对国有企业中党的“前置研究”程序的要求会被正式纳入公司法，这对国有企业的董事会、经理层做出重要决策确立了更高严格的程序。当然，即使该条修订草案通过，对违反前置程序做出的国企决议的效力进行判断时，还是应当考虑该条文属于强制性规范的哪种类型。

《民法典》第 153 条第 1 款将否认法律行为效力的法律、行政法规限定于“强制性规定”，且用但书规定例外情况——“但是该强制性规定不导致该民事法律行为无效的除外”，本意在于明确强制性规范进一步划分为管理性规范与效力性规范，法律行为唯在违反后者时才应被否认效力。[2]因此，应当考虑修订草案第 145 条是否属于可以判断决议无效的效力性强制性规范。最高人民法院在 2009 年印发的《关于当前形势下审理民商事合同纠纷案件若干问题的指导意见》第 16 条试图给出效力性与管理性强制规定的判别标准：“如果强制性规范规制的是合同行为本身即只要该合同行为发生即绝对地损害国家利益或者社会公共利益的，人民法院应当认定合同无效。”实践中，未经党组织研究讨论的重大经营管理决议不一定损害国家利益或者社会公共利益，例如在蒋某、贵州省创业投资促进中心等合同纠纷案件中，上诉人认为涉案国有资产转让未履行内部决议而无效，贵阳市中级人民法院认为案涉合伙份额实际转让价格也高于评估价格，并未损害国有资产利益，因此不支持上诉人“违反国有资产管理强制性规定而无效”的主张。[3]故，即使“前置研究”作为党组织嵌入国企公司治理的重要手段通过立法予以强化，也可能无法被归类为效力性强制性规范，单纯违反“三重一大”难以成为独立支撑国企决议无效的理由。

---

〔1〕《意见》第 9 项规定：党委、董事会、未设董事会的经理班子应当以会议的形式，对职责权限内的“三重一大”事项作出集体决策。

〔2〕参见王利明主编：《中华人民共和国民法总则详解》（下册），中国法制出版社 2017 年版，第 668 页。

〔3〕资料来源：（2021）黔 01 民终 6661 号。